최신시사상식

229집

시사상식

Contents

2024년 6~8월 주요 시사

상식 요모조모

TEST ZONE

최신시사상식 229집

초판인쇄: 2024. 8. 25. **초판발행:** 2024. 9. 1. **등록일자:** 2015. 4. 29 **등록번호:** 제2015-000104호 **발행인:** 박 용 **편저자:** 시사상식편집부
교재주문: (02)6466-7202 **주소:** 06654 서울시 서초구 효령로 283 서경빌딩 **표지 디자인:** 정재완 **발행처:** (주)박문각출판
이메일: team3@pmg.co.kr **홈페이지:** www.pmg.co.kr

정가 11,000원 ISBN 979-11-7262-203-9

사진 출처: 연합뉴스

Must Have
News

"조 바이든 대통령과 도널드 트럼프 전 대통령의 리턴매치로 치러질 가능성이 높았던 11월 미국 대선이 바이든 대통령의 후보직 사퇴에 따라 트럼프 전 대통령과 카멀라 해리스 부통령 간 대결로 확정됐다."

트럼프 vs 해리스,
11월 美 대선 맞대결

조 바이든 대통령과 도널드 트럼프 전 대통령의 리턴매치로 치러질 가능성이 높았던 11월 미국 대선이 바이든 대통령의 후보직 사퇴에 따라 트럼프 전 대통령(공화당)과 카멀라 해리스 부통령(민주당)의 대결로 확정됐다. 바이든 대통령은 지난 6월 트럼프와의 첫 TV토론에서 참패한 데 이어 고령 리스크까지 부각되면서 민주당 안팎에서 사퇴 요구를 받아왔는데, 결국 대선을 107일 앞둔 7월 22일 전격 사퇴하며 대선 레이스를 마무리했다. 이처럼 해리스의 후보 확정으로 이전까지 트럼프의 압도적 우위로 여겨지던 미국 대선은 완전히 새로운 국면으로 접어들게 됐다.

이스라엘, 「저항의축」 지도자들 암살
중동 긴장 최고조

팔레스타인 무장정파 하마스의 최고지도자와 레바논 무장정파 헤즈볼라의 수장 측근이 이스라엘에 의해 잇달아 사망하면서 중동 정세가 격랑에 휩쓸릴 가능성이 높아지고 있다. 이스라엘은 7월 30일 레바논 베이루트를 공습해 헤즈볼라 최고위 지휘관인 푸아드 슈크르를 제거한 데 이어 이란 테헤란을 공격해 하마스 지도자인 이스마일 하니예를 암살했다. 이에 하마스와 이란은 하니예의 암살 배후로 이스라엘을 지목하고 보복을 천명했는데, 지난 4월에도 이란과 이스라엘이 보복과 맞대응을 이어가면서 중동전쟁 우려를 높인 바 있다.

헌재, 「친족상도례」 형법 조항
71년 만에 헌법불합치 결정

헌법재판소가 6월 27일 가족 간 재산범죄에 대한 처벌을 면제하는 「친족상도례」를 규정한 형법 328조1항에 대해 「헌법불합치」 결정을 내렸다. 이는 1953년 형법이 제정된 지 71년 만이다. 헌재의 이번 결정에 따라 해당 조항의 적용은 중지되고 2025년 12월 31일까지 국회가 법을 개정하지 않으면 효력을 상실하게 된다. 한편, 헌재는 지난 4월 25일에는 형제자매의 유류분을 규정한 민법 1112조4호에 대해 「위헌」 결정을 내렸고, 이에 해당 조항은 효력을 상실한 바 있다.

티메프 정산 지연 사태
정부, 1조 2000억 원 대출 지원

정부가 8월 7일 경제관계장관회의를 열고 판매대금 미정산 사태를 야기한 티몬·위메프(티메프)에 대한 추가대응 방안 및 제도개선 방향을 발표했다. 이는 7월 29일 피해를 입은 소상공인과 중소기업에 5600억 원가량의 유동성을 공급하겠다는 계획의 후속대책으로, 이로써 티메프 사태 융자 지원 규모가 1조 2000억 원까지 확대됐다. 앞서 7월 7일 위메프의 대금 미정산 발생에 이어 21

일 티몬이 대금 정산 지연을 공지하면서 소비자 환불 불가 사태가 현실화됐는데, 이 사태는 티몬과 위메프의 모기업인 큐텐이 무리하게 나스닥 상장을 추진한 것이 원인이 됐다.

日, 0.25%로 추가 금리 인상
15년 7개월 만에 가장 높은 수준

일본 중앙은행인 일본은행(BOJ)이 7월 30~31일 현행 0~0.1%의 정책금리를 0.25%로 인상했다. 일본은행의 금리 인상은 마이너스 금리를 해제한 지난 3월 이후 4개월 만으로, 추가 금리 인상은 2007년 2월 이래 처음이다. 반면 다른 주요 국가들은 물가가 안정세로 돌아서자 급등했던 인플레이션을 막기 위해 빠르게 올렸던 금리를 인하하고 있다.

내년 최저임금 1만 30원
역대 두 번째로 작은 인상률(1.7%)

고용노동부가 8월 5일 내년에 적용되는 최저임금을 시간급 1만 30원으로 결정·고시했다고 밝혔다. 이는 올해 최저임금 9860원에서 170원(1.7%) 오른 것으로, 월급 기준으로는 209만 6270원(주 40시간·월 209시간 근무 기준)이다. 이로써 1988년 최저임금제 도입 37년 만에 처음으로 최저임금 1만 원 시대를 맞게 됐다. 다만 인상률 1.7%는 지난 2021년의 1.5%에 이어 역대 두 번째로 작은 것이다.

14년 만의 신규 다목적댐,
4대강에 건설 추진

환경부가 7월 30일 기후변화로 인한 극한 홍수와 가뭄 피해를 줄이고 미래 물 수요에 대응하기 위해 최대 14개의 신규 댐을 건설한다고 발표했다. 이는 문재인정부 때인 2018년 9월 「댐 신규 건설 백지화」를 6년 만에 뒤집은 것으로, 정부 주도의 다목적댐 건설 추진은 이명박정부 때인 2010년 착공된 보현산 다목적댐 건설 이후 14년 만이다.

日 사도광산, 유네스코 세계유산 등재
「강제성」 빠진 동의 논란

일본에서 가장 오래된 광산이자 일제강점기 조선인 강제노역 현장인 「사도광산」이 7월 27일 유네스코 세계문화유산에 등재됐다. 우리 정부는 일본이 강제동원 역사 전시공간 사전 설치와 노동자 추도식 개최 등 우리 측 요구를 수용하기로 했다며 등재에 동의한 것으로 알려졌다. 그러나 사도광산 인근 아이카와 향토박물관에 마련된 조선인 노동자 관련 전시실에 강제노역 등 「강제성」을 명시하지 않은 것이 알려지며, 정부의 외교를 둘러싼 논란이 이어지고 있다.

2024 파리올림픽 폐막,
한국은 종합 8위 차지

7월 26일 시작된 제33회 파리올림픽이 8월 11일 폐막식을 끝으로 17일간의 일정을 마쳤다. 32개 종목·329개 금메달을 두고 경쟁이 치러진 이번 대회에서 우리나라는 금메달 13개로 종합 8위를 차지했다. 특히 한국은 1976년 몬트리올 올림픽 이후 48년 만에 최소 규모 선수단(143여 명)으로 참여했으나, 이번 대회에서 역대 최다 금메달 타이(2008년 베이징, 2012년 런던) 기록을 세우는 성과를 거뒀다. 한편, 다음 하계올림픽은 4년 뒤인 2028년 미국 로스앤젤레스(LA)에서 열릴 예정이다.

MS 클라우드 서비스 오류
전 세계 항공·금융 업무 마비

7월 19일 마이크로소프트(MS)의 클라우드 서비스 장애로 MS의 윈도 운영체제(OS)를 사용하는 PC 작동이 중단되는 사태가 일어났다. 이에 따라 MS의 클라우드 서비스를 기반으로 하는 전 세계의 항공·금융·통신·의료 전산망이 마비되며 혼란이 이어졌다. 이번 사태는 미국의 사이버 보안업체 「크라우드 스트라이크」가 보안 프로그램인 「팰컨 센서」를 업데이트하는 과정에서 윈도 소프트웨어와 충돌해 발생한 것으로 알려졌다.

Infographics

반도체 산업 동향 | IMD, WEF 국가경쟁력 순위 | 건강보험 재정 및 급여율 | 1인당 전력소비량 |
신용카드 이용실적 | 농가소득 현황 | 일조시간 추이

❶ 반도체 산업 동향

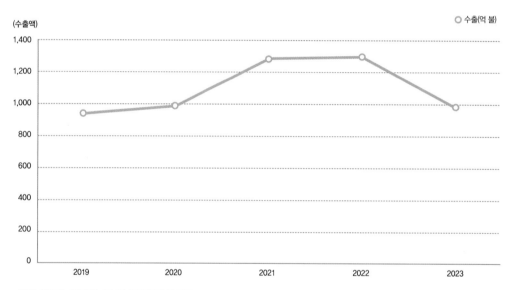

(수출액)   ○ 수출(억 불)

출처: 반도체 산업협회, 정보통신산업진흥원 자료

🔺 지표분석

우리나라 2023년 반도체산업은 미국에 이어 2위로, 반도체 세계시장 5,957억 달러 중 13.2%의 점유율을 나타냈다. 이
중 메모리는 세계시장의 61.0%를 점유하고 있으며, 주력제품인 D램은 세계시장 점유율 73.5%로 글로벌시장 지배력
을 유지하고 있다.

2023년 세계 반도체산업은 미국(3,037억 달러, 점유율 55.8%)과 한국(716.7억 달러, 13.2%)의 경쟁력 강화 및 일본
(473억 달러, 8.7%)의 약화가 지속되고 있다. 여기에 AI산업의 확대로 최근 들어 대만(345억 달러 6.3%)의 경쟁력이 증
가하는 추세이다. 메모리 부분에서는 한국, 시스템반도체 분야에서는 미국의 경쟁력이 계속 유지되고 있다.

❷ IMD, WEF 국가경쟁력 순위

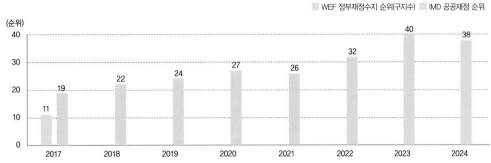

■ WEF 정부재정수지 순위(구지수) ■ IMD 공공재정 순위

출처: IMD 「World Competitiveness Yearbook」, WEF 「The Global Competitiveness Report」

📊 지표분석

스위스 국제경영개발대학원(IMD)에서는 매년 각 국가의 국가경쟁력을 평가, 발표하고 있다. 우리나라는 2023년 대비 8단계 상승하며 67개국 중 20위로 1997년 평가대상에 포함된 이래 최고 순위를 기록했다. 분야별로는 기업효율성(33→23위)과 기반시설(인프라)(16 → 11위) 순위가 대폭 상승해 역대 최고를 기록하며 종합순위 상승을 견인했으나, 경제성과(14 → 16위)와 정부효율성(38 → 39위) 순위는 소폭 하락했다.

❸ 건강보험 재정 및 급여율

○ 건강보험 보장률

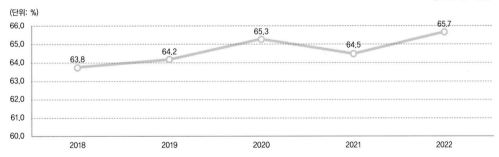

출처: 보건복지부(국민건강보험공단 자료)

📊 지표분석

건강보험 보장률은 비급여를 포함한 총 진료비 중 건강보험에서 부담하는 비율로서 건강보험의 보장 수준을 나타내는 척도로 활용된다. 2022년 건강보험 보장률은 65.7%로 전년 대비 1.9%(2021년 64.5%) 상승했다.
건강보험 보장률은 각국의 보건의료제도가 다르므로 직접적인 비교는 어렵지만 각국의 공공의료비중(건강보험, 의료급여, 산재보험 등 포함)을 간접 지표로 제시가 가능하다. 주요 국가의 경상의료비 대비 공공재원 비중을 보면 미국을 제외한 OECD 주요 국가들의 공공재원 비중은 70% 이상으로 우리나라의 보장성 강화 노력이 필요하다.
2017년 OECD 국가의 경상의료비 중 정부, 의무가입보험재원 비중을 살펴보면 OECD 평균은 73.5%이고, 프랑스 83.0%, 독일 85.0%, 영국 78.4%, 일본 84.2%, 미국 81.8%(2016년), 한국 58.2%로 나타났다.

❹ 1인당 전력소비량

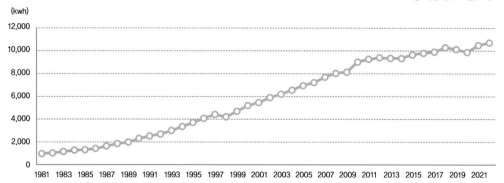

출처: 한국전력공사 「한국전력통계」, 에너지경제연구원 「에너지수급통계」, 한국은행 「국민계정」

📊 지표분석

> 1인당 전력소비량은 1990년 2,202kWh, 2000년 5,067kWh, 2010년 8,883kWh, 2018년 10,195kWh로 꾸준히 증가하다가 2022년 현재 10,652kWh다. 1인당 전력소비량에 비해 GDP 대비 전력소비량은 지속적인 감소 추세에 있다. 한국의 1인당 전력소비량은 국제적으로 상위권에 속하는데, 2019년 기준 한국은 비교대상 국가들 가운데 아이슬란드와 미국 다음으로 1인당 전력소비량이 많다. 한국의 1인당 전력소비량이 많은 것은 산업 부문의 전력소비가 많기 때문이다. 반면 한국의 가정 부문 전력소비는 OECD 평균보다 적다.

❺ 신용카드 이용실적

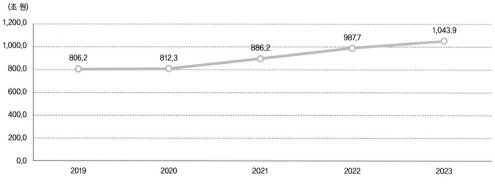

출처: 신용카드사 보고자료

📊 지표분석

> 신용카드 이용실적이 매년 꾸준히 증가한 결과, 2023년의 경우 전년 대비 5.7% 상승한 1,043.9조 원을 기록했다. 2022년 신용카드 총 이용실적은 987.7조 원으로 전년(886.2조 원) 대비 101.5조 원(11.5%) 증가했다.

❻ 농가소득 현황

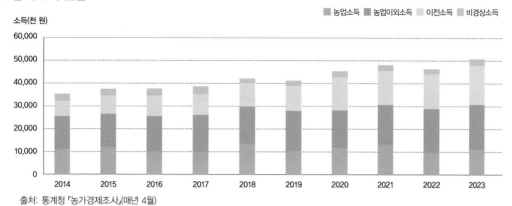

소득(천 원)

■ 농업소득 ■ 농업이외소득 ■ 이전소득 ■ 비경상소득

출처: 통계청 『농가경제조사』(매년 4월)

📈 지표분석

농가소득은 농가가 1년(1.1.~12.31.) 동안 벌어들인 소득으로 농업·농외·이전·비경상소득으로 구성된다. 2023년 농가소득은 50,828천 원으로 전년 대비 4,674천 원(10.1%) 증가했다. 소득 종류별로는 전년 대비 농업소득(17.5%), 농업외소득(4.2%), 이전소득(12.7%), 비경상소득(12.4%)에서 모두 증가했다. 소득 종류별 비중은 농업외소득(39.3%), 이전소득(33.8%), 농업소득 (21.9%), 비경상소득(4.9%) 순으로 높았다.

❼ 일조시간 추이

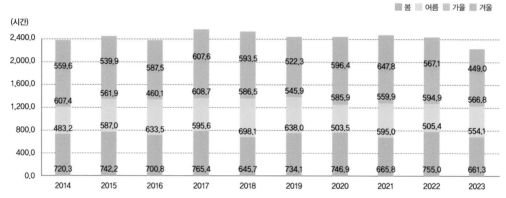

(시간)

■ 봄 ■ 여름 ■ 가을 ■ 겨울

출처: 기상연보, 기상자료개방포털

📈 지표분석

일조시간은 태양 광선이 구름이나 안개로 가려지지 않고 땅 위를 비치는 것을 말하며, 실제로 비친 시간을 의미한다. 2023년 전국평균 연 합계 일조시간은 2282.8시간으로 전년 2,501.1시간보다 줄었다. 이 중 봄은 661.3시간, 여름은 554.1시간, 가을은 566.8시간, 겨울은 449.0시간이었다.

2024 파리올림픽

2024.7.26.~8.11.

◆ 사진 출처: 연합뉴스

제33회 파리하계올림픽이 8월 11일 폐막식을 끝으로 17일간의 일정을 화려하게 마무리했다.

이번 올림픽은 1900년과 1924년에 이어 세 번째이자 100년 만에 파리에서 열린 올림픽으로, 이번 개최로 프랑스 파리는 영국 런던(1908, 1948, 2012년)에 이어 두 번째로 하계올림픽을 세 번(1900, 1924년) 유치한 도시로 기록됐다.

무엇보다 이번 파리올림픽은 지난 2019년 시작돼 전 세계를 덮쳤던 코로나19의 엔데믹(풍토병화) 이후 열린 첫 올림픽이라는 점에서도 많은 주목을 받았다.

직전 도쿄올림픽의 경우 코로나19로 인해 무관중 대회로 치러졌으나 이번 대회는 2015년 리우올림픽 이후 8년 만에 관중이 참여하는 올림픽으로 이뤄지면서 대회 열기가 더욱 높아졌기 때문이다.

한편, 다음 올림픽은 4년 뒤인 2028년 미국 로스앤젤레스(LA)에서 열리는데,

LA 역시 파리처럼 1932년과 1984년에 이은 세 번째 올림픽 개최가 된다.

2024 파리올림픽, 개최지 선정에서부터 폐막까지

「완전히 개방된 대회(Games Wide Open)」를 슬로건으로 내건 2024 파리올림픽이 전 세계 200여 개국의 선수들이 참여한 가운데, 32개 종목·329개 금메달을 둔 경쟁을 치렀다. 이번 대회에서는 힙합 음악에 맞춰 춤 대결을 펼치는 「브레이킹」이 처음으로 정식종목으로 열렸으며, 이전 도쿄올림픽에서 정식종목으로 치러졌던 야구·소프트볼, 가라테는 제외됐다. 특히 이번 파리올림픽은 사상 처음으로 남녀 선수 출전 비율을 50%씩으로 맞춘 100% 성평등 대회로 치러졌으며, 프랑스를 대표하는 문화·자연·체육 유산들이 경기장으로 재탄생하면서 화제를 모았다.

2024 파리올림픽 개관

날짜	2024년 7월 26일 ~ 8월 11일(17일간)
개·폐막식 장소	• 개막식: 파리 센강(근대 올림픽 최초로 야외 개막식. 참가 선수들이 160여 척의 배를 타고 센강을 따라 수상 퍼레이드를 펼침) • 폐막식: 스타드 드 프랑스
마스코트	프리주(Phryge): 절대 왕정을 전복시키기 위해 발발했던 프랑스 대혁명 당시 시민군이 쓴 프리기아 모자에서 유래
슬로건	완전히 개방된 대회(Games Wide Open)
정식종목	32개(329개 세부종목)

파리, 제33회 하계올림픽 개최지 결정

국제올림픽위원회(IOC)는 2017년 9월 13일 페루 리마에서 열린 제131차 총회에서 2024년과 2028년 하계올림픽 개최지로 각각 프랑스 파리와 미국 로스엔젤레스(LA)를 만장일치로 공식 확정했다. IOC는 이전까지 하·동계올림픽이 열리기 7년 전에 해당 대회의 개최지를 결정해 왔으나, 이때는 처음으로 그 관례를 깨고 2024년과 2028년 올림픽 개최지를 한꺼번에 선정하며 주목을 받았다. IOC의 개최지 결정에 따라 파리는 런던과 함께 하계올림픽을 3차례 개최하는 도시라는 기록을 남기게 됐는데, 파리는 앞서 1990·1924년에 하계올림픽을 개최한 바 있다. 특히 파리는 1924년 올림픽 개최 100주년이 되는 2024년에 다시 올림픽을 열게 됐다는 의미도 남기게 됐다.

파리올림픽 마스코트, '프리주'

파리올림픽 마스코트는 「프리주(Phryge)」로, 이는 절대 왕정을 전복시키기 위해 발발했던 프랑스 대혁명 당시 시민군이 쓴 프리기아 모자에서 유래한 것이다. 프리기아 모자는 고대 로마 시절 노예가 해방된 뒤 쓴 모자여서 「자유의 모자」로 통용돼 왔다. 프리주는 자유·평등·박애를 뜻하는 프랑스의 삼색기(파랑·빨강·하양)로 꾸며졌다. 특히 파리올림픽 마스코트는 익살스러운 표정의 프리기아 모자에 스니커즈를 단정하게 신은 프리주인데, 패럴림픽 마스코트는 프리주의 오른쪽 다리에 의족 블레이드를 단 것이 특징이다.

브레이킹 신설 등 32개의 정식종목

파리올림픽에서는 브레이킹이 신설되고 야구·소프트볼, 가라테가 빠지면서 정식종목은 이전 도쿄올림픽에 비해 1개가 줄어든 32개로 치러졌다. 특히 이번 올림픽에서 첫 정식종목이 된 브레이킹은 1970년대 미국 뉴욕에서 발생한 스트릿 댄스의 일종으로, 힙합음악의 브레이크 비트에 맞춰 춤을 추는 것이다. 이는 남녀부 각각 1개의 금메달이 걸려 있었는데, 5명의 심사위원이 6개 항목(창의성, 개성, 기술, 다양성, 공연성, 음악성)을 평가해 승부를 가렸다. 아울러 이번 파리대회는 사상 처음으로 남녀 선수 출전 비율을 50%씩으로 맞추면서 여성 선수 출전 비율이 도쿄올림픽의 48.8%보다 높아졌다. IOC는 이를 위해 선수 출전 규모를 1만 500명으로 줄이면서 여성 선수 출전 종목과 혼성 종목을 늘렸는데, 32개 정식종목 중 28개 종목이 남녀 동수로 성별 균형을 이뤘다.

총 32개 종목·329개 세부종목

기존 종목 (28개)	양궁, 육상, 배드민턴, 농구, 복싱, 카누, 사이클, 승마, 펜싱, 축구, 골프, 체조, 핸드볼, 하키, 유도, 근대5종, 조정, 럭비, 사격, 탁구, 태권도, 테니스, 철인3종, 배구, 수영, 역도, 레슬링, 요트
신설 종목 (4개)	브레이킹, 스포츠클라이밍, 스케이트보드, 서핑

**미국,
종합 1위 차지**

이번 대회 종합 1위는 미국(금 40·은 44·동 42)이 차지하며 4개 대회 연속 최정상을 지켰다. 미국은 대회 막판까지 금메달 39개로 중국(금 40·은 27·동 24)에 밀렸지만, 마지막 종목이던 여자 농구 결승에서 40번째 금메달을 따내면서 역전했다. 2위 중국에 이어 일본(금 20·은 12·동 13)이 도쿄올림픽에 이어 2회 연속 3위를 기록했으며, 개최국 프랑스(금 16·은 26·동 22)는 5위를 기록했다. 그리고 우리나라는 1948년 몬트리올대회 이후 48년 만에 최소 규모 선수단으로 참여했으나, 8위를 기록하며 10위 이내에 진입하는 성과를 이뤄냈다.

대한민국 종합 8위,
당초 목표 초과 달성

당초 파리대회를 앞두고 「금메달 5개 이상, 종합 순위 15위」를 목표로 제시한 우리나라는 1976년 몬트리올올림픽 이후 48년 만에 최소 규모 선수단(143여 명)으로 참여했다. 이는 여자 핸드볼을 제외한 모든 단체 구기종목이 올림픽 출전권을 획득하지 못한 데 따른 것이다. 하지만 이와 같은 구기종목의 부진과 금메달 5개라는 목표는 대회 초반부터 총(사격)·칼(펜싱)·활(양궁) 등 무구로 승패를 다투는 종목에서 대거 메달이 쏟아지면서 개막 5일 만에 목표를 초과 달성하는 결과가 나왔다. 이와 같은 성과로 우리나라는 금메달

13개·은메달 9개·동메달 10개를 차지하며 당초 목표를 초과 달성한 것은 물론, 종합 8위를 기록하며 10위 내에 진입하는 성과도 이뤄냈다. 특히 총 메달 개수로는 32개를 수확해 1988년 서울올림픽의 33개 이후 최다 메달 공동 2위(2008 베이징)를 기록했으며, 금메달만 놓고 보면 역대 최다 타이(2008 베이징, 2012 런던)를 작성했다. 다만 우리나라가 금메달을 따낸 종목은 2008년 8개, 2012년 7개에서 이번 대회에서는 5개를 기록했는데, 이처럼 특정 종목에 쏠림이 두드러지는 것은 향후 과제로 꼽히게 됐다.

✎ **무기 들면 한국이 최강?** 우리나라는 무기를 사용하는 사격(총)·펜싱(칼)·양궁(활) 등의 종목에서 총 13개의 금메달 중 10개를 차지했다. 이처럼 메달들이 나온 종목과 관련된 「총칼활」의 선전에 올림픽 기간 온라인 등에서는 「전투민족 DNA」가 빛났다는 우스갯소리가 화제가 되기도 했다. 반면 무기를 사용하지 않는 격투(태권도·유도·레슬링) 종목에서는 일본이 압도적이었는데, 일본은 레슬링에서만 금메달 8개를 휩쓸었고 유도에서는 금메달 3개를 따냈다.

**한국 양궁,
사상 첫 전 종목 석권**

세계 최강의 한국 양궁은 남녀 대표팀에서 모두 3관왕을 배출하며 파리올림픽 양궁에 걸린 금메달 5개를 모두 차지했다. 여자양궁의 경우 1988 서울올림픽부터 시작된 10연패 기록을 달성했으며, 남자양궁도 3연패 기록을 썼다. 또 김우진(32)과 임시현(21)은 개인전과 남녀혼성전까지 우승하며 3관왕을 달성했는데, 특히 김우진은 올림픽 통산 5번째 금메달을 차지하며 김수녕(양궁)·진종오(사격)·전이경(쇼트트랙·이상 금메달 4개)을 제치고 이 부문 한국 선수 1위라는 신기록도 썼다. 이처럼 한국 양궁은 이번 파리올림픽에서의 메달 수확으로 올림픽에서 양궁 금메달 5개를 모두 석권한 첫 국가라는 역사를 쓰게 됐다. 또 이번 대회 성과에 따라 한국 양궁 대표팀이 그동안 올림픽에서 거둔 메달 수는 금메달 32개, 은메

2024 파리올림픽 메달 순위는?(※ 금메달 순)

순위	국가	금	은	동	합계	순위	국가	금	은	동	합계
1	미국	40	44	42	126	6	네덜란드	15	7	12	34
2	중국	40	27	24	91	7	영국	14	22	29	65
3	일본	20	12	13	45	8	대한민국	13	9	10	32
4	호주	18	19	16	53	9	이탈리아	12	13	15	40
5	프랑스	16	26	22	64	10	독일	12	13	8	33

대한민국 대표팀의 메달 성과는?

종목	금	은	동	메달리스트
양궁	5	1	1	• 혼성단체: 김우진, 임시현(금) • 여자단체: 임시현, 전훈영, 남수현(금) • 남자단체: 김우진, 이우석, 김제덕(금) • 여자개인: 임시현(금), 남수현(은) • 남자개인: 김우진(금), 이우석(동)
사격	3	3	0	• 여자 10m 공기소총: 반효진(금), 김예지(은) • 여자 25m 권총: 양지인(금) • 여자 10m 공기권총: 오예진(금) • 남자 25m 속사권총: 조영재(은) • 혼성단체 10m 공기소총: 금지현, 박하준(은)
펜싱	2	1	0	• 남자 사브르 개인: 오상욱(금) • 남자 사브르 단체전: 오상욱, 구본길, 박상원, 도경동(금) • 여자 사브르 단체전: 윤지수, 전하영, 최세빈, 전은혜(은)
태권도	2	0	1	• 남자 58kg: 박태준(금) • 여자 -57kg: 김유진(금) • 여자 +67kg: 이다빈(동)
배드민턴	1	1	0	• 여자단식: 안세영(금) • 혼성복식: 김원호, 정나은(은)
역도	0	1	0	여자 81kg 초과급: 박혜정(은)
유도	0	2	3	• 남자 +100kg: 김민종(은) • 여자 57kg: 허미미(은) • 여자 +78kg: 김하윤(동) • 남자 -81kg: 이준환(동) • 혼성단체: 김민종, 허미미, 김하윤, 이준환, 김원진, 김지수, 안바울, 윤현지, 이혜경, 정예린, 한주엽(동)
탁구	0	0	2	• 혼성복식: 신유빈, 임종훈(동) • 여자단체전: 신유빈, 전지희, 이은혜(동)
복싱	0	0	1	여자 54kg: 임애지(동)
수영	0	0	1	남자 자유형 400m: 김우민(동)
근대5종	0	0	1	여자 근대5종: 성승민(동)

달 10개, 동메달 8개로 늘게 됐다. 양궁은 1972년 뮌헨올림픽 때부터 올림픽 정식종목으로 치러졌으며, 한국은 1984 LA올림픽부터 출전해 왔다. 이후 여자 종목에서는 단체전 10연패 외에도 개인전에서도 2008년 단 한 번을 제외하고는 모두 정상에 올랐다. 다만 남자 단체전의 경우 지금까지 7번 올림픽 제패를 했지만 남자 개인전은 2012 런던(오진혁), 2016 리우(구본찬)에서의 2개의 금메달에 그친 바 있다.

✎ 한국 양궁이 독보적인 성적을 기록하면서 양궁협회장을 역임하고 있는 정의선 현대자동차그룹 회장의 리더십도 주목받았는데, 현대차그룹은 양궁협회 후원사로 역대 최장기간인 40년간 후원해왔다.

펜싱, 효자종목 위상 재확인

펜싱 대표팀은 이번 대회에서 금 2(남자 사브르)·은 1개(여자 사브르)를 차지했는데, 특히 남자 사브르(오상욱, 구본길, 박상원, 도경동)는 단체전 3연패의 위업을 일궈냈다. 올림픽 남자 사브르 단체전 3연패는 아시아 국가로는 최초이자 1928년 암스테르담 대회부터 1960년 로마 대회까지 7연패를 달성한 헝가리 이후 64년 만이다. 여기에 남자 사브르의 오상욱(28)은 개인전 금메달까지 차지하며 한국 펜싱 역사상 최초로 2관왕에 올랐다. 이 밖에 여자 사브르(윤지수, 전하영, 최세빈, 전은혜) 대표팀도 준결승에

서 세계랭킹 1위 프랑스를 격파하며 사상 첫 결승 진출과 함께 은메달을 차지했다.

펜싱 3개 종목의 차이

구분	플뢰레(Fleuret)	에페(Epee)	사브르(Sabre)
경기 방식	• 몸통만 타격 가능 • 칼끝 찌르기 공격만 인정	• 몸 전체 타격 가능 • 칼끝 찌르기 공격만 인정	• 몸통, 머리, 양 팔 타격 가능 • 칼날, 칼등 또는 칼끝으로 찌르기, 베기 공격 모두 인정
칼 길이	110cm	110cm	110cm
칼 무게	0.5kg	0.8kg	0.5kg

사격, 올림픽 역대 최고 성적

한국 사격은 이번 올림픽에서 금 3·은 3를 차지하며 2012 런던올림픽(금 3·은 2)을 뛰어넘는 역대 최고의 성적을 냈다. 특히 7월 29일 열린 공기소총 10m 여자개인전에서는 반효진(17)이 금메달을 차지하며 역대 하계올림픽 100번째 금메달의 주인공이자 역대 하계올림픽 최연소 금메달리스트라는 기록도 세웠다. 무엇보다 이번 대회에서 2003년생 양지인, 2005년생 오예진, 2007년생 반효진 등 2000년대생인 어린 선수들이 금메달을 차지하면서 4년 뒤 올림픽을 더욱 기대하게 됐다는 평가가 나온다.

안세영, 28년 만의 배드민턴 여자단식 금메달

배드민턴에서는 금 1·은 1개가 나온 가운데, 여자단식의 안세영(22)이 1996년 애틀랜타올림픽의 방수현 이후 28년 만에 역대 두 번째 여자단식 금메달을 수확했다. 특히 안세영의 우승으로 한국 배드민턴은 2008년 베이징올림픽 이용대-이효정 혼합복식 이후 끊겼던 올림픽 금맥을 16년 만에 되살렸다. 또 혼합복식에서는 김원호(25)-정나은(24)이 은메달을 차지했는데, 특히 김원호는 1996년 애틀랜타올림픽 혼합복식 초대 챔피언에 올랐던 어머니 길영아와 함께 「모자 메달리스트」에도 이름을 올렸다.

✎ 안세영은 경기가 끝난 뒤 대한배드민턴협회(배협)의 미흡한 대처에 대한 비판을 제기했는데, 특히 지난해 항저우아시안게임에서 입은 무릎 부상이 제대로 치료되지 않은 상황에서 올림픽에 나선 사실을 처음으로 공개하며 파장을 일으켰다. 그리고 문화체육관광부는 8월 12일 논란을 일으킨 배협에 대한 조사에 착수한다고 밝혔다.

태권도, 종주국 자존심 회복

2020 도쿄올림픽에서 사상 최초 노골드에 그쳤던 한국 태권도는 이번 대회에서 금 2개와 동 1개를 수확, 태권도 종주국의 자존심을 회복했다는 평가를 받았다. 남자 58kg급에서는 박태준(20)이 금메달을 차지하며 우리나라 최초의 이 체급 올림픽 금메달리스트가 됐다. 또 여자 57kg급에서는 김유진(23)이 2008 베이징올림픽 이후 16년 만에 해당 체급 금메달을 수확했으며, 여자 67kg 초과급에서는 이다빈(27)이 동메달을 차지했다.

탁구·유도 등 기타 종목에서도 유의미한 성과

탁구에서는 혼합복식의 신유빈(20)-임종훈(27)이 12년 만에 동메달을, 신유빈·전지희(32)·이은혜(29)로 구성된 여자 대표팀이 16년 만에 여자단체전 메달을 수확했다. 그리고 2012 런던올림픽(금 2개·동 1개) 이후 뚜렷한 성과를 내지 못하며 침체기를 이어왔던 유도는 이번 대회에서 신설된 혼성단체전에서 동메달을 수확하는 등 전체 종목에서 은 2·동 3개를 기록했다. 복싱에서는 임애지(26)가 여자 54kg급 동메달을 차지하며 한국 복싱 여자선수 최초의 메달을 차지했고, 근대 5종에서는 성승민(21)이 동메달을 차지하며 아시아 선수 최초로 올림픽 근대5종 여자부 메달리스트가 됐다. 또 여자 역도 81kg급의 박혜정(21)은 한국 신기록을 세우며 은메달을 차지했는데, 한국이 역도 여자 최중량급에서 메달을 딴 것은 2012 런던올림픽 장미란 이후 12년 만이었다. 이 밖에 수영에서는 김우민이 남자 자유형 400m에서 동메달을 수확하며 2012년 런던올림픽 박태환 이후 12년 만에 한국에 수영 올림픽 메달을 안겼다.

✎ 2개의 동메달을 주는 종목? 올림픽 복싱은 두 선수가 링 위에서 3분 3라운드 동안 치르는데, 경기 중간마다 휴식시간이 있는 타 종목에 비해 체력 소모가 크다. 이에 준결승 직후에 치러지는 3·4위전의 경우 휴식시간 부족으로 부상 우려가 높아지면서 1952년 헬싱키올림픽 때부터 2개의 동메달을 수여하는 방식이 유지되고 있다. 유도·태권도·레슬링도 2명의 선수에게 동메달을 수여하는데, 수상자 선정 방식은 각기 다르다. 유도는 8강에서 패한 4명의 선수가 패자부활전을 치르고, 여기서 승리한 2명이 준결승에서 진 2명과 각각 맞붙어 두 경기의 승자가 동메달을 차지한다. 태권도·레슬링은 16·8강전에서 결승 진출자에게 패한 선수 4명이 패자부활전에 출전하며, 이후 패자부활전 승자와 준결승 패자가 동메달 2개를 놓고 겨루게 된다.

근대5종

근대5종은 근대 올림픽 창시자인 피에르 쿠베르탱이 제안했으며 올림픽에서는 1912년 스톡홀름 올림픽 때 정식종목으로 채택됐다. 근대5종은 승마(장애물 비월)·펜싱(에페)·수영(자유형 200m)·육상(3km 크로스컨트리)·사격(10m 레이저건) 등 5가지 종목을 겨뤄 각 종목의 정해진 계산법으로 득점을 내 종합 성적을 매긴다. 그러나 다음 LA 올림픽부터는 승마가 근대5종에서 제외되는데, 이는 2020 도쿄올림픽 여자부 경기에서 아니카 슐로이(독일) 선수가 승마에서 말(馬) 문제 때문에 0점을 받으며 논란이 된 데 따른 것이다. 이에 국제근대5종연맹(UIPM)은 근대5종에서 승마를 제외하기로 전격 결정했으며, 2028년 LA 올림픽부터 승마를 대체할 세부 종목으로 「장애물 경기(Obstacle discipline)」를 채택했다. 이는 대형 구름사다리나 로프, 링, 허들 등 다양한 형태의 장애물을 빠르게 통과하는 방식의 경기다.

파리올림픽 이모저모, 대회 기록 및 경기 외 이야기들

조코비치, 골든 그랜드슬램 달성

「테니스 전설」노바크 조코비치(37, 세르비아)는 8월 4일 열린 테니스 남자단식 결승전에서 카를로스 알카라스(스페인)를 2-0으로 꺾고 금메달을 차지했다. 조코비치는 2008년 베이징대회에서 3위를 한 이후 ▷2012 런던(4위) ▷2016 리우(1회전 탈락) ▷2020 도쿄대회(4위)까지 올림픽 우승과는 인연이 없었으나 결국 이번 대회에서 우승을 차지했다. 이로써 메이저 대회에서만 24차례 우승해 남녀 단식 통틀어 최다 우승 기록을 갖고 있는 조코비치는 4대 메이저대회(호주오픈·프랑스오픈·윔블던·US오픈)와 올림픽 금메달을 모두 수집하는 「커리어 골든 그랜드슬램」을 완성했다. 그동안 남녀 단식을 통틀어 골든 그랜드슬램을 달성한 선수는 ▷안드레 애거시(미국) ▷라파엘 나달(스페인) ▷슈테피 그라프(독일) ▷세레나 윌리엄스(미국) 등 단 4명뿐이었다. 또 1987년생으로 올해 37살인 조코비치는 최고령 금메달리스트에도 등극했는데, 종전 기록은 페더러가 2012년 런던대회에서 작성한 31세였다.

부활한 시몬 바일스, 3관왕 달성

「체조 전설」시몬 바일스(27, 미국)는 이번 올림픽에서 금 3개(단체전, 개인종합, 도마)와 은 1개(마루운동)를 차지하며 대회를 마무리했다. 바일스는 2016 리우올림픽에서는 4관왕을 한 바 있으나, 2020 도쿄올림픽에서는 경기 도중 기권까지 하는 심적 부담으로 은 1·동 1개에 그친 바 있다. 이후 바일스는 심리 치료를 받으면서 파리대회를 준비했고, 결국 이번 대회에서 3관왕을 달성하며 화려하게 부활했다.

NBA 스타 총출동, 미국 남자농구 5연패

르브론 제임스, 스테판 커리 등 미국프로농구(NBA) 스타들이 총출동한 드림팀 미국 남자농구 대표팀은 8월 11일 결승전에서 개최국 프랑스를 98-87로 물리치며 올림픽 5연패에 성공했다. 여기에 미국의 케빈 듀랜트(피닉스)는 최근 4회 연속 금메달을 차지, 올림픽 남자농구 사상 최초로 4회 우승을 달성한 선수라는 기록을 남겼다. 또 르브론 제임스(LA 레이커스)도 2004년 아테네 동메달과 2008년 베이징, 2012년 런던에 이어 개인 통산 네 번째 올림픽 메달을 획득하는 데 성공했다.

레옹 마르샹, 파리올림픽 최다관왕

프랑스의 수영 스타 레옹 마르샹(22)은 수영 경영에서 금메달 4개로 파리올림픽 최다관왕 기록을 남김과 동시에 금메달을 따낸 4개 종목 모두에서 올림픽 신기록을 수립하는 성과도 달성했다. 마르샹은 남자 개인혼영 400m에서 4분02초95의 올림픽 기록을 수립하며 정상에 오른 데 이어 남자 접영 200m(1분51초21)와 남자 평영 200m(2분05초85)에서도 연이어 올림픽 신기록을 세웠다. 또 개인혼영 200m에서도 올림픽 신기록(1분54초06)을 세우며 대회 네 번째 금메달을 획득, 이번 대회를 통해 세계적인 스타로 부상했다.

中 판잔러, 수영 100m 자유형 세계신기록

중국의 판잔러(19)는 남자 자유형 100m 결승에서 46초 40의 세계신기록으로 우승, 아시아 선수로는 1932년 미야자키 야쓰지(일본) 이후 92년 만에 남자 자유형 100m 챔피언에 올랐다. 특히 판잔러의 기록은 아시아 선수에게 불가능의 영역이라고 여겨진 자유형 100m에서 나왔다는 점에서 큰 주목을 받았다. 여기에 판잔러가 속한 중국 수영 대표팀은 혼계영 400m에서도 1위를 차지하며 미국의 올림픽 11연패를 좌절시켰다. 미국 남자 혼계영팀은 이 종목이 채택된 1960 로마대회부터 2020 도쿄대회까지 단 한 번도 패배한 적이 없는 팀이라는 점에서 이번 결과는 대이변으로 받아들여졌다.

듀플랜티스, 장대높이뛰기 세계신기록

남자 장대높이뛰기의 아먼드 듀플랜티스(25, 스웨덴)가 8월 5일 펼쳐진 결선에서 6m25를 넘어 자신이 갖고 있던 세계신기록을 갈아치우며 금메달을 차지, 이 종목 2연패를 달성했다. 특히 듀플랜티스의 기록은 2위 샘 켄드릭스(미국, 5m95)와 30cm나 차이가 났는데, 이는 역대 올림픽 이 종목에서 나온 최대 격차다. 듀플랜티스는 남자 단거리의 우사인 볼트가 은퇴한 뒤 육상계 최고 스타 선수로 불리는 인물로, 장대높이뛰기 세계 기록(실내외 통합) 1~9위(6m17~6m25) 모두를 그가 갖고 있다.

레슬링 로페스, 올림픽 역사상 첫 개인 단일종목 5연패

「쿠바의 살아 있는 레슬링 전설」미하인 로페스(41)가 8월 6일 열린 레슬링 남자 그레코로만형 130kg급 결승에서 우승, 올림픽 역사상 처음으로 개인 단일종목 5연패라는 기록을 세웠다. 이전까지 올림픽 역대 단일종목 최다 연패 기록은 4연패로, 로페스를 비롯해 ▷육상 멀리뛰기 칼 루이스(미국) ▷수영 남자 개인혼영 200m 마이클 펠프스(미국) ▷수영 여자 자유형 800m 케이티 러데키(미국) ▷육상 원반던지기 앨 오터(미국) ▷요트 파울 엘스트룀(덴마크) ▷레슬링 여자 자유형 63kg급 이초 가오리(일본)가 달성한 바 있다.

난민팀, 첫 메달리스트 탄생

11살 때 조국 카메룬을 떠나 영국에서 복서의 꿈을 키운 신디 은감바(25)가 8월 4일 여자 복싱 75kg급 8강전에서 준결승 진출에 성공하며 난민팀 역대 첫 메달의 주인공이 됐다. 국제올림픽위원회(IOC)는 내전과 전쟁, 차별 등 피치 못할 사유로 조국을 떠난 선수들이 올림픽 무대에 설 수 있도록 2016 리우·2020 도쿄·2024 파리올림픽까지 세 차례 연속 난민팀을 구성했다.

파리 명소들의 경기장 재탄생

파리올림픽에서는 프랑스를 대표하는 문화·자연·체육 유산들이 경기장으로 재탄생하면서 많은 화제를 일으켰다. 대표적으로 에펠탑이 올려다보이는 샹드마르스 공원(비치발리볼), 1979년 프랑스 최초의 유네스코 문화유산으로 등재된 베르사유 궁전(승마), 1900년 만국박람회를 위해 지어진 그랑팔레(태권도와 펜싱), 나폴레옹의 묘역이 있는 앵발리드 광장(양궁) 등이 경기장으로 활용됐다. 특히 개막식의 경우 각국 선수단이 주경기장을 걸어서 입장하는 대신 160여 척의 배를 타고 센강을 따라 이동하면서 주목을 받았다. 다만 개막식에서는 한국 선수단을 프랑스어와 영어 모두 북한으로 잘못 부르는 실수가 나왔고, 개막식 행사에서 여장 남자(드래그퀸) 공연자들이 〈최후의 만찬〉속 예수의 사도로 등장하며 종교계의 반발을 사기도 했다.

北, 8년 만에 올림픽 복귀

북한은 코로나19가 확산하던 2021년 개최된 도쿄올림픽 때 코로나19가 북한에 확산하는 것을 막고 선수들을 보호한다는 취지로 선수단을 보내지 않았다. 이 때문에 북한은 IOC로부터 2022년 말까지 자격정지 처분을 받았다가 해당 징계가 풀리면서 국가올림픽위원회(NOC) 지위를 되찾았다. 이에 북한은 지난해 항저우 아시안게임에 이어 올해 파리올림픽에도 선수단을 보냈으며, 이번 대회에서 은메달 2개와 동메달 4개를 획득하며 공동 68위로 대회를 마감했다.

올림픽 역사상 개최지에서 가장 먼 곳에서 열린 「서핑」

파리올림픽 서핑 경기는 남태평양에 있는 타히티에서 열렸는데, 타히티는 파리에서 1만 5700km 떨어진 프랑스 해외 영토다. 이에 이번 파리올림픽 서핑은 올림픽 역사상 개최지에서 가장 먼 곳에서 열린 경기 종목이 됐다. 앞서 1956년 멜버른올림픽 때 1만 5500km 떨어진 스웨덴 스톡홀름에서 승마 경기가 열린 적이 있는데, 당시 호주의 동물 반입정책이 너무 엄격해 승마 경기만 대회 개막(11월 22일) 5개월 전에 먼저 열린 바 있다.

사상 최초로 모든 경기 운영에 AI 도입

파리올림픽은 2022년 11월 오픈AI의 챗GPT가 세상에 공개된 후 처음으로 치러진 올림픽으로, 사상 최초로 AI를 경기 운영 전반에 도입한 글로벌 스포츠 이벤트로 기록됐다. 특히 토마스 바흐 IOC 위원장은 지난 4월 「올림픽 AI 어젠다」를 통해 올림픽 사상 최초로 AI를 활용해 출전 선수들을 온라인 비방으로부터 보호하기로 한 바 있다. 이에 IOC는 AI 기술로 선수와 관계자의 계정 수천 개를 35개 이상 언어로 실시간 모니터링하고, 이 과정에서 비방 메시지를 발견하면 선수가 이를 보기 전에 미리 해당 글을 삭제하는 방침도 취했다.

빅토리 셀피(Victory Selfie)

이번 파리올림픽에서 처음으로 도입된 메달 시상대 현장 프로그램으로, 삼성전자가 국제올림픽위원회(IOC), 파리올림픽조직위와 협력해 시상대에 오른 선수들이 갤럭시Z 플립6 올림픽 에디션을 활용해 영광의 순간을 직접 촬영할 수 있도록 마련한 것이다. 올림픽 경기장에서는 개인 휴대폰을 허용하지 않는 만큼 그간 올림픽 시상식에는 공식 미디어만이 시상대를 원거리에서 촬영할 수 있었다. 그러나 빅토리 셀피를 통해 모든 메달리스트들이 시상대 위에서 촬영한 사진은 공식 앱으로 다운로드 받을 수 있고 비상업적 용도로 소셜 계정 등에서 활용 가능하도록 했다.

女 복싱에서는 XY 염색체 선수 논란

8월 1일 열린 여자 복싱 66kg급 16강전에서 이탈리아의 안젤라 카리니(25)가 XY 염색체를 가진 알제리의 이마네 칼리프(26)를 만나 경기 시작 46초 만에 기권패하면서 이에 대한 논란이 일었다. 칼리프는 XY 성염색체를 가지고 있어 대만의 린위팅(28)과 함께 대회 시작부터 성별 논란이 불거졌던 인물로, 두 선수는 지난해 세계선수권대회에서 국제복싱협회(IBA)로부터 실격 처분을 받은 바 있다. 두 선수에 대한 논란은 올림픽 시작 후에도 계속됐는데, IOC는 염색체만으로 성별을 결정할 수 없고 규정에 따라 출전 자격을 따낸 만큼 두 사람의 파리올림픽 출전에는 문제가 없다는 입장을 재차 밝혔다. 두 선수는 모두 결승까지 진출했는데, 칼리프는 8월 10일 열린 결승에서 승리하며 금메달을 차지했고 11일 치러진 57kg급 결승전에 진출한 린위팅 역시 금메달을 수확했다.

앙팡 테리블들의 급성장

이번 파리올림픽에서는 10대 선수들의 금메달 행진이 이어지면서 「앙팡 테리블(Enfant Terrible)」이라는 말이 화제가 됐다. 앙팡 테리블은 「무서운 아이」라는 뜻으로, 프랑스 문학가인 장 콕토의 소설 제목에서 비롯된 말이다. 대표적으로 우리나라에서는 사격 공기소총 여자 10m에서 우승한 2007년생의 반효진이 16세 10개월로, 역대 하계올림픽 한국 선수 최연소 우승 기록을 경신했다. 또 2005년생의 오예진도 공기권총 10m에서 금메달을 차지하는 등 사격에서 2명의 10대 금메달리스트가 탄생했다. 그리고 스케이트보드 여자 스트리트 부문에서 우승한 2009년생의 요시자와 코코(일본)는 올해 만 14세 10개월로 이들보다 더 어리며, 수영 여자 400m 개인혼영에서는 2006년생인 서머 매킨토시(캐나다)가 금메달을 차지하며 화제를 모았다.

최신 주요 시사

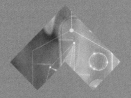

최신시사상식 229집

최신
주요 시사

6월 / 7월 / 8월

정치시사 / 경제시사 / 사회시사 / 문화시사

스포츠시사 / 과학시사 / 시시비비(是是非非)

2024년 하반기 달라지는 것들 / 시사용어 / 시사인물

정치시사

트럼프 vs 해리스, 11월 美 대선 맞대결
바이든 대통령은 대선 후보직 사퇴

조 바이든 대통령과 도널드 트럼프(78, ※ 시사인물 참조) 전 대통령의 리턴매치로 치러질 가능성이 높았던 11월 미국 대선이 바이든 대통령의 후보직 사퇴에 따라 트럼프 전 대통령과 카멀라 해리스(60, ※ 시사인물 참조) 부통령의 대결로 확정됐다. 바이든 대통령은 트럼프와의 첫 TV토론에서 참패한 데 이어 고령 리스크까지 부각되면서 민주당 안팎에서 사퇴 요구를 받아 오다가, 결국 대선을 107일 앞둔 7월 22일 전격 사퇴하며 대선 레이스를 마무리했다.

한편, 해리스의 후보 확정으로 이전까지 트럼프의 압도적 우위로 여겨지던 미국 대선은 완전히 새로운 국면으로 접어들게 됐다. 실제로 트럼프 전 대통령이 줄곧 우세했던 지지율 추이는 바이든 대통령의 후보직 사퇴를 기점으로 역전된 데 이어 해리스가 우위를 나타내는 조사 결과들도 나오면서 판세가 흔들리는 모습을 보이고 있다.

> **2024년 미국 대선** 11월 5일 도널드 트럼프 전 대통령과 카멀라 해리스 부통령 간의 대결로 치러지는 대통령 선거이다. 올해 미 대선은 지난 1월 15일 공화당의 아이오와 코커스와 23일 민주당의 뉴햄프셔 프라이머리를 시작으로 본격적인 대선 후보 경선 레이스에 돌입한 바 있다. 이후 바이든과 트럼프가 압도적 우위를 굳히면서 전현직 대통령의 리턴매치가 성사될 가능성이 높아졌으나, 바이든 대통령이 중도 사퇴하면서 이는 불발됐다. 두 사람의 리턴매치가 성사될 경우 1956년 드와이트 아이젠하워(공화당) 당시 대통령과 애들레이 스티븐슨 당시 민주당 후보의 대결 이래 사상 두 번째로 동일한 후보가 맞붙는 대선이 이뤄질 예정이었다.

트럼프-해리스 대결로 확정되기까지

트럼프, 공화당 전당대회서 대선 후보로 확정 도널드 트럼프 전 대통령이 7월 15~18일 열린 공화당 전당대회에서 대선 후보로 공식 지명되면서 2016·2020년에 이어 세 번째로 대선 도전을 공식화했다. 이로써 트럼프는 부통령 러닝메이트인 J.D. 밴스 연방 상원의원(오하이오, ※ 시사인물 참조)과 함께 4년 만의 백악관 복귀에 도전하게 됐다. 그는 현재 4건의 형사기소 등을 당한 상태지만, 연방 대법원이 7월 1일 전직 대통령의 재임 중 행위에 대해 형사 면책특권을 넓게 인정하는 판결을 내리면서 사법리스크도 거의 벗어났다.

> **전당대회** 대선이 열리는 4년마다 본선에 나갈 대통령·부통령 후보를 공식 지명하는 미국 정당정치 최대의 축제다. 전국에서 모인 대의원(공화당 2500여 명, 민주당 4700여 명)들이 주별로 돌아가며 지지 후보를 호명하는 「롤 콜(Roll Call)」에서 대의원 과반의 선택을 받으면 공식 후보로 선출된다. 이는 야당이 먼저 열고 여당이 나중에 하는 것이 관례로 돼 있다. 전당대회에서는 국내의 각종 현안과 관련된 당의 정강 정책도 논의되며, 마지막 날에는 후보 지명자가 후보 수락 연설을 한다.

바이든, 민주당 대선 후보직 사퇴 조 바이든 대통령이 대선을 107일 앞둔 7월 22일 민주당 대선 후보직을 전격 사퇴하고, 카멀라 해리스 부통령을 자신을 대신할 후보로 지지한다고 밝혔다. 바이든 대통령은 지난 3월 민주당 경선에서 과반 이상의 대의원을 확보해 사실상 대선 후보로 확정된 바 있으며, 민주당은 8월 19~22일 시카고에서 전당대회를 열고 바이든을 당 후보로 공식 선출할 예정이었다. 하지만 바이든 대통령은 지난 6월 27일 트럼프 공화당 대선 후보와의 첫 TV토론에서 참패한 후 당 안팎에서 거센 후보 사퇴 요구를 받아 왔다. 여기에 트럼프 전 대통령이 7월 13일 피격으로 부상을 당한 이후 보여준 의연한 대응으로 지지층을 한층 결집시킨 반면, 바이든 대통령은 코로나19 감염 등 건강 이상 우려가 고조되면서 민주당 내 지지까지 급속도로 이탈했다. 그럼에도 바이든 대통령은 대선 완주 의사를 밝히다가 결국 사퇴했는데, 대선 후보 공식지명 절차만을 남겨둔 현직 대통령이 재선 도전을 공식 포기한 것은 미국 역사상 처음 있는 일이다.

💡 바이든의 사퇴를 앞두고 바이든의 주요 정치적 결정 때마다 게이트키퍼 역할을 해온 부인 질 바이든 여사가 실제 사퇴 여부를 결정하는 열쇠를 쥐고 있다는 분석이 나오기도 했다. 「게이터키퍼(Gate Keeper)」는 관문을 지키며 출입자를 결정하는 사람이라는 뜻으로 이른바 「문고리 권력」으로 불린다.

해리스, 민주당 대선 후보로 선출 카멀라 해리스 부통령이 11월 미국 대선의 민주당 후보로 8월 2일 공식 선출됐다. 민주당 전국위원회는 해리스 부통령이 민주당이 대선 후보 선출을 위해 전날인 8월 1일부터 실시한 호명투표 2일 차인 이날 대선 후보가 되기 위해 필요한 대의원 표의 과반을 확보했다고 밝혔다. 이는 바이든 대통령이 민주당 대선 후보직을 사퇴한 지 12일 만으로, 이로써 올해 미국 대선은 해리스 부통령과 트럼프 전 대통령의 대결로 확정됐다.

> **스윙 스테이트(Swing State)** 미국에서 정치적 성향이 뚜렷하지 않아 표심이 고정되지 않은 「경합주」를 일컫는 말이다. 민주·공화당에 대한 지지율이 마치 그네(Swing)처럼 오락가락한다는 뜻에서 붙은 명칭이다. 미국 대통령 선거는 이들 스윙 스테이트에서 결정되는 경우가 많기 때문에, 양당 선거자금의 70~80%가 이곳에 투입될 정도로 후보들의 전략이 이뤄진다.

💡 뉴욕타임스가 시에나대와 함께 8월 5~9일 펜실베이니아·미시간·위스콘신주 등 3개 경합주 유권자 각각 600여 명을 대상으로 한 조사에서 3곳 모두 적극 투표층에서는 해리스 부통령이 트럼프 전 대통령을 앞서는 결과가 나왔다.

2024년 미국 대선, 양당 대통령·부통령 후보는?

구분	민주당 대통령 후보 카멀라 해리스 부통령(60)	민주당 부통령 후보 팀 월즈 미네소타 주지사(60)	공화당 대통령 후보 도널드 트럼프 전 대통령(78)	공화당 부통령 후보 J. D. 밴스 오하이오 상원의원(40)
출신지	캘리포니아	네브래스카	뉴욕	오하이오
주요 경력	검사, 연방 상원의원	주방위군, 고등학교 교사, 연방 하원의원	부동산 사업가, 방송인	해병대, 연방 상원의원
주요 지지층	여성, 비백인 등 진보 성향 유권자	중서부 곡창지대 백인 농부들	중년층 백인, 부유층 보수 유권자들	러스트벨트 중산층 블루칼라

美 대법원, 트럼프 면책특권 일부 인정
「재임 중 공적행위 면책」 판결

미국 연방대법원이 7월 1일 도널드 트럼프 전 대통령의 2020년 대선 결과 뒤집기 시도와 관련한 4개 혐의 중 법무부를 압박한 혐의에 대해 「대통령 재임 중 수행한 공적행위에 대해 퇴임 후 법적 처벌을 할 수 없다」며 면책특권을 일부 인정하는 판결을 내렸다. 그러면서 마이크 펜스 전 부통령의 대선 결과 인증을 방해하고 「1·6 의사당 난입」을 선동하는 등의 나머지 3개 혐의는 하급심 법원이 공적행위 여부를 판단하도록 했다.

이번 판결은 지난 2020년 대선 직후인 2021년 1월 6일 벌어진 트럼프 지지자들의 의회 난입사태와 관련된 것으로, 트럼프는 ▷법무부에 부정선거 소송을 제기할 것을 요구하고 ▷펜스 당시 부통령에게 선거 결과 확정을 연기할 것을 종용하고 ▷2021년 1월 6일 의사당에 난입하도록 지지자들을 선동하는 메시지를 X(구 트위터)에 유포한 혐의 등을 받았다.

사법리스크 해소한 트럼프, 대선에 호재 연방대법원의 이번 판결로 트럼프 전 대통령은 대선 출마와 관련한 사법리스크를 상당 부분 해소하게 됐다. 이는 트럼프가 기소된 4건의 형사 기소건 가운데 성추문 입막음 돈 지급 사건을 제외한 나머지 재판이 11월 대선 전에 열릴 가능성이 사실상 사라졌기 때문이다. 현재 트럼프 전 대통령이 형사 기소된 사건은 ▷재직 중 기밀문건 유출 사건 ▷2020년 대선 직후 조지아주 선거 개입 사건 ▷성인영화 배우 스토미 대니얼스에게 입막음 대가로 돈을 지급한 성추문 입막음 사건 ▷대선 패배 뒤집기 시도 등 모두 4건이다.

한편 트럼프 전 대통령의 성추문 입막음 의혹 사건 선고는 7월 11일로 예정돼 있었으나, 대통령의 면책특권을 일부 인정한 이번 연방대법원 판결의 영향으로 그 선고가 9월 18일로 미뤄졌다. 이는 트럼프 측이 연방대법원 판결을 근거로 선고 연기를 요청했고, 검찰도 이에 동의한 데 따른 것이다.

트럼프 암살미수 사건 발생, 역대 美 대통령 11번째 암살 시도

미국 공화당 대선 후보인 도널드 트럼프 전 대통령이 7월 13일 오후 6시 15분께 펜실베이니아주 버틀러 유세 도중 총격을 당해 오른쪽 귀 윗부분을 관통당하는 부상을 입었다. 트럼프 전 대통령은 사건 직후 병원으로 후송돼 치료를 받고 퇴원했으나, 당시 유세를 지켜보던 50대 전직 소방관 1명이 사망하고 2명이 큰 부상을 입었다. 사건 당시 총격범은 유세장에서 130m 떨어진 건물 옥상에 올라가 AR-15 소총으로 저격을 시도한 것으로 조사됐으며, 비밀경호원들에 의해 현

> **미국 비밀경호국(USSS·United States Secret Service)** 미국 전·현직 대통령의 경호를 전담하는 연방기관으로, 요인 경호 외에 금융·사이버범죄 수사와 대테러 업무 등도 담당하고 있다. 설립 초기에는 재무부 소속이었지만, 2003년 국토안보부 소속으로 변경돼 현재에 이르고 있다.

장에서 사살됐다. 미 연방수사국(FBI)은 7월 14일 현장에서 사살된 총격범의 신원이 펜실베이니아에 거주하는 20대의 백인 남성 토머스 매슈 크룩스로 확인됐다고 밝혔다.

트럼프 피격, 당선 가능성 상승? 유력한 대선 후보인 트럼프 전 대통령이 공개 유세 도중 암살 시도로 의심되는 총격을 당하면서 3개월 앞둔 미국 대선 국면에 큰 변화가 일어날 것이라는 전망이 나왔다. 무엇보다 트럼프 전 대통령은 저격 직후 얼굴에 피가 흐르는 채로 군중들을 향해 주먹을 치켜 올리며 「싸워라, 싸워라(Fight)」를 외쳤는데, 이는 고령 리스크 논란에 휩싸인 바이든과 비교되면서 트럼프의 당선 가능성

> **컨벤션 효과(Convention Effect)** 경선이나 전당대회 등 정치적 이벤트 직후 해당 정당이나 정치인의 지지율이 상승하는 현상을 이르는 말이다. 이는 정치는 물론 사회 전 분야에서 어느 특정 사건을 계기로 해당 분야에 대한 관심이 커지는 현상을 가리킬 때도 사용된다.

예측이 높아졌다. 이러한 상황에서 공화당은 당초 계획대로 7월 15~18일 전당대회를 진행해 트럼프를 대선 후보로 선출했는데, 이번 전당대회는 트럼프 피격사건과 맞물려 컨벤션 효과를 극대화시키며 지지층을 한층 결집시켰다는 평가를 받았다.

💡 총격사건 이후 트럼프의 당선 가능성 예측이 높아지면서 「트럼프 테마」로 얽힌 가상자산들이 가격 급등세를 기록했는데, 특히 6월 초 이후 5달러대까지 내려갔던 트럼프 테마 밈(Meme)코인인 마가(MAGA) 코인은 사건 직후 9.97달러로 2배 가까이 급등했다. 「마가」는 트럼프 전 대통령이 2016년 대선에서 내걸었던 구호인 「다시 미국을 위대하게(Make America Great Again)」의 알파벳 앞 글자를 딴 용어로, 트럼프를 지지하는 강경파 공화당 의원이나 극렬 지지층을 일컫는 말이다. 마가는 블루칼라(육체노동자)·저소득·저학력의 백인들이 주축을 이루고 있는데, 이들은 미국의 제조업 부진과 소수인종 약진으로 소외되다가 2016년 대선에서 트럼프의 당선에 기여하며 그 존재감을 드러낸 바 있다.

역대 미국 대통령 암살 시도는? 미국에서는 지금까지 1865년 제16대 에이브러햄 링컨 대통령을 시작으로 ▷1881년 제20대 제임스 가필드 대통령 ▷1901년 제25대 윌리엄 매킨리 대통령 ▷1963년 35대 존 F. 케네디 대통령 등 총 4명의 대통령이 암살을 당했다. 링컨 전 대통령은 1865년 워싱턴 포드극장에서 연극을 관람하던 중 남부 출신의 배우 존 윌크스 부스가 쏜 총에 맞아 사망했다. 1881년 취임한 가필드 대통령은 워싱턴의 한 기차역에서 정신질환자가 쏜 총에 총상을 입고 취임 6개월 만에 세상을 떠났고, 1901년 매킨리 대통령은 뉴욕주 버펄로에서 무정부주의자에 의해 암살됐다. 이후 1963년 케네디 대통령이 텍사스주 댈러스에서 자동차 퍼레이드 도중 리 하비 오스왈드의 총격으로 사망했는데, 특히 당시 피격 장면은 TV로 미국 전역에 송출되며 국민들에 큰 충격을 안긴 바 있다. 케네디 전 대통령을 끝으로 암살로 사망한 대통령은 없었으나, 1970년대 중반 이후 4명의 현직 대통령에 대한 암살 시도가 이어졌다. 1975년 제럴드 포드 당시 대통령은 17일 간격으로 두 차례나 암살 미수사건을 겪었으며, 1981년 3월 로널드 레이건 당시 대통령은 워싱턴 힐튼호텔에서 나서다 존 힝클리의 총격으로 중상을 입었으나 응급수술을 받고 생명을 건진 바 있다.

역대 미국 대통령 피격 사건은?

1865년	16대 대통령 에이브러햄 링컨, 극장에서 존 윌크스 부스의 총에 사망
1881년	20대 제임스 가필드, 정신질환자의 총에 맞아 사망
1901년	25대 윌리엄 매킨리, 무정부주의자의 총에 맞아 사망
1963년	35대 존 F. 케네디, 카 퍼레이드 중 리 하비 오스왈드의 총에 사망
1975년	38대 제럴드 포드, 사이비 교주 찰스 맨슨의 추종자 등 2차례 암살 시도
1981년	40대 로널드 레이건, 정신질환자의 총에 맞아 응급수술

총기 논란 재점화되나 트럼프 전 대통령 피격사건을 계기로 총기 규제를 둘러싼 미 정치권의 오랜 논란이 재점화될 수 있다는 전망이 제기됐다. 총기 규제 문제는 낙태·동성애 등과 함께 미국 보수 진영과 진보 진영의 의견이 첨예하게 엇갈리는 사안으로, 공화당과 보수 진영은 총기 소지를 찬성하는 반면 민주당과 진보 진영은 이를 엄격히 규제해야 한다는 입장이다. 미국은 자국민이 총기를 소유하고 휴대할 권리를 헌법(수정헌법 2조)으로 보장하고 있는 데다 각종 이권과 정치적 이해관계로 얽힌 전미총기협회(NRA)의 엄청난 영향력으로 총기 규제가 어려운 것으로 알려져 있다. 그러나 트럼프가 총격 피해자가 되는 돌발 상황이 발생하면서 총기 규제 논란이 재점화될 것이라는 전망이 나온 것이다.

💡 트럼프 피격 사건을 수사 중인 수사 당국은 총격범 크룩스가 사용한 총기가 「AR-15」였다고 밝혔다. 이 총은 기관총처럼 연사 기능을 높여주는 부착 장치인 범프스톡과 결합하면 살상력이 극대화되는 무기로, 2012년 이후 미국에서 발생한 최악의 총기 대량 살상사건 17건 중 10건에 사용될 정도로 악명을 떨치고 있다.

英 노동당, 의석 3분의 2 확보하며 총선 압승
보수당은 121석으로 창당 이후 최대 참패

7월 4일 치러진 영국 조기 총선 개표가 6일 마무리된 가운데 노동당이 전체 650석 중 412석을 확보, 의석 3분의 2를 확보하는 압승을 거뒀다. 노동당은 이번 선거에서 의석수가 기존(2019년 총선)보다 214석이 증가하면서 14년 만에 정권 교체를 이뤘으나, 집권당이었던 보수당은 252석을 잃으면서 121석만을 확보하며 참패했다.

영국 총선 주요 내용　이번 총선은 리시 수낵 영국 총리가 지난 5월 22일 예상보다 3개월 이상 앞당긴 「7월 4일 조기 총선」을 깜짝 발표하면서 치러진 것이다. 당초 10~11월에 총선이 실시될 것이라는 전망이 많았는데, 수낵 총리의 7월 총선 발표를 두고 집권 보수당이 노동당에 지지율이 20%포인트 넘게 뒤지는 상황에서 정치적 승부수를 꺼냈다는 평가가 제기된 바 있다. 총선 결과 ▷노동당 33.8% ▷보수당 23.7% ▷영국개혁당 14.3% ▷자민당 12.2% ▷녹색당 6.8% ▷SNP 2.5% 등의 득표율이 나왔으며, 선거 최종 투표율은 59.9%로 2001년 이후 역대 최저를 기록했다.
노동당은 1997년 토니 블레어 체제(418석) 때에는 다소 못 미치지만, 2010년 데이비드 캐머런이 이끄는 보수당에 집권을 내준 지 14년 만에 압도적인 승리를 거두게 됐다. 반면 수낵 총리가 이끄는 보수당은 창당(1834년) 이후 최소 의석수에 그쳤고, 이에 수낵 총리는 7월 5일 사임과 동시에 보수당 대표 자리에서도 물러나겠다고 발표했다. 이는 2022년 10월 25일 리즈 트러스 전 총리의 뒤를 이어 총리에 취임한 지 1년 8개월여 만이다.

보수당의 참패, 그 이유는?　보수당의 참패에 대해서는 2010년 이후 14년간 지속된 실정에 대한 분노의 심판이라는 평가가 나온다. 영국은 브렉시트(영국의 EU 탈퇴) 이후 위축된 경제, 코로나19와 러시아-우크라이나 전쟁에 따른 인플레이션 등으로 경제위기를 겪고 있다. 이에 영국 내에서는 브렉시트를 후회한다는 「브레그렛(Bregret, Brexit+regret)」이라는 신조어까지 등장한 상태다. 또 불법 이민자 유입이 지속됨에 따른 반난민 정서 고조와 치안 불안, 공공지출 대폭 삭감에 따른 공공서비스 악화 등도 보수당 참패에 영향을 미쳤다는 분석이다. 여기에 보수당 소속인 보리스 존슨 전 총리의 파티게이트, 리즈 트러스 전 총리의 무리한 감세정책 등도 정권 심판론이 부상하는 계기가 됐다. 이러한 악재는 2022년 10월 수낵의 총리 취임 이후에도 좀처럼 나아지지 않았고, 수낵이 집권 중 추진한 「르완다 난민정책」은 인권탄압 논란에까지 부딪혔다. 반면 노동당은 키어 스타머 대표가 소득세와 법인세 동결, 국경 경계 강화 등 기존의 좌파 색깔을 지운 우클릭 공약을 앞세우면서 중도 표심을 잡았다는 평가를 받고 있다.

역대 영국 총선 결과

총선연도	제1당	총리
1997년 5월	보수당	존 메이저
2001년 6월~2010년 5월	노동당	•토니 블레어(1997년 5월~2007년 6월) •고든 브라운(2007년 6월~2010년 5월)
2010년 5월~2024년 7월	보수당	•데이비드 캐머런(2010년 5월~2016년 7월) •테레사 메이(2016년 7월~2019년 7월) •보리스 존슨(2019년 7월~2022년 9월) •리즈 트러스(2022년 9월~10월) •리시 수낵(2022년 10월~2024년 7월)
2024년 7월	노동당	키어 스타머(2024년 7월~)

노동당 대표 키어 스타머, 총리 취임　노동당의 총선 승리에 따라 노동당 대표인 키어 스타머(61)가 7월 5일 신임 총리로 취임했다. 스타머 총리는 취임 하루 뒤인 7월 6일 첫 기자회견을 열고 인권침해 논란이 일었던 이주민 르완다 이송정책 폐기를 선언했다. 르완다 정책은 지난 2022년 4월 보리슨 존슨 총리 재임 당시 이주민(난민)들이 영불해협을 건너 영국으로 불법 입국하는 것을 막기 위해 도입한 정책이다. 여기에 스타머는 보수당 정부에서 이뤄진 브렉시트를 되돌리지는 않겠지만 유럽연합(EU)과의 협력관계를 재건하겠다고 공언해 왔다는 점에서 향후 EU와의 관계 변화도 주목되고 있다. 한편, 스타머 총리는 취임하면서 새로 출범할 내각 인선을 발표했는데, 해당 인선에 대해서는 그림자내각(집권을 대비해 구성하는 예비 내각) 인사들이 예외 없이 발탁됐다는 평이다.

> **르완다 정책**　2022년 1월 이후 영국에 불법적으로 들어온 이는 모두 아프리카 르완다에서 망명 신청 절차를 밟아야 하며, 난민 지위를 인정받더라도 르완다에 머물러야 한다는 내용이다. 이는 영국 정부가 난민들을 르완다에 보내는 대신 1억 4000만 파운드(약 2272억 원)를 지급하기로 르완다 정부와 협약을 체결한 데 따른 것이다. 하지만 이 방안은 돈으로 난민을 사고파는 것이라며 비윤리적이라는 비판에 부딪혔고, 지난해 11월 대법원이 해당 대책이 위법이라는 판결을 내놓으면서 제동이 걸린 바 있다. 하지만 수낙 총리는 긴급법안을 도입해 이를 재추진하겠다고 밝히면서 난민 신청자들의 안전을 보장하는 내용의 「르완다 안전(난민과 이민) 법안」을 의회에 제출했다. 이후 해당 법안이 지난 4월 의회를 통과하면서 이르면 7월부터 르완다로의 난민 이송이 이뤄질 예정이었다.
>
> **그림자내각(Shadow Cabinet)**　야당에서 정권을 잡는 경우를 예상해 각료 후보로 조직한 내각으로, 영국·캐나다·뉴질랜드 등 양당제가 발달한 영연방 국가에 정착돼 있다. 이 제도가 발족한 것은 1876년부터로, 영국 등에서는 정권 교체가 이뤄지면 예비내각 멤버들이 그대로 취임하는 절차가 관행으로 굳어져 있다. 그림자내각은 구성원들에게 실질적인 권력은 없으나 집권을 대비해 특정 분야에서 전문성을 익히고 정권 교체 시 안정적으로 각료 자리를 인수하게 해주는 장점을 갖고 있다.

프랑스 총선, 좌파연합 1위 대이변
역대 4번째 동거정부 구성 전망

7월 7일 치러진 프랑스 총선 결선에서 좌파연합 「신민중전선(NFP)」이 극우 돌풍을 제압하며 1당에 올랐다. 반면 지난 6월 30일 치러진 1차 투표에서 선두를 기록했던 극우 국민연합(RN)과 그 연대 세력은 3위로 밀려났고, 참패가 예상됐던 에마뉘엘 마크롱 대통령의 집권 여당을 포함한 범여권은 2위를 기록하며 최악의 상황은 피하게 됐다. 그러나 어느 정치세력도 과반을 달성하지 못하면서 향후 정부 구성 및 의회 운영 과정에서 혼란이 예상된다는 우려가 나온다.

한편, 이번 선거는 마크롱 대통령이 지난 6월 10일 RN의 압승이 예고되는 유럽의회 선거 출구조사 결과가 발표된 직후 조기총선 방침을 발표하고 의회를 전격 해산하면서 치러진 것이다. 당초 프랑스는 2022년 6월 총선을 치렀기 때문에 5년 뒤인 2027년 새 의회를 구성하게 돼 있었다.

> **결선투표제**　프랑스에서는 대선과 총선에서 결선투표제를 시행하고 있는데, 1차 투표에서 지역구 등록 유권자의 25% 이상, 당일 총투표수의 50% 이상을 득표하면 바로 당선된다. 그러나 해당 조건이 충족되지 않을 경우에는 1차 투표 1·2위 및 투표 당일 12.5% 넘게 득표한 후보들이 결선투표를 치른다. 이를 충족하는 후보가 2명 미만일 경우 상위 득표자 2명이 결선을 치르며, 2차 투표에서는 단순 최다 득표자가 당선된다. 이번 총선에서는 1차 투표에서 76명이 당선을 확정했고, 1차에서 당선이 확정되지 않은 501개의 선거구를 대상으로 2차 투표가 치러졌다.

프랑스 총선 주요 내용 프랑스 내무부가 7월 8일 발표한 총선 결과 좌파연합 신민중전선(NFP)이 전체 하원 의석 577석 중 182석을 얻으면서 1당에 올랐다. 그리고 1차 투표에서 참패했던 마크롱 대통령의 집권 여당을 포함한 범여권 앙상블(ENS)은 168석을 획득하며 2위에 올랐고, 극우 정당인 국민연합(RN)과 그 연대 세력은 143석을 기록하며 3위에 머물렀다. 지난 6월 30일 치러진 1차 투표에서는 NFP가 28%, 범여권이 20% 득표에 그친 반면 RN은 가장 많은 33.2%를 득표하며 의회 다수당이 될 것으로 전망된 바 있다. 그러나 1차 투표에서 나타난 극우 돌풍에 위기를 느낀 좌파연합과 범여권이 반(反)극우 연대를 성사시키고, 극우의 의회 장악을 막기 위한 유권자들의 적극적 투표가 이뤄지면서 결선투표에서는 1차 투표와 다른 결과가 나온 것이다. 결선투표 최종 투표율은 67.1%로 나타났는데, 이는 2022년 총선의 2차 투표 때보다 20%포인트 넘게 높은 것이다.

한편, 1차 투표에서 3위에 그쳤던 범여권은 결선에서 2위로 올라서며 최악의 상황은 피했으나, 1당 자리를 좌파연합이 차지함에 따라 마크롱 대통령의 향후 3년간 국정 운영에는 제약이 따를 것으로 전망된다. 무엇보다 어느 진영도 과반(289석)을 차지하지 못하면서 「헝 의회(Hung Parliament)」가 출연하게 됐는데, 헝 의회란 의회 내 과반을 차지한 정당이 없어 불안하게 매달려 있는 상태(Hung)의 의회를 말한다.

> **좌파연합 신민중전선(NFP)** 급좌파인 「굴복하지않는프랑스(LFI)」와 이보다 온건한 사회당, 공산당, 녹색당, 중도좌파인 플라스푸블리크 등 좌파 정당의 연합이다. NFP는 마크롱 대통령이 지난 6월 9일 조기 총선을 결정한 뒤 결성된 바 있다.

네 번째 동거정부 구성 전망 NFP가 1당을 차지하면서 마크롱 대통령의 중도연합은 NFP와 동거정부를 구성하게 될 전망이다. 동거정부(코아비타시옹, Cohabitation)는 대통령과 총리가 속한 정당이 서로 달라 한 정부 안에 여야가 공존한다는 뜻에서 붙은 명칭이다. 프랑스는 국민이 직접 대통령을 선출하는 반면 총리는 의회가 결정하는 「이원집정부제」를 채택하고 있어, 대통령은 총리를 임명할 수 있지만 의회는 거부권을 행사할 수 있다. 이번에 동거정부가 구성되면 프랑스 역대 네 번째로, 과거 ▷프랑수아 미테랑 대통령과 자크 시라크 총리(1986~1988) ▷미테랑 대통령과 에두아르 발라뒤르 총리(1993~1995) ▷시라크 대통령과 리오넬 조스팽 총리(1997~2002)가 각각 동거정부를 구성한 바 있다.

> **이원집정부제[二元執政府制]** 대통령중심제와 내각책임제가 절충된 제도로, 내란·전쟁 등의 비상시에는 대통령이 행정권을 전적으로 행사하나, 평시에는 총리가 내정에 관한 행정권을 행사하며 대통령은 외교·국방 등의 권한만을 가지는 제도이다. 대통령은 통상적으로 국민의 직접선거로 선출되며, 의회의 다수당 당수가 총리로 선출된다. 의회가 내각에 대해 불신임권을 가지며 대통령은 하원해산권을 갖지만, 의회에 대해서는 책임을 지지 않는다.

이스라엘, 하마스·헤즈볼라 최고위급 암살
중동 긴장 최고조

팔레스타인 무장정파 하마스의 최고지도자와 레바논 무장정파 헤즈볼라의 수장 최측근이 이스라엘에 의해 잇달아 사망하면서 중동 정세가 격랑에 휩쓸릴 가능성이 높아지고 있다. 이스라엘은 7월 30일 레바논 수도 베이루트를 공습해 헤즈볼라 최고위 지휘관인 푸아드 슈크르를 제거한 데 이어 이란 테헤란을 공격해 하마스 지도자 이스마일 하니예를 암살했다. 무엇보다 이란의 입장에서 하니예 암살은 자국 신임 대통령 취임식에 초청된 「저항의 축」 지도자가 암살된 치욕적인 사건이라는 점에서 중동 지역의 긴장은 최고조에 달하게 됐다. 실제로 하마스와 이란은 하니예의 암살 배후로 이스라엘을 지목하고 보복을 천명했는데, 지난 4월 이란이 이스라엘의 다마스쿠스 영사관 폭격에 대한 보복으로 이스라엘 본토를 타격하고 이에 이스라엘이 맞대응하면서 중동전쟁 위기가 고조된 바 있다.

> **저항의 축(Resistance Axis)** 이슬람권 언론이 미국이 만들어낸 「악의 축(Axis of Evil)」에 반감을 드러내며 만든 용어로, 당초에는 미국과 미국의 동맹에 반대·저항하는 국가들이라는 뜻이었으나 점차 이란이 지원하는 반(反)이스라엘 무장단체들을 이르는 말로 진화됐다. 저항의 축에는 ▷팔레스타인 가자지구의 하마스와 팔레스타인 이슬라믹 지하드 ▷레바논의 무장단체 헤즈볼라 ▷이라크 시아파 무장정파(민병대) ▷시리아 바샤르 알아사드 정권 ▷예멘의 후티 반군 등이 포함된다.

이스라엘과 이란의 최근 주요 공격

2023년 10월 7일	하마스의 이스라엘 기습공격으로 가자전쟁 발발
2024년 4월 1일	이스라엘 소행 추정 폭격으로 다마스쿠스 이란 영사관에서 혁명수비대 고위 지휘관 사망
13~14일	이란, 사상 첫 이스라엘 본토 드론·미사일 공격
19일	이스라엘, 이란 이스파한 재보복 공습
7월 31일	이스라엘 소행 추정 공격으로 테헤란에서 하마스 정치지도자 이스마일 하니예 사망

이스라엘의 「저항의 축」 최고위급 암살, 주요 내용

하마스 지도자 하니예, 이란에서 암살 이스라엘과 1년 가까이 전쟁을 벌이고 있는 하마스의 최고 정치지도자 이스마일 하니예(62)가 7월 31일 이란 수도 테헤란에서 암살됐다고 하마스와 이란혁명수비대(IRGC)가 발표했다. 성명에 따르면 하니예는 마수드 페제시키안(70, ※ 시사인물 참조) 이란 대통령 취임식에 참석한 뒤 숙소에서 급습당해 경호원과 함께 살해됐다. 하니예는 하마스 지도자인 야히야 신와르(62, ※ 시사인물 참조)와 함께 지난해 10월 7일 하마스의 이스라엘 습격 배후로 꼽히는 인물로, 7월 30일 열린 페제시키안 대통령의 취임식 참석차 테헤란에 머물고 있던 것으로 알려졌다. 특히 하니예가 하마스 정치국을 이끌며 가자전쟁 휴전협상을 주도해 왔던 인물이라는 점에서, 그의 사망으로 휴전협상이 파탄 위기에 처하며 새 국면으로 접어들 것이라는 전망이 제기되고 있다.

> **이스마일 하니예(Ismail Haniyeh)는 누구?** 1962년 가자시티 인근 난민캠프에서 태어났으며 1980년대 1차 인티파다(팔레스타인 민중봉기) 당시 하마스에 합류했다. 그는 이후 이스라엘에 의해 체포와 투옥 생활을 반복하다가 1992년 레바논으로 추방됐으나, 1993년 오슬로협정 체결 등으로 형성된 해빙 시기 때 가자지구로 돌아왔다. 그는 2006년 치러진 팔레스타인 총선에서 하마스의 대승을 이끌며 총리직에 올랐지만, 이후 선거 결과를 둘러싼 하마스와 파타(현 팔레스타인 자치정부 주도) 간 갈등 속에 해임됐다. 그러다 하마스의 가자지구 통치가 시작되면서 하마스 지도자를 맡았고, 2017년 2월에는 가자지구 지도자 자리를 야히야 신와르에게 넘긴 뒤 같은 해 5월 정치국장으로 선출돼 카타르 등에서 생활해왔다. 그는 가자전쟁 발발 이후 미국·이집트·카타르가 중재한 이스라엘과 하마스 간 휴전협상에서 하마스 측의 협상 대표로 활동해 왔는데, 지난 4월 10일에는 이스라엘군의 가자지구 공습으로 아들 3명과 손자 4명을 잃은 것으로 알려졌다.

이스라엘, 헤즈볼라 고위 사령관 사살 이스라엘군이 레바논 수도 베이루트를 공습해 헤즈볼라의 고위 사령관 푸아드 슈크르를 사살했다고 7월 30일 발표했다. 이스라엘군에 따르면 이는 헤즈볼라가 지난 7월 27일 골란고원 축구장을 로켓으로 공격해 어린이 등 12명이 사망한 사건에 대한 보복이다. 이스라엘과 헤즈볼라는 지난해 10월 가자전쟁 발발 이후 양국 국경지대를 중심으로 지속적으로 공격을 주고받아 왔지만, 헤즈볼라 2인자 제거를 위한 이스라엘의 표적 공습이 이뤄지면서 양측 전면전 가능성이 커지게 됐다. 슈크르는 헤즈볼라 수장 나스랄라의 최측근으로, 헤즈볼라에서 주요 군사작전을 지휘해 온 고위급 인사다. 특히 1983년 베이루트에 주둔하던 미군 해병대 막사에 폭탄 테러를 자행해 미군 241명이 숨진 사건에 중심 역할을 한 것으로 알려졌으며, 이에 미국은 그에게 현상금 500만 달러를 내걸기도 했다.

> **헤즈볼라(Hezbollah)** 1983년 창설된 레바논의 이슬람 시아파 무장세력이자 정당조직으로, 이란의 지원을 받는 저항의 축 가운데 하나다. 이스라엘의 점령으로부터 레바논 영토 해방, 레바논에 시아 이슬람국가 건설, 서구 국가의 영향력 행사 배제, 레바논인들의 생활수준 향상 등을 목표로 하고 있다. 헤즈볼라는 1975~1990년 장기 내전 이후에도 이스라엘에 맞서 저항 운동을 한다는 명분으로 무장을 해제하지 않았고, 이에 레바논 정부군과 맞먹는 병력을 갖춘 것으로 알려진다. 헤즈볼라는 자국 정치에 큰 영향을 미치는 이슬람 정당이자 이란의 전폭적 지원을 받는 무장단체라는 점에서 하마스와 비슷하다. 그러나 자체 주장 병력 규모가 10만 명으로, 전쟁 전 하마스(2만 여명)의 5배 수준에 이르는 등 그 규모 자체가 다르다.

英, 가짜뉴스로 촉발된 反이민 폭동 확산
스타머 총리, 배후로 극우세력 지목하고 강경 대응

7월 29일 영국 사우스포트의 어린이 댄스교실에서 어린이 3명이 살해된 사건과 관련, 온라인으로 가짜뉴스가 확산되며 폭력시위가 발생했다. 해당 시위는 7월 29일 영국 머지사이드주(州) 리버풀의 해안마을 사우스포트에 위치한 어린이 댄스교실에 흉기를 든 19세 소년이 난입해 6~9세 어린이 3명이 숨지는 참사로 촉발된 것이다. 그런데 사건 이후 피의자가 이슬람 이민자이며 범행 당시 「알라후 아크바르(알라는 위대하다)」를 외쳤다는 잘못된 정보가 온라인에서 빠르게 확산되면서 극우단체를 중심으로 반(反)이민·이슬람 폭력 집회가 연일 개최된 데 이어 전국적인 폭동으로 확산됐다. 해당 시위는 9일째 이어졌는데, 그 과정에서 극우 세력에 반대하는 맞불 시위가 전개되면서 점차 소강 상태로 들어섰다.

가짜뉴스로 촉발된 폭동? 영국 경찰은 사건 초기 18세 미만 피의자의 신상 공개를 금지하는 법률에 따라 현행범으로 체포된 피의자가 이민자가 아닌 웨일스 태생이라는 점만 밝혔다. 그러자 경찰이 이민자를 두둔하고 있다는 음모론이 극우단체를 중심으로 제기됐으며, 이에 리버풀 법원은 8월 1일 예외적으로 피의자의 이름을 공개하는 결정을 내렸다. 당국은 르완다 출신의 부모를 둔 웨일스 태생의 인물이 실제 범인이고 이슬람과의 관련성은 알려진 바가 없다고 밝혔지만, 폭력집회는 이후에도 계속됐다. 특히 이번 폭동을 두고 지난 2011년 흑인 마크 더건이 경찰 총에 맞아 숨진 사건으로 야기됐던 폭동 이후 13년 만에 최악의 폭동이라는 평가까지 나왔다.

한편, 키어 스타머 영국 총리는 폭력시위 직후부터 「이는 시위가 아니라 폭력 불법행위」라며 그 배후로 극우 세력을 지목하고 강경 대응에 나섰다. 그리고 스티븐 파킨슨 영국 검찰국장은 8월 6일 가담자들을 신속히 법정에 세우기 위해 테러 혐의로 기소하는 방안도 검토 중이라고 밝혔다. 여기에 영국 정부는 사태 발생 직후 거짓 정보에 대응할 전담 조직인 「국가안보온라인정보팀(NSOIT)」을 투입해 온라인 모니터링을 실시하고 있다. NSOIT는 코로나19 팬데믹 당시 인터넷 등에 허위 정보가 넘쳐나자 2020년 3월 보리스 존슨 당시 총리 주도로 대응 조직으로 설립된 「허위정보대응팀(CDU)」을 전신으로 한다.

베네수엘라 마두로 대통령 3선 성공, 부정선거 의혹에 대규모 시위 발발

베네수엘라 선거관리위원회(선관위)가 7월 28일 치러진 대선 개표 결과 니콜라스 마두로(62) 대통령이 3연임에 성공했다고 발표했다. 선관위는 이날 0시 10분쯤 80%가 개표된 상황에서 마두로 대통령이 51.2%를 득표해 44.2%를 득표한 야권 연합의 에드문도 곤살레스 우루티아(74) 후보를 제치고 3선에 성공했다고 발표했다. 그러나 야권은 선관위의 발표가 비공식 출구조사 결과와 일치하지 않는 데다 부정선거로 의심되는 정황이 포착됐다며 불복을 선언했다. 하지만 마두로 대통령은 투명한 선거 결과를 공개하라는 국제사회의 요구를 거부하고 부정선거를 주장하는 야권과 지지자들에 대한 체포령을 내리는 등의 강경 진압에 나서면서 당분간 정국 혼란은 불가피할 것으로 전망된다.

> **니콜라스 마두로(Nicolas Maduro)는 누구?** 1962년 카라카스에서 태어났으며, 1980년대 버스 운전사로 근무하며 운수노조에서 활동했다. 그러다 1992년 남미 좌파 대부인 우고 차베스 전 대통령을 도우며 인연을 맺었고, 1999년 차베스 집권 이후 국회의장·외교장관·부통령 등으로 승승장구하며 「차베스의 황태자」로 불렸다. 그러다 2013년 3월 차베스가 사망하자 그해 치러진 대선에서 승리하며 대통령으로 취임했으며, 2018년 재선에도 성공했다. 하지만 2018년 선거는 부정선거 의혹이 거세게 일었고, 특히 상당수 서방국가가 이를 최악의 부정선거로 규정하며 그를 국가원수로 인정하지 않았다. 여기에 마두로 집권 기간 베네수엘라는 유가 폭락, 생필품과 공공재 부족, 13만%가 넘는 하이퍼 인플레이션으로 경제난이 가중됐는데, 국제통화기금(IMF)은 베네수엘라 경제 규모가 2012년부터 2020년까지 71% 감소했다고 집계한 바 있다. 이에 올 2월 기준 베네수엘라의 빈곤율은 82%에 달하며, 지난 10년간 약 2900만 명으로 추산되는 전체 인구 가운데 4분의 1인 780만 명이 해외로 탈출했다는 공식조사 결과도 있다.

선거 결과에 대한 야권 불복, 왜? 2013년 처음 당선된 마두로 대통령은 이번 대선 결과에 따라 내년 1월 10일부터 6년간 세 번째 임기를 수행하게 되며, 임기를 무사히 마칠 경우 총 18년을 집권하게 된다. 이로써 1999년 우고 차베스 전 대통령 이후 30년 넘게 좌파 통합사회주의당(PSUV) 일당 「차비스모(Chavismo)」 체제가 유지될 전망이다. 차비스모는 차베스 전 대통령의 이름에서 유래한 용어로, 중앙집권적 민족주의 포퓰리즘 성향의 사회주의를 통칭한다. 하지만 야권은 이번 대선이 부정선거라며 불복을 선언했는데, 이는 대선 전후 이뤄진 여론·출구조사 결과에서 민주야권연합(PUD)의 우루티아 후보가 압승하는 것으로 나왔기 때문이다. 일례로 미국 조사기관 에디슨 리서치가 실시한 출구조사에서 우루티아는 65%의 예상 득표율로 마두로(31%)보다 2배 넘게 득표한 것으로 조사됐다. 또 친(親)여당 성향의 베네수엘라 선관위는 투표 후 실시간 개표 상황을 공개하지 않았고, 개표 참관을 원하는 시민 그룹을 차단하면서 부정선거 의혹을 키웠다.

베네수엘라 전역서 대선 결과 항의 시위 야당의 부정선거 의혹 제기와 불복에 이어 베네수엘라 전역에서는 7월 29일부터 대선 결과에 항의하는 대규모 시위가 열렸다. 특히 이날 수도 카라카스에 모인 수천 명 규모의 시위대는 냄비·프라이팬을 막대기로 두드리는 이른바 「카세롤라소(Cacerolazo)」 시위를 벌였다. 여기에 미국과 중남미 다수 국가들도 개표 결과 전체 공개를 촉구하고 나섰는데, 이는 베네수엘라 선관위가 전체 집계표를 공개하지 않으면서 부정선거 의혹을 키우고 있는 데 따른 것이다. 아울러 미국과 유럽연합(EU), 중남미 국가 등 국제사회는 선거 결과를 당분간 공인하지 않기로 했으며, 특히 미국은 베네수엘라 정부에 대해 대선 결과를 투명하게 공개해야 한다며 추가 제재 가능성까지 시사하고 나섰다.

하지만 마두로 대통령은 이러한 움직임에도 대선 투표 이튿날인 7월 29일 수도 카라카스에 있는 선거관리위원회(CNE)에서의 연설을 통해 야당의 행위는 합법적 프로세스에 의문을 제기하는 행위라고 밝혔다. 또 우루티아 후보와 민주야권 지도자인 마차도 등을 겨냥해 「과이도 2.0」 세력이라고 지칭했는데, 후안 과이도 전 국회의장은 2019년 1월 23일 마두로 대통령의 퇴진과 재선거를 요구하는 반정부 시위를 주도하면서 자신을 임시 대통령으로 선언했던 인물이다. 앞서 마두로가 재선된 2018년 5월 대선 때도 부정선거 의혹이 거세지면서 마두로의 퇴진을 요구하는 대규모 반정부 시위가 일었고, 많은 서방 국가들도 선거 결과에 반발하며 베네수엘라에 대한 제재를 취한 바 있다. 특히 국제사회도 미국을 중심으로 한 반(反) 마두로파와 중국·러시아를 중심으로 한 친(親) 마두로파로 양분되면서 부정선거 사태가 더욱 확산된 바 있다.

> **카세롤라소(Cacerolazo)** 남미 특유의 전통 시위 문화로, 막대기로 냄비나 프라이팬 등 소리가 나는 주방기구를 두드리며 진행하는 시위를 가리킨다. 중남미에서 카세롤라소가 본격적인 시위 형태로 등장한 것은 1964년 브라질로 추정되는데, 당시 주앙 굴라르 대통령의 외국 자본 통제 등 좌파 정책에 항의하던 주부들이 냄비를 들고 거리로 몰려나온 것이 그 시작으로 거론된다.

볼리비아 쿠데타, 3시간 만에 종료
「현 대통령 자작극」 주장에 정국 대혼란

남미 볼리비아의 군부 세력이 6월 26일 탱크와 장갑차를 동원해 대통령궁에 무력으로 진입하는 쿠데타를 일으켰다가 3시간여 만에 철수했다. 이 쿠데타는 전직 합참의장이었던 후안 호세 수니가 장군이 주동했는데, 루이스 아르세 대통령은 즉각적인 철군 요구와 군 지휘부 3명 교체 등 쿠데타 강력 대응과 동시에 대국민 긴급 연설을 통해 국민들의 결집을 촉구했다. 이에 볼리비아 사회 각계각층의 강력한 저항과 브라질·칠레 등 주변국의 비판이 거세게 일면서 쿠데타 세력은 결국 이날 오후 6시쯤 철군, 쿠데타는 3시간 만에 종료됐다.

그러나 경찰에 체포된 수니가 전 합참의장이 아르세 대통령의 지시로 이번 쿠데타를 일으켰다고 주장하면서 내년 대선을 앞둔 볼리비아의 정치적 혼란이 더욱 심화될 것이라는 전망이 제기됐다. 다만 아르세 대통령은 쿠데타 종료 후 처음으로 언론에 모습을 드러낸 6월 27일, 쿠데타가 자신의 자작극이라는 주장은 거짓말이라며 이를 강력하게 부인했다.

쿠데타, 아르세 대통령과 모랄레스 전 대통령의 갈등? 이번 쿠데타를 두고 2025년 대선을 앞두고 출마를 준비하는 에보 모랄레스 전 대통령과 현 아르세 대통령의 갈등과 연관이 있다는 분석이 있다. 2020년 당선된 아르세 대통령은 2005년부터 14년간 장기 집권한 모랄레스 전 대통령의 측근으로, 모랄레스 전 대통령이 부정선거 의혹으로 망명한 뒤 치러진 2020년 대선에서 사회주의운동(MAS)의 후보로 나서 승리했다. 그러나 아르세 대통령이 2025년 재선에 도전하는 상황에서 망명을 떠났던 모랄레스 전 대통령이 귀국해 2025년 대선 출마 의사를 표명하면서 갈등을 겪고 있다. 특히 모랄레스 전 대통령은 「4선 이상 금지」라는 볼리비아 헌법재판소의 결정에 따라 2025년 대선 출마가 금지됐음에도 출마 의지를 굽히지 않고 있는 상태다. 여기에 쿠데타를 일으킨 수니가 장군은 모랄레스 전 대통령의 출마를 공개적으로 반대해온 인물로, 「군대는 모랄레스를 막기 위한 적법한 모든 도구를 사용할 것」이라는 등 군의 정치적 개입을 연상케 하는 발언을 잇달아 내놓으면서 합참의장 직위에서 해제된 바 있다.

방글라데시 대규모 반정부 시위로 하시나 총리 사임,
무함마드 유누스가 과도정부 수장으로 결정

독립유공자 후손의 공직할당제 부활에 반발하는 학생들의 시위가 점차 대규모 반정부 시위로 확산되면서 셰이크 하시나(76) 방글라데시 총리가 8월 5일 사임을 발표하고 국외로 도피했다. 이처럼 실권을 가진 총리가 물러나면서 권력 공백 사태를 맞은 가운데 8월 7일 노벨평화상 수상자인 무함마드 유누스(84)가 방글라데시 상황을 수습할 과도정부 수장으로 결정됐다. 유누스의 수장 결정은 이번 반정부 시위를 주도한 학생들의 요구에 따른 것으로, 방글라데시의 빈곤퇴치 운동가 겸 경제학자인 유누스는 1983년 그라민은행을 설립해 저소득층을 위한 무담보 장기 소액대출사업을 시행하는 등 빈곤 퇴치에 앞장서 온 인물이다.

유누스는 모함메드 샤하부딘 대통령이 7월 6일 의회를 해산하면서 헌법에 따라 90일 이내 실시하게 될 총선을 관리하게 될 예정이다. 현재 전국 경찰서 대부분은 총리 퇴진 후 군중 공격을 받아 사실상 마비된 상태인데, 과도정부는 국정 혼란을 수습하면서 차기 총선을 공정하게 관리하는 역할을 맡게 된다.

> **그라민은행(Grameen Bank)** 방글라데시의 무하마드 유누스가 빈민 구제를 위해 1983년 설립한 소액 대출 은행으로, 극빈자들에게 150달러 안팎의 소액을 담보 없이 신용으로만 대출해줬다. 특히 그라민은행은 자립 의지와 충실도가 상대적으로 높은 빈곤층 여성을 대출 대상으로 했고, 그 과정에서 채무자 5명을 연대해 서로 대출 책임을 나눠 갖게 하는 방식을 취했다. 이 때문에 그라민은행 대출자들은 그룹 내 다른 회원들이 사업에 성공해 빌린 돈을 갚을 수 있도록 최선을 다해 돕게 된다.

방글라데시 대규모 시위와 하시나의 사임, 왜? 방글라데시 정부는 1971년 독립전쟁 참전 유공자들에게 공직의 30%를 배정해 왔으나, 집권 세력을 챙기기 위한 수단이라는 역차별 논란이 끊이지 않았다. 이에 2018년 학생들을 중심으로 대규모 시위가 벌어지면서 할당제는 한차례 폐지됐는데, 이후 유공자들과 후손들은 할당제를 복원하라는 소송을 냈고 지난 6월 다카고등법원이 「할당제 부활」을 허용하면서 일부 대학생을 중심으로 다시금 반대 시위가 시작됐다. 이후 시위가 격화되자 대법원은 할당 비율을 5%로 낮추는 중재안을 내놓았으나 이미 시위 과정에서 200여 명이 숨진 뒤였고, 시민들의 분노는 쉬이 가라앉지 않았다. 여기에 학생이 중심이 됐던 시위는 점차 노동자, 청년 등의 동참이 이뤄지면서 하시나 총리 퇴진을 요구하는 반정부 시위로 확산됐으며, 시위대는 ▷구금된 학생단체 지도부 석방 ▷하시나 총리의 사과 ▷책임자 해임 등을 요구하고 나섰다. 그러자 하시나 총리는 시위대를 향해 「학생이 아니라 테러리스트」라며 강경 대응을 주문했고, 방글라데시 정부는 실탄까지 사용하며 유혈 진압에 나섰다. 특히 대규모 시위가 벌어진 8월 4일 하루에만 약 100명이 숨지는 등 사태가 더욱 격렬해지자 하시나 총리는 결국 5일 사임하고 인도로 도피했다.

셰이크 하시나(Sheikh Hasina)는 누구? 방글라데시 초대 대통령이자 건국의 아버지로 불리는 셰이크 무지부르 라만(1920~1975)의 장녀로, 1975년 라만 대통령이 군부 쿠데타로 처형됐을 때 여동생과 해외에 있어 목숨을 건진 바 있다. 이후 영국과 인도 등에서 살다가 1981년 귀국해 현 집권당인 아와미연맹(AL)을 이끌며 민주화 투쟁을 이끌었다. 그러다 1990년 군사정권 붕괴 이후인 1996~2001년 총리를 지냈고, 2009년 재집권해 현재까지 15년째 집권 중이었다. 그러나 집권 이후 정치적 반대파 체포 등 독재정권의 행태를 답습한다는 비판을 받아왔으며, 지난 1월 치러진 총선의 경우 부정선거 의혹이 일면서 민심의 반발을 일으킨 바 있다.

日·필리핀, 상호접근협정 체결
향후 파병과 합동훈련 용이

일본과 필리핀이 7월 8일 필리핀 마닐라에서 양국 외교·국방장관이 참석한 외무·방위장관 협의 (2+2회의)를 개최하고, 상대국 파병 허용 등을 포함한 「상호접근협정(RAA)」을 체결했다. 이는 앞서 지난해 11월 기시다 후미오 일본 총리와 페르디난드 마르코스 필리핀 대통령이 RAA 협정을 추진하기로 합의한 지 약 8개월 만이다. RAA 체결로 양국은 유사시 서로 병력을 파견하고 장비를 간편하게 반입하는 것은 물론, 합동 군사훈련과 재난구호 활동에 참여할 수 있다. 특히 일본은 그간 참관국 자격으로만 참여했던 미국·필리핀의 연례 대규모 합동훈련인 「발리카탄」 등에 정식으로 참가할 수 있게 됐다.

한편, 양국의 RAA에는 태평양에서의 중국 견제라는 목표가 담겨 있는데, 현재 필리핀은 남중국해 (서필리핀해)에서 세컨드 토머스 암초(필리핀명 아융인, 중국명 런아이자오)를 둘러싸고 중국과 충돌하고 있으며, 일본은 동중국해에서 센카쿠열도(중국명 댜오위다오)를 두고 중국과 영유권 분쟁을 벌이고 있다.

> **남중국해 분쟁** 남중국해는 중국 남쪽과 필리핀 및 인도차이나반도와 보르네오섬으로 둘러싸인 바다로, 이곳을 둘러싸고 중국, 대만, 베트남, 필리핀, 말레이시아, 브루나이 등의 6개국이 영토분쟁을 빚고 있다. 분쟁은 ▷스프래틀리 군도 (Spratlys, 중국명 난사(南沙), 베트남명 쯔엉사) ▷파라셀 군도(Paracels, 중국명 시사(西沙), 베트남명 호앙사) ▷맥클스필드 군도(Macclesfield Bank, 중국명 중사(中沙)) ▷프라타스 군도(Pratas, 중국명 둥사(東沙))를 중심으로 전개되고 있다.

💡 일본은 2022년 1월 호주를 시작으로 지난해 1월에는 영국과 RAA를 체결하며 국제사회와의 안보 네트워크를 강화하고 있다. 이와 관련해 외교안보 전문가들은 일본 정부가 RAA라는 양자 간 협정을 통해 「전수방위」 원칙을 우회, 자위대 영향력을 확장하려는 의도가 있다는 지적도 내놓고 있다. 전수방위는 상대방으로부터 무력공격을 받았을 경우 자위를 위한 필요최소 한도로 방위력을 행사한다는 개념이다.

나토정상회의, 북한-러시아 군사협력 강화에 우려
한국 등 인도·태평양 4국 정상은 3년 연속 참여

북대서양조약기구(NATO·나토) 정상들이 미국 워싱턴에서 개최된 나토정상회의 이틀째인 7월 10일 북한과 러시아의 군사협력 강화에 우려를 표시하는 등의 내용을 담은 「워싱턴 정상회의 선언 (Washington Summit Declaration)」을 발표했다. 나토 회원국들은 매년 정상회의를 계기로 공동입장을 공식문서로 발표하는데, 이번 문서는 ▷북한과 러시아 ▷이란과 러시아 간 군사협력 ▷나토와 인도·태평양 지역 협력이 별도 항목으로 다뤄졌다는 점이 특징으로 꼽힌다.

공동선언 주요 내용 정상들은 공동성명에서 중국을 러시아의 우크라이나 전쟁 수행에 대한 「결정적 조력자」로 규정하고 강한 견제 의지를 담았으며, 북한과 러시아의 관계 심화에는 「깊은 우려」를 표한다고 명시했다. 정상들은 북한과 이란이 탄약과 무인기(UAV) 등 직접적인 군사적 지원을 통해 러시아의 우크라이나 침략을 지원하고 있다면서 이러한 행위가 「유럽·대서양 안보에 심각한 영향을 미치고 국제 비확산 체제를 약화한다」고 규탄했다. 또 3년째 러시아와 전쟁 중인 우크라이나에는 연간 400억 유로(약 60조 원) 규모의 군사장비 등을 제공하겠다고 밝혔다. 다만 우크라이나의 나토 가입은 「불가역적」이라며 지지 의사를 재확인하면서도 나토 가입 시점에 대해서는 전쟁 중이라는 이유를 들어 명시하지 않았다.

이 밖에 나토 회원국들은 성명을 통해 인도·태평양 파트너 4개국(IP4, 한국·일본·호주·뉴질랜드)과의 협력 중요성도 강조했다. 실제로 이번 나토정상회의에는 윤석열 대통령을 비롯해 IP4(Indo-Pacific 4) 정상들이 3년 연속 참여하면서 IP4가 제도화되고 있다는 평가가 나오기도 했다.

> **북대서양조약기구(나토, NATO)** 1949년 미국 워싱턴에서 조인된 북대서양조약을 기초로 미국, 캐나다와 유럽 10개국 등 12개국이 참가해 발족시킨 집단방위기구다. 냉전 체제 하에서 구소련을 중심으로 한 동구권의 위협에 대항하기 위한 집단방위기구(회원국 일방에 대한 공격을 전 회원에 대한 공격으로 간주)로 창설됐다. 본부는 벨기에 브뤼셀에 있으며, 현재 회원국은 32개국이다.
> 한편, 나토는 지난 6월 26일 차기 사무총장에 마르크 뤼터 네덜란드 총리를 공식 지명했으며, 이에 뤼터 총리는 옌스 스톨텐베르그 현 사무총장의 임기가 종료되는 10월 1일부터 4년간 나토를 이끌게 된다. 이처럼 나토 수장이 바뀌는 것은 10년 만으로, 뤼터 총리는 2010년부터 중도우파 성향의 네덜란드 연정을 이끌어온 네덜란드 최장수 총리다.

尹-바이든 대통령, 「핵작전 지침」 첫 문서화 나토정상회의 참석차 미국 워싱턴DC를 방문한 윤석열 대통령이 7월 11일 조 바이든 미국 대통령과 정상회담을 갖고 북한의 핵 도발에 강력히 대응하겠다는 내용의 「한미 한반도 핵억제 핵작전 지침에 관한 공동성명」을 채택했다. 미국은 이전까지 핵을 포함한 모든 확장억제 역량을 한국에 제공할 것이라고 선언해 왔으나, 미 핵자산에 북핵 억제와 북핵 대응을 위한 임무가 배정될 것이라고 문서에 명시한 것은 이번이 처음이다. 이에 지난해 「워싱턴 선언」에 따라 한미 핵협의그룹(NCG)이 출범한 지 1년 만에 양국이 함께하는 일체형 확장억제 시스템이 구축됐다.

> **한미 핵협의그룹(NCG·Nuclear Consultative Group)** 북한의 핵위협에 대한 한미 공동의 핵전략과 기획을 통해 대북 확장억제를 강화하기 위한 양자 협의체로 2023년 4월 한미 정상회담에서 채택한 「워싱턴 선언」에 따라 출범했다. 미국이 확장억제 기획 및 실행에 동맹국을 참여시키는 것은 사실상 나토의 핵기획그룹(NPG·Nuclear Planning Group)에 이어 처음인데, 양국은 당시 차관보급 협의체인 NCG를 연 4회 가동한다는 방침을 밝힌 바 있다.

한반도 핵작전 지침 서명 전후 미국의 확장억제(핵우산)는?

구분	서명 전	서명 후
의미	북핵 억제에 중점을 둔 선언적 수준	억제 및 대응(핵보복)까지 포함해 공식 문서화
미 전략자산 전개 결정	미국이 결정, 전개 임박해 한국에 통보 및 협의	한미가 24시간 전략자산 전개 필요성 논의 및 협의
미 전략자산 전개 수준	북한 도발 등 상황 따라 유동적	상시배치 수준으로 전개 빈도 및 강도 확대
미 전략자산의 한반도 임무 배정	전략적 모호성 유지	「전평시 임무 배정될 것」 확약 명문화

美, 「韓 정부 대리 혐의」
CIA 출신 대북 전문가 한국계 수미 테리 기소

미국 연방 검찰이 7월 16일 중앙정보국(CIA) 출신의 대북 전문가인 한국계 수미 테리 미국외교협회(CFR) 선임연구원을 「외국대리인등록법(FARA)」 위반 혐의로 기소했다. 테리를 기소한 연방 검찰은 그가 10여 년간 미국 주재 한국 공관에서 근무하는 국가정보원 요원들로부터 고가의 가방과 의류, 고액의 현금 등을 받은 대가로 미국의 비공개 정보 등을 넘겨온 혐의를 받고 있다고 밝혔다.

미 검찰 소장에 명시된 혐의는? 뉴욕 남부지방검찰청 공소장(총 31쪽)에 따르면 테리의 한국 정부 대리 활동은 2013년 6월부터 10여 년간 이어졌다. 이 기간 수미 테리는 국정원 간부의 요청으로 전·현직 미 정부 관리와의 만남을 주선하거나 한국 정부의 입장을 대변하는 글을 기고하는 등 한국 정부 대리인으로서의 역할을 했다고 검찰은 주장했다. 검찰은 공소장에 수미 테리가 한국 국가정보원(NIS) 간부들과 고급 식당에서 여러 차례 식사한 것은 물론 명품 브랜드 제품과 연구활동비를 제공받았다고 적시했다. 수미 테리는 그 대가로 한국 정부의 대리인처럼 활동했으나, 미 법무부에 관련 사실을 신고하지 않아 외국대리인등록법(FARA) 위반 혐의를 적용했다고 밝혔다.

北, 잇따른 탄도미사일 발사
우리 군은 휴전선 인근서 6년 만에 실사격훈련

북한이 7월 1일 탄도미사일 2발을 발사하며 5일 만에 도발을 재개했다. 북한은 앞서 6월 26일 평양 일대에서 동쪽으로 탄도미사일 1발을 발사했으며, 다음 날인 27일 관영매체를 통해 다탄두 능력 확보를 위한 시험이었다고 주장한 바 있다. 합동참모본부에 따르면 우리 군은 7월 1일 황해남도 장연 일대에서 오전 5시 5분과 15분쯤 동북 방향으로 발사된 탄도미사일 2발을 각각 포착했다. 5시 5분쯤 발사된 단거리 탄도미사일은 600여km를 비행했고, 5시 15분쯤 발사된 탄도미사일은 120여km를 날아갔다.

한편, 조선중앙통신은 7월 2일 전날인 1일 새벽 발사한 2발의 탄도미사일에 대해 「미사일총국이 4.5t급 초대형 탄두를 장착한 화성포-11다-4.5 시험발사에 성공」했다고 보도했다. 북한이 초대형 탄두를 장착한 전술탄도미사일을 시험발사했다고 밝힌 것은 이번이 처음이다. 하지만 합참은 북한이 발사한 탄도미사일 2발 모두 단거리탄도미사일인 「화성-11형(KN-23)」으로 추정했으며, 600여km를 비행한 1발은 청진 앞바다에 정상적으로 떨어졌지만 120여km를 비행한 1발은 내륙에 떨어져 실패한 발사라고 평가했다.

軍, 휴전선 인근서 6년 만에 실사격훈련 실시 군이 7월 2일 군사분계선(MDL) 이남 5km 지역 내 최전방에서 실사격훈련을 실시했다. 이는 2018년 9·19 남북군사합의로 전방지역 사격훈련이 금지된 지 약 6년 만이다. 군에 따르면 이날 MDL 이남 5km 안에 위치한 경기도 연천 적거리사격장에서 K9 자주포 90여 발, 강원도 화천 칠성사격장에서 K-105A1 차륜형 자주포 40여 발 등 총 140발가량을 발사했다. 이날 훈련은 최근 북한의 잇따른 도발에 대한 대응으로, 북한은 지난 5월 말부터 수차례 남쪽으로 오물풍선을 보내고 위성항법장치(GPS) 교란 공격을 시도한 데 이어 6월 26일과 7월 1일에는 탄도미사일을 발사했다.

앞서 정부는 북한 오물풍선 살포에 대한 대응으로 지난 6월 4일 국무회의 등을 거쳐 9·19합의 전체의 효력을 정지했다. 이후 해병대가 6월 26일 K9 자주포 등을 동원해 연평도·백령도 등 서북도서 일대 해상 완충구역 내에서 290여 발의 사격훈련을 실시한 바 있다.

> **9·19합의** 2018년 9월 19일 문재인 대통령과 김정은 북한 국무위원장이 정상회담을 통해 채택한 「9월 평양공동선언」의 부속 합의서이다. 해당 합의에는 판문점선언에 담긴 비무장지대(DMZ)의 비무장화, 서해 평화수역 조성, 군사당국자 회담 정례화 등을 구체적으로 이행하기 위한 후속 조치가 명시됐다. 이 9·19합의에 따라 육상 및 해상 완충구역에서 우발적 충돌 방지를 위해 포 사격 및 기동 훈련 등이 금지됐다. 하지만 잇따른 북한의 미사일 도발 등 남북 간 갈등이 고조되며 합의는 지난해 사실상 파기됐으며, 우리 정부가 6월 4일 9·19합의 전체의 효력을 정지시킴에 따라 체결 5년 8개월 만에 전면 무효화됐다.

한·미·일, 일본 도쿄서 3국 국방장관회의
안보 프레임워크 협력각서 서명-안보협력 첫 제도화

신원식 국방부 장관과 로이드 오스틴 미국 국방부 장관, 기하라 미노루 일본 방위상이 7월 28일 일본 도쿄 방위성에서 한·미·일 국방장관회의를 개최하고 「한미일 안보협력 프레임워크(TSCF)」 협력각서(MOC)에 서명했다. 협력각서는 법적인 구속력은 없지만, 업무협약(MOU)보다 구체적인 협력을 위해 각국 정부 부처들이 체결하는 방식이다. 한·미·일이 안보협력을 문서로 작성한 것은 이번이 처음으로, 해당 문서는 3국 국방장관회의·합참의장회의·안보회의 등 고위급 회의를 3국이 돌아가면서 정례적으로 개최한다는 내용을 담았다. 또 북한 미사일 경보정보 실시간 공유체계의 효과적 운용을 위해 소통과 협력을 강화하고 「프리덤 에지」 등 한·미·일 3자 훈련도 정례적·체계적으로 시행하기로 합의했다.

한편, 이번 회의 개최와 해당 각서 체결은 지난 6월 싱가포르에서 열린 제21차 아시아안보회의(샹그릴라 대화)의 후속조치로, 당시 3국 국방장관은 각 나라별로 돌아가면서 회의를 열기로 합의한 바 있다.

> **프리덤 엣지(Freedom Edge)** 한국과 미국, 일본이 공중·수중·해상·사이버 등 다양한 영역에서 동시다발적으로 진행하는 다영역 훈련을 말한다. 훈련 명칭인 「프리덤 엣지」는 한미연습인 「프리덤 실드(Freedom Shield)」와 미일연습인 「킨 엣지(Keen Edge)」의 각각 앞뒤 단어를 따서 만들어진 것으로, 한미와 한일로 나눠 하던 훈련을 하나로 합친다는 의미를 담고 있다. 한·미·일은 지난해 캠프 데이비드 정상회담을 계기로 첫 연합 공중훈련(지난해 10월)과 첫 연합 해상훈련(올해 1월)을 실시한 바 있으나, 프리덤 엣지를 통해 훈련 규모를 더 키우고 영역도 다양화하기로 한 것이다.

헌재, 친족상도례 규정(형법 328조1항)
71년 만에 헌법불합치 결정

헌법재판소가 6월 27일 가족 간 재산범죄에 대한 처벌을 면제하는 「친족상도례」를 규정한 형법 328조1항에 대해 재판관 전원일치 의견으로 「헌법불합치」 결정을 내렸다. 이는 1953년 형법이 제정된 지 71년 만으로, 형법 328조 1항은 「직계혈족, 배우자, 동거친족, 동거가족 또는 그 배우자」 사이의 재산범죄(절도·사기·공갈·횡령·배임·장물죄)에 대해 형을 면제한다는 내용을 담고 있다. 헌재의 이번 결정에 따라 해당 조항의 적용은 중지되고 2025년 12월 31일까지 국회가 법을 개정하지 않으면 효력을 상실하게 된다.

한편, 헌재는 이날 친족상도례를 구성하는 또 다른 조항인 323조2항(그외 친족 간 재산범죄의 친고죄 조항)에 대해서는 합헌 결정을 내렸다. 해당 규정은 직계혈족·배우자·동거친족·동거가족을 제외한 친족이 저지른 재산 범죄는 고소가 있어야 공소를 제기할 수 있도록 규정하고 있다.

친족상도례 규정에 대한 헌재 판단은?

직계혈족, 배우자, 동거친족 등 사이에서 벌어진 재산 범죄에 대한 처벌 면제(형법 328조1항)	헌법불합치: 친족 간 실질적인 유대 관계나 피해자의 처벌 의사, 피해규모 등을 고려하지 않고 일률적으로 형을 면제해 위헌
같이 살지 않는 친족 간 재산 범죄는 피해자 고소가 있어야 기소 가능(형법 328조2항)	합헌: 피해자 의사에 따라 국가형벌권 행사 가능

친족상도례(親族相盜例)는 무엇? 8촌 이내 혈족이나 4촌 이내 인척, 배우자 간 발생한 재산범죄(절도죄·사기죄·공갈죄·횡령죄·배임죄·장물죄·권리행사방해죄 등이 해당. 강도죄·손괴죄는 제외)에 대해 형을 면제하거나 고소가 있어야 공소를 제기할 수 있도록 한 특례를 말한다. 이는 친족 간의 재산범죄에 대해서는 가족 내부의 결정을 존중해 국가의 개입을 최소화하자는 취지에서 1953년 형법 제정과 함께 도입됐다. 그러나 헌법에 따른 재산권 보호와 행복추구권에 위반된다는 논란이 지속돼 왔으며, 특히 친족에 대한 인식 변화와 친족 간 재산범죄 증가로 아예 폐지해야 한다는 목소리도 높았다.

💡 헌재는 지난 4월 25일 형제자매의 유류분을 규정한 민법 1112조 4호에 대해 「위헌」 결정을 내렸고, 이에 해당 조항은 효력을 상실했다. 또 자녀·배우자·부모의 유류분을 규정한 조항(민법 1112조 1~3호)에 대해서는 2025년 12월 31일까지만 효력을 인정하고 그때까지 국회가 법을 개정하지 않으면 효력을 잃는 「헌법불합치」 결정을 내렸다. 유류분은 고인(故人)의 의사와 상관없이 법에 따라 유족들이 받을 수 있는 최소한의 유산 비율을 뜻한다. 그러나 이 제도는 개인의 재산권을 지나치게 침해하고 현대사회의 분위기, 변화한 가족관계 등 한국사회의 변화를 따라가지 못한다는 지적이 이어져 왔으며 특히 이 제도를 악용해 사실상 절연하거나 패륜한 가족조차 유산을 챙기는 부작용이 발생해 논란이 거셌다.

대법, 「동성 커플도 건보 피부양자 가능」
법적권리 첫 인정

대법원 전원합의체가 7월 18일 사실상 혼인 관계를 맺고 있는 동성 배우자도 이성 배우자처럼 건강보험 피부양자 자격을 인정해야 한다는 판결을 내렸다. 이는 사법부가 민법상 인정되지 않는 동성 부부의 법적 권리를 인정한 첫 판례다. 대법원은 동성 부부에 대해 「경제적 생활공동체」라고 판단하며 건강보험 자격을 인정하지 않는 것은 헌법상 평등원칙을 위반하는 것이라고 봤다. 다만 대법원은 동성 배우자에 대해 건강보험 피부양자 자격을 인정하는 것과 동성 부부를 「법률혼 또는 사실혼 배우자」로 인정하는 것은 별개라고 밝혔다.

주요 내용 대법원의 이번 판결은 건강보험 직장 가입자인 김용민 씨의 동성 배우자 소성욱 씨가 국민건강보험공단을 상대로 제기한 보험료 부과처분 취소 청구소송에 따른 것이다. 소 씨는 동성 연인 김 씨와 2019년 결혼식을 올리고, 이듬해 2월 건강보험 직장가입자인 김씨의 피부양자로 등록을 신청했다. 소 씨는 등록 과정에서 공단에 동성 사실혼 부부라는 사실을 알렸고, 공단은 피부양자 자격 인정이 가능하다고 답변했다. 하지만 공단은 같은 해 10월 「동성 사실혼 부부 인정은 업무 착오였다」며 소 씨의 자격을 취소하고 보험료 부과 처분을 내렸으며, 소 씨는 이에 불복해 행정소송을 제기했다. 이후 2022년 1월 이뤄진 1심은 법이 말하는 사실혼은 남녀 결합을 근본으로 하므로 공단의 처분은 적합하다며 원고 패소 판결을 내렸으나, 지난해 2월 항소심은 「성적 지향을 이유로 한 자의적 차별」이라며 1심 판결을 뒤집고 청구를 인용한 바 있다.

300억 이상 조직적 사기범에 최고 무기징역
사기범죄 양형기준 13년 만에 강화

대법원 양형위원회가 8월 12일 열린 제133차 전체회의에서 「사기범죄 양형기준 수정안」을 마련했다고 13일 밝혔다. 이에 따르면 전세사기와 보이스피싱 등 조직적이거나 피해 금액이 큰 사기범죄에 대해 최대 무기징역까지 선고할 수 있도록 양형기준이 강화됐는데, 이러한 기준 변경은 13년 만이다. 양형위는 이번 수정안을 공청회 및 의견수렴을 거쳐 내년 3월 최종 의결할 예정인데, 다만 이미 기소돼 재판을 받고 있는 사기범죄의 경우 이번 양형기준이 적용되지 않는다.

주요 내용 사기죄는 일반 사기와 보이스피싱 등의 조직적 사기로 나뉘고, 피해액이 커지면 처벌 권고 형량도 높아지는 구조다. 양형위는 일반·조직적 사기의 이득액 5억 원 이상 범죄의 양형기준을 모두 높였는데, 일반사기 중 사기 금액이 300억 원 이상인 경우와 조직적 사기 중 이득액이 50억 원 이상 300억 원 미만일 경우 가중영역의 상한을 기존 각각 13년·11년에서 17년으로 올리고, 죄질이 무거우면 특별 조정을 통해 최대 무기징역까지 선고할 수 있도록 했다. 양형위는 또 사기 금액이 300억 원 이상인 조직적 사기에 대해서는 징역 11년 이상이었던 가중영역을 무기징역으로 높였다. 아울러 일반 사기 범행도 ▷피해액 5억 원 이상 50억 원 미만은 4~8년 ▷50억 원 이상 300억 원 미만은 6~11년 ▷300억 원 이상은 8~17년으로 권고기준을 강화하기로 했다. 이 밖에 보험 등 전문직 종사자가 범행에 가담한 경우 형의 가중인자로 삼기로 했으며, 감경인자였던 「실질적·상당한 피해복구(공탁 포함)」에서 「공탁 포함」이라는 문구는 삭제하기로 했다.

강화되는 사기범죄 처벌은?

구분	이득액	현재 형량	최고 권고형량 변화
일반 사기	5억~50억 원 미만	10년 6개월	12년
	300억 원 이상	19년 6개월	무기징역
조직적 사기	5억~50억 미만	13년 6개월	16년 6개월
	50억~300억 원 미만	16년 6개월	무기징역
	300억 원 이상	11년 이상	11년 이상, 무기징역

정부, 저출생 대응할 「인구전략기획부」
부총리급 신설 방안 발표

정부가 7월 1일 우리나라의 저출생·고령화 문제 등을 총괄할 전담 부처인 「인구전략기획부」 신설 등을 담은 정부조직 개편방안을 발표했다. 인구전략기획부는 인구정책의 기획과 평가, 예산배분 및 조정과 함께 사회부처를 총괄하는 부총리 기능을 수행하게 된다.

이번 정부 조직 개편이 이뤄지게 되면, 행정각부는 기존 19개에서 20개로 늘어나며 20부 3처 20청 6위원회(49개) 체제로 바뀐다. 특히 기존 행정각부는 「기획재정부-교육부-과학기술정보통신부-외교부-통일부」 순이었지만, 인구전략기획부가 2번째에 자리하게 돼 「기획재정부-인구전략기획부-교육부」 순으로 변경된다.

인구전략기획부(인구부) 주요 내용 정부는 인구전략기획부를 통해 인구정책 및 중장기 전략 기능을 강화하는데, 이를 위해 복지부의 저출산·고령사회 법령과 정책, 기재부의 인구에 관한 중장기 국가발전전략 기능 등이 인구부로 이관된다. 여기에 각 부처의 저출생 대책사업에 대한 사전 예산배분·조정 기능과 각 부처의 인구위기대응정책에 대한 조사·분석·평가 기능도 맡게 된다. 구체적인 정책 및 사업은 기존처럼 복지부(출산, 아동, 노인)·고용노동부(일·가정 양립)·여성가족부(가족, 청소년) 등이 담당하지만, 중앙·지자체의 장은 저출생 사업 신설 혹은 변경 시 인구부와 사전에 협의해야 한다. 아울러 인구부에는 저출생 관련 예산 배분과 조정 등 사전 심의 권한도 부여됐는데, 이는 인구부가 저출생 예산안을 1차 심의하면 재정당국인 기재부 예산실이 이를 반영한 최종 정부 예산안을 편성하는 방식이다. 그리고 교육부장관이 맡아온 사회부총리 기능도 인구부 장관에게 이관된다.

인구전략기획부 주요 내용

저출산고령사회위원회	기획재정부	보건복지부	통계청	교육부
저출산·고령사회 정책 조정	인구 관련 중장기 국가발전전략	저출산·고령사회 법령 및 정책	인구동태 통계분석 기능	사회부총리 보좌

↓

인구전략기획부
• 각 부처 인구정책 전략, 기획, 조정 • 각 부처 저출생사업 예산 배분 및 조정 • 사회부총리를 인구전략기획부 장관으로 변경

정무장관, 11년 만에 부활 정부는 민생 및 주요 개혁과제 관련 이해관계의 갈등을 조정하고 국회-정부 간 원활한 소통 등 정무 기능을 강화하기 위해 정무장관(국무위원)을 신설하기로 했다. 이에 정부조직법에 정무장관 신설 근거를 마련하고, 장관 업무 보좌를 위한 최소한의 기구·인력을 구성할 예정이다. 정무장관은 대통령이 특별히 지정하는 사무 또는 대통령의 명을 받아 국무총리가 특별히 지정하는 사무를 수행하게 된다. 정무장관은 박정희 정부 때인 1970년 「무임소(無任所) 장관」이

> **역대 정부 주요 정무장관**
> • 전두환 정부: 노태우 전 대통령
> • 노태우 정부: 김윤환 전 의원
> • 김영삼 정부: 김덕룡 전 의원, 서청원 전 의원
> • 이명박 정부: 주호영 국회부의장, 이재오 전 의원

라는 이름으로 처음 설치됐으며, 전두환 정부 들어 정무장관으로 명칭이 변경된 뒤 김영삼 정부까지 이어졌다. 그러다 김대중 정부 때 폐지됐으나 이명박 정부 때 「특임장관」이라는 명칭으로 부활됐다가 박근혜 정부 때 정무수석과 업무가 겹친다는 이유로 재차 폐지된 바 있다.

尹 대통령, 1219명 광복절 특별사면 재가
김경수·조윤선 등 복권

윤석열 대통령이 8월 13일 국무회의에서 의결된 「특별사면·특별감형·특별복권 및 특별감면조치 등에 관한 건」을 재가하면서 15일자로 1219명에 대한 특별사면 등이 이뤄지게 됐다. 이는 ▷전직 주요 공직자 및 정치인 55명 ▷경제인 15명 ▷일반 형사범 1137명 ▷중소기업인·소상공인 20명 등으로, 이번 특사는 윤석열 정부 출범 이후 다섯 번째 이뤄지는 것이다.

주요 내용 광복절 특사 명단에는 「드루킹 사건」으로 복역한 김경수 전 경남지사를 비롯해 「국정농단」 관련 사건으로 실형을 선고받은 조윤선·현기환 전 청와대 정무수석, 안종범 전 정책조정수석 등 박근혜 정부 고위 관계자들과 이명박 정부의 원세훈 전 국가정보원장 등이 포함됐다. 이 가운데 김 전 지사의 경우 댓글 여론을 조작한 혐의로 2021년 7월 대법원에서 징역 2년을 확정받아 지사직을 상실한 바 있으며, 형기를 5개월 남긴 2022년 12월 특별사면으로 석방됐으나 복권되지는 않았다. 또 정부에 비판적인 단체나 예술가를 정부 지원 대상에서 배제하는 이른바 「문화계 블랙리스트」 사건으로 징역 1년 2개월을 확정받고 복역한 조 전 정무수석도 이번에 사면·복권됐다.

> **사면[赦免]** 대통령의 고유권한으로, 형벌권 자체의 전부 또는 일부를 소멸시키는 것이다. 이는 특정 죄에 대해 실시하는 「일반사면」과 특정한 사람에 대해 행하는 「특별사면」으로 나뉜다. 일반사면은 대통령령으로 사면대상이 되는 범죄의 종류를 지정하여 범죄인 개개인을 따지지 않고 일괄적으로 행해지는 것으로, 미결·기결을 묻지 않으며 검거 여부도 불문한다. 일반사면은 국무회의의 심의를 거쳐야 하고 반드시 국회의 동의를 받아야 한다. 이에 비해 특별사면은 형의 선고를 받은 특정 범인에 대하여 형을 사면하는 것으로, 다만 형 선고를 받기 전의 범인에 대해서는 특별사면을 할 수 없다. 특별사면은 국무회의의 의결을 거쳐 대통령이 명령하도록 돼 있으며, 국회의 동의는 필요하지 않다.

민주당, 「대장동·백현동 의혹」 「쌍방울 대북송금 의혹」 등
비위의혹 검사 4명 탄핵소추안 법사위 회부

더불어민주당 등 야당이 7월 2일 국회 본회의에서 이재명 민주당 전 대표의 「대장동·백현동 특혜개발 의혹」과 「쌍방울 불법 대북송금 의혹」 사건 수사 담당자 등 검사 4명의 탄핵소추안에 대한 법사위 회부의 건을 의결했다. 대상자는 ▷이 전 대표의 대장동·백현동 의혹 수사를 맡았던 강백신 수원지검 성남지청 차장검사와 엄희준 부천지청장 ▷대북송금 의혹 수사를 맡았던 박상용 수원지검 부부장검사 ▷박근혜 정부의 국정농단 사건 수사·재판 과정에서 최서원 씨(개명 전 최순실)의 조카 장시호 씨와 뒷거래를 했다는 의혹이 제기된 김영철 서울북부지검 차장검사 등이다. 이날 검사 4인에 대한 탄핵안은 본회의 보고 후 의결 절차를 거쳐 법제사법위원회로 회부됐는데, 국회법은 탄핵소추안이 본회의에 보고된 후 표결하기 전에 법사위에 회부해 조사할 수 있도록 하고 있다. 민주당은 이를 위해 법사위 차원 조사를 요구하는 당 소속 의원 170명의 서면 동의를 제출했다.

탄핵안 통과됐던 검사들은?

검사	탄핵소추 사유	현황
안동완	서울시 간첩 조작 공무원 보복기소 논란	탄핵 기각
손준성	고발사주 논란	탄핵심판 정지
이정섭	위장전입 및 불법 신원조회 등 논란	탄핵심판 진행 중

한편, 민주당은 지난 21대 국회에서도 안동완·손준성·이정섭 검사에 대한 탄핵소추안을 발의해 본회의에서 통과시킨 바 있다. 이 가운데 대법원은 지난 5월 「서울시 공무원 간첩조작사건」 피해자 유우성 씨에 대해 보복성 기소를 했다(공소권 남용)는 혐의로 제기된 안 검사의 탄핵심판 청구는 기각한 바 있다.

채상병 특검법, 22대 국회에서도 부결
21대 국회 이어 또다시 폐기

국회가 7월 25일 「채상병 특검법(순직 해병 진상규명 방해 및 사건은폐 등의 진상규명을 위한 특별검사 임명법)」을 재표결했으나 부결됐다. 이 법안은 지난 7월 4일 더불어민주당 등 야당 주도로 본회의를 통과했으나, 윤 대통령이 거부권을 행사해 국회로 돌아오면서 이날 재표결에 부쳐진 바 있다. 국회법상 대통령이 거부한 뒤 본회의 재표결에서 부결된 법안은 폐기됨에 따라 해당 법안은 21대 국회에 이어 또다시 폐기됐다.

22대 국회 재표결 부결에 이르기까지 국회는 지난 5월 2일 채상병 특검법을 재석 168인 전원 찬성으로 통과시켰다. 해당 법안은 2023년 7월 해병대 채 상병이 실종자 수색작전 중 사망한 사건에 대한 초동수사·경찰 이첩 과정에서 대통령실·국방부가 개입한 의혹을 규명하기 위해 특검을 도입하는 것이 핵심으로, 대통령실·국방부·해병대 사령부 등을 수사 대상으로 명시했다. 그러나 윤석열 대통령이 5월 21일 해당 법안에 재의요구권(거부권)을 행사하면서 국회로 다시 돌아왔고, 28일 국회 재의결에서 부결되면서 21대 국회에서 해당 법안은 자동 폐기됐다. 하지만 더불어민주당 등 야당은 22대 국회 개회와 함께 당론 1호로 채상병 특검법을 다시 발의해 7월 4일 이를 통과시켰다. 22대 국회에서 통과된 채상병 특검법은 앞서 21대 국회보다 더 강력한 내용이 담긴 것으로 평가되는데, 대표적으로 민주당과 비교섭단체가 특검 후보 추천권을 가지고 윤 대통령이 특검 임명을 거부하면 자동으로 특검이 임명될 수 있도록 했다. 그러나 이 역시 윤 대통령이 7월 9일 거부권을 행사하면서 다시 국회로 돌아왔고, 25일 국회 재의결에서 부결되면서 또다시 폐기됐다.

민주당, 세 번째 채상병 특검법 발의 민주당이 윤 대통령의 거부권 행사로 두 차례 폐기된 「채상병 특검법」을 8월 8일 재발의했다. 세 번째 특검법은 특검 수사대상에 「이종호 전 블랙펄인베스먼트 대표 등이 김건희 여사 등에게 임성근 전 해병대 1사단장의 구명을 부탁한 불법 로비 의혹」을 추가하는 등 이전보다 강화됐는데, 특히 해당 특검법에 김 여사의 이름이 적시된 것은 이번이 처음이다. 이 밖의 수사대상은 이전 특검법과 마찬가지로 채 상병 순직 사건과 관련한 수사외압 의혹, 이종섭 전 국방부 장관의 호주대사 임명과정 등을 포괄했다. 특검 추천권도 이전 특검법과 같이 민주당과 비교섭단체가 각각 1명씩 갖도록 했으며, 제3차 추천안은 포함하지 않았다.

채상병 특검법 수사 대상, 어떻게 달라졌나

첫 번째 특검법	· 채 상병 사망 사건 · 대통령실, 국방부, 해병대 사령부 등의 은폐·무마·회유 등 불법행위
두 번째 특검법	· 고위공직자범죄수사처 수사에 대한 외압 의혹 추가 · 이종섭 전 국방부장관 호주대사 임명, 출국·귀국·사임 과정 의혹 추가
세 번째 특검법	· 이종호 등이 김건희 여사 등에게 임성근 구명을 부탁한 불법 로비 의혹 추가 · 수사 과정에서 인지된 관련 사건 및 특검 등 수사에 대한 방해 행위 추가

尹 대통령, 「방송 4법」 거부권 행사
취임 이후 19번째 거부권

윤석열 대통령이 8월 12일 야당 주도로 국회를 통과한 방송 4법(방송통신위원회법·방송법·방송문화진흥회법·한국교육방송공사법) 개정안에 재의요구권(거부권)을 행사했다. 이로써 윤 대통령이 취임 후 거부권을 행사한 법안은 19건째가 됐다. 앞서 더불어민주당 등 야당은 7월 30일 국회 본회의에서 교육방송공사법(EBS법) 개정안을 단독 처리했으며, 이로써 「방송 4법」이 모두 국회를 통과한 바 있다. 방송4법은 KBS·MBC·EBS 등 공영방송 이사회 구조와 사장 선임 절차를 바꾸는 방송3법에 방통위법 개정안을 포함시킨 법안이다. 하지만 5박6일간의 필리버스터(무제한 토론)로 법안 통과를 막았던 국민의힘은 윤석열 대통령에게 거부권 행사를 건의하겠다고 밝혔고, 대통령실도 거부권 행사를 시사한 바 있다.

> **필리버스터(Filibuster)** 국회(의회)에서 소수파가 다수파의 독주를 막거나 기타 필요에 따라 합법적 수단을 동원해 의사 진행을 지연시키는 무제한 토론을 가리킨다. 필리버스터는 1973년 국회의원의 발언시간을 최대 45분으로 제한하는 국회법이 시행되면서 사실상 폐기됐다가 2012년 국회법(국회선진화법)이 개정되면서 부활했다. 이에 따르면 본회의에 부의된 안건에 대하여 무제한 토론을 하려는 경우 재적의원 3분의 1 이상의 요구서를 의장에게 제출하고, 의장은 해당 안건에 대하여 무제한 토론을 실시할 수 있다. 일단 해당 안건에 대한 무제한 토론이 시작되면 의원 1인당 1회에 한해 토론을 할 수 있고, 토론자로 나설 의원이 더 이상 없을 경우 무제한 토론이 종결된다.

방송 4법은 무엇? 방송 4법은 ▷KBS, MBC, EBS 등 공영방송 이사 수를 늘리고 이사 추천권을 언론 관련 학회, 직능단체 등 외부로 확대하는 방안과 ▷방통위 의결 정족수를 현행 상임위원 2인에서 4인으로 늘리는 방안 등을 담고 있다. 구체적으로 방통위법 개정안은 위원 5인 중 4인 이상의 위원 출석으로 회의를 개의하고 출석위원 과반수의 찬성으로 의결하도록 하는 내용을 담고 있다. 현행법에서는 방통위 회의는 2인 이상의 위원 요구가 있는 때 소집되고 재적위원 과반수의 찬성으로 의결하도록 돼 있다. 또 방송법·방문진법·EBS법 개정안은 KBS, MBC 대주주인 방송문화진흥회, EBS 이사 수를 각각 21명으로 증원하고 이사 추천 권한을 방송 및 미디어 관련 학회, 시청자위원회 등 다양한 주체로 확대하는 내용을 담고 있다. 이와 함께 국민추천위원회를 구성해 공영방송 사장을 추천하도록 하는 내용도 명시됐다.

민주당, 8월 28일 본회의에서 거부권 법안 6건 재표결 추진 더불어민주당이 8월 28일 본회의에서 윤석열 대통령이 거부권을 행사한 방송4법(방송법·방송문화진흥회법·한국교육방송공사법·방송통신위원회법 개정안)과 민생회복지원금지급 특별조치법(전 국민 25만 원 지원법), 노동조합 및 노동관계조정법 2·3조 개정안(노란봉투법) 등 6개 법안에 대한 재표결을 추진하겠다고 20일 밝혔다. 이 6개 법안은 재표결에서 재적의원 3분의 2인 200명 이상의 찬성을 얻지 못하면 최종 폐기된다.

> **법률안 거부권** 대통령이 국회에서 이송된 법률안에 이의를 달아 국회로 되돌려 보내 재의를 요구할 수 있는 헌법상(53조) 권한이다. 대통령의 거부권은 3권 분립에 따라 행정부의 입법부 견제 차원에서 헌법에 규정된 대통령의 고유권한이다. 국회에서 법률안에 대해 본회의 의결을 거친 뒤 정부에 법률 공포를 요청할 경우, 대통령은 그 법률안에 이의가 있을 때 해당 법률안이 정부에 이송된 후 15일 이내에 이의서를 붙여 국회로 환부하고 그 재의를 요구할 수 있다. 다만 국회가 거부된 법안을 재의결에 부쳐 재적의원 과반수 출석과 출석의원 3분의 2 이상의 찬성으로 의결하면 그대로 법률로 확정된다.

김건희 여사, 현 대통령 배우자 첫 검찰조사
주가조작·명품백 수수 의혹

윤석열 대통령의 부인 김건희 여사가 도이치모터스 주가조작 의혹과 명품가방 수수 의혹으로 7월 20~21일 검찰조사를 받은 것으로 알려졌다. 검찰은 검찰청사가 아닌 제3의 장소에서 김 여사를 피의자 신분으로 비공개 조사한 뒤에 이를 공개했는데, 재임 중인 대통령 부인이 수사기관의 대면조사를 받은 것은 이번이 처음이다. 이번 조사는 주가조작이 2020년 4월 고발당한 지 4년 3개월만, 명품가방 수수는 지난해 12월 고발된 지 7개월 만에 이뤄진 것이다. 하지만 검찰이 김 여사를 제3의 장소에서 비공개로 조사한 뒤 7시간이 지나서야 이를 공개하면서 특혜라는 비판이 제기되고 있다. 또 이원석 검찰총장은 김 여사 조사 사실을 사전에 전혀 알지 못하다가 조사가 끝나가는 시점에야 이창수 서울중앙지검장으로부터 보고받은 것으로 확인되면서 논란이 일었다.

김 여사에 대한 검찰조사, 왜? 김 여사는 도이치모터스 주가조작 사건과 관련해 2020년 4월 자본시장법 위반 혐의로 고발됐다. 이 사건은 권오수 전 도이치모터스 회장 등 작전세력이 2009년 12월부터 2012년 12월까지 도이치모터스 시세를 조종했다는 의혹으로, 김 여사의 공범 여부가 쟁점이다. 앞서 지난해 2월 법원은 권 전 회장의 1심 판결에서 김 여사와 어머니 최은순 씨의 계좌가 시세조종에 동원됐음을 인정했으나, 이들이 시세조종에 가담했는지의 여부는 판단하지 않은 바 있다. 이와 별도로 김 여사는 2022년 9월 13일 코바나컨텐츠 사무실에서 최재영 목사로부터 명품가방을 받은 혐의(청탁금지법 위반)로도 고발된 상태다. 이에 앞서 국민권익위원회는 지난 6월 김 여사 명품가방 수수를 두고 「배우자에 대한 제재 규정이 없다」며 사건을 종결 처리하면서 부패 방지 주무기관으로서의 사회적 책임 회피 등의 논란을 일으킨 바 있다.

💡 8월 21일 법조계에 따르면 김 여사의 명품가방 수수 의혹을 수사해온 서울중앙지검 수사팀이 김 여사에 대해 무혐의 결론을 내린 것으로 파악됐다. 서울중앙지검 형사1부는 최근 이창수 서울중앙지검장에게 김 여사의 청탁금지법 혐의가 인정되지 않는다는 수사 결과를 보고했다. 수사팀은 김 여사가 2022년 9월 최재영 목사로부터 받은 명품가방이 윤 대통령의 직무와 관련성이 없다고 판단한 것으로 알려졌다. 이로써 마지막 남은 변수는 검찰 수사심의위원회(수심위) 소집 여부만 남게 됐는데, 수심위는 검찰 수사·기소 여부 등을 검찰 외부 전문가들이 심의하도록 대검찰청에 설치된 기구를 말한다.

권익위, 변리사·회계사 등 15종 시험
공직 경력 특례 폐지

국민권익위원회가 7월 3일 법무사·공인회계사 등 국가 전문 자격시험에서 관련 공직 경력이 있으면 일부 또는 전 과목 시험을 면제해주거나 시험 없이 자격증을 부여하는 「공직 경력 인정 특례」를 폐지하는 내용의 개선안을 기획재정부와 고용노동부 등 관계 부처에 권고했다고 밝혔다. 대상 자격증은 법무사, 세무사, 관세사, 행정사, 변리사, 공인회계사, 공인노무사, 소방시설관리사, 경비지도사, 감정평가사, 손해평가사, 손해사정사, 보험계리사, 보세사, 소방안전관리자 등 15종이다. 현재 국가전문자격(176종) 중 이 15종에서는 공직 경력자에 대해 1·2차 시험의 전 과목 또는 일부 과목 시험을 면제해주고 있는데, 이는 공직사회 스스로 공정문화 정착을 저해한다는 비판과 함께 과도한 특례라는 논란이 오랫동안 있어 왔다.

한국, 올해 여권 파워 전 세계 3위
비자 없이 191개국 입국 가능

한국이 7월 23일 발표된 「헨리 여권지수(Henley Passport Index)」에서 여권 파워 공동 3위를 기록했다. 헨리 여권지수는 국제항공운송협회(IATA) 자료를 바탕으로 특정 국가의 여권 소지자가 무비자 또는 입국 시 비자 발급 등 사실상 무비자로 갈 수 있는 곳을 지수화한 것이다. 이에 따르면 한국 여권 소지자는 비자 없이 191개국에 입국할 수 있는데, 우리나라와 함께 오스트리아·핀란드·아일랜드·룩셈부르크·네덜란드·스웨덴 등이 공동 3위를 차지했다. 1위는 195개국에 무비자 입국이 가능한 싱가포르가 2년 연속 차지했으며, 공동 2위는 192곳 무비자 입국이 가능한 일본·독일·프랑스·이탈리아·스페인으로 나타났다.

이 밖에 미국은 비자 없이 방문 가능한 나라가 186개로 나타나 올해 8위로 떨어졌다. 또 북한은 지난해 97위(무비자 39곳)에 이어 올해도 96위(41곳)로 하위권에 머물렀으며, 아프가니스탄(103위·26곳)은 지난해에 이어 2년 연속 최하위를 기록했다.

> **헨리여권지수(HPI·Henley Passport Index)** 국제교류 전문업체 헨리앤드파트너스가 국제항공운송협회(IATA)의 글로벌 여행정보 자료를 바탕으로 특정 국가의 여권 소지자가 무비자로 방문할 수 있는 국가가 얼마나 되는지 합산해 2006년부터 산출하고 있는 지수를 말한다. IATA는 항공운수산업의 권익 대변과 정책 및 규제 개선, 승객 편의 증대, 항공사 안전운항 지원 등을 수행하기 위해 1945년 쿠바에 설립된 국제협력기구이다.

미 법원, 구글에 독점기업 판결
「기본탑재」로 검색시장 독점

미국 워싱턴DC 연방법원이 8월 5일 미국 법무부가 반독점법 위반으로 구글을 상대로 제기한 소송 1심 재판에서 구글을 독점기업(Monopolist)이라고 판결했다. 이날 공개된 판결문에 따르면 법원은 구글이 미국의 일반 검색 서비스와 텍스트 광고 시장에서 독점적 배포 계약을 통해 독점을 유지함으로써 셔먼법 제2조를 위반했다고 판단했다. 이번 소송은 미 법무부가 마이크로소프트(MS)를 대상으로 반독점 소송을 제기한 이후 빅테크를 상대로 한 최대 반독점 소송이라는 점에서 이목을 끌었다. 다만, 구글은 이번 판결에 불복해 항소할 것이라고 밝혀 최종 판단은 연방 대법원에서 결정 나게 된다.

제소부터 판결까지   미 법무부는 2020년 10월 트럼프 행정부 당시 구글이 독점 지위 유지를 위해 무선통신사, 브라우저 개발자 및 기기 제조업체, 특히 애플과의 반경쟁적 거래를 위해 연간 수천억 달러를 지불했다며 구글을 반독점법 위반으로 제소했다. 소송 과정 중 구글이 자사 검색엔진을 아이폰 기본 검색엔진으로 탑재하기 위해 2022년 애플에 200억 달러를 지급한 사실이 드러나기도 했다. 구글을 기본 검색엔진으로 탑재하기 위해 구글이 지급한 돈은 2021년 총 260억 달러에 달했으며, 2020년 미국 내 구글의 검색 점유율은 90%에 육박했고 모바일 기기에서는 95%까지 높아졌다. 이에 법원은 구글의 유통 계약이 일반 검색 서비스 시장에서 경쟁사의 경쟁 기회를

글로벌 검색엔진 시장 점유율(단위: %)	
구글	91.04
빙	3.86
얀덱스	1.36
야후	1.24
바이두	0.91
덕덕고	0.62

자료: 스탯카운터

훼손했고, 이를 통해 검색 결과에 나타나는 스폰서 텍스트 광고에서 지배적인 지위를 유지할 수 있었다고 판단했다. 반면 구글은 소비자가 최고의 검색엔진을 경험할 수 있도록 하기 위한 투자를 이어온 것이며, 이용자들 스스로 구글이 유용하다고 판단해 구글 검색을 사용한 것이라고 반발했다. 한편, 구글 모회사 알파벳의 2분기 실적 발표에 따르면 지난 2분기 매출 847억 4000만 달러(약 117조 3000억 원) 중 76.3%에 해당하는 656억 2000만 달러(약 89조 5400억 원)가 구글 검색엔진을 통한 광고수익 연관 매출인 것으로 나타났다.

> **셔먼법(Sherman Antitrust Act)**   1890년 제정된 미국의 독점금지법 중 하나다. 「경쟁의 마그나카르타(대헌장)」로 불리는 셔먼법은 ▷국내외 거래를 제한할 수 있는 생산주체 간 어떤 형태의 연합도 불법이며 ▷미국에서 이뤄지는 거래 또는 통상에 대한 어떤 독점도 허용할 수 없다는 2가지 핵심조항을 담고 있다. 구체적으로 독점을 기도하거나 이를 위한 공모에서부터 가격담합, 생산량 제한 등 불공정행위를 포괄적으로 금지했고, 위반 시 법원이 기업 해산명령 및 불법활동 금지명령을 내리거나 벌금·구금에 처할 수 있으며, 불공정행위의 손해 당사자들이 손해액의 3배를 청구할 수 있는 권리를 부여하고 있다.

티메프 정산 지연 사태
정부, 1조 2000억 원 지원 돌입

정부는 8월 7일 경제관계장관회의를 열고 판매대금 미정산 사태를 야기한 티몬·위메프(티메프)에 대한 추가대응 방안 및 제도개선 방향을 발표했다. 이는 7월 29일 피해를 입은 소상공인과 중소기업에 5600억 원가량의 유동성을 공급하겠다는 계획을 밝힌 데 이은 후속대책으로, 이로써 티메프 사태 융자 지원 규모가 1조 2000억 원까지 확대됐다. 이 밖에도 정부는 이번 사태의 발단이 된 e커머스 업체의 정산 기한을 40일 이내로 설정해 사태 재발을 예방할 방침이다.

한편, 티메프가 자체 추산한 부채액은 7월 말 기준 1조 6400억 원대에 이르며, 정부는 이번 티메프 정산 지연 사태 피해액이 1조 3000억 원대에 달할 것으로 예측했다.

티메프 사태 원인은? 7월 7일 위메프의 대금 미정산 발생에 이어 21일 티몬이 대금 정산 지연을 공지하면서 소비자 환불 불가 사태가 현실화됐다. 이 사태는 티몬과 위메프의 모기업인 큐텐이 무리하게 나스닥 상장을 추진한 것이 화근이 됐다. 지마켓 창업자인 구영배 대표가 설립한 큐텐은 2022년 9월 티몬을 인수했고 2023년에는 인터파크쇼핑과 위메프를, 올해에는 미국 쇼핑 플랫폼 위시와 AK몰을 사들이는 등 문어발식 사업 확장을 단행했다. 그러나 큐텐은 재무 상황이 좋지 못해 티몬, 위메프를 현금이 투입되지 않는 주식 스와프 방식으로 인수했는데, 이는 티메프 지분을 큐텐이 갖고 기존 주주는 큐텐의 자회사인 큐익스프레스가 발행하는 새 주식을 받는 방식이다. 큐텐은 이렇게 큐익스프레스의 기업 가치를 높여 미국 나스닥에 상장해 자금을 조달할 계획이었다. 그러나 상장이 미뤄지면서 자금 압박을 받았고, 위메프 입점 판매자들이 5월 상품 대금을 지급받지 못한 상황이 7월 알려지면서 여행사 등 판매자들이 상품 판매를 중단하고 결제대행업체들이 신규 결제를 차단하면서 자금난이 심화됐다.

여기다 티몬과 위메프의 긴 정산 주기도 사태를 키운 원인으로 지목됐다. 티몬과 위메프는 직접 물건을 사들여 판매하는 플랫폼이 아니고 입점한 판매자들에게 수수료를 받는 중개 플랫폼이다. 이에 고객의 주문이 들어오면 판매자들이 먼저 물건을 배송하고 이후에 한꺼번에 정산을 해 왔다. 문제는 정산 주기인데, 보통의 쇼핑몰은 늦어도 4~10일 이후 대금이 정산되는 반면 티메프는 구매 후 최대 2달 이후 판매 대금을 정산해 왔다. 티메프는 이러한 정산 주기를 이용해 결제 대금으로 돌려막기를 하고, 프로모션 명목으로 할인 쿠폰 발행이나 이벤트에 사용했다. 이에 결제 대금에 손실이 발생했고 결국 지급 불능 상태에 직면하게 됐다. 완전 자본 잠식 상태에 빠진 티몬과 위메프의 누적 손실액은 각각 1조 2644억 원(2022년 기준), 7559억 원(2023년 기준)에 이르는 것으로 알려져 있다.

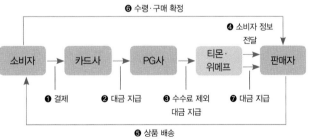

티몬·위메프 결제 및 정산 구조

티메프 사태, 해피머니·금융권 등으로 확산 경찰이 8월 1일 티몬·위메프 정산 지연 사태로 사실상 휴지 조각이 된 해피머니 상품권 발행사에 대한 수사에 착수했다. 해피머니 상품권은 최근 티몬과 위메프 등에서 7% 이상의 높은 할인율로 판매돼 소비자들에게 인기를 끌었다. 그러나 티메프 정산 지연 사태 발발 이후 해피머니 가맹점 대부분이 해피머니를 활용한 결제를 차단하고 나서면서 사실상 무용지물이 됐다. 여기에 티메프 사태의 여파는 전자지급결제대행사(PG사) 등 금융업계로도 확산될 전망인데, 이는 티몬·위메프의 기업회생절차 신청으로 당장 고객들의 취소 및 환불 금액을 PG사가 부담할 가능성이 높아진 데 따른 것이다.

> **전자지급결제대행사(PG·Payment Gateway)** 온라인 쇼핑몰 사업자들을 대신해 신용카드사와 대표 가맹점 계약을 맺고 결제지급 대행서비스를 진행하는 중개업체를 말한다. 현재 온라인 플랫폼은 소비자의 상품 결제 시 1차 PG 업체와 2차 PG 업체를 차례로 거친 이후 판매자에게 대금이 전달되는 구조를 갖고 있다. 즉 PG사는 소비자가 결제를 하면 자신들의 수수료를 제외한 나머지 금액을 플랫폼에 지급하고, 플랫폼은 판매자에 대한 일부 수수료를 제외한 대금을 가지고 있게 된다. 이후 소비자가 구매 확정을 하면 판매자에게 대금이 정산되는 것이다.

법원, 티메프-채권자 자율 구조조정 승인 법원이 8월 2일 대규모 정산·환불 지연 사태를 일으킨 티몬·위메프의 자율구조조정 지원(ARS) 프로그램을 승인했다. 티몬과 위메프는 앞서 7월 29일 법원에 기업회생을 신청하며 ARS 프로그램 적용을 요청한 바 있다. ARS 프로그램은 회생절차 개시 결정에 앞서 채무자와 채권자가 함께 자율적으로 변제 방안을 협의하는 제도다. 법원이 한 달의 시간을 부여함에 따라 9월 2일까지 회생절차 진행이 보류되는데, 보류기간은 1개월 단위로 3개월까지 연장할 수 있으며 상황에 따라 더 길어질 수도 있다. 티몬·위메프는 한 달간 전자지급결제대행사(PG사), 카드사, 소상공인 등 채권자들과 채무조정, 외부자금 유치, 인수합병(M&A) 등의 경영 정상화 방안을 논의하게 된다.

ARS 프로그램 개시 이후 절차는? 위메프는 현재 판매자 기준으로 채권자 수가 6만여 명, 티몬은 4000여 명 수준인 것으로 추산하고 있으며, 두 회사의 채권과 자산 등은 동결돼 모든 채무상환 절차가 중단된 상태다. 양사의 주요 채권자는 카드사·전자지급결제대행사(PG사)이며, 8만 명에 이르는 입점 소상공인이 다수의 채권자로 알려졌다. 티몬·위메프가 채권자 측과 ARS 기간 안에 조정에 합의하면 회생절차 개시 신청은 취하된다. 그러나 이를 거치고도 협의에 실패하거나, 전체 부채 중 3분의 2 이상을 가진 채권자들이 ARS 진행을 반대하면 법원은 다시 기업회생 개시 여부를 판단해야 한다. 법원이 1개월 내 회생절차 개시 여부를 결정하면 강제적 회생계획안이

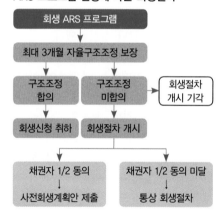

ARS 프로그램 신청에 따른 회생절차

마련돼 실행에 들어가지만, 회생절차가 기각되면 파산절차를 밟게 된다.

당정, e커머스 업체 정산 기한 단축 정부와 국민의힘이 8월 6일 당정협의회를 열고 티몬·위메프 미정산 사태 재발을 막기 위해 전자상거래(e커머스) 업체 정산 기한을 단축하고, 전자지급결제대행사(PG) 등록요건은 강화하는 등의 내용을 담은 「전자상거래 제도 개선방안」을 확정했다. 현재 롯데, 신세계 같은 대기업 유통사는 상품을 판매하고 40~60일 안에 대금을 정산하도록 돼 있으나, e커머스 업체는 이를 규정한 법령이 없어 정산 기한이 제각각이었다. 이번에 사태가 발생한 티몬의 경우 거래일로부터 40일 이후, 그리고 위메프는 거래일 두 달 후 7일에 정산을 했다. 이에 다른 e커머

스 회사보다 긴 정산 주기로 인해 티메프 미정산 사태가 커졌다는 지적이 나온다. 아울러 정부는 PG사 등록요건을 강화하되 이에 미치지 못하면 제재할 수 있는 법적 근거도 마련하기로 했다.

정부, 티메프 피해업체 금융지원 가동 금융위원회와 중소벤처기업부가 8월 7일부터 티메프 정산 지연 피해 판매자를 위한 금융지원을 시행한다고 6일 밝혔다. 우선 정산 지연으로 피해를 입거나 피해가 예상되는 기업들은 8월 7일부터 기존 대출 및

티몬·위메프 사태 일지

7월 7일	위메프 대금 미정산 발생
17일	큐텐, 「전산상 시스템 오류 때문」 입장
21일	티몬 대금 정산 지연 공지
22일	여행사들, 티몬·위메프 판매 중단
29일	티몬·위메프, 법원에 기업회생 신청
30일	• 법원, 자산·채권 동결 • 인터파크도서·쇼핑, AK몰 등 정산 중단
8월 2일	법원, 티몬·위메프에 ARS 프로그램 승인

보증에 대해 최소 3개월에서 최대 1년까지 만기연장 및 상환유예, 분할상환의 지원을 받을 수 있다. 지원 대상은 티메프 정산 지연 대상 기간인 5월 이후 매출이 있는 기업이 보유한 전 금융권의 사업자 또는 법인 대출이다. 다만 사업자와 관계없는 주택담보대출이나 개인신용대출 등의 가계대출은 제외된다. 더불어 티메프의 매출채권을 기반으로 선정산 대출을 취급하고 있던 은행(SC제일·KB국민·신한은행)도 7일부터 정산 지연으로 인한 연체를 방지할 수 있도록 만기연장 및 상환유예를 지원한다. 이러한 만기연장 및 상환유예 지원을 받기 위해서는 원리금 연체, 폐업 등의 부실이 없어야 한다. 이어 8월 9일부터는 피해 상인들을 위한 정책금융기관의 유동성 지원 프로그램이 가동, IBK기업은행과 신용보증기금은 미정산을 한도 30억 원 내에서 저리 대출을 지원한다. 여기에 중소벤처기업진흥공단(중진공)과 소상공인시장진흥공단(소진공)도 2000억 원 규모의 긴급 경영안전지금을 지원한다. 이어 정부는 각 지방자치단체를 통해 약 6000억 원의 긴급경영안정자금 재원을 추가로 마련하면서 총 1조 2000억 원의 유동성을 공급하기로 했다.

일본은행, 0.25%로 추가 금리 인상
15년 7개월 만에 가장 높은 수준

일본 중앙은행인 일본은행(BOJ)이 7월 30~31일 열린 금융정책결정회의에서 현행 0~0.1%의 정책 금리를 0.25%로 인상했다. 일본은행의 금리 인상은 마이너스 금리를 해제한 지난 3월 이후 4개월 만으로, 추가 금리 인상은 2007년 2월 이래 처음이다. 이로써 금리는 글로벌 금융위기 때인 2008년 12월(연 0.3%) 이후 15년 7개월 만에 가장 높은 수준이 됐다. 또한 일본은행은 이날 국채를 사들여 돈을 푸는 양적완화 규모도 현재 매월 6조 엔(약 54조 원)에서 2026년 3월까지 3조 엔(약 27조 원)으로 줄이기로 했다. 이에 따라 현재 600조 엔 가까이 있는 일본은행의 국채 보유 잔고가 2026년 3월 7~8% 감소할 전망이다. 하지만 시장금리는 정책금리 인상과 달리 오히려 하락세를 나타내는 「금리 수수께끼」가 발생했다.

한편, 일본과는 달리 최근 주요 국가들은 물가가 안정세로 돌아서자 급등했던 인플레이션을 막기 위해 빠르게 올렸던 금리를 인하하고 있다. 대표적으로 캐나다는 지난 6월과 7월 두 차례 기준금리 인하에 나서면서 기준금리가 연 5.0%에서 연 4.5%가 됐다. 유럽중앙은행(ECB)도 지난 6월 기준금리를 연 4.5%에서 연 4.25%로 0.25%포인트 낮춘 바 있다.

> **금리 수수께끼** 중앙은행이 정책금리를 올려도 시장금리가 따라서 오르지 않는 현상을 지칭하는 말이다. 정책금리 인상에도 불구하고 신흥국발 자금 유입 등으로 장기금리가 하락하는 등의 현상이 나타나자 2005년 2월 그린스펀 당시 미국 연방준비제도(FRB) 의장이 의회에 제출한 보고서에서 「채권시장에서 지금 예기치 못한 움직임이 일어나고 있는데, 이런 움직임은 수수께끼(Conundrum)와 같다.」고 언급한 것에서 유래됐다.

일본, 20년 만에 새 인물 넣은 지폐 발행
1만 엔권에 조선 경제 침탈에 앞장선 「시부사와」 초상 삽입

우에다 가즈오 일본은행 총재가 7월 3일 1조 6000억 엔(13조 7600억 원) 규모의 새 지폐를 발행한다고 밝혔다. 일본은 2004년 1000엔권, 5000엔권의 인물을 변경한 바 있으며 1만 엔권은 1984년 이후 20년 만에 처음으로 새로운 인물을 넣어 지폐를 발행했다. 새 1만 엔권에는 일본 자본주의의 아버지라 불리는 시부사와 에이이치(1840~1931)의 초상화가 들어갔다. 시부사와는 제일국립은행(현 미즈호은행)과 도쿄증권거래소 등의 기업을 설립하는 데 관여했으며, 일제 강점기 경성전기(한국전력의 전신) 사장을 맡고 제일국립은행을 조선에 진출시키는 등 조선의 경제 침탈에 앞장선인물로 유명하다. 5000엔권에는 일본 여성 교육의 선구자로 불리는 쓰다 우메코(1864~1929), 1000엔권에는 일본 근대 의학의 기반을 다진 기타사토 시바사부로(1853~1931)가 각각 들어갔다.

▲ 일본의 새 1만 엔권 앞면 도안(출처: 일본 재무성)

한편, 일본의 새 지폐에는 3D 홀로그램으로 지폐를 기울이면 초상의 얼굴 방향, 무늬가 움직이는 최신 위조 방지 기술이 도입됐는데, 이 기술이 지폐에 적용된 것은 일본이 최초다.

정부, 하반기 경제정책방향 및 역동경제 로드맵 발표
올해 경제성장률 전망치 2.6%로 상향

정부가 7월 3일 「2024년 하반기 경제정책방향」과 「역동경제 로드맵」을 확정·발표했다. 이에 따르면 정부는 반도체 수출 호조로 올해 경제성장률 전망치를 2.6%로 상향 조정했으며, 25조 원 규모의 소상공인·자영업자 종합대책을 내놓았다. 아울러 역동경제로 서민·중산층 시대를 구현하겠다는 포부를 밝혔다.

하반기 경제정책방향 주요 내용

경제 전망 정부는 이번 경제정책방향에서 올해 경제성장률 전망치를 기존 2.2%에서 2.6%로 0.4%포인트 상향 조정했다. 기획재정부는 반도체를 중심으로 수출이 크게 증가하고 있고, 수출 개선 흐름이 하반기까지 계속될 것으로 전망, 성장률 전망치를 올려 잡았다고 설명했다. 올해 경상수지 전망치도 500억 달러 흑자에서 630억 달러 흑자로 상향 조정했으며, 2025년 경제성장률은 2.2%로 전망했다.

소상공인·자영업자 종합대책 정부는 코로나19 팬데믹 이후 경기 불황의 지속으로 소상공인들의 어려움이 가중되는 데 따라 소상공인들의 재기 지원 등을 포괄한 종합대책을 마련했다. 먼저, 8월부터 소상공인 정책자금 상환연장제도의 지원 대상을 확대한다. 그동안 정책자금 상환연장을 받기 위해서는 업력 3년 이상, 대출 잔액 3000만 원 이상 등의 조건을 충족해야 했으나, 앞으로는 이러한 기준이 폐지되고 연장 기한도 최대 5년으로 확대된다. 또 영세 소상공인 배달료 지원을 추진하며, 연매출 3000만 원 이하 자영업자만 월 20만 원까지 전기료를 지급하던 것을 연매출 6000만 원까지 확대한다. 소상공인에게 임차료를 인하한 임대인에 대한 세제 지원은 내년 말까지 연장한다. 경영난으로 폐업한 소상공인들을 위해서는 내년 1월부터 소상공인 특화 취업 프로그램을 신설하고 취업훈련참여수당, 취업성공수당 등을 대폭 확대한다.

하반기 경제정책방향 주요 과제

소상공인·서민 지원	• 소상공인 정책정보 원스톱 지원 플랫폼 구축 추진 • 소상공인 정책자금 지원대상 확대·추가 공급 • 2025년 주요 민생지원 예산을 총지출 증가율의 1.5배 이상 확대 편성
물가안정·생계비 경감	• 51개 농산물·식품원료에 대해 할당관세 적용 • 재난적 의료비 지원 확대 추진 • 제품 주요정보 변경 시 소비자 고지의무 부과 • 상생임대인 제도 적용기한 연장 • 하반기 중 단통법 폐지 재추진
건설투자 등 내수 보강	• 민생안정 과제 등 내수 활성화 입법 재추진 • 지역활성화투자펀드 프로젝트 발굴 지속 추진 • 노후차 교체 시 개별소비세 한시 인하조치 재추진 • 공공주택 사업장 주택도시기금 사업비 지원단가 현실화
잠재리스크 관리	• 부동산 PF 시장 94조 원 규모 유동성 공급 • GDP 대비 가계부채비율 90% 초반 수준 관리 • 스트레스 DSR 적용범위 점진적 확대

자료: 기획재정부

역동경제 로드맵은? 2035년까지 역동경제로 서민·중산층 시대를 구현하겠다는 포부다. 정부에 따르면 역동경제는 「한국의 내재된 역동성이 최대한 발현되도록 제도·정책이 설계된 경제」로, ▷혁신생태계 강화 ▷공정한 기회 보장 ▷사회이동성 개선을 3대 축으로 10대 과제와 세부 목표를 제시했다.

주요 내용 첫 번째로 혁신생태계를 강화해 생산성 높은 경제 시스템을 구축하기 위해 벤처기업 수는 현재 4만 개에서 2035년까지 5만 개 이상으로 늘린다. 대기업 대비 중소기업 노동생산성은 32.7%에서 경제협력개발기구(OECD) 평균(50%)까지 높이고, 중견대기업 일자리 수는 506만 개에서 800만 개 이상으로 늘릴 계획이다. 두 번째로 공정한 기회를 보장하고 정당한 보상체계를 구축하기 위해 200개 공공기관(현 109개)에 직무급 도입을 확대해 민간기업 직무·성과 중심 임금체계 확산을 지원한다. 또 능동적 상생을 위해 사회적 책임을 23위에서 세계 10위 수준으로 끌어올리고 GDP 대비 기부금 규모도 0.7%에서 1.0% 이상으로 확대할 계획이다. 세 번째로 세대 내, 세대 간 이동기회 확대를 통해 사회이동성을 개선하기 위해 경제활동참가율을 71.1%에서 OECD 평균(73.7%)까지 높이고 노인 빈곤율은 40.4%에서 20% 이하로, 상대적 빈곤율은 14.9%에서 OECD 평균(11.3%)까지 낮춘다.

한편, 정부는 기업 활력 제고를 위해 올 하반기 벤처투자 활성화 대책을 마련하고, 인공지능(AI) 반도체·양자·바이오 3대 핵심 기술 투자를 확대할 방침이다. 중소기업 세제 혜택 유예기간도 3년에서 5년으로 늘린다. 또 올 하반기부터 배당 확대, 자사주 소각으로 주주환원 금액을 직전 3년 대비 5%를 초과해 늘린 기업에 대해 해당 5% 초과분의 5%를 법인세 세액에서 공제해 주기로 했다. 밸

류업 기업에서 배당받은 개인주주도 증가 금액에 한해 연 14%에서 9%로 저율 분리과세를 해 줄 방침이다.

역동경제 로드맵 주요 비전

구분		현 수준	비전
혁신생태계 강화	벤처기업 수	4만 개	5만 개 이상
	대기업 대비 중소기업 노동 생산성	32.7%	OECD 평균(2021년 50%)
	중견·대기업 일자리 수 (250인 이상)	506만 개	800만 개 이상
	ROE/PBR/PER	8.0/1.0/14.2(최근 10년 평균)	MSCI선진지수 편입국가 평균 수준(최근 10년 평균 11.6/2.5/19.7)
	글로벌 100대 유니콘 기업	1개	세계 3위 수준(미국 59개, 중국 12개, 영국 7개)
공정한 기회 보장	임금체계	–	직무·성과 중심의 임금체계 확산
사회이동성 개선	경제활동참가율(15~64세)	71.1%	OECD 평균 수준(2023년 73.7%)
	노인 빈곤율	40.4%	20% 이하
	상대적 빈곤율(처분가능소득 기준)	14.9%	OECD 평균 수준(2023년 11.3%)

자료: 기획재정부

정부, 2024 세법 개정안 확정
상속세 최고세율 완화·과표 구간 조정

정부가 7월 25일 열린 세제발전심의위원회에서 상속세와 증여세를 완화하는 내용을 골자로 한 「2024년 세법 개정안」을 의결했다. 이 개정안에 대해 기획재정부는 그동안 상속세가 경제 변화를 제대로 반영하지 못하고, 높은 상속세율이 기업 승계의 걸림돌로 작용하는 점을 고려했다고 밝혔지만, 중산층보다는 자산가를 위한 부자 감세라는 논란이 일었다. 한편, 이 개정안은 8월 27일 국무회의를 거쳐 9월 국회에 제출될 예정이다.

상속·증여세 완화 이번 개정안의 핵심은 30억 원 초과 상속·증여 시에 적용되던 상속세 최고세율을 50%에서 40%로 완화하는 것이다. 또 현재 5개인 과세표준 구간(1억 원 이하, 1억~5억 원, 5억~10억 원, 10억~30억 원, 30억 원 초과)을 2억 이하, 2억~5억, 5억~10억, 10억 초과 4단계로 줄인다. 하위 과표 구간은 1억 원 이하에서 2억 원 이하로 확대하고 누진 공제액도 구간별로 1000만 원씩 올린다. 상속세 세율과 과표 구간을 조정하는 것은 1999년 세법 개정 이후 25년 만이다. 자녀 공제액은 1인당 5000만 원에서 5억 원으로 늘어난다. 자녀공제액이 상향된 것은 2016년 이후 8년 만이다. 다만, 기초공제(2억 원)와 일괄공제(5억 원), 배우자 공제(최소 5억 원, 최대 30억 원)는 유지된다. 이 밖에도 최대주주가 보유한 주식을 상속·증여할 때 주식 가치를 20% 높여 평가하는 할증평가 제도를 폐지해 상속·증여세로 인한 기업 경영의 부담을 덜어 줄 방침이다.

💡 현행 상속세는 상속재산에서 공제액을 제외한 과표에 세율을 매기며, 상속자산은 시가로 평가한다. 공제액은 일괄공제(5억 원)와 기초공제(2억 원)+자녀공제 중 큰 금액이 적용된다. 배우자 공제는 별도로 추가되는데, 최소 5억 원이며 5억 원 초과 시 배우자의 법정 지분율과 30억 원 중 적은 금액을 공제한다. 개정안대로 개편이 이뤄질 경우, 예를 들어 상속재산이 25억 원, 상속인이 배우자 1명과 자녀 2명일 때 현재 기준으로 4억 4000만 원의 상속세가 1억 7000만 원으로 줄어들게 된다.

상속·증여세율 및 과표 조정(단위: 원)

현행				개정안		
과세표준	세율	누진 공제액		과세표준	세율	누진공제액
1억 이하	10%	–		2억 이하	10%	–
1억~5억	20%	1000만		2억~5억	20%	2000만
5억~10억	30%	6000만		5억~10억	30%	7000만
10억~30억	40%	1억 6000만		10억 초과	40%	1억 7000만
30억 초과	50%	4억 6000만				

자료: 기획재정부

금융·경제 관련 개편 　개정안에 따르면 가상자산 소득에 대한 과세 시기는 2027년 1월 1일로 2년 미뤄진다. 이는 가상자산의 양도, 대여로 얻은 소득을 기타소득으로 보고 250만 원이 넘는 금액에 대해 20%(지방세 포함 22%) 세율을 적용하는 것으로, 당초 정부는 2022년부터 발생한 가상자산 소득에 대해 소득세를 매길 예정이었으나 과세 시기가 2023년으로 미뤄진 후 다시 2025년 1월로 연기된 바 있다. 정부는 서민 중산층이 보유한 다른 투자자산과의 형평성을 고려해야 하고, 과세를 위한 입법체계가 충분히 갖춰지지 않은 점을 과세 시기 유예 이유로 꼽았다.

또 대주주 여부와 관계없이 금융투자로 일정 금액(주식 5000만 원, 기타 250만 원)이 넘는 소득을 거둬들인 투자자에게 해당 소득의 20%(3억 원 초과분은 25%) 세율을 적용하는 금융투자소득세(※ 시사 용어 참조)는 폐지하고 현행 체계를 유지한다는 방침이다.

6월까지 세수 10조 원 결손
경기 부진으로 법인세 16조 원 감소

기획재정부가 7월 31일 발표한 「6월 국세수입 현황」에 따르면 올해 1~6월 국세 수입은 총 168조 6000억 원으로 작년 동기보다 9조 9800억 원(5.6%)이 감소했다. 이는 올 한 해 세수 목표치(367조 3000억 원)의 45.9%에 해당하는 액수다. 이는 역대 최대 규모의 세수결손이 났던 지난해(44.6%)보다는 1.3%포인트 높지만, 최근 5년 평균 진도율(52.6%)에는 크게 못 미치는 것이다. 국세 수입 감소는 법인세의 영향이 컸는데, 6월까지 법인세는 30조 7000억 원으로 작년 동기보다 16조 1000억 원(34.4%)

1~6월 주요 세수 증감(전년 대비)

법인세	−16조 1000억 원
종합부동산세	−4000억 원
증권거래세	−3000억 원
소득세	2000억 원
부가가치세	5조 6000억 원
총 국세	−10조 원

급감했다. 종합부동산세는 1조 2000억 원 걷혀 1년 전보다 4000억 원(27.4%) 줄었으며, 증권거래세 수입도 3000억 원(9.5%) 줄었다. 반면 소비가 늘면서 부가가치세는 41조 3000억 원 걷혀 1년 전보다 5조 6000억 원(15.7%) 늘었고, 소득세 수입도 2000억 원(0.3%) 증가했다.

> **법인세(法人稅)** 　주식회사와 같이 법인 형태로 사업을 하는 경우 그 사업에서 생긴 소득에 부과하는 세금을 말한다. 개인이 소득세를 납부하는 것과 같이 법인은 소득세법의 적용을 받지 않고 법인세법에 의해 법인세를 부담하게 된다. 여기서 법인이란 주식회사, 합자회사, 합명회사, 유한회사 등의 영리법인과 사립학교 등의 비영리법인을 말한다. 다만 비영리법인의 경우 공익사업에는 과세하지 않고 수익사업에만 과세한다.

경제시사

정부, 8·8 주택공급 대책 발표
서울 그린벨트 12년 만에 해제

국토교통부가 8월 8일 주택공급 확대를 위해 수도권 그린벨트를 해제해 내년까지 총 8만 가구를 공급한다는 내용을 골자로 한 「주택공급 확대방안」을 발표했다. 정부가 서울 그린벨트를 대규모로 해제하는 것은 이명박 정부 이후 12년 만으로, 구체적인 해제 지역은 11월 발표될 예정이다.

서울·수도권에 8만 가구 공급   8·8 주택공급 대책의 핵심은 서울과 인근 지역의 그린벨트를 해제해 8만 가구의 주택을 공급한다는 것이다. 이 신규 택지에는 장기전세주택Ⅱ(시프트2) 등 신혼부부, 청년 대상 주택 공급을 확대할 방침이다. 현재 서울 내 그린벨트 면적은 149.09km²이며, 신규 택지로는 강남, 서초 지역 등이 유력하게 거론되고 있다. 이에 개발이익에 따른 투자 수요를 막기 위해 8월 13일부터 11월 신규 택지 발표 전까지 서울 전 지역 그린벨트를 토지거래허가구역으로 한시 지정했다. 또 정부는 빌라, 다세대주택 등 비아파트 시장 정상화를 위해 수도권을 중심으로 2025년까지 11만 가구 이상의 신축매입 임대 주택을 공급할 방침이다. 특히 서울은 비아파트 공급 상황이 정상화될 때까지 무제한으로 매입해 전월세로 공급할 계획이다. 이 밖에도 재건축·재개발 속도를 높이기 위해 재건축·재개발 촉진법 제정을 추진해 사업 절차를 단축하고 용적률을 상향 조정한다. 재건축을 위축시킨다고 판단되는 재건축 초과이익환수제는 법 개정을 통해 폐지를 추진한다.

> **개발제한구역(그린벨트, Green Belt)**   도시의 무질서한 확산을 방지하고, 환경을 보전하기 위해서 설정된 녹지대. 개발제한구역법 제3조에 따르면 「국토교통부장관은 도시의 무질서한 확산을 방지하고 도시 주변의 자연환경을 보전하여 도시민의 건전한 생활환경을 확보하기 위하여 도시의 개발을 제한할 필요가 있거나, 국방부장관의 요청으로 보안상 도시의 개발을 제한할 필요가 있다고 인정되면 개발제한구역의 지정 및 해제를 도시·군관리계획으로 결정할 수 있다.」
>
> **토지거래허가구역**   토지의 투기적인 거래가 성행하거나 성행할 우려가 있는 지역 및 지가가 급격히 상승하거나 상승할 우려가 있는 지역에 땅 투기를 방지하기 위해 설정하는 구역을 말한다.
>
> **재건축 초과이익환수제**   재건축으로 조합원이 얻은 이익이 인근 집값 상승분과 비용 등을 빼고 1인당 평균 3000만 원을 넘을 경우 초과 금액의 최고 50%를 부담금으로 환수하는 제도. 2006년 시행됐으나 주택시장 침체 등의 이유로 2013~2017년 유예됐다가 2018년 1월부터 다시 시행됐다.

코스피 사상 최대 낙폭 기록
코스피·코스닥 시총 235조 원 증발

8월 5일 월요일 코스피지수가 전장 대비 234.64포인트(8.77%) 하락한 2441.55에 거래를 마치면서 역대 최대 하락폭을 기록했다. 이는 미국발 경기침체 공포(R의 공포)에다 불안정한 중동 정세의 영향, 빅테크 기업의 실적 부진, 엔 캐리 트레이드 청산 등으로 외국인 투자자들이 매도를 이어가면서 한국 증시 사상 최악의 블랙먼데이로 기록됐다. 이날 하루 사이 증발한 시가총액은 코스피 192조 원, 코스닥 43조 원으로 총 235조 원에 달한다.

한편, 같은 날 일본 닛케이지수는 전 거래일보다 4451.28포인트(12.4%) 하락한 3만 1458.42로 거래를 마쳤으며, 대만 자취안지수도 8.35% 급락하는 등 아시아 증시가 줄줄이 무너졌다.

블랙먼데이 쇼크   코스피지수는 이날 전장보다 64.89포인트(2.42%) 내린 2611.30으로 출발해 가파르게 낙폭을 키우다 오후 2시 14분께 8% 넘게 하락하며 유가증권 시장에 서킷 브레이커가 발동,

거래가 20분간 일시 중지됐다. 거래 재개 직후에는 10% 넘게 하락하면서 잠시 2400선이 붕괴되기도 했다. 이날 최저치는 282.23포인트(10.81%) 내린 2386.96였다. 코스피는 이날 전 거래일 대비 234.64포인트(8.77%) 하락한 2441.55로 거래를 마쳤는데, 코스피 하락폭이 200포인트를 넘어선 것은 이번이 처음이며, 하락률로는 2008년 10월 24일(−10.57%) 이후 16년 만에 최대다. 코스닥지수도 이날 전장 대비 88.05포인트(11.3%) 하락한 691.28에 마감했다. 코스닥지수는 이날 전장 대비 1.77% 내린 765.57로 출발해 폭락을 거듭하다가 600대로 떨어졌다. 이 여파로 이날 오전에는 코스피·코스닥 시장에 프로그램매도호가 일시효력정지(사이드카)가 발동됐으며, 오후에는 서킷 브레이커가 발동됐다. 코스피 시장에서 서킷 브레이커가 발동된 것은 1998년 도입 이후 6번째이며, 코스닥 시장에서는 2001년 10월 이후 10번째 발동됐다. 또 양 시장에서 모두 서킷 브레이커가 발동된 것은 2020년 3월 19일 이후 처음이다. 코스피 사이드카 발동은 2020년 3월 23일 이후 4년 4개월 만이며 코스닥은 2023년 11월 7일 이후 처음이다.

이로써 코스피 시가총액은 1997조 7450억 원으로 하루 만에 약 192조 원이 증발했으며, 시총 2000조 원 선이 무너진 것은 1월 22일 이후 196일 만이다. 코스닥 시가총액은 338조 4265억 원으로 하루 동안 약 43조원이 증발하면서 이날 주가 폭락으로 양 시장의 시총 235조 원이 날아갔다.

역대 코스피 하락률·하락폭 순위(종가 기준, 전 거래일 대비)

순위	코스피 하락률(%)		코스피 하락폭	
1	2001. 9. 12.	−12.02	2024. 8. 5.	−234.64
2	2000. 4. 17.	−11.63	2020. 3. 19.	−133.56
3	2008. 10. 24.	−10.57	2008. 10. 16.	−126.50
4	2008. 10. 16.	−9.44	2007. 8. 16.	−125.91
5	2024. 8. 5.	−8.77	2011. 8. 19.	−115.70

자료: 한국거래소

서킷 브레이커(Circuit Breaker) 주가가 일정 수준 이상 급락하는 경우 투자자들에게 냉정한 투자 판단 시간을 제공하기 위해 시장에서의 모든 매매 거래를 일시적으로 중단하는 제도다. 주가 지수가 직전 거래일의 종가보다 8%(1단계), 15%(2단계), 20%(3단계) 이상 하락한 경우 매매 거래 중단의 발동을 예고할 수 있다. 이 상태가 1분간 지속되는 경우 주식시장의 모든 종목의 매매 거래가 20분간 중단된다.

사이드카(sidecar) 선물 가격이 전일 종가 대비 5%(코스피), 6%(코스닥) 이상 등락해 1분 이상 지속될 때 5분간 프로그램 매매를 정지하는 제도다.

블랙먼데이 주범은? 이번 증시 하락은 미국발 경기침체가 영향을 미쳤다. 미국 노동부는 8월 4일 발표한 고용 보고서에서 7월 미국 실업률이 4.3%로 전월 대비 0.2%포인트 올랐다고 밝혔다. 이는 2021년 10월(4.6%) 이후 가장 높은 수준으로, 이러한 실업률 상승으로 인한 미국의 경기침체 우려가 확산됐다. 엔 캐리 트레이드 자금 일부가 청산된 것도 글로벌 증시 폭락의 핵심 원인 중 하나로 꼽는다. 도이체방크 등은 투자자들이 1990년부터 작년 말까지 제로 금리로 일본에서 돈을 빌려 전 세계 주식, 채권, 통화, 원자재, 금 등 고수익 자산에 투자한 금액이 20조 달러에 이르는 것으로 추정하고 있다. 그런데 제롬 파월 연방준비제도(Fed) 의장이 9월 금리 인하를 시사하고 일본은행(BOJ)이 7월 금리를 기습 인상해 양국의 금리 격차가 좁혀질 것이라는 기대가 확산되며 엔 캐리 트레이드 청산이 촉발됐다. 엔화 가치가 오르면 엔화를 싸게 빌릴 수 없기 때문에 엔 캐리 트레이드 수익률이 감소되기 때문이다.

엔 캐리 트레이드(Yen Carry Trade) 금리가 낮은 일본의 엔화를 빌려 달러 또는 새로운 시장의 통화로 바꾼 뒤 그 자금을 해당 국가의 주식이나 채권, 부동산 등에 투자해 수익을 올리는 것을 말한다. 외환시장에서 엔화를 팔고 달러 등의 다른 통화를 사는 경우 엔화의 가치가 하락되며, 엔 캐리가 늘어나면 늘어날수록 급격한 엔저(低)의 진행이 일어난다. 반대로 엔 캐리를 정리하기 위해서는 일본은행에서 빌린 돈을 상환하기 위해 달러나 다른 시장의 통화를 팔고 엔화를 구입해야 되기 때문에 엔고(高) 현상이 나타난다.

정부, 바이오 특화단지 5곳 선정
인천경기·대전·강원·전남·경북

정부가 6월 27일 한덕수 국무총리 주재로 서면 개최한 제6차 국가첨단전략산업위원회에서 인천경기(시흥), 대전(유성), 강원(춘천·홍천), 전남(화순), 경북(안동·포항) 등 5곳을 바이오 분야 국가첨단전략산업 특화단지로 새로 지정한다고 밝혔다. 정부는 해당 지역에 2040년까지 민간 기업들이 36조 원대 투자를 진행할 것으로 내다봤다.

국가첨단전략산업 특화단지는? 국가첨단전략산업 특별법에 따라 계획 중이거나 이미 운영되고 있는 산업 지역을 클러스터 개념으로 묶어 특별 육성 차원의 다양한 지원을 하는 제도다. 지난해 7월 처음으로 용인평택·구미(반도체), 청주·포항·새만금·울산(2차전지), 천안아산(디스플레이)까지 7곳이 지정된 바 있고, 이번에 새롭게 바이오 분야 단지가 추가 지정됐다. 특화단지에는 첨단산업위원회의 신속 처리 의결 후 60일이 지나면 해당 인허가가 된 것으로 인정하는 인허가 타임아웃제가 시행된다. 또 반도체 등 첨단전략기술 보유 기업은 특화단지 내 용적률을 최대 1.4배까지 상향할 수 있다.

바이오 분야 국가첨단전략산업 특화단지 지정 현황

지역	주요 내용	선도기업 투자규모(기간)
인천·경기(시흥)	세계 1위 바이오 메가 클러스터	25조 6908억 원(~2035년)
대전(유성)	혁신신약 R&D 오픈 이노베이션 거점	6조 6329억 원(~2037년)
강원(춘천·홍천)	AI 기반 신약개발 및 중소형 CDMO 거점	2조 760억 원(~2040년)
전남(화순)	국가 백신주권 확보를 위한 백신생산 거점, 글로벌 백신허브 도약	1조 2294억 원(~2033년)
경북(안동·포항)		6359억 원(~2033년)
합계		36조 2650억 원

자료: 산업통상자원부

2차전지 핵심 광물 리튬,
국내 매장 첫 확인

한국지질자원연구원은 지난 4년 동안 국내 12개 지역에서 지질 조사를 진행한 결과 경북 울진과 충북 단양에서 유의미한 수준의 리튬이 매장돼 있는 것을 확인했다고 7월 11일 밝혔다. 리튬은 스마트폰, 전기차 등에 들어가는 2차전지의 핵심 광물로, 리튬이 국내에 매장돼 있다는 사실을 확인한 것은 이번이 처음이다.

실제 채굴 가능성은? 광물이 돌덩어리에 집약된 곳은 암석형 광상, 호수에 녹아 있는 곳은 염호형 광상이라고 하는데, 이번에 발견된 국내 매장 리튬은 모두 암석형 광상이다. 울진과 단양 광상에 확인된 리튬양은 각각 0.3~1.5%, 0.01~0.5%다. 리튬 주요 생산국인 중국은 리튬 개발을 위한 최저 품위 기준은 0.02%로 보고 있는데, 이 경우 단양 광상은 최저 품위를 만족시키지 못해서 경제성이 떨어진다는 지적이 있다. 또한 매장량 확인을 위해서는 지하 300m 시추가 필요한데, 울진 광상의 경우 해당 지역이 금강송 군락지이기 때문에 개발이 어려운 상태다.

한편, 한국은 글로벌 배터리 시장에서 46% 이상을 점유하고 있으나 배터리 핵심 원료인 리튬은 전량 수입에 의존하고 있다. 따라서 리튬 가격 변동에 실적이 좌우되는데, 국내에서 리튬의 자체 채굴이 가능해지면 원자재 가격과 상관없이 안정적인 배터리 생산을 기대할 수 있게 된다.

> **리튬(Lithium)** 주기율표 제1족에 속하는 알칼리 금속원소로, 원소기호는 Li·원자번호는 3이다. 녹는점과 끓는점은 각각 180.54도, 1342도이다. 전 세계 매장량 가운데 75%가 소금호수에서 추출되며, 나머지 25%는 광석에서 추출된다. 리튬은 리튬전지, 리튬이온 2차전지의 양극 물질로 활용되는 등 모든 종류의 배터리에 없어서는 안 될 필수 금속이어서 「하얀 석유」, 「백색황금」, 「미래 산업의 쌀」이라고도 불린다. 특히 휴대전화, 노트북, 전기차 배터리의 핵심 원료이기 때문에 4차 산업혁명으로 그 수요가 폭발적으로 증가했다. 리튬은 전 세계 20여 개국에 매장돼 있는데 중남미에 가장 많이 매장돼 있으며 미국, 호주, 중국, 유럽 등의 순으로 매장돼 있다.

SK이노베이션·SK E&S 합병
아시아 최대 민간 에너지기업 11월 출범

SK그룹의 에너지 계열사인 SK이노베이션과 SK E&S가 7월 17일 각각 이사회를 열고 양사의 합병안을 의결했다. 이로써 자산 106조 원, 매출 88조 원에 달하는 아시아·태평양 지역 최대 민간 에너지기업이 탄생하게 됐다. 양사는 2030년 기준 통합 시너지 효과가 2조 원 이상일 것으로 예상했다. 통합 법인은 8월 27일 예정된 주주총회에서 승인(출석주주 3분의 2 이상과 발행 주식 총수 3분의 1 이상의 찬성)을 거쳐 11월 1일 공식 출범한다.

양사 합병 주요 내용 양사의 합병비율은 SK이노베이션 1 대 SK E&S 1.1917417로, 상장사인 SK이노베이션이 합병 신주를 발행해 SK E&S 지분을 사실상 100% 보유한 SK㈜에 4976만 9267주를 교부하게 된다. 합병이 이뤄지면 SK이노베이션의 최대주주인 SK㈜의 지분율은 기존 36.22%에서 55.9%로 늘어날 전망이다.

SK이노베이션 이사회는 같은 날 SK트레이딩인터내셔널(원유·석유제품 트레이딩 기업)과 SK엔텀(SK에너지의 탱크터미널 사업 기업) 등을 배터리 계열사 SK온과 후속 합병하는 안도 통과시키며 조직 개편을 이어갔다. SK그룹은 올해 들어 그룹 전체 계열사의 사업 재편을 추진 중인데, 이는 방대한 계열사 수 조정, 효율화, 자금난 해소 등을 위한 것으로 알려졌다.

현대차, 전기차 포비아 확산에
배터리 제조사 전면 공개

현대차가 8월 9일 자사 인터넷 홈페이지에 현대차 10종과 제네시스 3종 등 총 13종의 전기차에 들어있는 배터리의 제조사를 공개했다. 이는 최근 잇단 전기차 화재로 전기차 포비아(공포)가 확산됨에 따른 것으로, 현대차는 그동안 전기차 구매 시 소비자의 문의가 있을 경우 배터리 제조사 정보를 공개해 온 바 있다. 현대차가 공개한 13종의 배터리 정보에 따르면 코나(SX2 EV)에 중국 CATL 배터리가 탑재된 것을 제외하면 모든 차종에 LG에너지솔루션과 SK온이 만든 국내 배터리가 장착됐다. 앞서 지난 8월 1일 인천 청라에서 대형 화재로 번진 메르세데스-벤츠의 EQE 전기차 모델에는 중국 파라시스의 배터리 셀이 탑재된 것으로 밝혀지면서 논란이 일었다. 파라시스 배터리는 화재 발생 가능성으로 지난 2021년 중국에서 3만여 대가 리콜되는 등 품질 논란이 잇따라 불거진 바 있다.

해외는 어떻게? 중국은 2018년부터 「배터리 이력 추적 플랫폼」을 구축해 배터리 제조사 정보를 공개하고 있다. 미국 캘리포니아주의 경우 2026년부터 「배터리 라벨링」 제도를 통해 제조사와 전압, 용량 등의 정보를 소비자에게 제공한다는 방침이다. 유럽연합(EU) 역시 2027년부터 「디지털 배터리 여권」 제도 등을 차례로 도입해 배터리 정보를 공개·관리할 예정이다.

카카오페이, 알리에 4000만 명 개인정보 유출
카카오페이는 「신용정보법상 위법 아니다」 반박

금융감독원(금감원)이 8월 13일 카카오페이가 지난 6년간 누적 4000만 명의 개인신용정보 540억 건을 고객 동의 없이 중국 핀테크 업체 알리페이에 제공한 사실을 적발했다고 밝혔다. 알리페이는 대형 온라인 쇼핑 플랫폼인 알리익스프레스를 소유한 중국 알리바바그룹 계열사로, 카카오페이 2대 주주이기도 하다. 금감원은 유출 정보가 마케팅 등의 목적으로 오남용될 수 있다며 카카오페이 제재 절차에 나설 방침을 밝혔는데, 카카오페이는 정상적인 위·수탁 정보 제공이라며 이를 반박했다.

주요 내용 금감원 현장검사 결과에 따르면 카카오페이는 2018년 4월부터 현재까지 매일 한 차례씩 누적 4045만 명의 카카오 계정 ID와 휴대전화 번호, e메일, 카카오페이 잔고·결제·송금내역 등 총 542억 건의 개인정보를 알리페이에 제공했다. 금감원에 따르면 카카오페이는 애플 앱스토어 결제 지원을 위해 알리페이와 제휴를 맺었는데 해외 결제를 이용하지 않은 고객 정보까지 제공했다. 또 금감원은 카카오페이가 2019년 11월부터 국내 고객이 해외 결제 시 카카오 계정 ID, 휴대폰 번호 등 주문·결제 정보와 무관한 개인정보를 알리페이에 제공해온 것으로 보고 있다.
금감원은 신용정보법상 카카오페이가 개인신용정보를 타인에 제공할 경우 당사자 동의를 받아야 하며, 특히 알리페이가 해외 법인이어서 개인정보 국외 이전 동의도 받아야 한다는 입장이다. 반면 카카오페이는 알리페이·애플과의 3자 협력을 통해 애플 앱스토어에서 부정 결제 방지를 위해 정보를 이전한 것이라며 불법으로 정보를 제공하지 않았다는 주장이다. 또 고객 정보는 알리페이나 애플이 마케팅에 활용할 수 없으며, 암호화 방식을 적용해 비식별 조치해 전달하고 있다고 주장했다.

금감원 vs 카카오페이

금감원	카카오페이
고객 동의 없이 불법 제공	신용정보법상 위법 아님
불필요한 정보까지 전달	철저한 암호화 통해 제공
고객 정보 오남용 우려	부정 결제 탐지 외 활용 불가

네이버웹툰, 美 나스닥 상장
한국 콘텐츠 기업의 첫 미국 뉴욕 증시 상장

네이버웹툰 모회사 웹툰엔터테인먼트가 6월 27일 공모가 주당 21달러로 미국 나스닥 시장에 상장됐다. 이는 네이버웹툰이 2005년 12월 서비스를 정식으로 오픈한 지 19년 만으로, 한국 콘텐츠 기업의 나스닥 상장은 이번이 처음이다. 웹툰엔터테인먼트는 이날 나스닥 거래 첫날 공모가(21달러)보다 9.5% 높은 23달러(약 3만 1900원)에 마감하며 상장에 성공했다. 이번 기업공개(IPO)를 통해 4000억 원이 넘는 자금을 확보하게 된 웹툰엔터테인먼트는 양질의 콘텐츠 확보를 위한 작가 양성과 작품 발굴, IP 사업 확장, 인공지능(AI) 기술 연구개발(R&D) 등에 투자할 전망이다.

네이버웹툰, 나스닥 상장에 이르기까지 디지털 만화를 의미하는 웹툰(웹(Web)과 만화를 뜻하는 카툰 (Cartoon)을 합친 말)은 미국과 일본이 주도해 온 만화 시장에서 새로운 콘텐츠로 자리매김했다. 네이버는 2004년 출판 만화를 디지털 이미지로 변환해 보여주는 서비스로 사업을 시작하며 웹툰 서비스를 시행했으며, 2005년 12월 정식 서비스를 시작했다. 이후 〈신과 함께〉, 〈송곳〉 등의 수많 은 히트작을 낸 네이버웹툰은 아마추어 작가 발굴 통로와 주간연재 시스템, 세로로 길게 편집돼 아 래로 스크롤을 내리면서 만화를 읽는 방식 등을 중심으로 성장을 거듭했다. 그리고 이 과정에서 스 타 작가와 자체 지식재산권(IP) 등을 확보하며 출판만화와는 구별되는 「웹툰」이라는 콘텐츠를 구축 했다. 2014년에는 북미 시장에 처음 진출했으며, 이후 미국으로 본사를 옮긴 뒤 캐나다 웹소설 플 랫폼 「왓패드」를 인수하며 규모를 키웠다. 네이버웹툰은 현재 150개국에서 월간 활성이용자 수 1억 7000만 명을 기록하고 있다. 한편, 웹툰은 최근 드라마와 게임의 원천 IP로도 활발히 활용되면서 글로벌 엔터테인먼트 업계에서 고부가가치 산업으로 주목받고 있다.

북한 1인당 연소득 159만 원
한국의 30분의 1 수준

한국은행은 북한의 지난해 경제성장률이 3.1%로 추정된다고 7월 26일 밝혔다. 북한의 경제성장률 은 2020년 −4.5%, 2021년 −0.1%, 2022년 −0.2%로 3년 연속 마이너스를 기록하다 작년 반등했 다. 지난해 북한의 국민총소득은 40조 9000억 원으로 한국의 60분의 1 수준이었다. 인구수로 나 눈 1인당 국민총소득은 158만 9000원으로 4724만 8000원인 한국의 30분의 1 수준으로 집계됐 다. 지난해 북한의 수출액은 3억 3000만 달러로 전년 대비 104.5% 증가했으며 수입액은 전년 대비 71% 증가한 24억 4000만 달러로 집계됐다. 수출과 수입액을 합한 전체 교역액은 한국의 460분의 1 수준이었다.

한국 최저임금 근로자, 주 49시간 일하면 빈곤 탈출
OECD 평균은 54시간

경제협력개발기구(OECD)가 8월 5일 발표한 「빈곤 탈출에 필요한 노동시간」에 따르면 지난해 기준 한국에서 자녀 2명이 있는 부부 중 1명만 최저임금을 받는 소득활동을 할 경우 상대적 빈곤선(중 위소득의 50%에 해당)을 넘기 위해서는 주당 49시간의 노동시간이 필요한 것으로 나타났다. 이는 OECD 평균인 54시간보다 5시간 적은 수치다.
집계가 시작된 2013년 한국은 주당 80시간의 노동이 필요한 것으로 나타났는데, 2014년 68시간, 2018년 50시간으로 점차 줄어들다가 2020년 주당 45시간으로 최저를 기록한 바 있다. 노동시간이 줄어드는 것은 그만큼 최저임금이 상승했다는 의미다.

사회시사

〰️

내년 최저임금 1만 30원으로 1.7% 인상
월급 기준으로는 209만 6270원

고용노동부가 8월 5일 내년에 적용되는 최저임금을 시간급 1만 30원으로 결정·고시했다고 밝혔다. 최저임금을 심의·의결하는 노·사·공 사회적 대화기구인 최저임금위원회는 앞서 7월 12일 내년 최저임금을 시간당 1만 30원으로 결정한 바 있다. 이는 올해 최저임금 9860원에서 170원(1.7%) 오른 것으로, 월급 기준으로는 209만 6270원(주 40시간·월 209시간 근무 기준)이다. 이로써 1988년 최저임금제 도입 37년 만에 처음으로 최저임금 1만 원 시대를 맞게 됐다. 다만 인상률 1.7%는 지난 2021년의 1.5%에 이어 역대 두 번째로 작은 것이다. 최근 5년간 시간당 최저임금과 전년 대비 인상률은 ▷2020년 8590원(2.87%) ▷2021년 8720원(1.5%) ▷2022년 9160원(5.05%) ▷2023년 9620원(5.0%) ▷2024년 9860원(2.5%)이었다.

> **최저임금제(最低賃金制)** 근로자에 대해 임금의 최저수준을 보장하는 것으로, 2000년 11월 24일부터 근로자를 사용하는 모든 사업 또는 사업장에 적용되고 있다. 최저임금은 매년 3월 31일 고용노동부 장관이 최저임금위원회에 심의를 요청한다. 총 27명으로 구성된 최저임금위는 6월 29일까지 다음해의 최저임금을 결정하고, 이후 노사의 이의신청이 이뤄진 뒤 고용부장관이 8월 5일까지 고시한다. 고시된 최저임금은 다음 연도 1월 1일부터 12월 31일까지 효력이 발생한다. 최저임금 결정기준은 근로자의 생계비, 유사근로자의 임금, 노동생산성 및 소득분배율을 고려해 업종별 또는 전 산업에 동일하게 정하고, 최저임금액은 시간·일·주 또는 월 단위로 결정하되 반드시 시간급을 명시해야 한다.

2020년 이후 최저임금 인상률

연도	시간급	일급 (일 8시간 기준)	월급(주 40시간, 월 209시간 기준)	전년 대비 인상률 (%)	시간급 전년 대비 인상액(원)
2020	8,590원	6만 8,720원	1,795,310원	2.9	240
2021	8,720원	6만 9,760원	1,822,480원	1.5	130
2022	9,160원	7만 3,280원	1,914,440원	5.05	440
2023	9,620원	7만 6,960원	2,010,580원	5.0	460
2024	9,860원	7만 8,880원	2,060,740원	2.5	240
2025	10,030원	8만 240원	2,096,270원	1.7	170

최저임금 고시 절차와 영향 최저임금위원회가 의결한 내년도 최저임금안은 고용노동부에 제출되고, 고용부는 8월 5일까지 내년도 최저임금을 확정·고시한다. 이 최저임금 고시를 앞두고 노사 양측은 이의 제기를 할 수 있고 노동부는 이의가 합당하다고 인정되면 최저임금위에 재심의를 요청할 수 있다. 다만 지금까지 한 번도 재심의가 이뤄진 적은 없다.

고시된 최저임금은 내년 1월 1일부터 효력이 발생하게 되는데, 이는 업종별 구분 없이 전 사업장에 동일하게 적용된다. 고용부에 따르면 내년 적용 최저임금안의 영향을 받는 근로자는 고용부의 고용

형태별 근로실태조사 기준 48만 9000명(영향률 2.8%), 통계청 경제활동인구 부가조사 기준 301만 1000명(영향률 13.7%)으로 추정된다.

정부, 「유보통합 실행계획」 발표
2025 → 2026년으로 1년 미룬 유보통합

교육부가 6월 27일 영유아교육보육통합추진위원회가 심의한 「유보통합 실행계획 시안」을 발표하고 이를 올해 내에 확정한다고 밝혔다. 당초 정부는 2025년부터 유치원과 어린이집의 유보통합을 통해 통합기관을 출범시키려 했으나 이를 1년 유예한 것이다. 하지만 유보통합에 있어 가장 큰 쟁점인 교원 자격 통합과 재원 마련 방안 등은 확정되지 않아 실현 가능성에 의문을 제기하는 목소리가 나온다.

> **유보통합【幼保統合】** 어린이집과 유치원의 보육과 교육을 하나로 통합하려는 계획으로, 교육부(유치원, 교육기관)와 보건복지부(어린이집, 사회복지시설)로 이원화돼 있는 유치원과 어린이집 감독기관을 단일한 기관(교육부)로 일원화하는 것이다. 이는 윤석열 정부의 저출산 정책 5대 핵심 과제 중 하나로, 0~5세 모든 영유아가 양질의 교육·돌봄 서비스를 차별 없이 받을 수 있도록 하는 것을 목표로 한다. 윤석열 정부는 유보통합을 국정과제로 추진하면서 2023년 말 보건복지부가 담당하는 어린이집 업무를 교육부로 이관하도록 정부조직법을 개정한 바 있다. 이 법은 지난 6월 27일부터 시행에 들어갔고, 이에 교육부에는 유치원과 어린이집 업무를 모두 담당하는 '영유아정책국」이 출범했다.

「유보통합 실행계획 시안」 주요 내용 시안에 따르면 어린이집과 유치원을 통합한 「영유아학교(가칭)」를 만들고 여기에서 0세부터 5세까지의 모든 학생들이 교육을 받도록 한다. 영유아학교는 국가·지자체·법인만 설립할 수 있는데, 「직장형 영유아학교」 등 일부 유형에 대해서는 심사를 통해 개인·단체도 설립할 수 있도록 허용한다. 다만 기존에 개인·단체가 설립해 이미 운영 중인 어린이집은 예외 규정을 적용해 계속 운영할 수 있다. 정부는 올 하반기 100개(교육청별 최소 6개) 안팎의 유보통합 모델 학교 선정을 시작으로 2025~2027년 매년 1000개씩 추가 지정할 계획이다.

그러나 유보통합의 가장 큰 난제인 유치원 교사와 어린이집 보육교사 통합 문제는 이번에도 확정안을 내놓지 못했다. 교육부는 영유아학교가 도입됐을 때 교사 자격증에 대해 두 가지 안을 제시했는데, ▷1안은 기존 보육교사와 유치원 교사를 완전히 합쳐서 「0~5세 담당 영유아 정교사」를 새로 만드는 것이며 ▷2안은 「0~2세 담당 영아 정교사」, 「3~5세 담당 유아 정교사」를 분리하는 안이다. 또 현재 4년제와 전문대학에 있는 「보육학과」와 「유아교육학과」를 「영유아교육과」로 개편, 이곳에서 유보통합 체제의 신규 교사를 양성한다. 이미 자격증을 딴 유치원 교사와 보육교사는 앞으로 10년간 특별교원 양성과정을 운영해 새로 생기는 「영유아교사자격증」을 취득할 수 있도록 하는데, 다만 새로운 영유아교사자격증을 따지 않아도 기존 보육교사·유치원교사 자격은 유지한다.

유치원·어린이집 통합계획 주요 내용

구분	현행	통합 후(이르면 2026년)
기관	어린이집(0~5세), 유치원(3~5세) 각각 운영	0~5세 모두 가르치는 통합 학교
교육과정	• 어린이집: 0~2세 표준보육과정 • 유치원: 3~5세 누리과정	0~5세 영유아 교육과정
신규교사 양성	• 어린이집 보육교사: 전문대, 4년제, 사이버대, 학점은행제 등 • 유치원교사: 전문대, 4년제, 대학원	영유아 교육전공 학사 학위 신설, 대면수업 진행
담당 부처	• 어린이집: 보건복지부 • 유치원: 교육부	모두 교육부가 담당

유치원 vs 어린이집   현재 만 0~2세의 경우 어린이집에서 교육과 보육을 모두 담당하고 있으나 만 3~5세는 교육과 보육이 각각 유치원·어린이집으로 이원화돼 있다. 특히 유치원·보육교사 자격제도 및 양성체계가 유보통합에 있어 가장 쟁점으로 꼽히는 부분인데, 우선 유치원 교사의 자격 및 양성 제도는 「유아교육법」 규정에 따른다. 이에 따르면 현재 법적 교원에 해당하는 유치원 교사는 (전문) 대학이나 대학원에서 교직과정을 이수해야 하고, 국공립 유치원의 경우에는 임용고시를 통과해야 한다. 반면 보육교사는 「영유아보육법」 규정을 따르는데, 이에 따르면 전문대·4년제대학 외에도 사이버대·학점은행제·보육교사교육원 등을 통해 필요한 학점을 이수하면 자격을 취득할 수 있다.

내년 세계 첫 AI 교과서 도입
문해력 우려 등 거센 찬반 논란

교육부가 내년부터 학교에 도입될 「AI(인공지능) 디지털 교과서」를 한창 개발하고 있는 가운데, 최근 학부모들 사이에서 디지털 교과서 도입 반대 분위기가 확산되면서 논란이 일고 있다. 교육부는 내년에 초등학교 3·4학년, 중학교 1학년, 고등학교 1학년을 대상으로 수학·영어 과목에 「AI 디지털 교과서」를 도입하는데, 이는 국가 차원에서 전체 학생을 대상으로 AI 디지털 교과서를 도입하는 첫 사례다. 그러나 최근 일부 학부모들을 중심으로 AI 교과서 도입에 반대하는 국회 청원이 제출되는 등 디지털 교과서 도입을 우려하는 목소리가 높아지고 있는데, 해당 청원은 한 달 만에 5만 6505명의 동의를 얻어 지난 6월 27일 국회 소관위원회인 교육위원회로 회부됐다.

AI 디지털 교과서를 둘러싼 논란   AI 디지털 교과서 도입을 반대하는 학부모들은 아이들의 문해력이 떨어지고 스마트 기기 중독 등의 부작용을 우려하고 있다. 또 학생들의 디지털 기기 사용을 줄이는 국제적 추세에 역행하는 것이라는 지적도 있는데, 대표적으로 디지털 교육을 선제적으로 추진하던 스웨덴의 경우 학생들의 문해력 저하를 우려해 종이교과서 사용을 확대하기로 한 바 있다. 반면 교육부는 AI 교과서를 도입하면 오히려 맞춤형 교육이 가능해져 교육의 질이 높아질 것이라는 입장이다. 또 디지털 교과서는 기본 개념을 학습하기 위한 보조적인 용도로 활용될 것이라며, 올 하반기 설명회·수업 시연 등을 통해 학부모들의 우려를 해소하겠다는 방침이다.

AI 디지털 교과서 찬반 논란

찬성	반대
• 개인 수준에 맞는 맞춤형 교육 가능 • AI와 디지털 사용은 거스를 수 없는 시대적 흐름	• 스마트 기기 중독 우려 • 종이책과 멀어지게 해 문해력 저하 일으킬 수 있음

「전 국민 마음투자사업」 7월 본격 시행
2027년까지 100만 명에 전문 심리상담 지원

정부가 6월 26일 국립정신건강센터에서 윤석열 대통령 주재로 정신건강정책 혁신위원회 1차 회의를 열고, 2027년까지 국민 100만 명에게 전문 심리상담을 지원하는 내용 등을 담은 「정신건강정책 혁신방안」 4대 전략 및 핵심 과제를 발표했다.

「정신건강정책 혁신방안」 주요 내용   정부는 우선 일상적인 마음돌봄체계를 구축하기 위한 「전 국민 마음투자 지원사업」을 7월부터 본격 시행한다. 이는 우울·불안 등 정서적 어려움이 있는 국민에게 심리상담을 총 8회(1회당 50분) 제공하는 사업으로, 올해와 내년에는 정신건강 위험군을 대상으로 하고 2026년부터는 일반 국민까지 확대해 2027년까지 국민 100만 명에게 전문 심리상담을 지원하겠다는 것이다.

기존 10년마다 실시된 청년 정신건강검진은 내년부터 2년마다 진행하며, 우울증 검진에 조기 정신증 검진을 추가하고 필요한 경우 첫 진료비도 지원한다. 학생을 대상으로는 「위기학생 선별검사(마음 EASY 검사)」를 도입하고, 직장인의 정신건강 지원을 강화하기 위해 현재 14곳인 직업 트라우마 센터를 내년까지 24곳으로 확대한다. 자살 예방 상담인력은 지난해 80명에서 내년 150명으로 2배 가까이 늘리고, 9월부터는 전화보다 문자 대화를 선호하는 청년·청소년 특성 등을 고려해 SNS 상담을 도입한다. 또 정신과적인 응급 상황에 신속 대응할 수 있도록 현재 12곳인 권역 정신응급의료센터를 2028년 32곳까지 확대하고, 8월부터는 마약중독 치료 보호비에 건강보험을 적용한다.

「전 국민 마음투자사업」 주요 내용

지원 대상	• 정신건강복지센터, 대학교상담센터, 정신의료기관 등에서 심리상담이 필요하다고 인정되는 자 • 국가 건강검진에서 중간 정도 이상의 우울(우울증 선별검사에서 10점 이상)이 확인된 자 • 자립준비청년 및 보호연장아동 • 동네의원 마음건강돌봄 연계 시범사업을 통해 의뢰된 자
서비스 유형	제공 인력의 전문성과 역량에 따라 1급과 2급 유형으로 구분
가격	• 1회 기준 1급 유형은 8만 원, 2급 유형은 7만 원 • 본인부담금은 소득 수준에 따라 30%까지 차등 부과 • 자립준비청년 및 보호연장 아동은 본인부담금을 면제
서비스 신청	정신건강복지센터·대학교상담센터·청소년상담복지센터·Wee센터/Wee클래스·정신의료기관 등에서 발급한 의뢰서, 국가 일반건강검진 결과 통보서 등 대상자별 구비서류를 갖춰 읍면동 행정복지센터 방문
바우처 지급 및 사용	• 전문심리상담 서비스 1회당 최소 50분 이상 모두 8회를 제공받을 수 있는 바우처 신청 → 10일 이내에 발급 • 바우처 발급일로부터 120일 이내에 이용해야 하고, 상담 제공기관은 거주지와 상관없이 선택할 수 있음

상급종합병원, 9월부터 중증환자 중심으로 전환
일반병상 최대 15% 축소

정부가 7월 11일 제5차 의료개혁특별위원회를 열고 오는 9월부터 상급종합병원 구조 전환 시범사업을 시행하기로 했다. 이를 통해 상급종합병원이 처치 난도가 높고 생명이 위중한 환자를 전문적으로 진료하도록 유도한다는 방침이다. 정부는 상급종합병원 구조 전환 시범사업을 거쳐 제6기 상급종합병원이 지정되는 2027년부터는 본사업을 통해 단계적으로 제도를 개선한다고 밝혔다.

시범사업 주요 내용 정부는 2026년까지 국내 대형병원의 일반병상을 최고 15% 줄이고 중환자 병상은 늘리겠다고 밝혔다. 또 전체 환자 중 중증환자 비율이 최소 50%(현재 34%)가 되어야 상급 종합병원 지정이 가능하도록 기준도 바꾼다는 계획이다. 상급종합병원으로 지정되면 환자 질과 무관하게 똑같이 지급하던 「규모별(종별) 수가 가산율」 제도를 폐지해 중증·응급질환 진료를 많이 하고 치료 성과가 좋은 병원일수록 수가와 인센티브를 더 주는 「차등 지급제」를 도입한다. 여기에 중증환자 치료역량을 제고하기 위해 의사·간호사에 대한 교육·훈련을 강화하고, 전문의와 진료지원 간호사 팀 진료 등 업무를 재설계해 전문의 등 숙련된 인력 중심으로 운영하면서 전공의 진료 비중을 단계적으로 축소한다.

아울러 상급종합병원이 지역 병·의원과 협력해 환자 중증도에 맞춰 적절한 치료를 제공하도록 구조를 전환할 계획이다. 이를 위해 상세한 의사 소견과 진료 기록이 첨부된 전문적 진료의뢰 절차를 강화하는 한편, 중등증(중증과 경증 사이) 이하 환자는 진료협력병원으로 회송하게 한다. 또 필요한 경우 상급종합병원을 대기 없이 이용(패스트트랙)할 수 있도록 하는

상급종합병원 구조 전환 방향 주요 내용

진료	• 중환자실, 중증 수술, 중증 입원 수가 인상 • 응급실 전문의, 간호사 당직 수가 신설
전원	상급종합병원과 진료협력병원의 연계 강화
병상	일반 병상 5~15% 축소, 중환자 병상 확대
인력	• 전문의, PA 간호사의 팀 중심 당직 운영 • 전공의 진료 축소하고 전문의 진료 확대

진료협력체계도 강화한다. 이 밖에 「상급종합병원」이라는 명칭이 서열을 암시하고 의료전달체계상 최종 치료를 맡는 역할이 드러나지 않는다는 문제 등을 고려, 명칭 개편도 검토한다는 방침이다.

의대 증원 확정 이후의 의료계 상황은? 정부는 지난 2월 6일 내년도 대학 입시부터 전국 의과대학 입학 정원을 현재보다 2000명 늘린 5058명으로 정하는 의대 증원안을 의결했다. 해당 방안 발표 이후 대형병원 전공의(인턴, 레지던트)들이 파업을 결의하는 등 의사들의 단체행동이 시작되면서 의료 파행이 본격화됐다. 그러나 대교협이 5월 24일 의대 증원을 반영한 「2025학년도 대입전형 시행계획 변경안」을 심의·확정하면서 1998년 제주대 의대가 신설된 지 27년 만에 의대 증원이 현실화됐다. 이에 대한의사협회(의협)는 6월 18일 하루 동안 전국 개원의까지 참여하는 집단휴진(총파업)을 강행했고, 정부는 이를 「불법 집단행동」으로 규정하며 업무개시명령을 내리는 등 강대강 대치가 이어졌다.

정부, 미복귀 전공의 행정처분 철회 정부가 7월 8일 모든 전공의에 대해 복귀 여부에 상관없이 행정처분을 철회한다고 밝혔다. 정부는 당초 수련병원을 이탈한 전공의에게 최소 3개월의 면허정지 행정처분을 내리겠다는 방침을 지난 6월 4일 복귀 전공의에 한해 거둔 바 있는데, 이날 전체 전공의에 대해 전면 철회한 것이다. 정부는 또 전공의가 기존 수련병원에서 사직하더라도 9월부터 어느 병원에서든 다시 수련 받을 수 있도록 하기로 했다. 현행 전공의 임용시험 지침 등에 따르면 전공의가 수련을 중도 포기하면 1년 이내에 같은 전공·연차로 수련을 재개할 수 없다. 하지만 정부는 이 지침에 특례를 둬 올해에 한해 전공의가 7월 22일 시작될 하반기 전공의 모집에 지원해 9월부터 수련을 받을 수 있도록 한다는 방침이다. 아울러 정부는 전공의들에게 이른 복귀를 재차 촉구하면서 2026학년도 이후의 의료인력 수급 추계에 전공의들의 의견을 반영하겠다고 강조했다.

상당수 전공의 복귀 거부-7648명 사직처리 정부의 방침에도 상당수 전공의들이 복귀하지 않은 가운데 수련병원들이 7월 17일 미복귀 전공의 사직 처리를 마치고 결원을 확정해 보건복지부 직속 수련 환경평가위원회에 제출했다. 복지부가 7월 18일 공개한 「수련병원의 전공의 사직처리 현황 및 하반기 전공의 모집인원 신청」 결과에 따르면 전국 110개 수련병원 전공의 임용 대상자 1만 3531명 가운데 7648명(56.5%)이 사직 처리됐다. 또 이들 수련병원은 7월 22일부터 시작하는 하반기 전공의 모집 인원으로 7707명(인턴 2557명, 레지던트 5150명)을 신청했다.

의대 입학정원 확대를 둘러싼 주요 일지

2월 6일	복지부, 의대 2000명 증원 발표
20일	전공의들, 병원 이탈 본격화
22~3월 4일	의대 증원 수요조사 진행(의대 40곳, 총 3401명 신청)
20일	교육부, 대학별 배분 결과 발표
25일	전국 의대 교수 사직서 제출 본격화
4월 19일	정부, 내년도에 한해 자율감축 허용 발표
5월 16일	서울고법, 의대 증원 집행정지 신청 각하·기각
24일	2025년 의대 증원 규모 1509명 확정
6월 4일	정부, 사직서 수리 금지명령 해제
7월 9일	미복귀 전공의 행정처분 철회

국가가 출생 등록·익명 출산 허용
출생통보제·보호출산제, 7월 19일부터 시행

출산 후 출생신고가 되지 않는 아동이 방치되는 상황을 막기 위해 마련된 출생통보제와 보호출산제가 7월 19일부터 시행됐다. 출생통보제는 아이가 태어나면 관련 정보가 지방자치단체로 자동 통보되는 것이며, 보호출산제는 여성이 가명으로 병원에서 출산할 수 있도록 한 제도다. 해당 제도들은 지난해 6월 경기도 수원의 한 아파트 냉장고에서 영아 시신 2구가 발견되는 등 출생신고가 되지 않은 영아가 살해·유기되는 사건이 잇따라 발생하면서 급물살을 탔다. 실제로 지난해 감사원 감사 결과 2015~2022년 사이 태어났지만 출생신고가 되지 않아 국가의 보호를 받지 못하는 미등록 영유아가 2236명에 달한다는 사실이 드러난 바 있다.

출생통보제 의료기관이 신생아의 출생정보(아동의 출생 사실, 생모의 성명, 출생 연월일시 등)를 건강보험심사평가원(심평원)에 전달하고 심평원에서 이를 지방자치단체에 통보하는 제도를 말한다. 이는 부모에게만 있던 출생신고 의무를 의료기관에도 부과하는 것이 핵심으로, 부모가 고의로 출생신고를 누락해 유령 아동이 생기는 것을 방지하기 위해 추진됐다. 출생통보제 시행에 따라 의료기관장은 출생일로부터 14일 이내에 심평원에 출생정보를 통보해야 한다. 그리고 지자체는 출생일로부터 한 달 이내 출생신고가 되지 않으면 모친 등 신고 의무자에게 7일 이내에 출생신고를 하도록 통지해야 한다. 만약 부모가 이에 응하지 않을 경우 법원 허가를 받아 직권으로 출생신고를 할 수 있다.

보호출산제 사회·경제적 어려움에 처한 위기 임신부가 익명으로 출산한 뒤 출생신고를 할 수 있고, 출산한 산모가 신원을 숨기더라도 지방자치단체가 아동의 출생신고를 할 수 있도록 한 제도를 말한다. 이는 출생통보제가 도입되면 어린 미혼모 등 신분 노출을 원치 않는 임산부가 병원 밖에서 출산하거나 낙태를 선택할 수도 있다는 지적에 따라 마련된 보완책이다. 보호출산을 신청하면 가명과 관리번호(주민등록번호 대체)가 생성되고, 임산부는 이 가명과 관리번호를 사용해 의료기관에서 산전 검진과 출산을 할 수 있다. 임산부는 아이가 보호출산으로 태어난 후 최소 7일간 아동을 직접 양육하기 위한 숙려기간을 가져야 하고, 이 기간이 지난 후에는 지방자치단체에 아동을 인도할 수 있다. 생모는 보호출산을 신청할 때 자신의 이름, 보호출산을 선택하기까지의 상황 등을 작성해 남겨야 하며, 이 서류는 아동권리보장원에 영구 보존된다. 보호출산을 통해 태어난 아동은 성인이 된 후 또는 법정대리인의 동의를 받아 이 서류의 공개를 요청할 수 있다. 다만 서류는 생모의 동의를 전제로 공개되는데, 생모가 동의하지 않을 경우에는 인적사항을 제외하고 공개된다.

복지부, 내년 수가 체계 개편
응급·주말진료 수가 집중 인상

보건복지부가 7월 24일 건강보험정책심의위원회(건정심)를 열고 「2025년 병원·의원 환산지수 결정」을 심의해 의결했다. 환산지수는 병·의원 수가를 좌우하는 주요 변수로, 내년도 병원의 환산지수는 올해(81.2원)보다 1.2% 오른 82.2원, 의원은 올해(93.6원)보다 0.5% 오른 94.1원으로 정해졌다.

환산지수 결정 주요 내용 수가는 ▷각각의 의료 행위별 점수(상대가치점수) ▷물가 등을 고려한 의료기관 유형별 단가(환산지수) ▷의료기관 규모 등을 고려해 더해주는 비율(종별 가산율)의 세 변수를 곱해 정해진다. 이 가운데 환산지수는 소득상승률·진료비 증가율·의료물가 상승률 등을 고려해 정하는데, 2008년부터 매년 7개 의약단체(병원협회, 의사협회, 치과협회, 한의사협회, 약사회, 조산사협회, 보건기관)가 공단과의 개별 협상을 통해 결정된 유형별 환산지수를 적용하고 있다. 의원급은 전체 수가를 0.5%(4.1원)만 올리는 대신 진찰료(초진 및 재진)에 평균보다 높은 인상률인 4%를 적용해 대폭 올린다. 병원급은 전체 수가를 1.2%만 올리는 대신에 휴일에 시행되는 수술·처치 등에 수가를 가산해주는 비율을 높이기로 했다. 예컨대 야간 및 공휴일에 병원에서 시행되는 수술·처치·마취료 가산 비율이 기존 50%에서 100%로, 응급실에서 시행되는 응급의료행위에 대한 가산 비율이 50%에서 150%까지 확대된다.

2025년 의원·병원 유형 환산지수 및 상대가치점수 연계·조정

구분	의원	병원
환산지수	94.1원(0.5% 인상)	82.2원(1.2% 인상) ※ 요양병원, 정신병원은 82.5원(1.6% 인상)
상대가치 연계	초·재진 진찰료 각 4% 인상	• 수술, 처치 및 마취료 야간·공휴일 가산 확대(50→100%) • 응급실 응급의료행위 가산 확대(50→150%) • 의원급 토요가산 병원 적용(진찰료의 30%)

다중운집인파사고, 사회재난 유형으로 신설
「재난 및 안전관리 기본법 시행령」 개정안 7월 17일부터 시행

행정안전부가 사회재난 유형 27종을 신설하고 유형별 재난관리 주관기관을 지정하는 내용을 담은 「재난 및 안전관리 기본법 시행령」 일부개정안이 7월 9일 국무회의에서 의결돼 17일부터 시행된다고 밝혔다. 이번 개정안에 따르면 이태원 참사와 같은 다중운집인파사고가 사회재난 유형으로 신설됐고, 공연장·야영장 등 재난 유형에 따라 재난관리 행정기관이 즉시 지정된다.

개정안 주요 내용 개정안에 따르면 사회재난에 27종이 신설되는 등 신규 지정·통폐합으로 사회재난의 종류가 기존 41개에서 64개로 늘었다. 사회재난에는 전통시장·해수욕장·야영장 등 다중이용시설과 노인복지시설 등 안전 취약계층 보호시설, 공항이나 항만 등 사회기반시설에서 발생하는 사고 등이 포함됐고, 특히 다중운집인파사고가 사회재난 유형에 신설됐다. 또 재난 유형의 내용과 범위 등은 법령에 따라 명확히 하고, 그 법령을 관장하는 행정기관을 「재난관리 주관기관」으로 지정해 재난관리를 담당하게 한다. 예컨대 ▷어린이집의 화재 등으로 발생하는 대규모 피해는 교육부 주관 사회재난으로, ▷야영장의 화재 등으로 발생하는 대규모 피해는 문화체육관광부 주관 사회재난으로, ▷누구나 자유롭게 모이거나 통행하는 도로 등에서 발생하는 다중운집인파사고는 행안부·경찰청 주관 사회재난에 포함됐다. 재난관리 주관기관은 소관 유형의 재난이 발생하면 지체 없이 중앙사고수습본부를 설치·운영해 재난을 수습하는 역할을 하게 된다.

대법, 「타다 운전 기사는 근로자」
일방적 계약해지는 부당해고

대법원 3부가 7월 25일 차량 호출 서비스 「타다」 운전기사는 근로기준법상 근로자에 해당하기 때문에 정당한 해고 사유 없는 계약해지는 부당해고에 해당한다는 판결을 내렸다. 대법은 이날 타다 운영사였던 VCNC의 모회사 쏘카가 부당해고 구제 재심 판정을 취소하라며 중앙노동위원회를 상대로 낸 소송에서 원고 패소 판결한 원심을 확정했다.

판결 주요 내용 A씨는 타다에 운전기사를 공급하는 업체와 프리랜서로 계약을 맺고 일을 해 왔다. 그러다 지난 2019년 7월 타다의 감차 조치에 따라 인력공급업체로부터 해고 통보를 받은 A씨는 자신이 사실상 근로자라고 주장하며 서울지방노동위원회(지노위)에 구제신청을 제기했다. 당시 지노위는 A씨가 운행시간과 요일 등을 선택할 수 있었다는 점에서 이를 각하했으나, 중앙노동위원회(중노위)는 쏘카를 사용자로 인정하고 일방적 계약해지는 부당해고라고 판정했다. 그러자 쏘카 측은 이에 불복해 행정소송을 냈는데, 1심은 A씨가 쏘카에 고용된 근로자가 아니라고 봤으나 2심은 맞다는 판결을 내렸다. 그리고 대법원도 「온라인 플랫폼을 매개로 한 노무 제공 관계에도 근로기준법상 근로자성, 사용자성 판단에 관한 기존 판단 법리를 적용해야 한다.」며 A씨가 쏘카에 고용된 근로자였다는 원심 판결을 유지했다.

하급심에서는 「배달기사의 근로자 불인정」 판결 서울중앙지법 민사42부가 7월 12일 배달라이더 A씨와 A씨가 소속된 라이더 노동조합이 배달플랫폼 업체 B사를 상대로 제기한 근로에 관한 소송에서 B사의 승소 판결을 내렸다. 이 사건의 핵심 쟁점은 A씨가 부당해고의 대상인 근로기준법상 근로자인지 여부였는데, A씨는 B사와 2021년 5월 「배송대행 업무위탁 계약」을 맺고 B사가 운용하는 스마트폰 앱으로 배달콜을 받는 위탁 라이더로 일해 왔다. 그러다 B사가 2021년 12월 A씨와 맺은 배달업무 위탁 계약을 해지하자 원고 측은 부당해고라며 소송을 냈다. 법원은 배달라이더 A씨를 근로기준법상 근로자로 볼 수 없는 이유에 대해 「라이더가 어떤 배달 주문을 수행할지 어떤 경로를 이용할지 등을 자율적으로 결정해 회사가 라이더 A씨를 지휘·감독했다고 볼 수 없기 때문」이라고 판단했다. 또 ▷라이더가 업무 도중 자유롭게 쉴 수 있는 점 ▷근무시간과 장소의 결정 권한이 라이더에게 있는 점 ▷오토바이 수리비, 교통법규 위반 과태료 등을 직접 부담한 점 등도 근로자성이 없음을 뒷받침하는 근거로 들었다.

> **플랫폼 노동자** 정보통신기술의 발전으로 탄생한 애플리케이션·SNS 등 디지털 플랫폼을 매개로 노동을 제공하는 노동자를 말한다. 이는 스마트폰 사용이 일상화되면서 등장한 노동 형태로, 이들은 사용자에게 종속된 노동자가 아닌 자영업자이다. 이에 특수고용노동자와 유사하다는 이유로 「디지털 특고」로도 불리는데, 배달대행앱 기사, 대리운전앱 기사, 우버택시 기사 등이 이에 속한다.

경기 화성 리튬전지 제조공장 화재로 23명 사망
회사 대표 등 중대재해처벌법 위반 여부 조사

6월 24일 오전 10시 30분쯤 경기 화성시 리튬전지 공장 「아리셀」에서 화재가 일어나며 총 23명(국적은 한국 5명, 중국 17명, 라오스 1명)이 사망하는 대형 참사가 발생했다. 아리셀 공장은 스마트 그리드(지능형 전력망) 계량기 등에 사용하는 리튬 일차전지를 제조·판매하는 업체로, 당시 완제품 포장 작업 과정에서 시작된 화재는 4차례의 연쇄 폭발로 이어지면서 불과 42초 만에 작업장 전체로 확산됐다.

화재 주요 내용 소방당국은 화재가 발생한 6월 24일 오전 10시 40분 관할 소방인력과 장비를 모두 투입하는 대응 1단계를, 이어 오전 10시 54분 3~7개 소방서에서 31~50대의 장비를 동원하는 대응 2단계를 차례로 발령했다. 하지만 금수성 물질(禁水性 物質)인 리튬의 특성상 물이나 수분을 함유한 소화약제에 닿을 경우 가연성 기체인 수소를 발생시켜 폭발 위험이 커지기 때문에 초기 진화에 어려움을 겪었고, 이에 큰불은 오후 3시 10분쯤에야 잡히면서 실종자 수색작업이 진행됐다. 이처럼 피해가 확산되면서 이번 사고는 역대 최악의 화학공장 화재 참사이자 2022년 중대재해처벌법 시행 이후 최대 규모의 산업재해로 기록됐다. 이날 사고 이전까지 최다 사상자를 낸 화학공장 화재는 1989년 10월 전남 여수 국가산업단지 럭키화학 폭발 사고로, 당시 16명의 사망자가 발생한 바 있다.

리튬이온 배터리는 무엇? 리튬이온 배터리는 양극·음극·분리막·전해액 등으로 구성되는데, 분리막이 손상되면 양극과 음극이 접촉해 과열되면서 화재와 폭발이 일어난다. 특히 리튬은 가열되면 순식간에 1000도 이상 온도가 치솟는 「열폭주(Thermal Runaway)」 현상이 발생하는데, 이번 참사의 피해가 커진 것에 해당 현상이 작용했다는 분석이 나오고 있다. 또 리튬 배터리는 불에 타면서 산소와 수소 등 가연성 가스 등이 다량 분출돼 물이나 분말·질식 소화기로는 화재 진압이 어려우며, 폭발하는 과정에서 벤젠·불화수소 등 유해가스가 다량 배출되며 피해를 키우는 것으로 알려져 있다. 특히 충전 없이 한번 사용된 뒤 방전되는 일차전지는 완충(完充) 상태로 제품을 제작한다는 점에서 에너지 밀도가 높아 화재 확산에 더욱 취약하다.

한편, 리튬전지는 일차와 이차로 구분되는데, ▷일차전지는 1회 사용만 가능하고 ▷이차전지는 충전·방전을 반복해 여러 번 쓸 수 있는 배터리를 말한다. 리튬전지의 일·이차전지 구조는 거의 같지만, 일차전지는 음극에서 양극으로 전자가 한차례 이동하며 전기가 발생한 뒤 수명을 다하고, 이차전지는 충전기가 작동해 양극에서 음극으로 전자가 이동하며 다시 충전돼 재사용이 가능한 것이 특징이다.

중대재해처벌법 위반 여부 등 조사 화성 리튬전지 공장 참사와 관련해 130여 명 규모의 수사본부를 편성한 경기남부경찰청이 6월 25일 박순관 아리셀 대표를 포함한 공장 관계자 5명을 업무상과실치사상 등의 혐의로 입건하고 전원 출국금지 조치를 내렸다. 특히 박 대표에게는 중대재해처벌법 위반 혐의도 적용됐다. 중대재해처벌법에서는 ▷사망자가 1명 이상 발생 ▷동일한 사고로 6개월 이상 치료가 필요한 부상자가 2명 이상 발생 ▷동일한 유해요인으로 급성중독 등 대통령령으로 정하는 직업성 질병자가 1년 이내에 3명 이상 발생 중 한 가지를 충족하면 「중대산업재해」로 본다. 이번에 화재가 발생한 아리셀 사업장은 상시근로자가 50여 명으로, 올해 1월 27일 5인 이상 사업장에 전면 시행된 중대재해법 적용 대상에 해당한다.

> **중대재해처벌법** 사업 또는 사업장, 공중이용시설 및 공중교통수단을 운영하거나 인체에 해로운 원료나 제조물을 취급하면서 안전·보건 조치의무를 위반해 인명피해를 발생하게 한 사업주, 경영책임자, 공무원 및 법인의 처벌 등을 규정한 법이다. 2021년 1월 8일 국회를 통과해 2022년 1월 27일부터 시행에 들어갔다. 산업안전보건법이 법인을 법규 의무 준수 대상자로 하고 사업주의 경우 안전보건 규정을 위반할 경우에 한해서만 처벌을 하는 데 반해, 중대재해처벌법은 법인과 별도로 사업주에게도 법적 책임을 묻는다는 데서 차이가 있다. 중대재해처벌법에 따르면 중대재해는 중대산업재해와 중대시민재해로 구분하는데, 중대산업재해는 ▷사망자가 1명 이상 발생 ▷동일한 사고로 6개월 이상 치료가 필요한 부상자가 2명 이상 발생 ▷동일한 유해요인으로 급성중독 등 대통령령으로 정하는 직업성 질병자가 1년 이내에 3명 이상 발생 중 어느 하나에 해당하는 결과를 야기한 재해를 말한다.

尹 대통령, 노란봉투법·25만 원 지원법에
재의요구권(거부권) 행사

윤석열 대통령이 지난 8월 2일과 5일 각각 국회를 통과해 정부로 이송된 「25만 원 지원법」과 「노란봉투법」에 대해 16일 재의요구권(거부권)을 행사했다. 더불어민주당 이재명 전 대표의 총선 공약인 「25만 원 지원법」은 전 국민에게 지역사랑상품권을 지급하는 것으로, 금액은 지급 대상에 따라 25만~35만 원 범위에서 대통령령으로 정하도록 했다. 그리고 「노란봉투법」은 정당한 노동조합 활동과 사용자의 불법행위에 대한 노동쟁의를 정당방위로 보고 사용자의 손해배상 청구를 제한하는 것을 핵심으로 한다. 해당 법안은 21대 국회 당시 본회의를 통과했으나 윤석열 대통령이 거부를 행사해 폐기됐다가 22대 국회에서 다시 발의된 것이다. 특히 이번 22대 국회에서 통과된 법안은 특수고용직·플랫폼 노동자, 해고자와 같은 현행법상 근로자가 아닌 노동자도 노조에 가입할 수 있도록 규정을 고쳐 기존 법안에 비해 노동권을 강화했다는 평가다.

어린이집·유치원·학교 금연구역,
10 → 30m로 확대

보건복지부가 8월 17일부터 어린이집, 유치원, 초중고교 경계로부터 30m 이내가 금연구역으로 지정된다고 15일 밝혔다. 기존 금연구역은 어린이집·유치원 주변 10m 이내였으나, 국민건강증진법 개정에 따라 30m로 확대된 것이다. 여기에 초중고교 인근 30m도 초중등교육법에 따라 금연구역으로 새로 지정됐다. 교육시설 인근 금연구역 확대는 지난해 8월 16일 관련 법 개정으로 결정된 것으로, 해당 구역에서 흡연 시 10만 원 이하의 과태료가 부과된다. 이번 금연구역 확대에 따라 각 시군구청에서는 어린이집, 유치원, 초중고교의 경계 30m 이내가 금연구역임을 알리는 표지를 건물 담장, 벽, 보도 등에 설치·부착하는 등의 필요한 조치를 취해야 한다.

총인구 5177만 명으로 3년 만에 증가세
외국인 18만 명 급증한 영향

통계청이 7월 29일 발표한 「2023년 인구주택총조사」에 따르면, 지난해 11월 기준으로 한국의 총인구는 5177만 5000명으로 전년보다 8만 2000명(0.2%) 증가했다. 우리나라 총인구는 2020년 5182만 9000명으로 정점을 찍은 뒤 2021년 사상 최초로 감소(-0.2%)했고, 2022년(-0.1%)에도 줄어든 바 있다. 이와 같은 인구 반등은 외국인(국내 체류 3개월 이상의 외국 국적자) 인구가 증가함에 따른 것으로, 지난해 외국인 수는 1년 전보다 18만 3000명(10.4%) 증가한 193만 5000명으로 집계됐다. 반면 내국인 인구는 저출생·고령화 등으로 전년보다 10만 1000명 줄었다.

2023년 인구주택총조사 주요 내용

고령인구 급증 지난해 65세 이상 인구는 960만 9000명(18.6%)으로 전년보다 46만 2000명(5.1%) 늘었으며, 이에 노년부양비(생산연령인구 100명당 부양해야 하는 65세 이상 인구 수)는 26.3명으로 늘어났다. 반면 지난해 0~14세 인구는 561만 9000명으로 전년보다 24만 1000명(4.1%) 감소했다.

이러한 인구 고령화의 영향으로 중위연령은 전년보다 0.6세 상승한 45.7세로 집계됐으며, 노령화지수(유소년 1명당 노인 수)는 171.0명으로 1년 전보다 14.9명 증가했다. 또 15~64세 생산연령인구는 전체 인구의 70.6%인 3654만 6000명으로 집계되면서 2018년 이후 6년째 감소세를 나타냈다.

1인 가구, 역대 가장 큰 비중   1인 가구는 782만 9000가구로 1년 전보다 32만 7000가구(4.4%) 증가했으며, 전체 가구에서 차지하는 비중은 35.5%로 집계됐다. 이 비중은 전년보다 1.0%포인트(p) 증가한 것으로, 역대 가장 큰 비중을 기록한 것이다. 1인 가구의 연령대별 비율은 20대 이하가 18.6%로 가장 높았으며, 60대와 30대가 17.3%씩으로 나타나 뒤를 이었다.

2023년 인구주택총조사 주요 내용

인구	• 2023년 11월 1일 기준 총인구는 5177만 명 → 전년 대비 0.2%(8만 명) 증가 • 15~64세 생산연령인구는 3655만 명(70.6%) → 2018년 이후 지속적으로 감소
가구	• 2023년 11월 1일 기준 총가구는 2273만 가구 → 전년 대비 1.5%(34만 가구) 증가 • 일반가구 중 1인·2인 가구는 64.2%(1418만 가구)
주택	2023년 11월 1일 기준 총주택은 1955만 호로 전년 대비 2.0%(39만 호) 증가
계층	• 1인가구는 783만 가구(35.5%) → 전년 대비 4.4% 증가 • 다문화가구는 41.6만 가구, 다문화 대상자는 41.3만 명으로 매년 지속적으로 증가

65세 이상 인구, 전체 인구의 19.51%
이르면 올 연말 「초고령 사회」 진입 전망

행정안전부가 7월 10일 기준 65세 이상 주민등록인구가 1000만 62명으로 전체 주민등록인구(5126만 9012명)의 19.51%를 차지했다고 11일 밝혔다. 65세 인구가 1000만 명을 넘어선 것은 2008년 관련 통계 집계 이후 처음이다. 65세 이상 인구는 2008년 8월(501만 625명) 500만 명을 처음으로 넘어섰고, 2022년에 900만 명을 넘어선 뒤 불과 2년 3개월 만에 1000만 명을 넘은 것이다. 유엔(UN)은 65세 이상 인구 비율이 ▷7% 이상이면 「고령화 사회」 ▷14% 이상이면 「고령 사회」 ▷20% 이상이면 「초고령 사회」로 분류하고 있다.

행안부는 이와 같은 추세라면 올해 연말에 20%대 돌파 가능성이 높다고 밝혔다. 앞서 지난해 9월 통계청은 「2023 고령자 통계」를 발표하면서 우리나라의 초고령 사회 진입 시기를 2025년으로 예측했는데, 행안부 집계에 따르면 이보다 빠른 것이다. 특히 우리나라는 2017년 말 고령사회(14.21%)가 된 바 있어 이 예측이 실현될 경우 7년 만에 초고령 사회에 진입하게 된다.

기타 65세 이상 인구 관련 내용   행안부 자료에 따르면 65세 이상 주민등록인구 중 남자는 442만 7682명, 여자는 557만 2380명으로 여자가 남자보다 114만 4698명 더 많다. 65세 이상 인구 비중은 수도권(전체 2604만 284명)에서는 17.24%, 비수도권(2522만 8728명)에서는 21.84%로 나타났다. 인구 중 65세 이상 비율은 전남이 26.67%로 가장 높고 ▷경북(25.35%) ▷강원(24.72%) ▷전북(24.68%) 등이 뒤를 이었으며, 가장 낮은 곳은 세종(11.32%)이었다.

65세 이상 인구 추이(※ 주민등록 기준)

시기	인구 수	전체 인구 대비 65세 이상 인구 비중
2013년 1월	600만 8757명	11.79%
2017년 1월	703만 1367명	13.60%
2019년 12월	802만 6915명	15.48%
2022년 4월	900만 4388명	17.45%
올해 7월 10일	1000만 62명	19.51%

OECD 합계출산율 1960년 이후 반토막
韓, 8분의 1로 추락해 OECD 최하위

경제협력개발기구(OECD)가 6월 20일 발표한 연구 보고서에 따르면 1960년 3.34명이었던 OECD 38개 회원국의 평균 합계출산율은 2022년 절반 이하인 1.51명으로 떨어졌다. 무엇보다 같은 기간 우리나라는 6명에서 0.78명으로 낮아져 거의 8분의 1로 급락했는데, 이는 2022년 기준 OECD 회원국 중 최하위이기도 하다. 합계출산율은 여성 1명이 평생 낳을 것으로 예상되는 자녀 수로, 통상 2.1명이 인구가 안정적으로 유지되는 수준으로 여겨진다.

주요 내용 국가별로는 2022년 기준 스페인(1.16명), 이탈리아(1.24명), 폴란드(1.26명), 일본(1.26명), 그리스(1.32명), 캐나다(1.33명) 등의 합계출산율이 낮았으나 1명 이하인 곳은 OECD 회원국 중 한국이 유일했다. 또 OECD 전반적으로 평균 출산 연령이 높아지고 평생 자녀를 갖지 않는 비율도 상승했는데, 평균 출산 연령은 2000년 26.5세에서 2022년 30.9세로 높아졌다. 이 기간 한국은 29세에서 32.5세로, 이탈리아는 30.4세에서 32.4세로, 스페인은 30.7세에서 32.6세로 각각 올라갔다. 또 1975년생 여성의 무자녀 비율은 일본 28.3%, 스페인 23.9%, 이탈리아 22.5%로 한 세대 전인 1955년생 여성(각각 11.9%, 9.5%, 11.1%)의 배 이상이었다. 한국의 경우 1955년생은 8.3%였고 1975년생은 12.9%로 집계됐다.

복지부, 「폐지수집 노인 전수조사 결과」 발표
전국 1만 5000명-평균소득은 월 77만 원

보건복지부가 7월 9일 발표한 「폐지수집 노인 전수조사 결과」에 따르면 폐지 줍는 노인의 수는 전국 1만 4831명, 이들의 평균소득은 월 76만 6000원이었다. 이번 조사는 지난해 12월 발표한 폐지수집 노인 지원대책의 일환으로 실시된 것으로, 올해 2~5월까지 전국 229개 시·군·구에서 이뤄졌다. 폐지수집 노인의 평균 연령은 78.1세였으며, 65세 이상부터 5세 단위로 연령대를 조사한 결과 80~84세의 비중이 28.2%로 가장 컸다. 성별로는 여성이 55.3%로 남성보다 많았으며, 소득 구간별로 보면 50만 원 이상~60만 원 미만이 23.9%로 가장 높았다. 또 이들 중 기초연금수급자는 1만 3086명이었고, 기초생활보장 수급자는 4219명으로 나타났다. 지역별로 보면 서울이 2530명으로 가장 많았고, 재산 규모를 살펴보면 「2500만 원 미만」인 이들이 25.2%로 가장 많았다.

14년 만의 신규 다목적댐, 4대강에 건설 추진
다목적댐 후보지로는 연천·양구·청양 등 14곳 거론

환경부가 7월 30일 기후변화로 인한 극한 홍수와 가뭄 피해를 줄이고 미래 물 수요에 대응하기 위해 최대 14개의 신규 댐을 건설한다며 후보지 14곳을 발표했다. 이는 문재인정부 때인 2018년 9월 「댐 신규 건설 백지화」를 6년 만에 뒤집은 것으로, 정부 주도의 다목적댐 건설 추진은 이명박정부 때인 2010년 착공된 보현산 다목적댐 건설 이후 14년 만이다. 환경부는 이들 댐이 모두 건설되면 댐별로 시간당 80~220mm 강우를 담을 수 있는 홍수조절능력과 220만 명이 사용할 수 있는 연간 2억 5000만t의 물 공급능력을 확보할 수 있을 것이라는 전망을 내놓았다.

신규 댐 건설 후보지 주요 내용 환경부가 이번에 선정한 신규 댐은 목적별로 홍수조절·수력발전·관개·상수·공업용수 공급 등의 용도로 쓰이는 다목적댐이 3곳, 집중호우 등의 상황에서 물을 가둬두는 용도로 쓰는 홍수조절댐이 7곳, 생활용수 등 각종 용수를 공급할 수 있는 용수전용댐이 4곳이다. 권역별로는 낙동강권역이 6곳으로 가장 많고, 한강권역 4곳, 영산강·섬진강권역 각 3곳, 금강권역 1곳이다. 홍수 조절과 용수 공급 등 두 개 이상 기능을 가지는 다목적댐은 한강 권역의 강원 양구 수입천(1억t 규모)과 경기 연천 아미천(4500만t), 금강 권역의 충남 청양 지천(5900만t) 등에 설립될 예정이다. 용수전용댐은 한강 권역의 강원 삼척 산기천(100만t), 낙동

신규 댐 후보지 14곳은?

권역	지역	목적	댐	저수용량(t)
한강	강원 양구군	다목적	수입천댐	1억
	경기 연천군	다목적	아미천댐	4500만
	충북 단양군	용수전용	단양천댐	2600만
	강원 삼척시	용수전용	산기천댐	100만
금강	충남 청양군	다목적	지천댐	5900만
낙동강	울산 울주군	홍수조절	회야강댐	2200만
	경북 김천시	홍수조절	감천댐	1600만
	경북 청도군	용수전용	운문천댐	660만
	경남 의령군	홍수조절	가례천댐	490만
	경북 예천군	홍수조절	용두천댐	160만
	경남 거제시	홍수조절	고현천댐	80만
섬진강	전남 화순군	용수전용	동복천댐	3100만
	전남 순천시	홍수조절	옥천댐	230만
영산강	전남 강진군	홍수조절	병영천댐	190만

강 권역의 경북 청도 운문천(660만t), 섬진강 권역의 전남 화순 동복천(3100만t) 등에 건설된다. 그리고 홍수조절댐은 낙동강 권역의 경북 김천 감천(1600만t), 섬진강 권역의 전남 순천 옥천(230만t) 등이 후보지로 선정됐다.

향후 절차와 논란은? 정부는 8월부터 지역 설명회, 공청회 등을 열어 지역 주민들과 소통하고 관계 기관 협의를 거친다는 방침이다. 그리고 해당 협의가 마무리되면 하천 유역 수자원관리계획에 댐 후보지를 반영하고 댐별로 타당성 조사 등의 후속 절차를 거친 후 댐 위치, 규모, 용도 등을 확정한다는 계획이다. 하지만 이 과정에서 환경단체의 반발 등이 해결과제로 꼽히는데, 환경단체들은 이번 정부 방안에 대해 과학적 근거 제시도 없이 대규모 생태파괴가 초래되는 토건 사업을 발표했다고 비판했다. 환경단체인 환경운동연합은 이날 성명문을 통해 「기후위기를 볼모로 토건산업을 살리기 위한 기후문맹적 발상을 그대로 답습하는 것」이라고 반발했다.

덴마크, 소·돼지 기르는 농가에 세금 부과
세계 첫 농업 분야 탄소세 도입

덴마크 정부가 2030년부터 소와 양, 돼지 등을 키우는 농가에서 배출되는 이산화탄소 1t당 300크로네(약 6만 원)의 세금을 부과할 것이라고 6월 26일 발표했다. 이는 2035년부터는 1t당 750크로네(약 15만 원)로 인상되는데, 다만 실제로는 60%가량의 세금 공제 혜택이 적용돼 2030년 기준 이산화탄소 1t당 120크로네(약 2만 4000원), 2035년 기준 300크로네의 세금이 부과될 전망이다. 덴마크 정부는 이를 통해 2030년 메탄 배출량이 이산화탄소 환산량으로 180만 t가량 줄어들고, 온실가스 배출량도 1990년 수준보다 70% 감축할 수 있을 것으로 추산했다.

덴마크 정부의 농가 세금 부과, 왜? 덴마크는 국토의 60%가 농지인 데다 소고기와 우유의 주요 생산국으로, 북유럽 국가 중 가장 많은 온실가스를 배출하고 있다. 이는 소와 같은 반추동물의 되새김질 시 위에서 메탄가스가 나오는데, 이 메탄가스가 전 세계 메탄가스 배출량의 약 4분의 1을 차지할 정도로 그 비중이 높기 때문이다. 메탄은 전체 온실가스의 약 5%를 차지해 80%에 달하는 이산화탄소보다는 비중이 적지만, 주변 열 전파 등 온실효과 측면에서는 이산화탄소의 약 80배에 달할 정도로 지구온난화를 가속하는 주범 중 하나로 꼽힌다.

> **메탄(Methane)** 각종 유기물질이 분해되면서 발생하는 기체로, 동식물이 썩으면서 박테리아 등의 미생물이 수소·이산화탄소와 결합되며 만들어진다. 또 목축업 등 농업 활동, 쓰레기 폐기 과정, 석탄·석유·천연가스 등의 연료가 연소되는 과정 등에서도 발생한다.

제주도, 「남방큰돌고래 생태법인 지정」 법안
연내 발의 방침

제주도가 제주 남방큰돌고래를 대한민국 제1호 생태법인으로 지정하기 위한 제주특별법 개정안을 올해 안에 발의하겠다고 8월 21일 밝혔다. 생태법인은 자연환경에 법인격을 부여해 강력한 보호와 관리를 하는 제도로, 법인격을 부여받으면 기업이 국가·개인 등을 대상으로 소송을 제기하듯 동식물도 후견인 또는 대리인을 통해 소송을 제기할 수 있는 법적 주체가 된다. 따라서 남방큰돌고래가 생태법인으로 지정될 경우 서식지 보호와 개체수 유지 등을 위한 법적 근거가 마련돼 체계적인 보존 정책을 펼칠 수 있게 된다. 제주도는 제주 연안에 서식하는 남방큰돌고래에 직접 법적 권리를 부여하는 안과 생태법인 창설 특례를 반영하는 안 등 2가지 중 하나를 제주특별법에 반영한다는 방침이다.

한편, 국내에서는 제주 연안에 약 100여 마리의 남방큰돌고래가 서식하고 있는데, 개체 수가 적어 멸종위기종으로 분류돼 있다.

문화시사

日 사도광산, 유네스코 세계유산 등재
「강제성」 빠진 동의에 정부 외교 논란

일본에서 가장 오래된 광산이자 일제강점기 조선인 강제노역 현장인 「사도광산」이 7월 27일 열린 제46차 유네스코 세계유산위원회(WHC)에서 우리나라를 포함한 21개 회원국의 전원동의(Consensus)로 유네스코 세계문화유산에 등재됐다. 이는 유네스코의 세계유산 자문·심사기구인 국제기념물유적협의회(ICOMOS·이코모스)가 앞서 6월 6일 일본에 조선인 강제노역과 관련한 추가자료를 요구하며 「등재 보류」를 권고한 지 약 한 달 만이다. 그러나 사도광산 인근 아이카와 향토박물관에 마련된 조선인 노동자 관련 전시실에 강제노역 등 「강제성」을 명시하지 않은 것이 드러나 정부의 외교를 둘러싼 논란이 이어지고 있다.

> **사도광산(佐渡金山)** 1601년에 발굴돼 1989년까지 운영된 일본에서 가장 오래된 광산으로, 니가타현에 위치하고 있다. 에도시대(1603~1867) 일본 최대의 금·은 생산지로서 도쿠가와 막부의 금고 역할을 했고, 태평양전쟁이 본격화된 이후에는 구리·철·아연 등 전쟁 물자를 채굴하고 조달하는 광산으로 활용됐다. 일본은 이때 부족한 일손을 메우기 위해 식민지였던 조선에서 노동자 1500여 명을 사도광산 노동에 동원했다. 이후 사도광산은 1989년 자원 고갈로 인해 채굴이 중단됐고, 현재는 일부를 박물관으로 만들어 관광지로 사용하고 있다. 그러다 2021년 일본 정부가 사도광산의 유네스코 세계유산 등재를 추진하면서 한일 외교 갈등으로 확산된 바 있다.

사도광산, 등재에 이르기까지 2021년 12월 일본 문화심의회가 사도광산을 유네스코 세계유산 추천 후보로 선정하면서 한일 간 외교문제가 시작됐다. 이는 사도광산이 태평양전쟁 당시 전쟁물자 확보를 위한 광산으로 활용되며 이 시기 조선인들을 대거 강제노역에 동원한 역사적 비극의 현장이라는 점 때문이다. 그러자 일본 정부는 유산의 대상 기간을 에도시대가 중심인 16~19세기 중반으로 한정, 조선인 강제노역을 의도적으로 배제하면서 더욱 비판을 받았다. 이후 2022년 유네스코 자문기구인 국제기념물유적협의회(ICOMOS)는 사도광산에 대한 서류심사 및 현지실사를 진행한 뒤 보충자료를 요구했고, 일본 정부는 2023년 1월 자료를 보강한 뒤 재신청을 했다. 그리고 2023년 6월 이코모스는 사도광산의 세계유산 등재와 관련해 「보류(Refer)」를 권고하면서 추가자료 제출을 요구했다.

한편, 우리 정부는 일본 정부의 사도광산 세계유산 추진 사실이 알려진 직후 즉시 철회를 촉구하며 강하게 반발했고, 이후에도 전시 강제노역의 아픈 역사를 포함한 전체 역사가 반영될 수 있어야 한다는 입장을 견지해왔다. 그러다 일본 정부가 「전체 역사를 반영해야 한다」는 우리 측의 요구를 수용하고 관련 전시물 설치 등을 약속하자 등재 결정에 동의했다고 밝혔다.

사도광산의 세계유산 등재 과정

시기	내용
2022. 2. 1.	일본 정부, 강제동원을 제외한 내용으로 유네스코 세계유산위원회(WHC)에 추천서 제출
4~12.	유네스코 자문기구인 국제기념물유적협의회(COSMOS) 서류심사 및 현지실사, 보충자료 요구
2023. 1. 20.	일본 정부, 자료 보강 뒤 후보 재신청
2024. 6. 6.	이코모스, 전체 역사를 반영하라며 등재 보류
7. 27.	제46차 유네스코 세계위원회, 만장일치로 사도광산 세계유산 등재

사도광산 등재에 따른 외교 논란　우리 정부는 전체 역사를 사도광산 현장에 반영하라는 이코모스와 WHC의 권고를 일본이 성실히 이행하기 위한 선제적 조치를 전제로 등재에 동의했다고 밝혔다. 그러나 사도광산 인근 아이카와 향토박물관에 마련된 조선인 노동자 관련 전시실에 강제노역 등 「강제성」을 명시하지 않은 것이 드러나 저자세 협상을 둘러싼 논란이 이어지고 있다. 전시실에는 조선인 노동자의 「모집」, 「관(官) 알선」, 「징용」이 한반도에도 도입됐다는 등의 내용이 포함됐으나, 「강제」라는 명시적 표현은 없는 것으로 전해졌다. 이는 앞서 한국 정부가 일본에 강제성이 드러나는 표현을 요구했고, 일본이 이를 받아들였다는 설명과는 다른 것이다.

특히나 WHC의 권고는 강제조항이 아니기 때문에 지난 2015년 하시마섬(일명 군함도) 탄광 등 근대산업시설이 세계유산에 등재되던 때 일본 정부가 조선인 강제징용 사실을 포함한 전체 역사를 알리겠다는 약속을 제대로 지키지 않았던 전례가 반복될 수 있다는 우려의 목소리가 나오고 있다.

> **군함도(軍艦島)**　일본 나가사키현 나가사키항 근처에 위치한 섬으로, 19세기 후반 미쓰비시 그룹이 석탄을 채굴하기 위해 이곳을 개발, 탄광 사업을 실시하며 큰 수익을 올렸다. 그러다 1950~60년대 일본 석탄업계가 침체되면서 서서히 몰락해 1974년 폐광됐다. 무엇보다 이곳은 1940년대 조선인 강제 징용이 대규모로 이뤄진 곳으로, 당시 군함도에 징용된 조선인은 하루 12시간 동안 채굴 작업에 동원됐으며 이곳에서 숨진 조선인만 122명에 이르는 것으로 알려져 있다. 그러나 군함도는 2015년 7월 유네스코 세계유산에 등재되면서 역사왜곡 등의 논란을 빚었다.

국가유산청, 현존 최고(最古) 공신초상화
「신숙주 초상」 47년 만에 국보 승격 예고

국가유산청이 현존하는 공신초상화 중 가장 오래된 「신숙주 초상(申叔舟肖像)」을 7월 3일 국가지정문화유산 국보로 지정 예고했다. 청주의 구봉영당(九峯影堂)에 봉안돼 전해오던 신숙주 초상은 1977년 보물로 지정됐던 바 있어 47년 만에 국보 승격이 이뤄지게 됐다. 국가유산청에 따르면 신숙주 초상은 조선 전기의 공신초상화를 대표하는 작품으로, 제작 당시의 원형을 비교적 잘 보전하고 있어 미술사적으로 가치가 높고, 조선 전기 신숙주라는 인물을 묘사한 점에서도 역사적인 의미가 있다.

▲ 신숙주 초상(출처: 국가유산청)

신숙주 초상　공신초상화는 왕이 나라에 공로가 있는 신하를 책봉할 때 하사하는 그림으로, 신숙주(1417~1475)는 조선 전기 정치와 학문에서 뚜렷한 자취를 남기며 훈민정음 창제에도 참여한 인물이다. 초상화 속 신숙주가 문관 3품에 해당하는 복식인 백한(白鵬·꿩과 조류) 흉배의 녹색 관복에 허리에는 삽은대를 두르고 있는 모습을 통해 1455년(세조 1) 좌익공신이 됐을 때 그 포상으로 제작됐던 것으로 추정된다. 얼굴은 코를 경계로 좌측이 좀 더 짙게 보이도록 음영처리를 했으며, 눈두덩과 팔자주름 부분 및 뺨에도 선염(渲染)처리를 했다. 또한 수염은 올이 많지 않고 검은색으로, 신숙주의 젊은 시절을 묘사하고 있다.

국가유산청, 조선 후기 정자 「용계정·분옥정」
보물 지정 예고

국가유산청이 경북 포항에 위치한 조선 후기 건축물 「용계정(龍溪亭)」과 「분옥정(噴玉亭)」을 국가지정문화유산 보물로 지정 예고했다고 7월 5일 밝혔다. 국가유산청에 따르면 두 정자 모두 자연경관과 조화를 이루며 조선 후기의 건축적 특징을 잘 보여주고 있다.

용계정과 분옥정 1696년 건립된 용계정은 경관을 조망할 수 있도록 조성된 2층의 누마루를 가진 정면 5칸·측면 2칸의 '一'자형 팔작지붕 건축물로, 창건 당시에는 정면 3칸·측면 2칸으로 여강이씨 후손들의 수양공간으로 사용되다가 이후 1778년(정조 2) 정면 5칸으로 증축했다. 1779년(정조 3)에는 용계정 뒤편에 서원의 사당이 들어서면서 서원의 문루(門樓) 역할을 하기도 했고, 1871년(고종 8) 서원 철폐령 당시에는 훼철을 막기 위해 주변에 담장을 쌓고 옛 현판을 달아 화를 면했다고 전해진다. 이후 여강이씨의 문중 회의 및 행사 장소로 활용되며 현재에 이르고 있다.

분옥정은 숙종(1674~1720)이 집권하던 당시 활동한 유학자 돈옹 김계영(1660~1729)을 기리기 위해 1820년 지은 정자다. 정면 3칸의 누마루와 뒷면에 2칸의 온돌방을 이어 배치한 정(丁)자형 평면형태의 분옥정은 윗부분에 방, 아랫부분에 큰 마루를 두는 일반적인 배치가 아닌 계곡을 조망할 수 있도록 윗부분에 누마루를 두고 아래에 온돌방을 배치한 점이 독특하다. 또한 지붕은 진입부 위계를 고려해 온돌방은 팔작지붕, 누마루는 맞배지붕으로 조성해 각 지붕 용마루와 처마 높이를 맞췄는데, 이는 다른 정자와 차별화된 건축적 특징이다.

▲ 용계정(좌)과 분옥정(우), 출처: 국가유산청

경북 고령군, 5번째 「고도(古都)」 지정
20년 만의 신규 지정

국가유산청이 7월 3일 개최된 고도보존육성 중앙심의위원회에서 약 1500년 전 대가야의 정치·문화 중심지였던 경북 고령을 신규 고도(古都)로 지정 의결했다. 앞서 2004년 경주·부여·공주·익산 4개의 도시가 고도로 지정됐던 바 있어 고령은 20년 만에 지정되는 다섯 번째 고도가 됐다. 고도는 「고도 보존 및 육성에 관한 특별법」에 따라 과거 우리 민족의 정치·문화의 중심지로서 역사적으로 중요한 의미를 지닌 곳으로, 고도로 지정되면 주거환경이나 가로경관의 개선과 유적을 활용한 역사문화공간 조성 등의 지원을 받을 수 있다.

고령의 고도 지정, 왜? 5~6세기 대가야의 수도였던 고령은 대가야 당시의 유적과 유물들이 출토된 곳으로, 대가야의 궁성지를 비롯해 ▷지산동 고분군 ▷왕궁 방어 산성인 주산성 ▷수로교통유적 ▷토기가마 ▷대가야의 건국설화 등의 유·무형 문화유산이 잘 보전돼 있어 역사·학술·예술적 가치가 높다. 특히 수백기의 무덤이 모여 있는「고령 지산동 고분군」은 대가야의 위상을 보여주는 유적으로서 그 가치를 인정받아 지난해 9월 우리나라 16번째「유네스코 세계유산」으로 등재된 바 있다. 여기다 1978년 지산동 고분군 32호분에서 출토된 금동관은 5~6세기 대가야의 금속공예 수준을 보여주는 대표적인 유물로, 현재 보물로 지정돼 있다. 또한 고분의 구조와 금동관·토기 등 출토된 유물에서 신라와 차별화된 지역적 특성이 확인돼 독창적 가치를 지닌다.

배우 김민희, 로카르노국제영화제
최우수연기상 수상

배우 김민희(42)가 8월 17일 스위스 로카르노에서 열린「제77회 로카르노국제영화제」에서 홍상수 감독의 신작 〈수유천〉으로 국제경쟁 부문 최우수연기상을 수상했다. 영화 〈수유천〉은 여자대학교 강사가 몇 년째 일하지 못하고 있는 외삼촌에게 촌극 연출을 부탁하며 벌어지는 이야기를 담은 작품이다. 특히 홍 감독은 앞서 〈지금은 맞고 그때는 틀리다〉(2015)로 최고상인 황금표범상을, 〈우리 선희〉(2013)로 감독상을 수상한 바 있다.

한편, 1946년 시작된 로카르노국제영화제는 매년 8월 스위스 북동부 휴양도시 로카르노에서 열리는 세계 6대 영화제로, 주로 실험적인 작가주의 영화를 선보인다. 로카르노국제영화제는 지난해부터 성별에 구별을 두지 않고 최우수연기상 수상자를 선정해왔는데, 리투아니아·라트비아 공동제작 영화 〈마른 익사〉에 출연한 배우 4명도 이날 김민희와 함께 최우수연기상을 수상했다.

교황청, 선종한 이탈리아 10대 소년
첫 MZ세대 가톨릭 성인(聖人)으로 추서

교황청이 지난 5월 시성(諡聖) 자격을 부여했던 복자(福者) 카를로스 아쿠티스(1991~2006)를 「성인(聖人)」으로 공식 승인했다고 7월 2일 밝혔다. 가톨릭에서는 사후 2번 이상의 기적이 일어난 경우 성인으로 인정받을 수 있는데, 시성 절차에 따라 가경자가 된 뒤 한 번의 기적이 인정되면 복자, 두 번 이상의 기적이 검증되면 성인으로 추서된다.

교황청은 아쿠티스에 대해 2013년 췌장질환을 앓던 브라질 소년이 아쿠티스의 유품인 티셔츠를 만지고 기도한 뒤 완치된 일을 첫 번째 기적으로, 2022년 자전거 사고로 중태에 빠진 코스타리카 여성의 어머니가 아쿠티스의 무덤에서 기도하자 딸이 열흘 뒤 회복한 일을 두 번째 기적으로 인정했다. 이에 아쿠티스가 2025년 성인으로 공식 선포되면 가톨릭 역사상 처음으로「MZ세대(1981~2010년 출생자) 성인」이 탄생하게 된다. 현재까지 프란치스코 교황이 시성한 912명 중 가장 최근에 태어난 사람은 1926년생이다.

> **카를로스 아쿠티스(Carlo Acutis)는 누구?** 1991년 영국 런던에서 태어났으며, 초등학생 때 코드를 독학해 가톨릭 성인의 기적을 정리하고 소개한 웹사이트를 만들어 가톨릭 신앙을 온라인으로 널리 전파했다. 그는 15세이던 2006년 10월 백혈병으로 세상을 떠나기 전까지 온라인에서 열성적으로 복음을 전파해「신의 인플루언서」라고 불렸다. 청바지와 트레이닝복을 착용한 모습으로 묘사되는 그는 MZ세대 신앙인의 표본으로 회자되고 있다.

한국 축구, 2026 북중미 월드컵 3차 예선
조 편성 결과 중동 5개국과 맞대결

한국 축구가 6월 27일 말레이시아 쿠알라룸푸르 아시아 축구연맹(AFC) 본부에서 진행된 「2026 북중미 월드컵 아시아 3차 예선」 조 추첨 결과 이라크, 요르단, 오만, 팔레스타인, 쿠웨이트와 함께 B조에 배정됐다. 이번 북중미 월드컵부터는 본선 진출국 수가 36개국에서 48개국으로 늘어나면서 아시아는 8.5장의 출전권을 가져가는데, 18개국이 참가하는 아시아 3차 예선에서는 각 조 1·2위 6팀이 본선에 직행한다. 각 조 3, 4위는 4차 예선에서 2개 조로 나눠 경기를 치른 후 1위 팀이 추가로 본선에 진출하며, 2위는 대륙 간 플레이오프(PO)를 거쳐 본선에 진출할 수 있다. 우리나라는 1986년 멕시코 대회부터 2022년 카타르 대회까지 10회 연속 본선에 진출했던 바 있어 11회 연속 월드컵 본선 진출에 도전하게 된다. 한국에 앞서 10회 이상 연속 월드컵에 출전한 국가는 브라질(22회), 독일(18회), 이탈리아(14회), 아르헨티나(13회), 스페인(12회) 등 5개국에 불과하다.

한국과 중동 5개국, 역대 전적은? FIFA 랭킹 22위 한국은 B조와 함께 속한 중동 5개국과 역대 전적에서 모두 앞서고 있어 상대적으로 수월한 팀을 만났다는 평가다. 한국은 이라크(55위)를 상대로 9승12무2패를 기록하며 역대 전적에서 우위를 점하고 있고, 요르단(68위)에도 3승3무1패로 크게 앞선다. 이 밖에도 오만(76위·4승1패)과 팔레스타인(95위·1승), 쿠웨이트(137위·12승4무8패)와의 역대 전적에서도 절대 밀리지 않는 기록을 보유 중이다. 한편, 북중미 월드컵 아시아 3차 예선은 9월부터 내년 6월까지 진행되며, 한국은 9월 5일 팔레스타인과의 경기로 예선 일정을 시작한다.

2026 북중미 월드컵 아시아 3차 예선 조 편성 결과

A조	B조	C조
• 이란(20위)	• 한국(22위)	• 일본(17위)
• 카타르(35위)	• 이라크(55위)	• 호주(23위)
• 우즈베키스탄(62위)	• 요르단(68위)	• 사우디아라비아(56위)
• 아랍에미리트(69위)	• 오만(76위)	• 바레인(81위)
• 키르기스스탄(101위)	• 팔레스타인(95위)	• 중국(88위)
• 북한(110위)	• 쿠웨이트(137위)	• 인도네시아(134위)

홍명보, 10년 만에 축구 대표팀 사령탑 복귀 대한축구협회(KFA)가 7월 8일 열린 기자회견에서 홍명보(55) 울산 HD 감독을 국가대표팀 신임 사령탑으로 선임했다고 공식 발표했다. 홍명보 감독의 계약 기간은 2년 6개월로, 2027년 1월 열리는 사우디아라비아 아시아축구연맹(AFC) 아시안컵 본선까지 대표팀을 이끌게 된다. 축구 대표팀이 정식 사령탑을 선임한 것은 지난 2월 16일 위르겐 클린스만 감독이 2023 AFC 아시안컵에서 보여준 성과 부진으로 해임된 지 약 5개월 만이다. 이에 홍 감독

은 9월 5일 열리는 팔레스타인과의 2026 북중미 월드컵 아시아 3차 예선부터 A대표팀을 이끌게 된다. 한편, 홍 감독은 한국 축구의 레전드 수비수로, 특히 2002 한일월드컵에서 주장을 맡아 4강 신화를 이끈 주역이자 지도자로서는 2012 런던 올림픽에서 최초로 동메달을 획득하는 데 기여한 바 있다.

💡 홍명보 감독이 A대표팀 지휘봉을 잡은 것은 두 번째이자 10년 만이다. 홍 감독은 지난 2013년 6월 최강희 감독 후임으로 임명돼 2014 브라질 월드컵에 A대표팀을 이끌고 출전했지만 1무2패로 조별리그를 탈락한 뒤 비판 여론이 거세지자 자진 사퇴한 바 있다.

스페인, 잉글랜드 꺾고 「유로 2024」 우승
역대 최다 4회 우승 위업

스페인이 7월 15일 독일 베를린 올림피아슈타디온에서 열린 「2024 유럽축구선수권대회(유로 2024)」 결승전에서 잉글랜드를 2-1로 꺾고 우승을 차지했다. 이로써 1964, 2008. 2012년 세 차례 우승해 독일과 함께 최다 우승 공동 1위를 기록하고 있던 스페인은 12년 만에 정상을 탈환한 데 이어 통산 4회 우승을 달성하며 UEFA 소속 국가 중 최다 우승팀이 됐다. 특히 스페인의 핵심 미드필더 로드리(맨체스터 시티)가 이번 대회 최우수선수(MVP)에 선정됐으며, 2007년생인 라민 야말은 베스트 영플레이어와 도움왕(4개) 타이틀을 거머쥐면서 유로 최연소 공격포인트 기록을 경신했다. 한편, 지난 대회(유로 2020)에 이어 이번에도 결승에 진출한 잉글랜드는 1966년 우승했던 월드컵 이후 두 번째 메이저 대회 우승에 도전했지만 2회 연속 준우승에 그쳤다.

> **유럽축구선수권대회(UEFA European Football Championship)** 유럽축구연맹(UEFA)이 주관하며, 월드컵과 2년 간격으로 4년마다 개최되는 축구대회이다. 남미축구선수권대회(코파 아메리카)와 함께 세계 축구의 양대 흐름을 파악할 수 있는 무대로 꼽힌다. 대회에는 개최국을 제외한 UEFA 가맹국들이 홈 앤드 어웨이 방식으로 조별 예선과 플레이오프(PO)를 치른 뒤 24개국이 본선에 진출한다. 그리고 ▷본선 개최국 ▷조별 예선의 각 조 2위 ▷성적이 가장 좋은 3위 등 20개국이 본선에 선착하고 나머지 3위 8개국은 본선 출전권 4장을 놓고 승부를 가린다.

아르헨티나, 코파 아메리카 2연패
통산 16번째 우승

FIFA 랭킹 1위 아르헨티나가 7월 15일 미국 플로리다주 마이애미 하드록 스타디움에서 열린 「2024 코파 아메리카(남미축구선수권대회)」 결승전에서 콜롬비아와의 접전 끝에 1-0으로 우승했다. 이로써 직전 2021년 대회에 이어 2연패를 차지한 아르헨티나는 2022년 국제축구연맹(FIFA) 카타르 월드컵에서도 정상에 오르며 메이저 대회를 세 차례 연속 우승하는 기록을 세웠는데, 이는 스페인이 2008~2012년 기록한 메이저 대회 3연패(유로 2008·2012, 2010 남아프리카공화국 월드컵)와 동률을 이룬다. 여기다 아르헨티나는 이날 우승으로 대회 통산

> **코파 아메리카(Copa America)** 남미 국가 간에 벌이는 축구선수권대회로, 1916년 시작돼 4년 주기로 개최된다. 남미축구연맹(CONMEBOL) 회원 10개국이 예선 없이 참가하며 다른 대륙 연맹국가 2팀을 초청해 함께 경기를 펼쳐오다 2024년 대회는 남미 10개국과 북중미 6개국의 16개국 체제로 개최됐다. 코파 아메리카에서는 아르헨티나가 16번으로 최다 우승국이며, 최다 본선진출국은 46회 진출한 우루과이, 최다 개최국은 9회 개최한 아르헨티나이다.

16번째 우승컵을 들어올리며 우루과이(15회)를 제치고 최다 우승국으로 올라섰다. 반면 콜롬비아는 2001년 대회 이후 23년 만에 우승에 도전했으나 준우승에 머물렀다.

기아 김도영, KBO리그 최연소·최소 경기
「30홈런-30도루」 달성

KIA 타이거즈의 김도영(20)이 8월 15일 서울 고척스카이돔에서 열린 「2024 KBO리그」 키움 히어로즈와의 3-1로 앞서가던 5회초 1사 1루 상황에서 2점 홈런을 치며 시즌 30호 홈런을 달성했다. 이로써 시즌 34도루를 기록하고 있던 김도영은 프로야구 통산 9번째 「30홈런-30도루」 클럽 회원에 이름을 올렸다. 국내 선수가 프로야구에서 30홈런-30도루 기록을 남긴 것은 2000년 박재홍(51·당시 현대) 이후 24년 만이다. 또한 이날이 「20세 10개월 13일」이었던 김도영은 박재홍이 1996년 프로야구 역사상 첫 30홈런-30도루를 달성하면서 남긴 역대 최연소(22세 11개월 27일) 기록도 갈아치웠다. 여기다 김도영은 자신이 출전한 시즌 111번째 경기에서 30-30 클럽에 가입하며 2015년 에릭 테임즈(38·NC)의 최소 경기(112회) 기록도 경신했다. 한편, KIA에서 30-30 클럽 회원이 나온 것은 이종범(1997년)과 홍현우(1999년)에 이어 김도영이 세 번째다.

KBO리그 역대 최연소 「30홈런-30도루」 기록

선수명(소속팀)	일자	당시 나이
김도영(KIA)	2024. 8. 15.	20세 10개월 13일
박재홍(현대)	1996. 9. 3.	22세 11개월 27일
이병규(LG)	1999. 9. 30.	24세 11개월 5일
박재홍(현대)	1998. 9. 28.	25세 21일
박재홍(현대)	2000. 9. 5.	26세 11개월 29일

기아 최형우, 프로야구 올스타전
역대 최고령 MVP 선정

KIA 타이거즈의 최형우(40)가 7월 6일 인천 SSG랜더스필드에서 열린 「2024 KBO(한국야구위원회) 올스타전」에서 기자단 투표 결과 21표 중 19표를 얻어 최우수선수(MVP)에 해당하는 「미스터 올스타」에 선정됐다. 최형우는 이날 6번 지명타자로 선발 출전해 4타수 3안타(1홈런) 2타점 1득점으로 맹활약하며 팀의 3연속 승리를 이끌었다. 이로써 40세 6개월 20일의 나이로 MVP에 뽑힌 최형우는 2011년 LG 이병규(현 삼성 2군 감독·당시 36세 9개월 11일)를 제치고 13년 만에 올스타전 최고령 기록을 다시 쓰게 됐다.
한편, 최형우는 7월 9일 열린 2024 프로야구 LG 트윈스와의 경기에서 4번 지명타자로 선발 출전, 만루 홈런을 치며 이대호(당시 40세 2개월 30일)를 제치고 KBO리그 국내 선수 최고령 만루 홈런 기록을 새로 작성하기도 했다.

잰더 쇼플리, 디오픈 우승
PGA 챔피언십에 이어 메이저 2관왕

잰더 쇼플리(31·미국)가 7월 22일 영국 스코틀랜드 사우스 에어셔의 로열 트룬 골프클럽에서 열린 PGA 투어 시즌 마지막 메이저 대회인 「제152회 디오픈」에서 최종합계 9언더파 275타를 기록, 공동 2위 그룹을 2타 차로 따돌리며 우승했다. 이로써 쇼플리는 지난 5월 PGA 챔피언십에서 생애 첫 메이저 대회 우승을 차지한 데 이어 2개월 만에 디오픈에서 우승하며 2018년 US오픈과 PGA 챔피언십에서 우승한 브룩스 켑카(미국)에 이어 6년 만에 한 시즌 메이저 대회 2승을 거둔 선수가 됐다. 여기다 쇼플리는 2014년 로리 매킬로이 이후 10년 만에 PGA 챔피언십과 디오픈에서 우승한 선수에도 이름을 올렸다.

한편, 이번 시즌 열린 4개의 메이저 대회는 1982년 이후 처음으로 미국 선수가 모두 우승했는데, ▷마스터스에서는 스코티 셰플러 ▷US오픈은 브라이슨 디섐보 ▷PGA 챔피언십과 디오픈은 잰더 쇼플리가 정상을 차지했다.

올 시즌 4대 메이저 남자 골프 대회 우승자

구분	우승자
마스터스(4월)	스코티 셰플러
PGA 챔피언십(5월)	잰더 쇼플리
US오픈(6월)	브라이슨 디섐보
디오픈(7월)	잰더 쇼플리

디오픈(The Open) 1860년 창설된 세계에서 역사가 가장 오래된 골프대회로, 마스터스·US오픈·PGA 챔피언십과 함께 PGA 투어 「4대 메이저 대회」로 꼽힌다. 전 세계 골프규칙을 관장하는 영국왕립골프협회(R&A)가 주관하며, 이들이 정한 자격을 갖춘 선수들이 자동 출전권을 얻게 되고 나머지는 지역별 예선을 거쳐야 한다. 특히 디오픈은 바다를 끼고 있는 8개 코스를 순회해 바닥이 고르지 않기로 악명이 높은데, 우승자에게는 우승컵이 아닌 은제 주전자 「클라레 저그」를 수여하는 것으로도 잘 알려져 있다.

양희영, KPMG 위민스 PGA 챔피언십 우승
생애 첫 메이저 대회 우승 기록

양희영(35)이 6월 24일 미국 워싱턴주 서매매시 사할리 컨트리클럽(파71)에서 끝난 미국여자프로골프(LPGA) 투어 「KPMG 위민스 PGA 챔피언십」에서 최종합계 7언더파 287타로 정상에 올랐다. 이로써 2008년부터 LPGA 투어에서 경기를 뛴 양희영은 16년 만에 메이저 대회 첫 우승을 기록했으며, 지난해 11월 LPGA 투어 최종전인 CME 그룹 투어 챔피언십 이후 7개월 만에 우승하며 투어 통산 6승째를 기록했다. 특히 양희영의 이날 우승으로 이번 시즌 개막 후 이어지던 한국 선수 무관 기록도 15개 대회에서 그치게 됐는데, 이는 개막 후 16번째 만에 한국 선수 우승이 나왔던 2000년 대회 이후 가장 긴 우승 가뭄이었다.

KPMG 위민스 PGA 챔피언십(KPMG Women's PGA Championship) US 여자오픈·셰브론 챔피언십·AIG 여자오픈·에비앙 챔피언십과 함께 「LPGA 투어 5대 메이저 대회」 중 하나로 꼽히며, 1946년 창설된 US 여자오픈 다음으로 역사가 길다. 이 대회는 1955년에 처음 열렸으며, 2014년까지 LPGA 챔피언십이라는 대회명으로 열리다가 2015년부터 미국프로골프협회가 주관하면서 명칭이 「PGA 챔피언십」으로 바뀌었다. 한편, 우리나라의 박세리(1998, 2002, 2006)와 박인비(2013~2015)가 이 대회에서 3승씩 거두고 그 뒤를 이어 박성현(2018), 김세영(2020), 전인지(2022)가 우승한 바 있다.

최경주, PGA 챔피언스 투어 더 시니어 오픈 우승
한국인 최초 우승 기록

최경주(54)가 7월 29일 영국 스코틀랜드 커누스티의 커누스티 골프 링크스(파72)에서 열린 PGA 챔피언스 투어 메이저 대회 「더 시니어 오픈」에서 최종합계 10언더파 278타로 우승했다. 더 시니어 오픈은 50세 이상 선수들이 참가하는 미국 PGA 챔피언스 투어와 유럽 레전드 투어의 메이저 대회이다. 한국 선수가 시니어투어 메이저 대회 정상에 오른 것은 최경주가 처음이며, 아시아 선수로는 2002년 스가이 노보루(일본)에 이어 두 번째다. 또 2020년 시니어 무대에 데뷔한 최경주는 이번 우승으로 2021년 9월 정상에 올랐던 퓨어 인슈어런스 오픈 이후 2년 10개월 만에 PGA 투어 챔피언스 통산 2승을 달성하게 됐다.

💡 한편, 최경주는 ▷PGA 투어 첫 한국인 진출(2000년) ▷PGA 투어 첫 한국인 우승(2001년) 및 최다 우승(8승) ▷PGA 챔피언스 투어 첫 한국인 우승 ▷한국프로골프(KPGA) 투어 최고령(54세) 우승 등 한국 골프 역사에 굵직한 족적을 남기고 있다.

김주형, 셰플러와 연장 접전 끝에
PGA 트래블러스 챔피언십 준우승

김주형(22)이 6월 24일 미국 코네티컷주 크롬웰 TPC 리버하일랜즈(파70)에서 열린 PGA 투어 올 시즌 8개 시그니처 대회 중 마지막인 「트래블러스 챔피언십」에서 최종합계 22언더파 258타를 기록, 세계랭킹 1위 스코티 셰플러(28·미국)와 동타를 이뤄 연장전에 돌입한 끝에 준우승을 거뒀다. PGA 투어 통산 3승을 보유 중인 김주형은 올해 18개 대회에서 단 한 차례 톱10에 이름을 올려 부진한 성적을 기록하고 있었지만 이반 대회 결과 올 시즌 최고 성적인 준우승으로 시즌을 마무리하게 됐다.

한편, 이날 우승한 셰플러는 1983년 이후 ▷비제이 싱(피지) ▷타이거 우즈(미국·6번) ▷닉 프라이스(짐바브웨)에 이어 네 번째로 시즌 6승을 달성한 선수에 이름을 올렸는데, 7월이 되기 전 시즌 6승 고지를 밟은 것은 1962년 아놀드 파머 이후 처음이다.

카를로스 알카라스, 조코비치 꺾고
윔블던 남자단식 2연패

카를로스 알카라스(21·스페인)가 7월 14일 영국 런던 올잉글랜드클럽에서 끝난 「윔블던 테니스 대회」 남자단식 결승에서 노바크 조코비치(37·세르비아)를 세트스코어 3-0으로 완승을 거두고 지난해에 이어 2연패를 달성했다. 이로써 알카라스는 2022년 US오픈에서 생애 첫 메이저 정상에 오른 이후 이번 시즌 프랑스오픈과 윔블던까지 제패하며 통산 네 번째 메이저 대회 우승 트로피를 들어올렸다. 프로 선수가 4대 메이저 대회에 참가할 수 있게 된 1968년 이후 알카라스보다 어린 나이에 메이저 대회 남자단식 4승 기록을 남긴 선수는 없다. 여기다 알카라스는 프로 데뷔 후 처음으로 같은 시즌에 메이저 대회에서 연속 우승하는 「더블」에도 성공했다. 한편, 조코비치는 올해 윔블던에서 통산 8번째 우승(최다 우승 타이기록)을 비롯해 메이저 대회 단식 최다 우승 기록인 25승에 도전했지만 불발됐다.

바르보라 크레이치코바, 윔블던 여자단식 우승 바르보라 크레이치코바(세계 32위·체코)가 7월 13일 열린 「윔블던 테니스 대회」 여자단식 결승에서 자스민 파올리니(7위·이탈리아)를 상대로 세트스코어 2-1로 우승을 차지했다. 복식과 단식을 병행해 온 크레이치코바는 윔블던 복식에서는 2차례 우승한 바 있지만 단식에서 우승한 것은 이번이 처음이다. 이로써 크레이치코바는 2021년 프랑스오픈에서 단·복식을 모두 석권한 데 이어 3년 만에 이번 대회에서 우승하며 통산 메이저 대회 단식 우승 횟수를 2회로 늘리게 됐다.

IOC, 2030·2034년 동계올림픽 개최지로
각각 프랑스와 미국 선정

국제올림픽위원회(IOC)가 7월 24일 프랑스 파리에서 열린 142차 총회에서 2030년, 2034년 동계 올림픽 개최지로 각각 프랑스 알프스 지역과 미국 유타주 솔트레이크시티를 선정했다. 이로써 프랑스(2024 파리)와 미국(2028 로스앤젤레스)은 하계올림픽 개최를 마치고 6년 후 다시 동계올림픽을 개최하게 됐다. 프랑스는 1924년 샤모니, 1968년 그르노블, 1992년 알베르빌에서 동계올림픽이 열린 바 있어 이번이 4번째다. 다만 IOC에 따르면 프랑스가 최근 의회 선거의 영향으로 필요조건인 프랑스 정부의 「재정 보증」이 충족되지 않아 동계올림픽 유치를 조건부로 승인했다. 이에 총리의 서명 보증은 오는 10월 1일까지, 의회의 총리 서명 비준은 내년 3월 1일까지 완료한 후 본격적인 개최지 협약이 이뤄질 전망이다.

미국은 기존 시설을 100% 활용할 수 있다는 점에서 높은 점수를 받아 유타주 솔트레이크시티가 2002년에 이어 22년 만에 동계올림픽을 유치하게 됐다. 미국에서 동계올림픽이 열리는 것은 1932년 레이크플래시드, 1960년 스쿼밸리, 1980년 레이크플래시드, 2002년 솔트레이크시티에 이어 5번째다.

한국계 교토국제고,
日 고시엔 사상 첫 우승

한국계 민족학교인 교토국제고가 8월 23일 일본 효고현 니시노미야 한신 고시엔구장에서 열린 도쿄 간토다이이치 고교와의 일본 전국 고교야구선수권대회(고시엔) 결승전에서 연장 접전 끝에 2-1로 승리하며 사상 첫 고시엔 우승을 차지했다. 교토국제고는 중·고교생을 합해 전교생 160명인 소규모 한국계 학교로, 전신은 1947년 재일동포들이 민족교육을 위해 세운 교토조선중학교이다. 현재는 전체 학생의 90%가 일본인이다. 1999년에는 일본고교야구연맹에 가입했으며 2021년 처음으로 여름 고시엔 본선에 진출해 4강까지 오른 바 있다. 특히 고시엔에서는 출전학교 교가가 연주되고 있어 공영방송 NHK를 통해 「동해바다 건너서 야마도(大和) 땅은 거룩한 우리 조상 옛적 꿈자리」로 시작되는 교토국제고의 한국어 교가가 일본 전국에 생중계됐다.

한편, 고시엔으로 불리는 일본 고교야구 대회는 3월의 봄 고시엔과 8월의 여름 고시엔이 있다. 현재 열리고 있는 여름 고시엔은 1915년 시작돼 올해로 106회를 맞은 일본의 대표적인 고교야구대회로, 현지 고교 선수들에게는 「꿈의 경기」로 통한다. 올해는 일본 전역 3715개 학교 가운데 지역 예선을 거쳐 출전권을 따낸 49개 학교가 본선에 올랐다.

MS 클라우드 서비스 오류로
전 세계 항공·금융·통신 업무 마비

7월 19일 마이크로소프트(MS)의 클라우드 서비스 장애로 MS의 윈도 운영체제(OS)를 사용하는 PC들의 작동이 중단되는 사태가 일어났다. 이에 따라 MS의 클라우드 서비스를 기반으로 하는 전 세계의 항공·금융·통신·의료 전산망이 마비되며 혼란이 이어졌다. 이번 사태는 미국의 사이버 보안 업체 「크라우드스트라이크」가 보안 프로그램인 「팰컨 센서」를 업데이트하는 과정에서 윈도 소프트웨어와의 충돌이 일어나 발생한 것으로 알려졌다. 크라우드 스트라이크는 오류 발생 97분 만에 문제를 해결한 새 업데이트 파일을 배포했다. 이번 대란으로 업계에서는 MS의 클라우드 시장 점유율이 일부 하락할 것이며, 클라우드 산업 전반에 규제가 시작될 수 있다는 분석이 나왔다.

> **클라우드 서비스(Cloud Service)** 사진·문서·동영상 등을 인터넷 가상 데이터센터에 저장해 각 단말기가 해당 데이터에 자유롭게 접근할 수 있도록 하는 서비스를 말한다. 개인 단말기에는 정보를 남기지 않고 중앙 데이터센터를 사용하므로 보안성을 높일 수 있다. 그러나 하나의 클라우드를 여러 고객이 공유하기 때문에 한번 클라우드에 오류가 발생하면 피해의 범위가 커 지속적인 점검이 필요하다.

MS발 IT 대란 피해 및 원인 MS의 조사에 따르면 이번에 오류를 일으킨 윈도 기기는 총 850만 대에 달한다. 이로 인해 이날 전 세계 공항에서는 최소 1400편 이상의 항공편이 취소됐고, 일부 방송사들은 방송 송출을 멈췄다. 국내에서는 10개 기업이 직접적인 피해를 겪었으나, 다행히 국산 클라우드를 사용하는 국내 행정망에는 피해가 없는 것으로 나타났다.

전문가들은 이번 사태의 근본적인 원인이 클라우드 서비스 시장의 독점 구조에 있다고 지적했다. 올 1분기 기준 MS의 글로벌 클라우드 점유율은 25%에 달하고, 크라우드스트라이크 역시 「Fortune 500(세계 매출 상위 500개 기업)」의 약 60%를 고객사로 두고 있어 피해 규모가 클 수밖에 없었다는 것이다. 특히 클라우드 서비스 특성상 이용 기업들이 하나의 클라우드에 핵심 시스템과 소프트웨어를 올려두고 사용하는 경우가 많아, 한번 오류가 발생하면 그 클라우드를 사용하는 모든 기업에 피해가 가는 것은 불가피했다.

이에 대해 전문가들은 동일한 사태가 반복되지 않도록 내부 통제를 강화하고, 멀티 클라우드를 도입하는 등 구조적으로 문제를 해결할 것을 촉구했다. 또한 클라우드 서비스 이용 고객들에 대해서도 오류 발생 시 최대한 데이터를 빨리 복구할 수 있는 백업 시스템을 구축할 것을 조언했다.

> **죽음의 블루스크린** 윈도 운영체제(OS)를 사용하는 컴퓨터에서 별다른 전조 없이 「치명적인 오류 발생」 등 메시지와 함께 화면 전체가 파란색으로 채워지는 현상을 말한다. 최근에는 발생 빈도가 많이 줄면서 차츰 잊혀가고 있지만, 과거에는 MS 창업자 빌 게이츠가 참석한 가운데 진행한 신제품 시연에서조차 블루스크린이 발생하는 등 그 악명이 높았다.

> **멀티 클라우드(Multi Cloud)** 여러 클라우드 서비스를 동시에 사용하는 것을 말한다. 이렇게 하면 특정 클라우드 서비스에 장애가 발생해도 피해가 전체 시스템으로 확대되지 않아 안정성을 높일 수 있다. 또한 여러 클라우드 서비스와 기술을 통합해 사용하기 때문에 각 기업과 개인의 클라우드 사용 목적에 맞는 맞춤형 서비스를 이용할 수도 있다. 그러나 각 클라우드 플랫폼 간 상호 운용성이 떨어지는 경우가 있으며, 여러 서비스를 사용함에 따른 비용 부담도 적지 않다.

한수원, 체코 원전사업 우선협상대상자 선정
역대 최대 규모 원전 수출

체코 정부가 7월 17일 한국수력원자력(한수원)을 신규 원전사업 우선협상대상자로 선정했다고 밝혔다. 이번 원전사업은 체코의 두코바니(5·6호기), 테멜린(3·4호기) 지역에 각 1.2GW(기가와트) 이하의 원전 총 4기를 짓는 것을 골자로 한다. 한수원이 이번에 수주한 원전은 두코바니 5·6호기로, 테멜린 원전 수주 여부는 아직 발표되지 않았다. 체코 원전 건설의 예상 사업비는 1기당 2000억 코루나(약 12조 원)에 달해, 테멜린 3·4호기까지 짓게 된다면 약 48조 원의 경제 유발효과를 거둘 수 있다. 한수원은 추후 체코 정부와 구체적인 계약 조건을 협상, 내년 3월 최종 계약을 맺고 2029년 공사를 시작해 2036년부터 상업 운전에 들어갈 계획이다. 업계에서는 이번 수주가 최근 원전 건설을 늘리고 있는 유럽 시장으로의 진출에 발판이 될 수 있을 거라는 기대가 나온다.

원전사업 수주 성공 요인은? 이번 원전 수주는 2009년 아랍에미리트(UAE) 바라카 원전 이후 15년 만의 쾌거이자, 역대 최대 규모의 원전 수출이다. 특히 최종 경쟁 상대였던 세계 2위의 원전 대국 프랑스를 꺾었다는 점에서 한국 원전업계에 청신호가 켜진 것으로 평가된다. 이번 사업 수주는 2018년부터 준비된 것으로, 이를 위해 한수원은 한전기술·한전KPS·한전원자력연료·두산에너빌리티·대우건설 등 민관 합동팀을 조직했다. 특히 최대 성공 요인으로는 가격 경쟁력이 꼽히는데, 한국의 원전 건설 단가는 kW(킬로와트)당 3751달러로, 프랑스(7931달러)·미국(5833달러)·중국(4174달러) 등에 비해 절반 이상 저렴한 것으로 알려졌다. 또한 바라카 1호기 원자로를 3년 만에 설치했던 이력도 긍정적인 평가 요소로 작용했다. 여기다 원전 건설뿐 아니라 반도체·전기차·인공지능(AI) 등 다른 산업 분야에서의 협력까지 제시한 것도 좋은 평가를 받았다.

체코 원전사업 개요

사업 내용	• 체코 두코바니에 2기(5·6호기), 테멜린에 2기(3·4호기) 건설 • 현재 두코바니 지역 우선협상대상자로 한국수력원자력 선정, 테멜린 지역은 추후 발표 예정
예상 사업비	1기당 2000억 코루나(약 12조 원) 예상, 자세한 금액은 추후 협상 예정
참여 기관	한국수력원자력(원전 건설 총괄), 한전기술(설계), 한전KPS(정비), 한국원자력연료(연료), 두산에너빌리티(주요 설비), 대우건설(시공) 등 민관 협동
사업 수주 일지	• 2018년, 한수원 주도 민관 합동팀 조직 • 2022년 3월, 체코 정부의 두코바니 5호기 건설사업 입찰 개시 • 2024년 1월, 체코 원전사업 규모 1기에서 4기로 확대 • 2024년 4월, 한수원과 프랑스전력공사(EDF) 최종 입찰서 제출 • 2024년 7월, 우선협상대상자로 한수원 선정 • 2025년 3월, 최종 계약 예정 • 2029년, 착공 예정 • 2036년, 상업 운전 시작 예정

미국·중국 우주 패권 경쟁 본격화
창어 6호, 달 뒷면 샘플과 함께 귀환–NASA, 화성 거주 모의실험 종료

중국국가항천국(CNSA)이 달 착륙선 「창어 6호」가 6월 25일 오후 2시 7분 달 뒷면의 토양·암석 샘플을 싣고 중국 네이멍구 사막에 착륙했다고 밝혔다. 지금까지 채취된 달 샘플은 모두 달 앞면의 것이었으므로, 이로써 창어 6호는 인류 최초의 달 뒷면 샘플 채취라는 기록을 세우게 됐다.

여기에 7월 8일 미국항공우주국(NASA)은 지난해 6월 25일부터 진행된 화성 거주 모의실험 「차피아(CHAPEA)」의 1차 실험이 지난 7월 6일 종료됐다고 밝혔다. 이에 따라 실험에 참여한 4명의 과학자들(캘리 해스턴, 로스 브록웰, 네이선 존스, 앤카 셀라리우)은 모의 화성기지에서 거주한 지 378일 만에 기지 밖으로 나왔다. 이처럼 미국과 중국이 잇따라 우주 관련 성공 소식을 전하면서, 양국의 패권 경쟁이 우주공간까지 확대됐다는 분석이 나온다.

창어 6호, 인류 최초 달 뒷면 샘플 채취 성공 지난 5월 3일 발사된 창어 6호는 한 달 뒤인 6월 2일 달 뒷면에 착륙, 인류 최초로 달 뒷면의 샘플을 채취한 바 있다. 이번에 창어 6호가 지구로 가져온 샘플은 총 1,935kg으로, 중국은 이를 다른 국가들과 일부 공유하겠다고 밝혔다. 특히 달의 뒷면은 앞면과 지형적 차이가 크고 고유한 특성을 가져, 샘플을 통해 달의 내부 구조와 진화 과정 등을 더 깊이 연구할 수 있을 거라는 분석이다. 앞서 중국은 2003년 「창어 프로젝트」라는 달 탐사 계획을 수립, 2013년 창어 3호를 달 앞면에 착륙시킨 데 이어 2019년 창어 4호를 세계 최초로 달 뒷면에 착륙시킨 바 있다. 이후 2026년에 창어 7호를, 2028년에 창어 8호를 발사해 2030년까지 달 유인 착륙을 시도할 계획이다.

💡 7월 24일 중국과학원은 2020년 창어 5호가 채취한 달 앞면 토양 샘플에서 물 분자를 함유한 수화(Hydrated) 광물을 발견했다고 밝혔다. 이는 물 분자가 달에서 수화 소금 형태로 존재할 수 있음을 시사하는 것으로, 연구진은 달에서 물이 어떤 형태로 존재하는지에 대한 추가 연구를 이어갈 방침이다.

NASA, 화성 유인 착륙 대비 1차 시뮬레이션 완료 미국항공우주국(NASA)는 2040년대에 최초로 화성에 우주인들을 보내는 것을 목표로 작년부터 화성 모의 거주 프로젝트 「차피아」를 진행했다. 이는 화성에서 발생할 수 있는 다양한 일들을 실제로 체험하기 위한 것으로, 화성 토양과 비슷한 원료로 건설한 모의 화성기지에서 4명의 과학자들이 1년간 직접 채소를 재배하거나 시설을 보수하는 등의 임무를 수행했다. 실제 화성과 같은 환경을 구현하기 위해 식량은 보급되지 않았으며, 외부에 있는 과학자들과의 교신도 약 22분 지연되는 형태로 진행됐다. NASA는 내년과 2026년에도 차피아 2·3차 임무를 진행, 향후의 화성 유인 착륙에 대비하겠다는 방침이다.

💡 한편, NASA는 1969년 아폴로 11호 이후 57년 만에 달로 사람을 보내는 「아르테미스 프로젝트」를 추진 중이다. 이는 우리나라를 비롯해 캐나다·호주 등 세계 21개국의 우주기구와 관련 민간 기업이 참여하는 대규모 국제 프로젝트로, 2026년 유색인종과 여성 등 우주비행사 4명을 달에 보내는 것을 골자로 한다.

EU, 애플·MS·메타에 「디지털시장법」 위반 잠정 결론
美 연방법원, 구글 검색시장 독점 판결

유럽연합(EU) 집행위원회가 6월 24일 애플이 디지털시장법(DMA)을 위반했다는 잠정 결론을 내린 데 이어, 6월 25일 마이크로소프트(MS), 7월 1일 메타에도 같은 결론을 내렸다. 여기다 지난 8월

5일 미국에서는 워싱턴DC 연방법원이 미국 법무부가 제기한 「구글 검색시장 반독점 소송」에서 구글이 글로벌 검색시장을 불법으로 독점하고 있다는 판결을 냈다. 이처럼 세계 각국에서 빅테크 기업들의 시장 독점에 본격적으로 제동을 걸면서, 향후 빅테크 생태계에 어떤 영향을 미칠지 귀추가 주목된다.

> **디지털시장법(DMA·Digital Markets Act)** 유럽연합(EU)이 빅테크 기업의 시장 지배력을 억제하고 반경쟁 행위를 사전 차단하기 위해 마련한 법이다. 이는 거대 플랫폼 사업자의 시장 지배력 남용을 방지하고자 일정한 규모의 플랫폼 사업자를 「게이트키퍼(Gatekeeper)」로 지정해 규제하는데, 현재 ▷알파벳 ▷바이트댄스 ▷아마존 ▷애플 ▷메타 ▷마이크로소프트(MS) ▷부킹닷컴 등 7개 기업이 게이트키퍼로 지정돼 있다. 이들 기업은 사이드로딩 허용, 인앱 결제 강제 금지, 자사 우대 금지, 상호 운용성 확보 등의 의무를 부여받는다. 의무 위반이 확인되면 연간 글로벌 매출의 최대 10%, 위반이 반복될 경우 최대 20%까지 벌금을 부과할 수 있다.

EU, 디지털시장법으로 빅테크 정조준 유럽연합(EU)은 지난 3월 7일부터 디지털시장법(DMA)을 전면 시행, 3월 25일부터 게이트키퍼로 지정된 기업들을 상대로 DMA 위반 여부 조사에 착수한 바 있다. 집행위원회는 먼저 애플의 경우 애플리케이션(앱) 개발자의 앱 구매방법 홍보를 막아, 이용자들이 애플의 앱스토어에서만 앱을 구매하도록 유도했다고 설명했다. 또한 마이크로소프트(MS)는 자체 화상회의 서비스인 「팀스(Teams)」를 일부 소프트웨어에 끼워 팔았으며, 메타는 무료 서비스 이용을 빌미로 사용자의 데이터 수집 동의를 강제했다고 지적했다. 세 기업에 대한 최종 제재 수위는 모든 해명·반론 절차가 끝나는 내년 3월 결정될 예정이다. 만약 세 기업의 법 위반이 확정될 경우 애플은 최대 383억 달러(약 53조 원), MS는 212억 달러(약 29조 원), 메타는 134억 달러(약 18조 원)의 과징금을 부과받을 수 있다. 집행위는 이들 기업 외에도 알파벳 등에 대한 조사 결과를 추가로 발표할 것이라고 전했다.

💡 8월 8일 애플은 EU의 이 같은 잠정 결론에 대응해 EU 내 앱스토어 운영 규정을 올가을부터 변경하겠다고 밝혔다. 이에 따라 앱 개발자들은 애플의 앱스토어가 아니더라도 앱을 구매할 방법을 자유롭게 홍보할 수 있게 됐다. 다만 애플이 앱스토어를 통한 신규 사용자 확보와 앱 배포 서비스 등에 대한 수수료 체계를 새로 도입하겠다고 발표하면서, 일각에서는 이번 애플의 조치가 EU의 규제를 우회하기 위한 임시방편에 불과하다는 지적이 나오고 있다.

美, 구글 시장 독점 불법 판결 이번 구글 반독점 소송은 2020년 도널드 트럼프 행정부 시절 미국 법무부가 제기한 것으로, 당시 법무부는 구글이 인터넷 시장 데이터를 독점해 진입장벽을 세우고 있다고 주장했다. 연방법원은 이를 받아들여, 구글이 그동안 스마트폰 웹 브라우저에서 자사 검색 서비스를 기본값으로 설정하는 조건으로 스마트폰 제조사에 대가를 제공해 온 것이 불법 행위라는 결론을 내렸다. 그러나 구글이 즉각 항소함에 따라 최종 판단은 연방대법원으로 넘어가게 됐다.

한편, 구글의 항소와는 별도로 이번 판결과 관련한 구체적인 조치는 9월 6일에 청문회를 통해 내려질 예정이다. 일각에서는 이에 따라 구글의 운영 방식이 변경되거나, 사업 일부가 매각될 수 있다는 전망이 나온다. 특히 빅테크 기업들에 대한 각국의 반독점 소송이 이어지고 있는 가운데, 이번 판결의 결과가 향후 빅테크 시장 규제와 운영 형태에 적지 않은 영향을 끼칠 것으로 보인다.

💡 구글에 대한 이번 소송은 1998년 마이크로소프트(MS)를 상대로 제기됐던 미국 법무부의 반독점 소송 이후 최대 규모의 반독점 소송으로 꼽힌다. 당시 미국 법무부는 MS가 PC 제조사들에 자사 웹브라우저인 익스플로러를 기본값으로 설정하도록 압력을 가해 시장 지배력을 남용하고 있다며 소송을 냈다. 이에 법원은 MS에 회사를 분할하라고 지시했으나, 이후 분할 대신 시장 진입장벽을 대폭 낮추기로 합의한 바 있다. 이 소송 이후 빅테크가 독점 기업으로 인정된 것은 이번이 처음이다.

메타 「라마 3.1」, LG 「엑사원 3.0」 공개
오픈소스로 누구나 이용 가능

지난 7월 23일 페이스북 모회사 메타가 자사 블로그를 통해 최신 인공지능(AI) 모델 「라마(Llama) 3.1」을 출시했다. 이는 메타가 지난 4월 「라마 3」을 선보인 후 3개월여 만으로, 라마 3.1 역시 라마 3에 이어 누구나 무료로 이용할 수 있는 오픈소스로 공개됐다. 그로부터 2주 뒤인 8월 7일에는 LG 그룹 산하 LG AI 연구원이 최신 AI 모델 「엑사원(EXAONE) 3.0」을 선보였다. 특히 엑사원 3.0 시리즈 중 경량 모델은 국내에서는 처음으로 오픈소스로 공개돼 주목을 받았다. 이처럼 메타와 LG를 비롯한 빅테크들이 오픈소스를 선택한 것에 대해, 업계에서는 치열한 AI 시장 경쟁에서 살아남기 위한 일종의 차별화 전략이라는 분석이 나오고 있다.

> **오픈소스(Open Source)** 소프트웨어 등이 어떻게 만들어졌는지 알 수 있도록 프로그래밍 설계의 기본이 되는 「소스코드」를 무료로 공개·배포하는 것을 말한다. 소스코드를 알면 해당 프로그램을 마음대로 변형·응용하는 것이 가능해져, 인터넷을 이용하는 다수의 기술자가 보다 나은 소프트웨어를 단기간에 공동 개발할 수 있다. 이에 최근 인공지능(AI) 업계에서는 폐쇄형 AI 모델을 고수하는 오픈AI에 대항해 AI 모델을 오픈소스로 공개하는 경우가 늘어나고 있다.

메타, 「라마 3.1」 오픈소스 전격 공개 라마 3.1은 ▷라마 3.1 405B ▷라마 3.1 70B ▷라마 3.1 8B 등 3가지 버전으로 출시됐다. 먼저 가장 큰 버전인 라마 3.1 405B는 매개변수(파라미터)가 4050억 개에 달해, 메타의 역대 AI 모델 가운데 가장 높은 성능을 갖춘 것으로 알려졌다. 중형 버전인 라마 3.1 70B와 소형 버전인 라마 3.1 8B는 각각 700억·80억 개의 매개변수를 포함, 챗봇 및 소프트웨어 코딩 AI에 쓰일 수 있도록 제작됐다. 메타는 또한 라마 3.1이 이전 버전보다 향상된 추론 능력을 지녀, AI 모델 평가 테스트인 대규모 다중작업언어이해(MMLU)의 평가 항목 중 일부에서는 오픈AI의 최신 모델인 「GPT-4o」와 앤스로픽의 「클로드 3.5 소네트」보다 좋은 점수를 기록했다고 설명했다. 여기에 운영비용은 GPT-4o의 절반 수준이며, 사람의 외모 등을 설명하면 실제 사진처럼 보이는 이미지를 생성하는 기능 등도 탑재됐다.

주요 오픈소스 AI 모델 출시 현황

기업	최신 AI 모델(LLM)	파라미터 규모(버전)	특징
메타	라마 3.1	4050억 개(405B)	• 2024년 7월 23일 출시 • 메타의 역대 AI 모델 중 최고 성능
구글	젬마 2	270억 개(2B)	• 2024년 6월 28일 출시 • 동급 최고 규모의 파라미터 탑재
마이크로소프트(MS)	파이 3.5	41억 5000만 개(비전)	• 2024년 8월 21일 출시 • 비용 저렴한 소형언어모델(SLM)
미스트랄AI	라지 2	1230억 개	• 2024년 7월 24일 출시 • 한국어·영어·중국어 등 12개 언어 지원
LG	엑사원 3.0	78억 개(경량)	• 2024년 8월 7일 출시 • 한국어 분야 최고 성능 기록

LG, 국내 최초 오픈소스로 「엑사원 3.0」 공개 엑사원 3.0은 활용 용도에 따라 ▷고성능 모델 ▷경량 모델 ▷초경량 모델 등 3가지 버전으로 출시됐는데, 이 중 오픈소스로 공개된 것은 다양한 용도로 사용 가능한 경량 모델이다. LG AI 연구원에 따르면 엑사원 3.0은 지난해 7월 출시된 「엑사원 2.0」보다 추론 시간은 56%, 메모리 사용량은 35%, 구동 비용은 72% 줄였다. 특히 한국어 능력이 뛰어

나, LG AI 연구원이 여러 AI 모델들을 대상으로 진행한 종합 평가에서 한국어 부문 최고 성능을 기록한 것으로 알려졌다. 이 모델은 또한 영어로도 소통이 가능하며, 코딩·수학·화학 등의 전문 분야 데이터 6000만 건 이상을 학습했다. LG는 엑사원 3.0을 그룹 계열사 제품과 서비스에 본격적으로 도입, 올 하반기부터 엑사원 3.0이 적용된 제품을 출시할 계획이다.

과기정통부, 내년 주요 R&D 예산 확정
24조 8000억 원 배정 – 역대 최대 규모

국가과학기술자문회의 심의회의가 과학기술정보통신부가 마련한 「2025년도 국가연구개발사업 (R&D) 예산 배분·조정안」을 6월 27일 확정했다. 이번 심의회의에서 통과된 예산은 각 정부 부처가 담당하는 일반 R&D 예산을 제외한 주요 R&D 예산에 해당하는 것으로, 총 24조 5000억 원의 예산 지원이 확정됐다. 여기다 8월 말 정부안 예산 최종 확정까지 추가될 예산을 반영하면 내년도 주요 연구개발(R&D) 예산은 총 24조 8000억 원이 될 전망이다. 이는 역대 최대 규모로, 올해 배정됐던 예산(21조 9000억 원)보다 약 13.2% 증가한 금액이다.

💡 정부는 올해 과학기술 주요 R&D 예산을 지난해 24조 7000억 원에서 10% 이상 대폭 삭감한 바 있다. 이에 과학기술계의 반발이 이어지자 내년도 R&D 예산에 대한 적극적인 지원을 공언, 현재는 과학기술 R&D에 대한 예비타당성조사를 폐지하는 방안도 추진 중이다. 이에 일각에서는 정부 정책이 자주 바뀌어 안정적인 연구 환경을 제공하지 못하고 있으며, 이번에 확정된 내년도 R&D 예산도 지난해를 기준으로 보면 1000억 원 증가한 데 그쳤다는 지적이 나오고 있다.

R&D 예산 주요 내용 이번 예산 배정에서는 과학기술계 3대 게임체인저 기술로 꼽히는 AI 반도체, 양자, 첨단바이오 세 가지 분야에 내년도 주요 R&D 전체 예산의 약 14%에 해당하는 3조 4000억 원을 투입하기로 했다. 또한 올해 신설된 혁신·도전형 연구개발(고위험–고보상형 R&D)에는 1조 원, 기초연구 분야에는 2조 9400억 원, 첨단기술 분야에는 2조 4000억 원, 우주 분야에는 1조 원이 분배됐다. 이 외에도 선도·유망기업 지원, 디지털 범죄 및 중대재해 대응을 위한 재난 안전 R&D, 민·군 및 부처 간 협력 강화를 위한 국방 분야 R&D 등이 예산안에 담겼다.

한편, 이번에 발표된 예산안은 과학기술 연구사업과 관련된 주요 R&D 사업을 대상으로 하는 것으로, 각종 지원금이나 인문사회 R&D 등의 일반 R&D 예산은 기획재정부에서 편성 중에 있다. 과기정통부가 이번에 확정된 예산안을 기획재정부에 전달하면, 기획재정부가 일반 R&D를 포함한 전체 R&D 예산안을 작성, 9월 국회 심의를 거쳐 12월 2일 최종 확정될 예정이다.

주요 R&D 예산 증감 내용(국가과학기술자문회의 확정안)

주요 R&D 분야	세부 분야	2024년도	2025년도(증가율)
국가혁신 견인	3대 게임체인저(AI 반도체, 양자, 첨단바이오)	2.7조 원	3.4조 원(24.2%)
	혁신·도전형 R&D(신설)	–	1.0조 원
선도형 연구 생태계	글로벌 R&D	1.8조 원	2.1조 원(13.3%)
	기초연구	2.63조 원	2.94조 원(11.6%)
	인재확보	0.8조 원	1.0조 원(23.9%)
역동경제 초석	첨단기술·초격차	2.0조 원	2.4조 원(19.6%)
	기술주권·신성장	2.9조 원	3.2조 원(12.3%)
국민 안전	국방 첨단전력화	2.9조 원	3.1조 원(4.7%)
	재난·안전 R&D	1.9조 원	2.0조 원(7.8%)

고령 운전자
면허 반납 논란,
그 향방은?

7월 1일 서울 중구 시청역 인근 교차로에서 역주행 차량이 인도로 돌진하며 9명이 사망하는 참사가 일어났다. 사건 직후 현장에서 경찰에 검거된 60대의 운전자는 차량 급발진을 주장했으나, 운전 미숙과 부주의 등 운전자 과실 의견이 제기되면서 여러 논란이 일었다. 여기에 해당 사고의 가해 운전자가 68세인 사실이 알려지면서 고령 운전자 논란이 다시금 부상했다. 특히 시청역 참사 이틀 만에 서울 국립중앙의료원에서도 차량 돌진사고가 일어났는데, 이 사고 운전자의 연령이 80대로 확인되면서 고령 운전자의 면허를 반납하도록 해야 한다는 주장이 다시금 거세졌다. 도로교통공단에 따르면 지난해 65세 이상 운전자가 가해자인 교통사고는 3만 9614건으로 3년 연속 증가한 동시에 통계 집계 이후 최고치를 기록했으며, 전체 교통사고에서 차지하는 비율도 20.0%로 1년 전(17.6%)보다 늘었다.

현재 도로교통법에 따르면 65세 이상 운전자는 5년마다, 75세 이상은 3년마다 자동차 운전면허 적성검사를 받도록 돼 있다. 정기 적성검사는 1·2종 보통 면허의 경우 사전에 질병·신체에 관한 신고서 등을 제출하고 신체검사(시력) 통과 및 온라인 교육을 수강하는 방식이다. 갱신 시 인지능력 검사와 교통안전교육 수강이 필수지만 만 65세 이상자의 경우 교통안전교육만 권장되고 있다. 여기에 택시·버스기사 등 상업용 차량 운전자 중 65세 이상은 3년에 1번, 70세 이상은 1년에 1번 자격유지검사를 실시하고 있다. 다만 그 합격률이 너무 높아 변별력이 떨어진다는 지적이 꾸준히 제기되고 있는데, 가장 최근인 2020~2023년 자격유지검사 합격률은 평균 97.5%에 달했다.

현재 각 지자체는 운전면허를 반납하는 65세 이상 고령자들에게 10만~30만 원 상당의 현금성 인센티브를 지원하며 운전면허증의 자진 반납을 유도하고 있으나, 그 반납률은 매년 2% 안팎에 그치고 있다. 하지만 초고령사회(만 65세 인구가 전체 인구의 20% 이상) 진입을 앞둔 대한민국의 현실을 감안할 때 고령 운전자들의 면허를 반납하도록 강제하는 것은 지나치다는 목소리도 있다. 실제 경찰청 추계에 따르면 2022년 438만 명인 65세 이상 고령 운전자는 2025년에는 498만 명으로 늘어난다.

Tip

시청역 역주행 참사
7월 1일 오후 9시 27분쯤 서울 시청역 인근 소공로 일방통행 구간을 빠른 속도로 역주행한 승용차가 인도로 돌진한 사건을 말한다. 이 차량은 인도에 있던 시민들을 덮친 뒤에도 차량 2대를 들이받았고, 반대편 차선으로 튕겨져 나가 시청역 12번 출구 부근에서야 멈춰 섰다. 이 사고로 9명의 사망자와 7명의 부상자가 발생하는 대형 참사로 이어졌다.

고령 운전자 면허 반납, 찬성한다

고령 운전자 면허 반납을 찬성하는 측에서는 고령 운전자에 의한 사고 비율이 점차 늘고 있는 상황에서 이뤄져야 하는 당연한 방침이라는 주장이다. 찬성 측은 최근의 통계자료를 보더라도 65세 이상 운전자로 인한 교통사고 비율이 증가하는 것은 물론 치사율(사고 100건당 사망자 수)도 64세 이하 운전자보다 크게 높다는 점을 그 근거로 든다. 따라서 고령 운전자에 의한 교통사고로 고조되는 시민들의 불안감을 해소하기 위해서라도 이들에 대한 면허 반납은 합리적인 방안이라는 것이다.

또 찬성 측은 나이가 들면서 저하되는 신체 반응속도와 인지능력, 시력과 청력 등이 운전에 영향을 미친다며, 고령 운전자들의 면허 반납을 통해 사고를 미리 예방하자는 입장이다. 이들은 음주운전에 대해 경각심을 갖고 엄정한 대처를 하는 것처럼 심신이 약해지는 고령자의 운전도 이와 크게 다르지 않다고 주장한다. 아울러 앞으로 인구 고령화가 심화되면서 고령 운전자가 더 늘어나면 이들에 의한 사고가 더욱 증가할 것이라는 우려도 제기한다. 이 밖에 고령자의 면허 반납을 찬성하는 측에서는 현재 65세 이상에게 대중교통 할인 혜택 등의 편의가 제공되는 등 자가운전에 대한 대체수단이 있다는 점도 관련 주장의 근거로 들고 있다.

고령 운전자 면허 반납, 반대한다

고령 운전자 면허 반납을 반대하는 측에서는 단순히 운전자를 나이만으로 분류해 고령자 운전이 위험하다고 판단하는 것은 불합리하다는 주장이다. 반대 측은 노인이 젊은 사람들에 비해 인지 및 신체능력이 떨어지는 것은 사실이지만, 단지 나이가 많다는 이유로 운전 가능 여부를 구분하는 것은 편견이자 차별이라는 것이다. 또 고령 운전자 사고를 과도한 일반화로 몰고 가는 것은 부적절한 뿐더러 자진 면허 반납도 지자체나 국가에서 책임을 방기하는 문제일 수 있다는 주장이다.

반대 측은 고령 운전자의 면허를 반납하도록 하는 것은 노인들의 인권을 무시하는 것이라는 지적도 제기하며, 본인이 스스로 포기하지 않는 한 면허 반납이나 중지를 강제할 권리는 없다고 말한다. 또 자동차가 현대사회의 생활 필수품이며, 특히 대도시와 달리 대중교통이 잘 갖춰지지 않은 지역의 고령 거주자들은 자동차를 이용하지 못하면 불편함이 매우 크다는 점을 주장의 근거로 든다. 이들은 고령자 면허 반납 조치는 자유롭게 이동할 수 있는 권리를 제한하는 것은 물론, 특히 택시나 화물차를 운전하는 고령 운전자에게는 생계가 걸린 만큼 너무 가혹한 조치라는 목소리도 내고 있다.

나의 생각은?

2024 하반기 달라지는 것들

7월부터 국내 외환시장 거래시간이 다음 날 오전 2시까지로 연장됐으며, 간이과세 적용기준 연매출금액이 종전 8000만 원 미만에서 1억 400만원 미만으로 상향됐다. 또 가상자산 사업자 규제와 불법행위 규제를 핵심으로 하는 「가상자산이용자보호법」이 7월 19일자로 시행에 들어갔다. 그리고 방과후 돌봄서비스인 「늘봄학교」는 2학기부터 전국 모든 초등학교 1학년을 대상으로 운영된다. 이 밖에 12월 27일부터는 만 17세 이상이면 누구나 읍·면·동 주민센터에서 본인 확인을 거친 후 모바일 주민등록증의 무료 발급이 가능해지게 된다. 기획재정부는 6월 30일 40개 정부기관의 233건의 정책 변경 사항을 취합해 《2024년 하반기부터 이렇게 달라집니다》라는 책자를 발간했는데, 그 내용은 다음과 같다.

📑 세제·금융

부가가치세 간이과세 기준금액 상향 _ 7월부터 간이과세 적용 기준금액이 종전 8000만 원 미만에서 1억 4000만 원 미만으로 상향됐다. 다만 부동산임대업과 유흥업소는 종전과 동일하게 4800만 원 미만 기준이 유지됐다.

출국납부금 30% 인하 _ 7월부터 공항 출국 때 부과되는 1만 원의 출국납부금이 7000원으로 낮아졌으며, 현재 2세 미만인 출국납부금 면제 대상은 12세 미만으로 높아졌다. 또 유효기간이 5년이나 10년인 복수여권을 발급받을 때 내던 국제교류기여금은 3000원 인하됐고, 단수여권과 여행증명서 발급 때는 면제된다.

전력산업기반기금 부담금 요율 인하 _ 전기요금의 3.7% 요율로 부과됐던 전력산업기반기금 부담금 요율이 내년 6월까지 3.2% 요율로 변경된다. 이후 2025년 7월부터는 2.7%로 더 낮아지게 된다.

전자세금계산서 의무발급 대상 확대 _ 7월부터 전자세금계산서 의무발급 대상 개인사업자 기준이 직전 연도 사업장별 재화 및 용역의 과세·

면세 공급가액 합계액 1억 원 이상에서 8000만 원 이상으로 확대됐다.

개인통관부호 검증 강화 _ 8월 29일부터 개인통관고유부호와 성명, 전화번호가 일치해야 해외직구를 할 수 있도록 변경됐다. 기존에는 부호와 성명 혹은 전화번호만 일치해도 가능했다.

외환시장 개장시간 연장 _ 7월부터 외환시장 개장시간이 기존 오전 9시~오후 3시 30분에서 다음 날 새벽 2시까지로 연장됐다. 이는 외국인 투자자나 금융기관이 본인의 영업시간 중에도 원화 거래를 할 수 있도록 하기 위함이다.

서민금융 종합플랫폼 「잇다」 출시 _ 서민금융상품 조회부터 대출까지 한 번에 지원하고 고용·복지 등 연계 복합상담서비스를 비대면으로도 제공하는 종합 플랫폼인 서민금융 「잇다」가 6월 30일부터 운영을 시작했다.

가상자산이용자보호법 시행 _ 가상자산 사업자 규제와 불법행위 규제를 핵심으로 하는 「가상자산이용자보호법」이 7월 19일부터 시행됐다. 이에 따라 가상자산은 3개월마다 상장 유지 여부 심사를 받아야 하며, 기준 미달로 판단된 종목의 경우 퇴출된다.

상장회사 내부자거래 사전공시제도 시행 _ 7월 24일부터 상장회사 내부자가 당해 상장회사가 발행한 주식 등을 일정 규모 이상 거래하려면 매매 예정일 30일 전 매매목적·가격·수량 및 거래 기간 등을 공시하도록 변경됐다.

연체 채무자보호법 시행 _ 연체 이후 추심, 양도까지 채무자가 겪는 전 과정에서 채무자를 보호하기 위한 「개인채무자보호법」이 10월부터 시행된다. 대출금액 5000만 원 미만 채무기한의 이익이 상실된 경우 상환기일이 되지 않은 원금에 대해서는 연체 가산이자 부과가 제한된다.

🏠 부동산

1기 신도시 정비 선도지구 선정 _ 오는 11월까지 1기 신도시(분당·일산·평촌·중동·산본)에서 재건축을 가장 먼저 진행할 선도지구가 최대 3만 9000가구 규모로 선정된다.

층간소음 성능검사 결과 입주예정자에 통지 의무화 _ 7월 17일부터 주택건설사업자는 사용검사 전 실시한 바닥 충격음 차단구조 성능검사 결과를 입주 예정일 전까지 입주 예정자에게 의무적으로 알리도록 하고 있다. 만약 사업주체가 성능검사 결과 등을 통보하지 않거나 거짓으로 통보할 경우에는 과태료 500만 원이 부과된다.

주택임대차 신고 방법, 모바일로 확대 _ 8월부터 주택 전세·월세 계약을 체결한 뒤 그 자리에서 바로 임대인·임차인이 모바일로 임대차 신고를 할 수 있게 됐다.

「한국형 화이트존」 공간혁신구역 3종 도입 _ 토지의 용도 제한을 없애고 용적률·건폐율 규제를 완화한 「공간혁신구역」이 8월 도입됐다. 이에 지자체는 도시혁신구역·복합용도구역·입체복합구역을 활용해 새로운 거점 조성에 필요한 고밀·복합개발을 할 수 있다.

노후 저층주거지 개선 위한 「뉴:빌리지」 사업 도입 _ 노후 저층 주거지에서 소규모 정비사업을 할 때 정부가 주차장, 관리사무소, 운동시설 등 아파트 수준의 편의시설 설치를 지원하는 「뉴빌리지」 사업이 시작된다. 이는 지자체를 대상으로 9월 사업 공모를 시작해 12월 사업지 선정이 이뤄지게 된다.

⚖️ 행정·안전

인감증명서, 정부24에서 무료 발급 _ 그동안 주민센터를 방문해야만 발급받을 수 있던 인감증명서를 9월 30일부터 「정부24」에서 무료로 발급받을 수 있다. 다만 부동산·자동차 매도용이 아닌 일반용 중 법원이나 금융기관에 제출하는 용도가 아닌 인감증명서가 온라인 발급 대상이다.

17세 이상 국민 누구나 모바일 주민등록증 발급 _ 12월 27일부터 17세 이상 국민은 읍면동 주민센터를 방문해 본인 확인을 거치면 모바일 주민등록증을 무료로 발급받을 수 있다. 실물 주민등록증을 IC카드로 발급받은 경우 주민센터를 방문하지 않고 모바일 등록이 가능하다.

여권 발급비용 인하 _ 7월부터 여권 발급비용이 최대 5000원 인하됐다. 우선 5년 초과~10년 이내 복수여권은 58면용이 5만 원, 26면이 4만 7000원으로 기존보다 3000원 인하됐다. 또 1년 이내 사용할 수 있는 단수여권은 2만 원에서 1만 5000원으로 낮아졌다.

범죄 피해자 원스톱 솔루션센터 개소 _ 범죄 피해자의 법률 지원부터 일자리, 금융 상담까지 원스톱으로 제공하는 「범죄 피해자 원스톱 솔루션센터」가 7월 말 서울에서 개소했다. 센터에는 법률·경제·심리·고용·복지·금융 등에 관한 지원을 제공하는 14개 기관이 입주, 범죄 피해자가 방문하면 상담을 통해 필요한 지원을 확인하고 입주 기관으로 안내·연계하고 잇다.

스토킹 피해자 긴급 주거지원사업 전국 확대 _ 7월부터 스토킹 피해자의 신변 안전 보호를 위한 「긴급 주거지원사업」이 전국에서 확대 시행됐다. 긴급 주거지원사업은 피해자가 일상생활을 지속할 수 있도록 개별거주 방식으로 원룸이나 오피스텔 등을 최대 30일까지 지원하는 것이다.

112 거짓신고 과태료 500만 원 _ 7월 3일부터 112에 위급한 상황을 거짓으로 꾸며 신고하는 경우 과태료가 기존 60만 원에서 최대 500만 원으로 인상됐다.

👪 고용·노동

중소기업 졸업 유예기간 5년으로 확대 _ 기업 규모가 확대돼 중소기업이 중견기업으로 성장한 뒤 부여되는 중소기업 졸업 유예기간이 8월 21일부터 기존 3년에서 5년으로 확대·시행됐다. 이는 기존 3년의 중소기업 졸업 유예기간이 종료된 뒤 초기 중견기업의 매출 감소에 따른 중소기업 회귀 사례가 다수 발생하는 데 따른 것이다.

기술탈취·영업비밀 유출 처벌 강화 _ 8월부터 특허권·영업비밀·아이디어 탈취에 대한 징벌적 손해 배상의 한도가 기존 3배에서 5배로 높아졌다. 또 영업비밀 유출에 대한 양형 기준은 해외 유출의 경우 기존 9년에서 12년, 국내 유출은 기존 6년에서 7년 6개월로 높아졌다.

기업활력법 상시화 _ 한시법이던 「기업활력법」을 상시화해 기업들이 언제든지 필요할 때 사업 재편 지원을 받을 수 있도록 하는 「신(新)기업활력법」이 7월 17일 시행됐다. 또 공급망 핵심 품목의 국내 생산과 비축을 확대하기 위한 사업 재편 지원도 신설됐다.

육아기 근로시간 단축급여 지원 확대 _ 7월부터 육아기 근로시간 단축급여의 통상임금 100%(상한액 200만 원) 지원 범위가 확대됐다.

이에 따라 주당 최초 10시간 단축분까지 통상임금의 100%를 지원하는데, 나머지 단축시간에 대한 지원 비율(통상임금의 80%, 상한액 150만 원)은 동일하다.

육아기 단축업무 분담지원금 시행 _ 중소기업의 육아기 근로시간단축제 사용 활성화를 위한 「분담지원금」이 7월부터 시행됐다. 이는 중소기업 사업주가 직원에게 육아기 근로시간 단축을 30일 이상 허용(주당 10시간 이상)하고 업무분담 근로자를 지정해 금전적 보상을 한 경우 해당 사업주에게 월 20만 원을 지급하는 것이다.

🤝 보건·복지

연 365회 초과 외래진료 시 본인부담률 90% 상향 _ 7월부터 연 365회를 초과해 외래진료를 받을 경우 20% 수준인 건강보험 본인부담률이 90%로 상승했다. 올해의 경우 7월 1일부터 365회를 산정하고 내년부터는 1월 1일부터 12월 31일 기준으로 적용된다. 다만 아동, 임산부, 중증질환자 등은 예외다.

전 국민 마음투자 지원사업 실시 _ 7월부터 우울·불안 등 정서적 어려움이 있는 국민에게 총 8회의 전문적인 심리상담을 받을 수 있는 바우처를 제공하는 「전 국민 마음투자 지원사업」이 실시됐다. 대상은 ▷정신건강복지센터, 대학교 상담센터, 정신의료기관 등에서 심리상담이 필요하다고 인정되는 자 ▷국가 건강검진에서 중간 정도 이상의 우울(우울증 선별검사에서 10점 이상)이 확인된 자 등이다.

출생통보제 시행 _ 7월 19일부터 의료기관에서 아동이 태어나면 출생 정보가 건강보험심사평가원을 통해 시·읍·면의 장에게 통보되는 「출산통보제」가 시행됐다. 이는 출생신고가 누락된 아동이 살해·유기·학대 등의 위험에 처하는 것을 방지하기 위함이다.

위기임신 상담 및 보호출산제 시행 _ 7월 19일부터 위기임산부는 사회보장급여와 주거·의료 지원은 물론 복지시설과 연계해 산후조리·돌봄 서비스를 받을 수 있다. 또 위기임산부가 희망할 경우 가명과 주민등록번호 대체번호를 발급받아 의료기관에서 출산할 수 있다.

의약품 부작용 재발 방지 강화 _ 의약품 부작용 재발 방지를 위해 피해구제급여 지급이 이뤄진 전 성분에 대해 의약품 안전사용(DUR) 시스템을 이용한 환자 맞춤형 부작용 정보가 7월부터 제공됐다.

긴급돌봄 지원사업 시행 _ 주 돌봄자의 부재·사망·부상 등으로 긴급하고 일시적 돌봄지원이 필요하나 기존 서비스로 돌봄을 받기 어려운 경우 최대 30일(72시간) 방문 돌봄, 가사·이동 지원 서비스를 지원받을 수 있다. 이는 전국 14개 시도(122개 시군구)에서 실시되며 주민등록상 주소지의 행정복지센터에서 신청하면 소득 수준에 따라 정해진 비용을 지불하고 사용할 수 있다.

고독사 예방 및 관리 시범사업 전국 확대 _ 39개 시군구에서만 시행하던 고독사 예방·관리 시범사업이 7월부터 전국 모든 시군구로 확대됐다. 각 시군구는 고독사 위험군 등을 발굴하고, 안부 확인 및 생활여건 개선 등의 서비스를 제공한다.

치매관리주치의 시범사업 시행 _ 치매환자가 체계적 치료 및 관리를 받을 수 있는 치매관리주치의 시범사업이 7월 말 서울 강동구·노원구, 강원 원주시 등 전국 22개 시군구 병·의원에서 시행됐다. 이를 통해 치매 관리 전문성이 높은 의사로부터 치매증상뿐만 아니라 전반적인 건강문제까지 포괄적으로 관리받을 수 있다.

자살예방 SNS 상담 개통 _ 9월부터 자살예방 통합 상담번호 109의 상담을 메신저, 문자메시지, 애플리케이션 등의 SNS를 통해서도 제공한다.

교육·보육

외국인 유학생 일·학습 병행제 신설 _ 9월부터 외국인 유학생을 대상으로 일·학습 병행제가 시행된다. 전문대 혹은 4년제 대학에 재학 중이거나 졸업한 외국인 중 국내 취업을 희망하는 200여 명은 일·학습 병행제로 1년에서 1년 6개월 동안 현장 중심 훈련과 이론교육에 참여할 수 있다.

모든 초등학교에서 늘봄학교 운영 _ 2학기부터 전국 모든 초등학교 약 6100곳에서 1학년을 대상으로 늘봄학교를 운영한다. 이에 해당 학교의 1학년은 누구나 수업 후 2시간의 무료 프로그램을 이용할 수 있다.

유치원·어린이집 업무, 교육부로 일원화 _ 6월 27일 정부조직법 개정으로 보건복지부에서 담당하던 어린이집 업무가 교육부로 이관됐다. 교육부는 유치원·어린이집을 한 기관으로 통합하는 유보통합을 추진하고, 하반기에 모델학교 100곳에서 시범 운영을 시작한다.

취업 후 상환 학자금대출 대상 확대 _ 7월부터 청년들의 학자금 부담 완화를 위한 「취업 후 상환 학자금대출(ICL)」의 지원 대상이 기존 학자금지원 8구간에서 9구간까지로 확대됐다. 또 이자 면제 지원 대상도 기준 중위소득 이하 가구 대학생까지로 넓어졌다.

학교 밖 청소년 정보 자동 연계 확대 _ 9월부터 학업을 중단한 고등학생 정보가 학교 밖 청소년 지원센터(꿈드림센터)로 자동 연계돼 지원을 받을 수 있게 된다. 이에 따라 고등학교 단계에서 학업을 중단한 경우에도 꿈드림센터에서 정보를 받아 맞춤형 지원을 받을 수 있다.

양육비 채무 불이행자 제재 절차 간소화 _ 9월부터 양육비 채무 불이행자에 대한 제재 절차가 간소화돼 감치명령 없이도 출국금지나 운전면허 정지가 가능해진다.

🎖️ 국방·병무

입영판정검사 대상자 마약류 검사 _ 현역병 입영 또는 군사교육 소집 대상자, 모집병 지원자 전원에 대해 7월 10일부터 입영 판정검사 시 마약류 검사가 실시됐다.

청년 제대군인 위한 「히어로즈 카드」 출시 _ 전역 후 복학 또는 취업 준비 중인 청년 제대군인이 자기계발과 학교·사회 적응에 쓸 수 있는 「히어로즈 카드」가 7월 16일 출시됐다. 34세 이하 또는 전역 후 3년 이내 제대군인은 이 카드를 통해 학원·도서·어학시험, 교통·통신 등에서 5~20% 할인 혜택을 받을 수 있다.

장병 이동 모바일 예약시스템 구축 _ 11월부터 공무 출장, 청원·포상 휴가 시 항공권이나 여객 승선권을 예매하려는 장병은 스마트폰 앱을 이용할 수 있게 된다. 기존에는 장병이 관련 증빙 서류를 구비해 현장 발권만 할 수 있었다.

현역 모집병 제출서류 간소화 _ 10월 입영자부터 모집병에 지원할 때 자격·면허·유공자증명원·최종학력증명서 등의 서류를 한 번만 내면 된다.

병무청 특별사법경찰 수사 범위 확대 _ 7월 17일부터 병무청 특별사법경찰은 병역의무 기피·감면 등 관련 정보의 게시·유통 금지 위반자, 병역의무 기피·감면 목적의 도망·행방불명자, 병역기피자에 관한 범죄까지 직접 수사할 수 있게 됐다.

카투사 모집 시기 변경 _ 9월 접수, 11월 선발이던 카투사(KATUSA·주한미군 배속 한국군) 모집이 2025년도 입영 대상부터 7월 접수, 9월 선발로 변경됐다. 이는 카투사 불합격자에게 다른 입영 신청 기회를 늘려주기 위해서다.

🚆 교통

음주운전 재범자 방지장치 부착 _ 5년 이내 2회 이상 음주운전 재범자를 대상으로 일정 기간(2~5년) 동안 음주운전 방지장치가 설치된 자동차만 운전할 수 있도록 하는 조건부 운전면허 제도가 10월 25일부터 시행된다. 음주운전 방지장치는 자동차에 시동을 걸기 전 호흡을 검사해 알코올이 검출되지 않은 경우에만 시동이 걸리는 장치다.

모바일 운전면허증 법적 근거 마련 _ 성명·사진·주소·주민등록번호·운전면허번호 등을 확인할 필요가 있는 경우 7월 31일부터 실물 운전면허증과 동일하게 모바일 운전면허증으로도 확인이 가능해졌다.

부정한 목적의 운전면허증 대여·알선 금지 _ 9월 20일부터 부정하게 사용할 목적으로 다른 사람에게 운전면허증을 빌려주거나 빌린 경우 또는 이를 알선한 경우 형사처벌을 받게 된다.

자동차 등 이용 보험사기범 운전면허 취소·정지 _ 8월 14일부터 자동차를 이용해 고의로 교통사고를 일으키는 등의 보험사기를 저지르면 운전면허가 취소 또는 정지되는 조치가 시행됐다.

수도권광역급행철도(GTX) 운정~서울역 구간 개통 _ 올 3월 개통한 GTX 수서~동탄 구간에 이어 12월부터 운정~서울역 구간도 개통이 이뤄진다. 운정~서울역 구간이 개통되면 기존 50분 이상 걸리던 거리를 20분 만에 이동할 수 있게 된다.

> **GTX(Great Train Express)** 수도권 외곽에서 서울 도심의 주요 거점을 연결하는 수도권광역급행철도로. 2007년 경기도가 국토부(당시 국토해양부)에 제안해 추진됐다. 기존 수도권 지하철이 지하 20m 내외에서 시속 30~40km로 운행되는 것에 비해 GTX는 지하 40~50m의 공간을 활용. 노선을 직선화하고 시속 100km 이상(최고 시속 200km)으로 운행하는 신개념 광역교통수단이다.

♻️ 환경·기상

생활화학제품 자율 안전정보 공개 _ 11월 1일부터 해당 시범사업에 자율 참가한 기업들의 제품별 원료 유해성 분석·평가 등급의 대국민 공개가 이뤄진다. 성분별 유해 우려도는 가장 낮을 경우 나뭇잎 4, 높을 경우 나뭇잎 1개로 표기된다.

폐기물처리 관리 강화 _ 10월부터 사업장일반폐기물 처리자 및 폐기물 수출입자는 폐기물을 배출·수집·운반·재활용·처분할 때마다 폐기물처리 현장정보를 전자정보처리프로그램에 자동전송해야 한다. 다만 현장정보 전송에 필요한 장치는 9월까지 설치해야 한다.

영세 자영업자 화물차 환경개선부담금 감면 _ 7월부터 영세 자영업자가 생계형으로 소유하고 있는 화물자동차의 환경개선부담금 기준 부과액이 1만 5190원에서 7600원으로 약 50% 감면됐다.

진도 기반 시·군·구 단위 지진 재난문자 송출 _ 10월부터 지진 재난문자 송출 방식이 개선된다. 기존에는 진원지로부터 특정 반경 내에 위치한 광역시·도에 재난문자를 보내는 체계였다면 앞으로는 국민 체감 진도를 고려해 예상·계기진도 2 이상의 시·군·구에 전송된다.

도로위험 기상정보 서비스 확대 _ 기상청은 12월부터 경부선, 중앙선, 호남선, 영동선, 중부선·대전—통영선이 추가된 총 7개 노선에 도로위험 기상정보(살얼음, 안개) 관측 장비를 설치하고 이를 3개 내비게이션사(티맵·카카오내비·아틀란)를 통해 서비스한다.

초미세먼지 예보 전국 확대 _ 현재 수도권·충청권·호남권 등 11개 권역을 대상으로 시행 중인 36시간 전 고농도 초미세먼지 예보가 11월부터 강원권·영남권·제주권까지 확대·제공된다. 초미세먼지 고농도 예보 조기 제공은 환경부 전국 대기질 정보 누리집인 「에어코리아」에서 확인할 수 있다.

🐄 농축산·수산

개식용종식법 시행 _ 8월 7일부터 「개의 식용 목적의 사육·도살 및 유통 등 종식에 관한 특별법(개식용종식법)」이 시행됐다. 이에 따라 개식용 관련 업체의 전업과 폐업에 필요한 지원이 이뤄지게 됐다.

고병원성 AI 예방적 살처분 범위 최소화 _ 10월부터 고병원성 조류인플루엔자(AI) 발생농장 반경 500m 내에 있더라도 축종별, 방역수준별 위험도가 낮은 농장은 살처분 대상에서 제외된다. 지금까지는 AI 발생농장 반경 500m 내 농장 가금은 모두 살처분해 왔다.

농촌 특정빈집 이행강제금 제도 도입 _ 7월 3일 농어촌정비법이 개정·시행됨에 따라 안전사고, 범죄 발생 등의 우려가 있는 특정 빈집은 지방자치단체가 직접 철거할 수 있게 됐다. 또 빈집 소유자가 시장·군수·구청장의 철거 조치 명령을 이행하지 않으면 이행강제금이 부과된다.

저탄소 축산물 인증제 시범사업 대상 축종 확대 _ 지난해 한우로 시작된 저탄소 축산물 인증제 시범사업이 올해 하반기부터 돼지고기, 유제품으로 확대됐다. 저탄소 축산물 인증은 축산물 생산 과정에서 저탄소 축산 기술을 적용해 온실가스를 농가 평균 배출량보다 10% 이상 줄인 농가에 부여한다.

온라인도매시장 수산물 거래 개시 _ 7월 1일 농산물 온라인 도매시장에서 수산물 거래가 시작됐다. 이는 내년까지 냉동·건어물 중심으로 판매 품목을 선정하고 2026년에는 선어류로 품목이 확대된다.

시사용어

① 정치·외교·법률

건국절 논란 ▼

"국가보훈부가 8월 6일 뉴라이트 역사관으로 논란을 빚고 있는 김형석 독립기념관장을 임명하면서 사회 각계에서 거센 논란이 일고 있다. 더불어민주당은 김 관장의 임명 철회를 요구하며 8월 15일 정부가 주최하는 제79주년 광복절 경축식에 참석하지 않기로 했으며, 독립유공자의 대표 격인 광복회도 14일 설립 이후 처음으로 정부 행사에 참석하지 않고 별도 행사를 열기로 했다. 이종찬 광복회장은 김 관장에 대해 일제 식민지배를 정당화하려는 왜곡된 역사관의 뉴라이트라고 지목한 데 이어, 김 관장 임명에 건국절 제정을 추진하려는 의도가 있다면서 광복절 행사 보이콧을 주장했다."

2006년 이영훈 당시 서울대 교수 중심의 뉴라이트계 인사들이 「1948년 건국절」을 주장하면서 시작된 논란이다. 이들은 대한민국 건국 시점은 임시정부를 수립한 1919년 4월 11일이 아니라 이승만 정부가 출범한 1948년 8월 15일이라고 주장한다. 그러나 광복회와 독립운동단체, 야당에서는 헌법 전문에도 「대한민국 임시정부의 법통을 계승한다」고 규정돼 있는 만큼 1948년에 대한민국이 건국됐다는 주장은 대한민국 임시정부와 독립운동의 역사 및 정통성을 부정하는 것이라며 반발하고 있다.

> **뉴라이트(New Right)** 20세기 중후반에 나타난 다양한 형태의 보수·우익 성향 또는 반체제적 저항운동 단체나 운동을 지칭하는 말로 「신우익」이라고도 한다. 국내에서도 2004년경부터 수구·부패 이미지로 점철된 기존 우파세력의 한계를 극복하겠다며 뉴라이트 운동이 활성화됐다. 대표적으로 2007년 출범한 「뉴라이트 전국연합(구 명칭 자유주의연대)」이 이에 속하는데, 이들은 식민지 근대화론을 주장하는 것은 물론 1948년 건국절을 주장하며 임시정부와 독립운동사를 부정하고 있다는 점에서 논란이 있다.

경의선(京義線) ▼

"7월 11일 국방부에 따르면 북한이 6월 말부터 개성역과 군사분계선(MDL)을 연결하는 경의선 북측 구간에서 철도 침목과 레일을 철거하는 작업을 벌이는 모습이 식별됐다. 북한은 앞서 지난 5월에는 MDL에서 금강산 쪽으로 이어지는 동해선 철도 북측 구간의 철거에 나선 바 있다. 김정은 북한 국무위원장은 지난 1월 최고인민회의 시정연설에서 접경지역의 모든 북남 연계 조건들을 철저히 분리시키기 위한 단계별 조치들을 엄격히 실시해야 한다고 지시했었다."

서울과 신의주를 잇는 총 길이 499km의 철도로, 일제의 대륙 침략과 식민지 수탈정책의 일환으로 1906년 건설됐다. 그러다 1950년 한국전쟁과 분단으로 남측의 문산~장단 12km, 북측의 장단~봉동 8km 구간이 단절돼 남측의 경우 서울~문산 간의 46km만이 운행됐다. 이후 2000년 6·15 남북정상회담에서 남과 북이 경의선 복원에 합의하면서 2000년 9월 18일부터 경의선 복원사업이 실시됐다. 이에 남한 구간인 문산~군사분계선(MDL)까지 12km의 공사가 2002년 12월 31일에 완료됐으며, 2004년 12월 31일에는 북한도 MDL~개성까지 15.3km 구간의 궤도 부설을 완료했다. 이후 2007년 5월 17일 MDL을 넘어 시범운행을 거쳤고, 같은 해 12월 11일 개통됐다. 그러나 2008년 11월 30일 북한의 MDL 통행 제한 조치로 운행이 중단됐으며, 이때부터는 남쪽 구간 중 서울역을 기점으로 남측 마지막 역인 도라산역까지 열차가 운행되고 있다.

국회 상임위원회(國會 常任委員會) ▼

"국회가 6월 27일 여당 몫 국회부의장과 7개 상임위원회 위원장을 선출하면서 22대 국회가 개원 28일 만에 전반기 국회의장단과 원 구성을 마무리했다. 민주당 등 야권은 지난 6월

10일 본회의에서 여당의 불참 속에 법제사법위원회 등 11개 상임위원회 위원장을 선출한 바 있다. 당시 국민의힘은 민주당의 상임위 임의 배정에 반발하며 전원 사임계를 제출, 22대 국회 시작부터 보이콧에 나선 바 있다."

행정부 각 부처 소관에 따라 국회 내에서 구성돼 소관부처 안건을 미리 심사하는 위원회로, 국회의원은 17개로 나뉜 상임위원회에 속해 활동하게 된다. 위원회의 역할은 국회의 예비적 심사기관으로서 회부된 안건을 심사하고 그 결과를 본회의에 보고해 본회의의 판단 자료를 제공하는 데 있다. 또 소관 사항에 대해 자주적인 심사권을 가지고 있기 때문에 그 소관에 속하는 사항에 관한 법률안을 스스로 입안해 제출할 수 있다. 상임위원회의 의원 배정은 교섭단체 소속 의원 수 비율에 의해 각 교섭단체 대표의원의 요청으로 의장이 선임하며, 교섭단체에 속하지 못한 국회의원의 상임위 배정은 의장이 담당한다.

군기훈련(軍紀訓練) ▼

"국방부가 6월 27일 「신병교육대(신교대) 사고 관련 재발방지 대책회의」를 열고 신교대 훈련병에 대한 군기훈련 목적의 체력단련(일명 얼차려)을 금지하고 명상·군법교육 등 정신수양만 진행하기로 했다고 밝혔다. 이번 대책은 앞서 5월 23일 강원도 인제군의 부대에서 한 훈련병이 군기훈련을 받다가 사망한 사고 이후 나온 것이다."

지휘관이 군기 확립을 위해 규정과 절차에 따라 장병들에게 지시하는 체력단련과 정신수양 등으로, 이른바 「얼차려」라고도 불린다. 「군인복무기본법」에 따르면 지휘관은 군기의 확립을 위해 필요한 경우 ▷현역에 복무하는 군인 ▷사관생도·사관후보생·준사관후보생 및 부사관후보생 ▷소집되어 군에 복무하는 예비역 및 보충역 등을 대상으로 군기훈련을 실시할 수 있다. 이 경우 군기훈련은 공개된 장소에서 훈련대상자의 신체상태를 고려하여 체력을 증진시키거나 정신을 수양하는 등의 방법으로 실시해야 한다. 또 동법 시행령에 따르면 군기훈련은 인권침해 소지가 없어야 하고, 훈련대상자가 정신수양 및 체력단련의 성취감을 느낄 수 있도록 이뤄져야 한다.

군기훈련은 「정신수양교육」과 「체력단련」으로 구분해 시행하는데, 1일 군기훈련은 2시간 이내로 실시하되 1시간 초과 시 중간 휴식시간을 부여한다.

대북 정찰기 「백두·금강」 ▼

"8월 9일 방산업계와 경찰 등에 따르면 백두·금강 정찰기 등 군 장비 운용 및 정비 매뉴얼이 담긴 교범을 만드는 A 방산업체가 최근 해킹 공격을 받았으며, 이 과정에서 백두·금강 정찰기와 관련한 기밀 내용 일부가 유출된 것으로 알려졌다."

2002년 실전 배치된 대북 정찰기로, 이후 20여 년간 우리 군의 핵심적인 대북정보 수집 임무를 수행하고 있다. 이 정찰기들은 미국 레이션사의 「호커800」 항공기를 기반으로 제작됐다. 백두 정찰기는 북한 전역의 신호정보·통신정보를 수집해 북한군 간 통신·장비 운용 상황을 실시간 감시하는 역할을 하고 있으며, 현재 4대가 운용 중이다. 금강 정찰기는 전방 일대 북한군 관련 영상정보를 수집하는 역할을 하고 있는데, 80km 떨어진 30cm 크기 물체까지 식별이 가능한 성능을 갖추고 있다.

대북 확성기 방송 ▼

"합동참모본부(합참)가 7월 21일 북한의 오물풍선 살포에 대응해 이날 오후 1시부로 대북 확성기 방송을 전 전선에서 전면 시행할 것이라고 밝혔다. 이에 합참은 이날부터 전방 지역에 보유한 고정식 24대와 이동식 16대 등 40대의 대북 확성기를 전면 가동 체제로 바꿨다. 특히 2018년 9·19 남북군사합의 이후 대북 확성기 방송이 전면 시행된 것은 이날이 처음이다."

고출력 확성기 등을 통해 인권 탄압 등 북한 내부 실상을 다룬 뉴스, 대한민국 발전상 홍보, 인기 K팝 등을 방송하는 것으로 북한이 가장 꺼려하는 대북 심리전으로 꼽힌다. 이는 출력 스피커 여러 대가 한꺼번에 내보내는 소리 장비와 시간대에 따라 청취 거리가 최대 30km에 달하는 것으로 알려져 있다. 대북 확성기 방송은 1963년 박정희 정부 때 시작된 뒤 남북의 갈등 상황에 따라 중단과 재개가 반복해 왔는데, 노무현 정부 때인 2004년 남북 군사합의를 통해 중단됐다. 그러다 이명박 정부와 박근혜 정부 때 천안함 피격 도발(2010년)과 목함지뢰 도발(2015년), 북한의 4차 핵실험(2016년) 등 북한의 도발에 대한 대응 조치로 일시적으로 재개됐는데, 특히 2015년 8월에는 대북 확성기 방송으로 인해 남북이 무력충돌 직전까지 가기도 했다. 당시 우리 정부가 북한의 목함지뢰 도발에 대한 대응으로 11곳에서 대북 방송을 재개하자 북한이 서부전선에서 군사분계선(MDL) 남쪽을 향해 고사포탄 등을 발사했다. 그러다 2018년 4·27 판문점선언 합의에 따라 대북 확성기 방송은 중단됐는데, 지난 6월 9일 북한의 3차 대남 오물 풍선 살포에 대응해 6년 만에 재개된 바 있다.

> **두리안(Durian)** 태국·베트남·말레이시아 등 동남아시아에서 주로 자라는 열대 과일로, 녹색을 띤 단단한 껍질에 싸여 있다. 흰색 또는 연한 노란색을 띤 과육은 달콤하고 버터처럼 부드러워 「과일의 왕」으로 불리는데, 다만 너무 익으면 양파가 썩는 듯한 고약한 냄새를 풍겨 호불호가 있다.

두리안 외교 ▼

홍콩의 사우스차이나모닝포스트(SCMP)가 7월 3일 중국 정부가 최근 베트남 당국에 베트남산 두리안 수입을 중단하겠다는 내용의 서한을 보냈다는 사실을 보도하면서 사용한 표현이다. SCMP는 중국의 베트남 두리안 수입 중단 조치에 대해 거대한 중국 시장을 이용해 동남아 국가를 길들이는 「두리안 외교」라고 분석했다. 중국은 해당 조치가 베트남산 두리안에서 과도한 양의 중금속이 검출됐기 때문이라는 이유를 대고 있으나, 실제로는 남중국해 영유권을 두고 분쟁 중인 베트남을 견제하기 위한 의도라는 분석이 나오고 있다. 베트남은 2021년 중국으로부터 수출 허가를 받은 뒤 지난해 태국에 이어 두 번째로 두리안을 중국에 많이 수출한 국가 자리까지 올랐었다. 한편, 중국이 수입 중단에 나선 반면 미국이 두리안을 포함한 베트남 과일의 수입 확대에 나서는 상반된 행보를 보이면서 중국의 해당 조치가 남중국해 영유권 분쟁과 관련이 있다는 분석에 힘이 실리고 있다.

러시아 다게스탄 테러(Dagestan Terror) ▼

6월 23일 러시아 다게스탄자치공화국에서 발생한 총기난사 테러로, 이날 다게스탄 수도 마하치칼라와 인근 데르벤트의 정교회 교회 2곳, 유대교 회당(시너고그), 경찰초소 1곳이 무장 괴한들의 총격을 받았다. 이 공격으로 테러 공격을 진압하던 경찰관 15명과 정교회 신부를 포함한 민간인 5명 등 20명이 사망했으며, 테러범 5명은 공격 직후 특수부대에 의해 사살됐다. 이번 테러의 원인에 대해서는 그동안 다게스탄에서 이슬람 반군들의 테러가 여러 차례 발생해 왔다는 점에서 종교와 연관된 것이라는 분석이 나왔다. 실제 해당 테러는 그리스 정교회의 축제인 오순절(6월 23일)을 맞아 해당 지역의 유대교와 기독교 종교시설을 목표로 했기 때문이다. 그리고 테러 이후 이슬람 극단주의 무장단체 「이슬람국가(IS)」가 배후를 자처하고 나섰는데, IS는 앞서 지난 3월 총기 난사와 방화로 145명의 목숨을 앗아간 러시아 모스크바 공연장 테러 공격 때도 조직 분파인 「이슬람국가 호라산(ISIS-K)」이 테러의 배후라고 주장한 바 있다.

> **다게스탄은 어떤 곳?** 러시아 남부 카스피해 연안 서쪽 연안에 위치한 곳으로, 1991년 구소련의 해체로 자치주에서 러시아연방의 자치공화국이 된 바 있다. 이 지역은 러시아에서 가장 오래된 유대인 공동체의 본거지로, 특히 이번 테러로 전소된 유대교 회당은 유네스코 세계문화유산으로 지정될 만큼 유서 깊은 곳이다. 다게스탄은 러시아와 두 차례의 독립전쟁을 치른 체첸공화국과 인접해 있으며, 이에 2000년대 이후 체첸에서 넘어온 무슬림들이 주민 대부분을 차지하고 있어 무슬림 분리주의 반군들의 테러가 여러 차례 발생해 왔다.

로 대 웨이드 판결(Roe v. Wade-) ▼

미국 헌법에 기초한 사생활의 권리에 낙태할 권리가 포함되는지에 대한 1973년 미 연방대법원의 판례로, 당시 대법원은 낙태 금지가 위헌이라는 결정을 내렸다. 대법원은 낙태를 처벌하는 대부분 법률이 미 수정헌법 14조의 「적법절차 조항에 의한 사생활의 헌법적 권리」에 대한 침해라면서, 임신한 여성은 태아가 자궁 밖에서 살아남을 가능성이 있는 시기인 출산 직전 3개월 전까지는 어떤 이유로든 임신 상태에서 벗어날 결정을 내릴 권리가 있다고 판결했다. 이 판결로 낙태를 금지하거나 제한하는 각 주와 연방 법률들이 폐지됐다. 그러나 2022년 6월 24일 미 대법원이 임신 15주 이후의 임신중지를 금지한 미시시피주(州)법에 대한 위헌법률심판에서 합헌 판결을 내리면서, 미국에서 반세기 동안 헌법으로 보호받던 여성의 낙태 자기결정권이 폐기된 바 있다. 해당 판결은 1973년 로 대 웨이드 사건 판례를 49년 만에 뒤집은 것이어서 거센 반발을 일으켰다. 현재 미국 50개 주 가운데 앨라배마·아칸소·아이다호·텍사스 등 14개 주에서는 임신 초기 단계에서부터 낙태를 금하고 있다.

미국 대통령 선거의 최대 승부처인 애리조나주가 오는 11월 대선 당일에 주민 투표를 함께 실시해 낙태권을 주 헌법에 명기할지를 결정하기로 했다. 앞서 지난 2022년 6월 연방대법원이 국가적 차원에서 낙태권을 인정한 「로 대 웨이드」 판결을 폐지하고, 낙태권 존폐를 결정할 권한을 각 주로 넘긴 이후 각지에서 이와 관련한 논란이 일고 있다. 앞서 네바다 등 남부 지역 주들도 잇따라 주민 투표를 대선일에 치르기로 결정하면서, 주요 경합주에서 낙태 문제가 대선판을 좌우할 핵심 이슈로 부상하게 됐다.

바이블 벨트(Bible Belt) ▼

"미국 루이지애나주가 6월 19일 모든 공립학교 교실에 기독교 십계명을 게시하도록 의무화한 법을 미국에서 처음으로 제정했다. 앞서 텍사스·오클라호마·유타 등 다른 주에서도 교실에 십계명을 의무적으로 게시하는 법안이 추진됐지만 법안의 합헌성을 둘러싼 논란으로 성공하지 못했다. 한편, 루이지애나주의 해당 법 제정에 대해 시민단체들은 이 법이 종교의 자유를 보장한 수정헌법 1조를 위반했다며 법적 다툼을 예고하고 나섰다."

전통적으로 보수적 성향의 복음주의 기독교인들이 많이 거주하는 미국 남부 지역을 이르는 말로, 앨라배마주·텍사스주·루이지애나주·미시시피주·아칸소주 등이 해당한다. 이들 지역은 동성애를 비롯해 낙태와 마약 등에 대한 반대 정서가 미국의 다른 지역들에 비해 두드러지게 높다. 그리고 이러한 특성 때문에 정치적으로는 공화당의 지지 지역으로 인식되는데, 실제로 이곳에 거주하는 복음주의자들은 미국 사회의 주요 쟁점에 있어 보수 여론 형성에 큰 영향을 미치고 있다. 특히 힐러리 클린턴과 도널드 트럼프가 맞붙었던 2016년 대선에서 이들 복음주의자들은 트럼프에게 몰표에 가까운 표를 던지면서 트럼프의 당선에 큰 영향을 미친 바 있다. 이러한 「바이블 벨트」와는 반대로 버몬트주·코네티컷주·오리건주·뉴햄프셔주 등은 진보와 세속적 성향이 강한 주로 평가된다.

> **러스트벨트(Rust Belt)** 과거 미국의 대표적 공업지대였으나 현재는 제조업이 쇠퇴하면서 철강·석탄·방직 등 사양산업 지대로 추락한 미국 중서부와 북동부 지역을 일컫는다.
>
> **선벨트(Sun Belt)** 미국 남부 주(州)로 북위 36도 남쪽에 있는 기온이 따뜻하고 일조량이 많은 지역을 가리킨다. 이는 미국의 공화당 전략가 케빈 필립스가 북동부 및 오대호 연안의 춥고 눈이 많이 오는 「스노벨트(Snow Belt)」에 대비되는 지역으로 1967년 처음 사용했다. 남동부 노스캐롤라이나·플로리다에서 조지아·루이지애나·오클라호마·텍사스·뉴멕시코·애리조나와 네바다 일부를 거쳐 태평양 연안의 캘리포니아 등 15개주가 선벨트에 해당된다.
>
> **블랙벨트(Black Belt)** 앨라배마주 중앙에서 미시시피주 북동부의 거대한 초원지역을 가리키는 말이다. 또 아프리카계 미국인이 많이 거주해 빈곤하고 교육 수준이 낮으며 범죄율이 높은 남부의 일부 지역을 가리키는 말로도 사용되고 있다.

밴플리트상(Van Fleet Award) ▼

"코리아소사이어티가 6월 20일 윤윤수 휠라홀딩스 회장과 「골프여제」 박세리 박세리희망재단 이사장에 한미 관계 발전에 기여한 공로로 밴플리트상을 수여한다고 밝혔다."

한미 친선협회인 「코리아 소사이어티」가 1992년 제정해 한·미 관계 발전에 기여한 인물에게 매년 수여하고 있는 상이다. 이 상의 이름을 딴 제임스 밴플리트(James Alward Van Fleet, 1892~1992) 장군은 1950년 8월 미 2군단장으로 6·25전쟁에 참전했고, 1951~53년에는 미 8군사령관을 지낸 인물이다. 그는 한국의 재건과 부흥을 위해 노력했고 한미 우호협력단체인 코리아 소사이어티를 만들어 한미우호 증진사업에 앞장선 것으로 잘 알려져 있다. 이에 코리아 소사이어티는 1992년 「밴플리트상」을 제정했고, 한미관계 증진에 공헌한 양국 국민을 선정해 시상하고 있다. 특히 2020년에는 아이돌그룹 방탄소년단(BTS)이 밴플리트상을 수상해 화제를 모으기도 했다.

북한 오물풍선 살포 ▼

북한이 5월 28일부터 남쪽을 향해 오물풍선을 살포하고 있는 사건을 말한다. 오물풍선은 흰색 대형풍선에 비닐봉투가 매달린 형태로, 봉투 안에는 거름·분뇨·폐건전지·담배꽁초 등의 오물 등이 담겨 있다. 북한이 오물풍선을 보낸 것은 2016년 이후 8년 만으로, 북한은 국내 탈북민단체의 대북전단 살포 등에 맞대응하겠다며 수많은 휴지장과 오물을 한국 국경지역 등에 살포할 것이라고 예고한 바 있다. 특히 북한이 7월 24일 올해에만 10번째 오물풍선 살포를 이어간 가운데, 이날 북한이 날린 오물풍선은 처음으로 용산 대통령실 청사 경내에 떨어졌다. 당시 검은 봉지에 담긴 수십 장의 종이 쓰레기류가 수거됐고, 대통령실 인근 상공에서는 오물풍선이 떠다니는 모습이 육안으로 포착되기도 했다.
한편, 우리 정부는 계속되는 북한의 오물풍선 도발 등에 대응해 대북 확성기 방송 재개를 검토할 것을 밝혔으며, 6월 9일 북한의 3차 대남 오물풍선 살포에 대응해 대북방송을 6년 만에 재개했다. 현재 우리 군은 고정식 확성기는 물론이고 차량을 이용한 이동식 확성기까지 총동원해 대북 심리전 방송인 「자유의 소리」를 하루

16시간(오전 6시~오후 10시)씩 송출하는 방식으로 대응하고 있는 것으로 알려졌다.

블록 원(Block-1) ▼

"방위사업청이 레이저를 무기에 적용하는 한국형 스타워즈 프로젝트의 첫 사업인 「블록-1」의 양산에 착수한다고 7월 11일 밝혔다. 레이저 대공무기는 올해 말 전방 진지와 서울 주요 빌딩에 배치돼 북한 무인기의 대응 전력으로 본격 운용될 예정이다."

방위사업청이 북한의 무인기에 대응하기 위해 양산에 돌입하는 레이저 대공무기로, 광섬유에서 생성된 고출력의 광원 레이저를 표적에 직접 쏴 근거리의 공중 표적(소형무인기, 멀티콥터 등)을 파괴하는 방식으로 운용된다. 이는 별도의 탄약이 필요하지 않고 전기만 공급하면 발사할 수 있는데, 눈에 보이지 않을 뿐더러 발사 소음도 없다. 또 기관포·미사일과 달리 낙탄(落彈)의 위험도 없는 데다 한 차례 발사 비용이 2000원으로 기존 방공무기체계 대비 운용비가 저렴하다. 이 레이저 대공무기는 2019년 8월부터 예산 871억 원이 투입돼 국방과학연구소가 체계 개발을 주관하고 한화에어로스페이스가 시제 기업으로 참여했다. 이후 지난해 4월 전투용 적합 판정이 내려졌고 지난 6월 방사청과 한화에어로스페이스가 약 1000억 원 규모의 양산 계약을 체결한 바 있다.

3중전회(三中全會) ▼

"중국공산당 제20기 중앙위원회 제3차 전체회의(3중전회)가 7월 18일 시진핑(習近平) 당 총서기가 보고한 개혁 전면 심화 결의안을 채택하고 폐막했다. 이에 따르면 3중전회 개혁 임무를 신중국 건국 80주년인 2029년까지 끝내고 2035년에는 높은 수준의 사회주의 시장경제 체제를 구축한다는 장기 목표도 제시됐다."

5년마다 새로 구성되는 중국 공산당 지도부(중앙위원회)의 전체회의를 「중전회(中全會)」라 하는데, 이는 새 지도부 출범 이후 7차례에 걸쳐 열린다. 이 가운데 세 번째로 열리는 회의를 3중전회라고 하는데, 이는 당대회 이듬해에 열리는 것이

관행으로 시진핑 체제 이후 2013년과 2018년에 열렸다. 3중전회에서는 통상 중국의 장기적인 경제정책 방향이 제시되는데, 역대 3중전회에서는 1978년 발표된 개혁개방 등 중국 사회에 큰 영향을 미친 획기적 조치들이 나온 바 있다.

한편, 1·2중전회는 최고위급 지도자 및 고위 관료 인선 등을 하고 3중전회에서는 경제 개혁조치 등 임기 내 시행할 주요 정책을 결정하고, 4중전회에서는 공산당의 세부적인 정책 방향 등을 결정한다. 그리고 임기 4년차에는 5중전회를 개최해 경제개발 5개년계획 등을 제출하고, 이후 6·7중전회를 잇달아 열어 차기 당대회 등을 준비한다. 특히 마지막인 7중전회에서는 다음 공산당 당대회(한국의 전당대회 격)에 대한 국정운영 보고문건 등이 결정된다.

상하이협력기구(SCO·Shanghai Cooperation Organization) ▼

"시진핑 중국 국가주석과 블라디미르 푸틴 러시아 대통령이 7월 3일 카자흐스탄 수도 아스타나에서 열린 상하이협력기구(SCO) 정상회의(7월 3~4일)에서 회동했다. 미국 CNN 등은 양국 정상의 공동 목표는 이번 SCO 정상회의에서 서방 진영에 대항하기 위한 세력 확대라고 분석했다. 실제 이번 회의에는 미국에 우호적인 인도가 불참하고 친(親)러시아 국가인 벨라루스가 SCO의 새 회원국이 됐다. 이로써 지난해 이란의 가입으로 회원국을 9개국으로 늘린 SCO는 두 자릿수 회원국을 거느린 거대 국제 협의체가 됐다."

중국·러시아·카자흐스탄·키르기스스탄·타지키스탄·우즈베키스탄·파키스탄·인도·이란·벨라루스 등 10개국이 회원으로 가입돼 있는 집단안보 협력기구이다. 1996년 러시아와 중국, 카자흐스탄, 키르기스스탄, 타지키스탄 등 5개국이 결성한 상하이 5자회담에서 시작·확장된 것으로, 2001년 출범했다. SCO는 헌장과 설립선언문을 통해 ▷회원국 상호 간 신뢰와 우호 증진 ▷정치·경제·무역·과학기술·문화·교육·에너지·교통·환경보호 등의 분야에서 효과적인 협력관계 구축 ▷역내 평화와 안보·안정을 위한 공조체제 구축 ▷민주주의와 정의·합리성을 기초로 한 새로운 국제 정치 및 경제 질서 촉진 등

을 설립목표로 제시했다. 기구는 최고결정기구로 정상회담을 두고 있는데, 정상회담은 매년 1차례 회원국들이 러시아 알파벳 순서에 따라 돌아가면서 개최한다. 또 그 산하에 베이징에 위치한 사무국과 역내 테러척결센터 및 외무장관협의회 등 4개의 협의회를 두고 있다.

수리온(Surion) ▼

"방위사업청이 6월 24일 육군의 한국형 기동헬기(KUH-1) 수리온 200여 대의 실전 배치가 완료됐다고 밝혔다."

한국형 헬기사업(KHP)에 의해 개발된 한국형 첫 다목적 기동헬기(KUH)로, 육군에서 운용 중인 노후화된 기동헬기 UH-1H와 500MD 대체와 국내 헬기산업 육성을 목표로 개발됐다. 수리온은 2006년부터 2012년까지 체계 개발이 완료되면서 우리나라는 세계에서 11번째로 헬기를 개발한 나라가 된 바 있다. 이후 2012년 12월 수리온 1호기가 육군에 최초로 인도됐고, 올 6월까지 12년간 4차례에 걸친 양산 사업을 통해 200여 대가 실전 배치됐다. 한반도 전역 산악지형에서 작전 가능하게 설계된 수리온은 공중강습작전 및 화물공수, 지휘통제 등의 임무를 수행함으로써 첨단 과학기술을 접목한 육군의 아미타이거 전투체계에서 핵심 전력 역할을 수행 중에 있다. 수리온은 첨단화된 임무장비 장착으로 생존성이 크게 향상됐고 전천후 정밀 항법이 가능한데, 특히 자동비행조종시스템으로 조종사의 안전성이 크게 증대된 것이 특징이다. 여기에 최신 3차원 전자지도, 통합헬멧시현장치, 4축 자동비행조종장치 등을 장착해 주·야간 악천후에도 전술 기동이 가능하다.

수리온 주요 제원

최대속도	146노트(kts)	최대이륙중량	1만 9200파운드
엔진추력	1855마력×2	무장능력	7.62mm 기총
최대 탑승 인원	13명(조종사 2명 포함)		
임무	공중강습작전, 화물공수, 지휘통제 등		
특징	첨단 항전장비 탑재, 세계정상급 제자리비행 성능		

실미도사건(實尾島事件) ▼

"8월 4일 국방부에 따르면 오는 9~10월쯤 열릴 예정인 실미도 부대원 4명의 유해 발굴 개토제에서 국방부 군인권개선추진단장이 신원식 국방부 장관의 사과문을 대독하기로 했다. 이에 사건 발생 53년 만에 국방부의 사과가 이뤄질 전망이다. 앞서 지난 2006년 국방부 과거사진상규명위원회와 2022년 진실·화해를위한과거사정리위원회는 실미도 사건에 대해 정부의 적절한 사과가 있어야 한다고 권고했으나 이행되지 않은 바 있다."

1971년 8월 인천 중구 실미도에 있던 북파 부대원들이 정부의 사살 명령을 이행하려는 기간병들을 살해하고 탈출해 서울로 향하던 중 자폭한 사건을 말한다. 실미도는 인천에서 20km 떨어진 곳에 있는 작은 무인도로, 1968년 당시 중앙정보부가 북파공작원을 양성시키기 위한 특수부대를 만들었던 곳이다. 김신조 사건을 계기로 1968년 4월에 창설된 실미도 부대에 모인 부대원들은 3년여 동안 가혹한 훈련과 비인간적인 대우를 받은 것으로 알려졌다. 이들은 김일성 암살을 목적으로 훈련을 받고 출동 명령만을 기다렸으나, 1970년대 초 남북화해 분위기가 조성되면서 북파 임무는 취소됐다. 이후 정부의 훈련병 사살 명령이 내려진 가운데, 훈련병 24명은 자신들을 사살하려는 기간병들을 살해한 뒤 실미도를 탈출해 서울로 향했다. 그러나 총격전 끝에 대부분의 부대원은 수류탄으로 자폭했고, 살아남은 4명의 생존자도 1972년 3월 사형에 처해졌다. 그리고 정부는 이 사건을 북한 무장간첩이 서울에 침입해 군인들 간의 교전 끝에 사살했다는, 북한 소행의 「실미도 난동사건」으로 발표하면서 사건은 30여 년간 베일에 싸여 있었다. 그러다 이 사건을 바탕으로 한 강우석 감독의 영화 〈실미도〉가 2003년 12월 개봉되면서 국민적 관심사로 부각되기도 했다. 이에 2005년 국방부의 사건 진상조사와 유해 발굴작업 등이 진행됐으나, 이후에는 더 이상의 조치가 이뤄지지 않으면서 사건은 여전히 의문에 싸여 있는 상태다.

요일제공휴일 ▼

"기획재정부가 7월 3일 발표한 「역동경제 로드맵」에 따르면 일과 생활의 균형을 확보하기 위한 방안 중 하나로 요일제공휴일 도입을 검토한다. 하지만 과거에도 도입을 계획했다 철회한 정책을 별다른 대안 없이 또다시 들고 나온 것이라는 점에서 실현 가능성은 불투명하다는 전망이다."

특정 날짜 중심으로 지정해 운영되고 있는 현재의 법정 공휴일을 「○월 ○번째 ○요일」 등과 같은 요일로 지정해 운영하는 방식이다. 예컨대 어린이날을 5월 5일이 아닌 「5월 첫 번째 월요일」로 지정하는 것이 이에 해당한다. 일반적으로 긴 연휴를 보장하기 위해 주말과 붙어 있는 월요일 혹은 금요일에 지정하는데, 이를 통해 근로자들의 업무 효율성을 높이고 긴 연휴로 관광업 등 내수경제 활성화를 꾀할 수 있다는 장점이 있다. 미국의 경우 1971년 제정한 「월요일 공휴일 법」을 통해 요일 지정 공휴일제를 확립했으며, 일본도 1월 둘째 주 월요일은 「성인의 날」, 9월 셋째 주 월요일은 「경로의 날」로 휴일을 지정하는 「해피 먼데이 제도」를 2000년부터 운영하고 있다. 한편, 우리나라의 경우 공휴일을 보장하기 위해 2013년부터 대체공휴일제를 도입, 법정 공휴일 15일 중 새해 첫날(1월 1일)과 현충일(6월 6일)을 제외한 모든 공휴일에 대체공휴일을 적용하고 있다.

유엔군사령부(UNC·United Nations Command) ▼

"독일이 8월 2일 유엔군사령부의 18번째 회원국으로 합류했다. 이는 문재인 정부 시절이던 2019년 가입 의사를 밝혔으나 거절된 지 약 5년 만으로, 독일의 가입으로 유엔사 회원국은 18개국으로 늘어나게 됐다. 현 유엔사 회원국 중 미국·영국·캐나다·튀르키예·호주 등 14국은 6·25전쟁 때 전투병을 보냈으며, 노르웨이·덴마크·이탈리아·독일 등 4국은 의료지원단을 파견한 바 있다."

대한민국에 주둔하고 있는 연합군 부대로, 1950년 한국전쟁 발발 후 유엔 안보리(안전보장이사회) 결의로 만들어진 유엔 내 비상설 군사조직이다. 일명 「유엔사」라고 한다. 유엔사는 1950년 창설 이후 한국군을 비롯한 유엔군에 대한 작전통제권을 행사했으며, 1953년에는 북한·중국과 함께 정전협정에 당사자로 서명했다. 이후 1974년 7월 1일 유엔군사령부와 주한미군사령부 그리고 미8군의 참모부가 통합돼 단일 참모부가 됐으며, 1978년 11월 7일에 한·미 연합사령부가 창설되면서 유엔사의 한국군에 대한 작전통제권은 한·미 연합사령부로 넘어갔다. 이후 유엔사는 정전협정과 관련한 임무, 즉 ▷군사정전위원회 가동 ▷중립국 감독위원회 운영 ▷판문점 공동경비구역(JSA) 관할 경비부대 파견 및 운영 ▷비무장지대(DMZ) 내 경계초소 운영 ▷북한과의 장성급 회담 등을 맡고 있다. 현재 유엔사에는 미국을 비롯해 호주, 벨기에, 캐나다, 콜롬비아, 프랑스, 네덜란드, 뉴질랜드, 노르웨이, 필리핀, 태국, 영국, 그리스 등 한국전쟁 당시 유엔군 참전국들이 참여하고 있다. 그러나 유엔사는 유엔을 대신해 미국이 실질적인 대리인 역할을 하고 있으며, 주한미군사령관은 한미 연합사령관과 유엔군사령관을 겸하고 있다.

제2부속실(第二附屬室) ▼

"대통령실이 윤석열 대통령의 부인 김건희 여사를 보좌할 제2부속실 설치를 확정하고 이른 시일 내에 개편 작업을 마무리할 것으로 7월 30일 알려졌다. 이는 윤 대통령이 지난 2월 7일 KBS 대담에서 제2부속실 검토 방침을 밝힌 지 약 5개월여 만이다. 윤 대통령은 집권 이후 대통령실 조직을 효율화하고 영부인 관련 불필요한 문제가 발생하지 않도록 하겠다는 취지로 제2부속실을 두지 않은 바 있다."

대통령 배우자의 일정·행사 기획·메시지·의상 등의 활동 전반을 보좌하는 조직으로, 박정희 전 대통령 재임 시절이던 1972년 육영수 여사의 대외 활동을 지원하기 위해 처음 만들어졌다. 이후 대통령 배우자의 활동과 업무를 보좌하는 역할을 해온 제2부속실은 구체적인 역할이 명확하지 않고 감시 기능을 주지 않아 역대 정부에서도 논란이 이어졌다. 특히 2015년 박근혜 정부에서 이른바 「정윤회 문건」으로 비선의 국정 개입 의혹이 불거지면서 해체됐다가 이후 문재인 정부가 들어서며 다시 조직됐다. 윤석열 대통령의 경우 지난 2021년 대선후보 시절 김건희 여사의 허위 이력 논란이 일자 제2부속실 폐지를 공약했고, 실제 취임 이후 제2부속실을 없앴다. 이에 김 여사의 일정은 배우자팀으로 불리는 대통령실 부속실 행정관 일부가 전담하게 됐다. 그러다 올 1월 5일 윤 대통령이 「쌍특검법(김건희 특검법·대장동 50억 클럽 특검법)」에 거부권을 행사한 뒤 제2부속실 설치 방침을 밝히면서 제2부속실 논의가 재점화된 바 있다.

준틴스(Juneteenth) ▼

6월을 뜻하는 영어 단어 「준(June)」과 19일인 「나인틴스(Nineteenth)」를 합친 것으로, 2021년 미국의 11번째 연방 법정 공휴일로 지정된 날이다. 이는 1865년 6월 19일 미국 텍사스에서 마지막 흑인 노예가 해방된 것을 기념하기 위해 지정됐다. 1863년 1월 에이브러햄 링컨 당시 대통령은 남부연합 지역의 모든 노예 해방을 선언했으나, 많은 남부 지역들이 남부연합의 통제에 놓여 있었기 때문에 이는 제대로 이행되지 않았다. 이후 남북전쟁은 1865년 4월 남군의 패배로 막을 내렸으나, 그로부터 2달이 지난 6월 19일 고든 그레인저 장군이 이끄는 북부 연방군이 텍사스 갤버스턴에 도착해 그곳의 모든 노예들에게 해방을 선포하면서 비로소 마지막 노예 해방이 이뤄졌다. 그리고 그해 12월 6일 미국 수정헌법 13조가 개정되며 미국의 노예제는 공식적으로 폐지됐다. 이후 준틴스는 1980년 텍사스주가 처음으로 공휴일로 지정한 이후 일부 주에서 공휴일 또는 기념일로 지정됐으나, 국가 차원의 공휴일은 아니었다. 그러다 2020년 5월 미네소타주에서 흑인 남성 조지 플로이드가 백인 경찰의 과잉진압으로 사망한 것을 계기로 흑인들의 「블랙 라이브스 매터(Black lives matter)」 움직임이 확산되자, 2020년 대선에서 승리한 조 바이든 대통령은 2021년 취임하면서 준틴스를 연방 공휴일로 지정했다.

청탁금지법(請託禁止法) ▼

"국민권익위원회가 8월 19일 국무회의에서 식사비 한도를 올리는 내용의 청탁금지법 시행령 개정안이 의결됐으며, 대통령 재가를 거쳐 8일 뒤 공포·시행될 예정이라고 밝혔다. 이에 따라 청탁금지법상 허용되는 음식물(식사비) 가액 한도가 8월 27일부터 3만 원에서 5만 원으로 올라간다. 2016년 9월 청탁금지법 시행 이후 식사비 한도가 조정된 것은 이번이 처음이다."

금품수수 금지, 부정청탁 금지, 외부강의 수수료 제한 등의 세 가지 축으로 구성돼 있는 법률로, 2012년 김영란 당시 국민권익위원회 위원장이 공직사회 기강 확립을 위해 법안을 발의했다고 해 「김영란법」이라고도 한다. 이 법은 당초 공직자의 부정한 금품 수수를 막겠다는 취지로 제안됐지만 입법 과정에서 적용 대상이 언론인, 사립학교 교직원 등으로까지 확대됐다. 청탁금지법에 따르면 금품과 향응을 받은 공직자뿐만 아니라 부정청탁을 한 사람에게도 과태료가 부과된다. 또한 공직자는 배우자가 금품을 받은 사실을 알면 즉시 신고해야 하며, 신고 의무를 어길 시에는 형사처벌 또는 과태료 처분을 받게 된다. 구체적으로 공직자를 비롯해 언론인·사립학교 교직원 등 청탁금지법 대상자들이 직무 관련성이나 대가성에 상관없이 1회 100만 원(연간 300만 원)을 초과하는 금품을 수수하면 형사처벌(3년 이하의 징역 또는 3000만 원 이하의 벌금)을 받도록 규정했다. 또 직무 관련자에게 1회 100만 원(연간 300만 원) 이하의 금품을 받았다면 대가성이 입증되지 않더라도 수수금액의 2～5배를 과태료로 물도록 했다.

초상휘장(肖像徽章) ▼

"김정은 국무위원장의 얼굴이 단독으로 새겨진 배지(초상휘장)를 북한 고위간부들이 부착한 모습이 6월 30일 처음으로 공개됐다. 이는 기존 김일성 주석과 김정일 국방위원장의 얼굴이 함께 새겨진 배지에서 바뀐 것이다."

북한의 모든 주민이 의무적으로 의복의 왼쪽 가슴에 다는 배지로, 김일성·김정일·김정은의 초상이 인쇄돼 있는 표식이다. 우리나라에서는 흔히 「김일성 배지」, 「김정일 배지」로 부르는데, 북한에서는 일반 주민부터 최고위층까지 가슴에 반드시 부착해야 하는 대표적인 김씨 일가 우상물이다. 김일성 배지의 경우 1970년 11월 김정일이 노동당 5차 대회에서 발기하면서 본격 제작돼 지급되기 시작했다. 이후 김정일 배지는 집권 12년차인 1992년 2월 16일 제작됐는데, 일부 간부만 착용하다 2000년대 들어 일반 주민에게도 보급됐다. 특히 2011년 김정일 사망 이후에는 김일성과 김정일 초상화가 함께 들어간 배지가 사용됐다. 이후 김정은 단독 휘장의 경우 김정일 사후인 2012년 제작됐다는 사실이 알려진 바 있으나 이를 착용한 모습은 올해 처음 확인됐다. 무엇보다 앞서 김일성 배지가 58세 때(1970년 집권 25주년), 김정일 배지가 50세 때(1992년 50세 생일 기념 제작) 제작된 것과 비교하면 올해 40세인 김정은 배지가 등장했다는 점에서 김정은에 대한 우상화가 선대보다 신속하게 진행되고 있다는 분석이 나오고 있다.

캠프 데이비드 정상회의(Camp David Summit Meeting) ▼

"한미일 3국 정상이 8월 18일 캠프 데이비드 한미일 정상회의 1주년을 맞아 3국 정상 공동성명을 발표했다. 세 정상은 성명에서 「한미일 정상회의의 정신은 우리를 계속 고취시키며 캠프 데이비드에서 우리가 수립한 원칙은 우리의 전례없는 협력의 로드맵이 되고 있다.」고 밝혔다."

윤석열 대통령과 조 바이든 미국 대통령, 기시다 후미오 일본 총리가 2023년 8월 18일 미 대통령 별장인 캠프 데이비드에서 가진 정상회의를 말한다. 당시 3국 정상은 이 정상회담에서 ▷캠프 데이비드 정신(The Spirit of Camp David) ▷캠프 데이비드 원칙(Camp David Principles) ▷3자 협의에 대한 공약(Commitment to Consult) 등 3개의 문건을 채택했다. 구체적으로 3국 정상은 한미일 정상회의를 최소 연 1회 이상 열기로 했으며, 외교장관, 국방장관, 상무·산업장관, 국가안보실장 간 협의도 최소 연 1회 이상 개최키로 했다. 또 재무장관 회의도 신설해 연례화 여부를 논의할 방침을 밝혔다. 아울러 역내 3국 간 전략적 협력을 강화하고 새로운 협력 분야 발굴을 위한 차관보급 「한미일 인도·태평양 대화」를 창설하기로 했다. 한편, 캠프 데이비드(Camp David)는 미국 대통령 전용 별장으로 수도 워싱턴DC에서 북서쪽으로 97km 떨어진 메릴랜드주 프레데릭 카운티의 캐톡틴산 안에 위치해 있다.

통신이용자정보 조회(通信利用者情報 照會) ▼

검찰 등 수사기관이 법원의 허가 없이 수사에 필요한 정보를 수집하기 위해 이동통신사에 통신 이용자의 이름과 주민등록번호, 주소 등에 대한 자료 열람 및 제출을 요청하는 제도를 말한다. 개정 전기통신사업법에 따르면 30일 이내에 통신이용자정보 조회 사실을 당사자에게 통지하게 돼 있으며, 다만 3개월 이내에 2회에 한해 통지를 유예할 수 있다. 하지만 30일 이내 통지가 원칙이고, 유예를 할 수 있는 경우는 「테러, 신체 위협, 증거인멸, 사생활 침해 등에 해당하는 경우」에 한한다.

검찰이 최근 대선 개입 여론조작 의혹을 수사하는 과정에서 더불어민주당 이재명 전 대표 등 민주당 의원 10여 명과 보좌진, 언론인 등의 통신이용자정보 자료를 대거 조회한 사실이 뒤늦게 알려졌다. 「윤석열 대통령 명예훼손 사건」을 수사하는 서울중앙지검 반부패수사1부는 지난 1월 피의자·참고인 등 사건 관계인과 특정 시기 통화한 것으로 파악된 전화번호의 가입자 정보를 통신사에 요청해 받아봤는데, 7개월이 지난 최근에야 당사자들에게 조회 사실이 통보됐다. 검찰은 수사 과정에서 이뤄진 적법한 조회라는 입장이지만, 민주당은 「법적으로 조회 후 30일 이내에 통보해야 하는데 올해 1월에 이뤄진 통신조회 사실을 (4·10총선 이후) 8월에 통지한 것은 선거개입이자 여론조작」이라고 반발하고 있어 논란이 이어질 전망이다.

8·15 독트린 ▼

윤석열 대통령이 8월 15일 제79주년 광복절 경축사를 통해 내놓은 정부의 새 통일구상이다.

이는 김영삼 전 대통령이 1994년 발표한 「민족공동체통일방안」을 계승·발전한 내용으로, 민족공동체통일방안은 자주·평화·민주 원칙에 따라 「화해·협력→남북 연합→통일국가 완성」 등 3단계로 통일을 추진하는 내용이다. 8·15 독트린은 3대 비전과 3대 추진전략, 남북 대화협의체 설치를 핵심으로 한 7대 추진방안으로, 「자유민주주의」를 핵심으로 한다. 3대 추진 전략에는 ▷국내적으로 자유 통일을 추진할 수 있는 가치관과 역량을 확고히 하고 ▷북한 주민들이 자유 통일을 간절히 원하도록 변화를 만들며 ▷국제사회와 연대해야 한다는 내용이 제시됐다. 또 통일 추진방안으로 ▷남북 당국 간 실무차원의 대화 협의체 설치 ▷북한 주민의 정보접근권 확대 ▷통일 프로그램 활성화 ▷북한 인권 개선 위한 다차원적 노력 ▷인도적 지원 추진 ▷북한이탈주민의 역할 강화 ▷국제한반도포럼 창설을 거론했다.

이번 제79주년 광복절 경축식에는 뉴라이트 역사관 논란을 빚은 김형석 독립기념관장 인선을 둘러싼 갈등으로 인해 광복회 등 일부 독립운동단체와 야권 인사들이 불참했다. 특히 광복회가 정부 경축식에 참석하지 않은 것은 1965년 창립 이후 처음이다. 광복회는 이날 정부 행사와 같은 시각에 서울 용산구 백범기념관에서 독립운동단체연합과 함께 자체 기념식을 열었는데, 민주당과 조국혁신당 등 야 6당 100여 명도 정부 경축식 대신 이 자리에 참석하면서 사상 초유의 2개의 광복절 행사가 열렸다.

8·15 독트린 주요 내용

3대 통일 추진 전략	• 국내: 자유 통일을 추진할 자유의 가치관과 역량 배양 • 북한: 북한 주민들의 자유 통일에 대한 열망 촉진 • 국제: 자유 통일 대한민국에 대한 국제적 지지 확보
7대 통일 추진 방안	• 통일 프로그램 활성화 • 연례 북한 인권 보고서, 북한 인권 국제회의, 북한 자유 인권펀드 • 북한 주민의 정보접근권 확대 • 북한 주민의 생존권 보장을 위한 인도적 지원 추진 • 북한이탈주민의 역할을 통일 역량에 반영 • 남북 당국 간 대화협의체 설치 제안 • 국제 한반도 포럼 창설로 국제사회의 지지 견인

시사용어

평화공존 5원칙 ▼

"시진핑 중국 국가주석이 6월 28일 베이징 인민대회당에서 열린 「평화공존 5원칙 발표 70주년 기념대회」 연설에서 미·중 패권경쟁을 염두에 둔 듯 「우리는 평화 공존 5대 원칙에 따라 대국이 소국을 복종시키고, 강대국이 약소국을 괴롭히고, 부유한 나라가 가난한 나라를 착취하는 것을 거부한다」고 연설했다."

중국이 1954년 인도와 외교 관계를 수립하는 과정에서 제시한 자국의 외교노선 원칙으로, 그해 6월 저우언라이 당시 중국 총리는 인도의 자와할랄 네루 총리와 회담을 갖고 채택한 공동성명에서 양국의 우호적 국가관계 기조를 정리한 「평화공존 5원칙」을 제시했다. 이는 ▷영토보전과 주권의 상호 존중 ▷상호불가침 ▷상호내정 불간섭 ▷호혜평등 ▷평화공존을 핵심으로 한다. 이 평화 5원칙은 1955년 비동맹 노선을 제시한 인도네시아 반둥회의 결의사항의 바탕이 되기도 했다. 한편, 시진핑 국가주석은 지난 2014년 6월에 평화공존 5원칙 발표 60주년을 맞아 ▷주권 평등 ▷공동안전 ▷공동발전 ▷공동이익 ▷포용 ▷공평정의 등의 「신(新) 6대 원칙」을 발표한 바 있다.

평화의 소녀상 ▼

"이탈리아 사르데냐섬 스틴티노시에서 6월 22일 평화의 소녀상 제막식이 열린 가운데, 해당 행사에 지역 정치인들과 한국 정의기억연대 관계자, 현지 시민단체 대표 등 200여 명이 참석했다. 이탈리아의 소녀상은 유럽에서는 독일 베를린 미테구에 이어 두 번째, 전 세계에서는 2013년 미국 캘리포니아 글렌데일 시립공원 이후 14번째다. 무엇보다 일본 정부가 집요하게 소녀상 설치 반대에 나서면서 제막까지의 과정은 쉽지 않았으나, 발레벨라 시장이 일본의 요청을 거부하면서 소녀상 제막은 계획대로 이뤄지게 됐다."

태평양전쟁 당시 일본군이 식민·점령지 여성을 대상으로 저지른 성노예(위안부) 강제 동원을 해외에 알리기 위해 한국 시민단체인 「정의기억연대」가 세우고 있는 조형물이다. 평화의 소녀상은 일본군 위안부 문제 해결을 위한 수요집회 1000회를 맞은 2011년 12월 14일 한국정신대문제대책협의회(정대협, 정의기억연대의 전신)

이 중심이 된 시민 모금으로 서울 종로구 일본대사관 앞에 처음 세워졌다. 이는 일본군 위안부 문제 해결을 촉구하는 의미에서 세운 동상으로, 김운성·김서경 부부 작가의 작품이다. 소녀상은 높이가 130cm이며 치마저고리를 입고 짧은 단발머리를 한 소녀가 의자에 앉은 채 일본대사관을 응시하고 있는 모습을 하고 있다. 또 소녀상의 옆에는 빈 의자 하나가 놓여 있는데, 이는 할머니들의 고통에 공감해 보라는 뜻을 담고 있다. 평화의 소녀상은 이후 국민 모금 등으로 전국 각지와 미국 캘리포니아주 글렌데일 시립공원 등 해외에도 세워져 일본군 위안부 문제의 실상을 외부에 알리는 역할을 하고 있다.

핀란드화(Finlandization) ▼

약소국이 강대국의 눈치를 보면서 소극적 외교정책을 펴는 것을 뜻하는 용어로, 약소국이 주변 강대국과의 우호 관계를 유지하는 대신 주권 등에 일부 제약을 받거나 중립을 지키는 것을 말한다. 이는 과거 냉전 시기 핀란드가 인접국 소련(현 러시아)의 비위를 거스르지 않기 위해 취했던 외교 정책에서 비롯된 말이다. 제정 러시아로부터 오랜 지배를 받았던 핀란드는 1917년 독립을 이뤘으나, 이후에도 2번이나 소련의 침략을 받았다. 특히 1939년 11월 소련의 침공으로 핀란드는 국토의 10% 이상을 넘겨주며 소련과 우호협력원조조약을 체결하기에 이르렀다. 이후 핀란드는 소련의 비위를 거스르지 않기 위해 미국의 유럽 원조계획인 마셜플랜을 거부하고 북대서양조약기구(NATO·나토)에도 가입하지 않았다. 이러한 상황에서 유래된 「핀란드화」는 1953년 칼 그루버 오스트리아 외무장관이 대(對)소련 외교를 핀란드처럼 해서는 안 된다는 의미로 처음 사용했다. 그러다 1960년대 서독의 보수 정치인들이 빌리 브란트 전 서독 총리의 동방정책을 핀란드에 빗대 비판하면서 경멸적 의미를 담은 국제정치 용어로 널리 알려지게 되었다.

필경사(筆耕士) ▼

"대한민국 공무원 중 희귀 직군인 필경사(筆耕士) 합격자가 나왔다. 7월 1일 인사혁신처에 따르면 인사기록 분야 공개 채용에서 24539번 응시자가 필경사에 최종 합격했다. 이번 채용은 지난해 초 김이경 필경사가 퇴직한 데 따른 것으로, 1962년 첫 필경사를 뽑은 이후 이번이 다섯 번째다."

글씨 쓰는 일을 직업으로 하는 사람으로, 5급 공무원부터 국무총리까지 국가직 공무원 임명장의 글씨를 수기로 쓰고 대한민국 국새를 날인하는 업무 등을 담당하는 국가 공무원이다. 필경사는 문서 작성과 대통령 직인·국새 날인뿐만 아니라 임명장 기록대장 관리시스템 운영 및 관리, 정부인사기록 유지 관리, 임명장 수여식 행사 관리 등의 업무도 담당한다. 이는 1960년대에 처음 등장했는데, 민간기업의 경우 컴퓨터와 워드 프로세서가 보편화되며 사라졌으나 공무원의 경우 그 상징성으로 인해 현재까지도 존재하고 있다. 다만 공무원 분야에서도 1962년 처음 직이 개설된 이후 올해 선발 전까지 단 4명만이 선발될 정도로 대한민국 공무원 가운데 가장 희귀한 직군으로 꼽힌다.

한편, 필경사 자격 요건은 서예 관련 분야에서 2년 이상 근무한 경력(공무원 경력)이 있거나 민간에서 서예 관련 3년 이상 연구 또는 근무한 경력이 있어야 한다. 학위는 ▷미술학부·인문학부 서예 전공이나 서예 관련 학과에서 석사학위를 취득했거나 ▷학사학위 취득 후 2년 이상 근무 또는 연구 경력이 있거나 ▷전문대학 졸업자로 3년 이상 근무·연구 경력이 있어야 한다. 서류전형에 합격하면 한글 서체, 글자 배열, 완성도 등 임명장을 작성하는 역량 평가가 이뤄진다.

하레디(Haredi) ▼

"이스라엘 대법원이 6월 25일 하레디(초정통파 남성 유대교도)도 병역 의무를 이행해야 한다는 판결을 내렸다. 이에 8개월 넘게 이어지는 하마스와의 전쟁으로 민간인 피해가 속출하며 국제사회의 비난을 받고 있는 베냐민 네타냐후 이스라엘 총리가 국내에서도 큰 곤경에 빠졌다는 평가가 나오고 있다. 이는 이번 판결에 대해 극우 연정의 한 축인 초정통파 유대교 정당들이 반발하고 나서면서 연정이 붕괴될 수 있다는 전망이 나오는 데 따른 것이다."

세속주의를 극단적으로 배격하는 초정통파(Ultra-Orthdox) 유대교 신자 집단이다. 1948년 이스라엘 건국 당시 극소수에 불과했지만, 현재는 이스라엘 전체 인구의 13%인 약 128만 명으로 늘었다. 유대 근본주의를 믿는 하레디들은 세속적 가치를 거부하고 유대 율법과 전통을 고수하며, 유대교 경전인 《토라》에 따른 신앙생활을 한다. 특히 공동체 생활을 원칙으로 하며 TV나 인터넷, 휴대전화의 사용을 금지한다. 이들은 남자에게 주어진 최고의 소명이 고대 유대교 경전과 율법 등을 연구하는 것이라는 신념을 갖고 있어 대부분의 시간을 《토라》 관련 문학과 역사를 공부하는 데 할애한다. 이에 하레디 남성의 대부분은 성인이 된 뒤에도 일자리를 갖지 않고 정부 보조금으로 생계를 이어가고 있다. 무엇보다 이들은 1948년 이스라엘 건국 때부터 예외적으로 병역 면제를 받아 왔는데, 이스라엘 대법원은 지난 2017년 9월 하레디의 군 면제를 위헌으로 판결한 바 있다. 하지만 샤스와 토래유대주의연합(UTJ) 등 초정통파 유대교 정당의 거센 반발이 일자 이스라엘 정부는 이들에 대한 징집을 보류해 왔다.

하즈(Hajj) ▼

"최고기온 51도의 살인적 더위가 사우디아라비아를 덮치면서 6월 14~19일 엿새에 걸친 정기 성지순례(하즈)에 나선 무슬림 순례객 1300여 명이 온열질환으로 사망했다. 하즈 기간에는 대규모 압사 사고가 종종 일어나지만 날씨 때문에 이 같은 규모의 참사가 발생한 것은 이례적이다. 이번 하즈 기간 동안 메카 일대 일평균 최고기온은 46~49도 사이였으며, 이 기간 하즈에 참여한 인파는 사우디 국민 22만 명을 포함한 총 183만여 명인 것으로 알려졌다."

이슬람교의 성지인 메카를 순례하는 것으로, 「이슬람의 다섯 기둥(Arkan al-Islam)」 중 5번째 의무이다. 7세기 선지자 무하마드가 죽기 전 아라비아반도(현 사우디아라비아)에서 행한 순례를 답습하는 의식으로, 여기서 「메카」는 무하마드가 태어난 곳이다. 하즈 외에도 이슬람교도의 5가지 의무에는 ▷샤하다(Shahada, 신조 암송) ▷살라트(Salat, 하루 5회 기도) ▷자카트(Sakat, 구제) ▷사움(Saum, 라마단 금식)이 포함된다. 하즈는 이슬람 신도라면 국적·인종·성별·종파를 넘어 일생에 한 번은 꼭 나서야 하는 의무로, 이슬람력의 마지막 달인 「순례의 달(이슬람력 12월)」 8일부터 12일까지 진행되며, 메카의 카바 신전 등을 순례한다. 순례자들은 첫날인 순례월 7일에 메카에서 19km 떨어진 미나에서 밤을 보내고, 몸을 정화하는 의미로 이음매가 없는 흰 순례복인 「이흐람(Ihram)」을 입은 뒤 성지순례에 나서게 된다.

핵 온난화(Nuclear Warming) ▼

도널드 트럼프 전 미국 대통령이자 공화당 대선 후보가 8월 12일 자신의 지지자인 일론 머스크 테슬라 최고경영자(CEO)와 소셜미디어 X의 실시간 스트리밍 서비스 「스페이스」에서 대담을 가지면서 내놓은 말이다. 해당 대담에서 트럼프는 「지금 세계에 가장 큰 위협은 지구 온난화가 아니라 핵 온난화(Nuclear Warming)」라고 밝혔는데, 이는 북한·이란 등의 핵 위협 수위가 심각하게 고조되는 등 핵무기 확산과 핵 보유국 간 갈등이라는 뜻으로 풀이되고 있다. 트럼프는 이 대담에서 북한 김정은 국무위원장, 시진핑(習近平) 중국 국가주석, 블라디미르 푸틴 러시아 대통령 등 핵무기 보유국 정상과의 친분을 과시하며 강한 대통령의 필요성을 강조하기도 했다.

형사공탁(刑事供託) ▼

"정부가 7월 23일 형사공탁 악용을 막기 위한 「형사소송법 및 공탁법 개정안」을 국무회의에서 의결했다. 이는 형사공탁 제도를 악용해 판결 선고 직전 피해자의 의사도 묻지 않고 감형을 위해 기습 공탁을 하거나 감형 혜택을 받은 뒤 공탁금을 회수해가는 먹튀 공탁 사례가 빈번해진 데 따른 것이다. 이에 형사소송법에는 판결 선고가 임박한 시점에 형사공탁에 나서는 경우 법원이 피해자의 의견을 의무적으로 청취

하는 규정이 신설됐고, 공탁법에는 형사공탁금의 회수를 원칙적으로 제한하는 내용이 담겼다."

형사사건의 피고인이 피해자를 위해 하는 변제공탁으로, 피해자와 합의하지 못한 피고인이 양형에 참작을 받기 위해 합의금 등의 명목으로 피해자 권리 회복에 필요한 금전을 법원에 맡기는 제도를 말한다. 여기서 「공탁」은 변제·담보·보관 등의 목적으로 금전·유가증권 및 기타의 물건을 공탁소에 임치하는 것을 말한다. 본래 형사공탁은 피고인이 피해자의 인적사항을 알지 못하면 불가능했는데, 이는 피고인이 피해자 측에 합의를 종용하거나 협박하는 등의 2차 피해 문제를 노출했다. 이에 2022년 12월 피해자의 동의나 인적사항을 알지 못해도 법원에 공탁이 가능하도록 하는 「형사공탁 특례」가 시행됐다. 해당 특례에 따르면 공탁서에 피해자의 인적사항을 기재하지 않더라도 공소장 등에 기재된 피해자를 특정할 수 있는 명칭이나 사건번호 등을 기재하는 방법으로 공탁을 할 수 있다. 이를 통해 피해자의 사생활 보호와 피해 회복을 꾀함과 동시에 피고인이 피해자의 인적사항을 모르더라도 공탁할 수 있는 기회가 생기게 됐다.

화이트 요원·블랙 요원 ▼

"국군방첩사령부가 군 정보요원의 신상 정보 등 군사기밀을 유출한 혐의를 받는 국군정보사령부 소속 군무원 A씨를 8월 8일 군 검찰로 구속 송치했다고 밝혔다. 방첩사는 A씨에 대해 군사기밀보호법 위반과 함께 군형법상 일반이적 및 간첩죄 위반 혐의도 함께 적용했다. A씨의 정보 유출은 지난 6월께 정보당국이 포착해 군에 통보했는데, 이후 방첩사는 북한 관련 첩보 업무에 종사하는 요원들의 개인정보 등이 유출돼 한 중국인에게 넘어간 것을 확인했다."

스파이로 불리는 정보 요원은 화이트와 블랙 요원으로 나뉘는데, 화이트 요원은 해외 각국 대사관 등에 외교관 신분으로 파견돼 공식 직함을 갖고 정보 수집을 하는 정보기관 요원을 말한다. 블랙 요원은 자신의 신분과 직업을 위장해 첩보 수집 활동을 하는 비밀 요원으로, 발각돼도 보통 파견국에서 관련성을 부인한다. 최근

국군 정보사령부 소속 해외 요원 관련 기밀 정보가 다수 유출돼 군 당국이 수사에 나선 가운데, 기밀 유출로 신분을 감추고 활동하는 블랙요원들의 노출 가능성에 대한 우려가 높아지고 있다. 군 당국은 현역 군인 출신으로 정보사에서 군무원으로 일하는 A씨의 노트북을 통해 관련 정보가 넘어간 것으로 보고 수사를 진행하고 있는데, 유출 당사자로 지목된 군무원은 해킹이라고 주장하는 것으로 알려졌다.

후티(Houthis) ▼

"이스라엘이 7월 20일 예멘의 후티 반군이 통치하는 북부 항구도시 호데이다를 전격 공습했다. 이스라엘군의 공습은 전날인 7월 19일 있었던 후티 반군의 텔아비브 공습에 대한 보복이다. 후티 반군은 지난해 10월 7일 가자전쟁 발발 이후 하마스를 지지하며 그해 11월부터 세계 주요 해상 교역로인 홍해에서 상선을 나포해 왔는데, 후티 반군과 이스라엘군이 직접 본토 공격을 주고받은 것은 이번이 처음이다."

예멘의 이슬람 근본주의 조직이자 이슬람 시아파 무장단체로, 1994년 북예멘에서 후세인 바르레딘 알후티에 의해 조직된 「믿는 청년들」이 모태가 된 단체다. 2004년 후세인의 사망 이후 무장단체로 변모한 후티는 1994년 수니파의 남예멘 분리 독립을 막기 위해 활동을 시작했고, 2014년에는 수니파 정부를 공격하면서 북예멘의 상당 지역을 장악했다. 다만 현재 국제사회에서는 이란만이 후티 반군을 예멘의 합법 정부로 인정하고 있다. 후티는 이란식 시아파 국가를 수립하는 것을 목표로 하고 있으며, 이란 이외에 하마스·헤즈볼라·북한 등과 우호적인 관계를 맺고 있다. 특히 후티 반군은 레바논 시아파 무장정파인 헤즈볼라, 시리아 아사드 정권, 팔레스타인 하마스, 그리고 이들을 지원하는 이란과 함께 「저항의 축」으로 불리고 있다.

② 경영·경제

가상자산이용자보호법(假想貨幣利用者保護法) ▼

"8월 5일 금융당국에 따르면 금융감독원 가상조사국은 지난 7월 23일 빗썸에서 거래된 가상자산 어베일(AVAIL)의 시세 변동에 대해 파악 중에 있다. 어베일은 신규 상장 직후 1000% 이상 폭등한 이후 다음 날에는 전날 대비 80% 폭락한 바 있다. 이에 어베일이 최근 시행에 들어간 가상자산이용자보호법 1호 사건이 될지 여부에 이목이 집중되고 있다."

가상자산 시장의 불공정한 거래 행위를 규제하고 이용자를 보호하기 위해 제정된 법률로, 7월 19일부터 시행됐다. 이는 가상자산 시장의 급성장과 함께 그에 따른 투자사기가 이어지고 있어, 이용자 보호와 피해 예방의 중요성이 높아진 데 따른 것이다. 이 법률에 따르면 가상자산 사업자는 이용자의 예치금을 고유재산과 분리해 은행 등 대통령령으로 정하는 공신력 있는 기관에 대통령령으로 정하는 방법에 따라 예치 또는 신탁해 관리해야 한다. 또 이용자로부터 위탁을 받아 가상자산을 보관하는 경우 ▷이용자의 주소 및 성명 ▷이용자가 위탁하는 가상자산의 종류 및 수량 ▷이용자의 가상자산주소 등을 기재한 이용자명부를 작성·비치해야 한다. 아울러 해킹·전산장애 등의 사고에 따른 책임을 이행하기 위해 금융위원회가 정해 고시하는 기준에 따라 보험 또는 공제에 가입하거나 준비금을 적립하는 등의 필요한 조치를 해야 한다. 그리고 매매 등 가상자산거래의 내용을 추적·검색하거나 그 내용에 오류가 발생할 경우 이를 확인하거나 정정할 수 있는 기록을 그 거래관계가 종료한 때부터 15년간 보존해야 한다. 특히 가상자산에 관한 미공개중요정보(이용자의 투자판단에 중대한 영향을 미칠 수 있는 정보로서 대통령령으로 정하는 방법에 따라 불특정 다수인이 알 수 있도록 공개되기 전의 것)를 해당 가상자산의 매매, 그 밖의 거래에 이용하거나 타인에게 이용하게 해서는 안 된다.

개인종합자산관리계좌(ISA · Individual Savings Account) ▼

다양한 금융상품을 한 계좌에서 운용할 수 있는 만능통장으로, 2016년 3월 신탁형과 일임형이 출시됐고 2021년 3월 중개형이 추가됐다. 정부가 국민에게 자산 형성의 기회를 제공하고 노후 대비 자금 마련을 돕기 위해 시행하고 있으며, 은행에 맡겨져 있는 자금을 자본시장으로 유도해 실물경제를 회복시키는 것이 목표다. ISA는 은행·증권사 등의 금융회사에서 가입할 수 있는데 소득에 상관없이 19세 이상이면 누구나 가입이 가능하며, 15~19세 미만도 소득이 있으면 가입이 가능하다. 의무 계약기간은 3년(계약 기간 연장, 재가입 허용)으로 만기일 전까지 만기 연장이 가능하며, 납입 한도는 연간 2000만 원(납입한도 이월해 최대 1억 원까지)이다. 투자자는 금융회사 중 한 곳에서 한 개의 계좌만 개설할 수 있으며, 해당 계좌에 예·적금, 상장지수펀드(ETF), 리츠(REITS), 파생결합증권(ELS), 국내주식 등 다양한 금융상품을 담아 투자할 수 있다. ISA는 소득에 따라 서민형(근로자: 소득 5000만 원 이하/사업자: 소득 3500만 원 이하, 농어민)과 일반형(서민형을 제외한 나머지)으로 구분되며, 그 운용 방식에 따라서는 일임형과 신탁형, 중개형 등 3가지로 구분된다. 신탁형은 투자자가 다양한 상품을 직접 선택해 신탁업자에게 그 운용을 지시하는 것이며, 일임형은 금융사의 모델포트폴리오 중 하나를 선택하면 금융사가 모두 운용하는 방식이다. 증권사에서만 가입이 가능한 중개형은 스스로 상품을 선택하고 직접 매매가 가능한 방식으로, 국내 상장주식을 자유롭게 매매(신탁형+국내주식 매매) 할 수 있다.

그린수소(Green Hydrogen) ▼

"한국가스공사는 제주 행원 실증단지에서 1MW(메가와트) 수전해 시스템을 활용해 그린수소 생산을 시작했다고 7월 26일 밝혔다. 가스공사는 국내 최초로 1MW급 PEM 수전해 시스템을 제주도 행원 실증단지에 구축하고, 시간당 18kg의 그린수소를 생산해 제주 함덕 그린수소 충전소에 공급함으로써 제주 탄소 없는 섬 실현에 기여하고 있다."

태양광·풍력 등 재생에너지에서 생산된 전기로 물을 전기분해(수전해, $2H_2O \rightarrow 2H_2 + O_2$)해 생산한 수소. 수전해 기술을 사용할 경우 수소와 산소만 생산되기 때문에 오염물질이 전혀 배출되지 않으며, 전기 에너지를 수소로 변환해 손쉽게 저장하므로 생산량이 고르지 않은 재생에너지의 단점도 보완할 수 있다. 반면 생산 단가가 매우 높고 전력 소모량도 상당해 상용화에 어려움이 있다.

한편, 수소는 그 생산 방식에 따라 그린수소, 그레이수소, 브라운수소, 블루수소, 핑크수소 등으로 구분된다. 수소 생산 과정에서 이산화탄소가 가장 많이 발생하는 수소는 브라운수소와 그레이수소로, ▷브라운수소는 석탄이나 갈탄을 고온·고압에서 가스화해 수소가 주성분인 합성가스를 만드는 방식이며 ▷그레이수소는 천연가스를 고온·고압 수증기와 반응시켜 물에 함유된 수소를 추출하는 개질 방식이다. ▷블루수소는 천연가스와 이산화탄소 포집설비를 이용해 생산한 수소로, 이산화탄소를 포집·저장(CCS·Carbon Capture and Storage)해 탄소 배출을 줄인 것이다. ▷핑크수소는 무탄소 전원인 원자력발전소에서 생산된 전기로 물을 분해하는 방식으로 만들어진 수소를 뜻한다.

그림자금융(Shadow Banking System) ▼

은행과 비슷한 기능을 하면서도 은행과 같은 엄격한 건전성 규제를 받지 않는 금융기관과 그러한 금융기관들 사이의 거래를 이른다. 즉, 그림자금융은 중앙은행의 유동성 지원이나 예금자 보호도 원활하게 받을 수 없어 시스템적 위험을 유발할 가능성이 높은 금융상품과 영역을 총칭한다. 여기에는 투자은행·헤지펀드·구조화투자회사(SIV) 등의 금융기관과 머니마켓펀드(MMF),

환매조건부채권(RP), 자산유동화증권(ABS) 등의 금융상품이 포함된다. 일반적으로 그림자금융은 비은행 금융기관의 중요한 자금 조달 역할을 수행해 은행의 기능을 보완하는 역할을 한다. 그러나 투명성이 낮아 손실의 정확한 파악이 어렵고, 자금중개 경로가 복잡해 금융기관 간 위험이 상호 전이될 위험성을 안고 있다. 특히 그림자금융은 2008년 글로벌 금융위기를 확산시킨 원인으로 지목돼 비판의 대상이 되기도 했다.

티메프 정산·환불 지연 사태로 전자상거래(e커머스) 기업의 그림자금융 리스크가 대두되고 있다. 이는 소비자와 판매자를 중개하는 과정에서 제3자인 e커머스 기업이 판매대금을 관리하는 사실상 금융회사 기능을 하면서도 느슨한 규제를 받고 있는 데 따른 것이다.

글로벌 부유세 ▼

"주요 20개국(G20) 재무장관들이 7월 27일 브라질 리우데자네이루에서 열린 재무장관회의에서 각국의 과세 주권을 존중하면서 초고액 자산가에게 효과적으로 과세할 수 있도록 협력한다는 내용의 국제조세협력 선언문에 합의했다. 이로써 G20은 글로벌 부유세를 국제적 공식 의제로 채택하고 관련 논의를 이어갈 예정이다."

전 세계 슈퍼리치(초고액 자산가)에게 매년 2%의 세금을 더 걷어 지구온난화, 빈곤, 불평등 대응 등에 사용하자는 구상이다. 글로벌 부유세는 점차 심화되는 경제적 불평등을 해소하고, 초고액 자산가들이 자신의 재산을 세율이 낮은 국가로 옮기거나 국적 변경으로 세금을 회피하는 것을 막기 위한 방안으로 논의되고 있다. 대표적으로 브라질, 프랑스, 스페인, 콜롬비아, 남아프리카공화국 등이 글로벌 부유세 도입에 찬성하고 있다. 반면 미국은 재닛 옐런 재무부 장관이 「조세 정책은 전 세계적으로 조율하기 어렵다」며 반대 입장을 밝힌 바 있고, 한국은 상속세 최고세율을 낮추는 등 부자 감세 기조를 유지하고 있는 만큼 충분한 검토가 선행돼야 한다는 입장이다.

금융 망분리 규제 ▼

"금융위원회가 8월 13일 「금융분야 망분리 개선 로드맵」을 발표함에 따라 망분리 규제가 10년 만에 풀릴 전망이다. 이에 따르면 빠르면 올 하반기부터 생성형 AI(인공지능)을 활용한 혁신적인 금융서비스 출시가 가능해진다. 또 클라우드 기반의 응용 프로그램(SaaS) 이용 범위도 대폭 확대돼 금융회사의 업무 생산성이 향상될 것으로 기대되고 있다."

금융회사의 전산 업무망과 전산실(물리적)을 외부의 인터넷과 일괄 차단하는 규제로, 2013년 3월 금융회사 대규모 전산망 마비 사태를 계기로 도입됐다. 이 제도는 해킹 등 금융사고를 막을 수 있었지만 업무 비효율, 연구개발 및 인공지능(AI) 등 신기술 개발 후퇴, 해외 규제와의 괴리 등의 문제를 심화시켰다는 비판을 받아왔다. 특히 AI 시대가 도래하면서 경쟁력이 크게 떨어진다는 지적이 이어지면서 그 대안 마련이 요구돼 왔다.

금융투자소득세(Financial Investment Income Tax) ▼

대주주 여부에 상관없이 주식·채권·펀드·파생상품 등 금융투자로 얻은 일정 금액(주식 5000만 원·기타 250만 원)이 넘는 소득에 대해 전면 과세하는 제도를 말한다. 기존에는 코스피 시장 기준으로 특정 종목을 10억 원 이상 보유하거나 주식 지분율이 일정 규모(코스피 1%, 코스닥 2%, 코넥스 4%) 이상 지분을 보유하고 있으면 대주주로 분류하고 양도소득세를 부과하고 있다. 그러나 금융투자소득세는 이러한 대주주의 기준을 없애도 연간 5000만 원 이상 금융투자소득을 얻는 투자자에게 세금을 내도록 한 것이다. 구체적으로 금융투자 상품에서 실현된 모든 손익을 합쳐 주식 5000만 원, 기타(해외주식·채권·ELS 등) 250만 원을 넘기면 3억 원 이하에서는 20%, 3억 원 초과에서는 25%의 세율이 부과된다. 여기에 지방세 10%가 포함돼 3억 원 이하 구간에서는 22%, 그를 초과하는 구간에서는 27.5%의 세금을 내야 한다.

금투세는 문재인 정부 시절인 2020년 「자본시

장 선진화 방안」의 일환으로 추진됐으며 이후 여야 합의에 따라 그 도입이 결정됐다. 다만 새로운 과세 체계의 연착륙과 개인 투자자들의 적응을 위해 2023년부터 시행하기로 했는데, 2022년 5월 취임한 윤석열 대통령이 폐지를 언급하면서 전환점을 맞았다. 그리고 이후 기준금리 인상 등에 따른 주식시장 조정 직면으로 유예 목소리가 높아졌다. 기획재정부는 2022년 7월 21일 발표한 「2022년 세제개편안」을 통해 금투세 시행을 당초 2023년에서 2년 연기한 2025년으로 결정한 바 있다.

내부통제 책무구조도(Responsibilities Map) ▼

"금융위원회가 금융권 내부통제를 강화한 책무구조도를 도입하는 내용의 「금융회사의 지배구조에 관한 법률(지배구조법)」 시행령 개정안 시행 하루 전인 7월 2일 금융사들의 질의에 대한 유권해석을 담은 해설서를 공개했다. 이 해설서에 따르면 「책무」는 「금융사 또는 금융사 임직원이 준수해야 하는 사항에 대한 내부통제 및 위험관리의 집행운영에 대한 책임」으로 규정됐다."

금융사 임원에게 담당 업무에 따른 내부통제 책무를 배분해 책임소재를 보다 분명히 하도록 하는 문서를 말한다. 이는 금융회사의 주요 업무에 대한 최종책임자를 특정해 내부통제 책임을 회피하지 못하도록 하고 내부통제에 대한 조직 전반의 관심을 제고하려는 것이 목적이다. 이에 따라 금융회사의 법령준수, 건전경영, 소비자보호 등에 영향을 줄 수 있는 업무별 내부통제 책임이 책무구조도상 임원에게 부여된다. 책무구조도는 대표이사가 작성해 이사회의 심의·의결을 거쳐 확정되며, 이렇게 확정된 책무구조도는 금융당국에 제출해야 한다. 만약 대표이사가 책무구조도 작성을 미흡하게 했거나 실제 권한 행사자와 책무구조도상 임원이 불일치하는 등 거짓으로 작성했을 경우에는 제재를 받게 된다. 책무구조도에 기재된 임원은 자신의 책임 범위 내에서 내부통제가 적절히 이뤄질 수 있도록

▷내부통제 기준의 적정성 ▷임직원의 기준 준수 여부 및 기준의 작동 여부 등을 상시 점검하는 내부통제 관리의무를 이행해야 한다. 특히 대표이사는 내부통제 총괄 책임자로 전사적 내부통제 체계를 구축하고 각 임원의 통제활동을 감독하는 등 총괄 관리를 해야 한다.

녹색프리미엄 ▼

기업이 입찰을 통해 한국전력으로부터 재생에너지로 생산된 전력을 구매하는 제도로, 글로벌 RE100 운영기구인 CDP가 공식 인정한 재생에너지 조달 수단이다. 에너지공단에서 재생에너지 사용 심의위원회에 보고해 당해 연도 녹색프리미엄 판매 물량을 산정하면, 운영기관인 한국전력이 입찰공고, 낙찰, 계약 체결을 진행한다. 한국전력은 참여 소비자가 매월 또는 분기별로 녹색프리미엄을 납부하면 전액을 에너지공단으로 매월 이체하며, 에너지공단은 참여 소비자에게 물량에 따른 사용확인서를 발급한다. 참여 소비자는 이 사용확인서를 RE100 이행 등 녹색가치 환산을 위해 활용할 수 있다. 녹색프리미엄 입찰은 연간 3회 시행하는데 1차는 2월, 2차는 7~8월, 3차는 10~11월에 진행된다. 올해부터는 재생에너지 원별(태양광, 풍력 등)로 선택 구매할 수 있으며 11월로 예정돼 있는 3차 입찰부터는 기업 편의를 위해 다년도 물량도 구매할 수 있도록 할 예정이다.

RE100(Renewable Electricity 100) 「재생에너지(Renewable Electricity) 100%」의 약자로, 기업이 사용하는 전력량의 100%를 2050년까지 풍력·태양광 등 재생에너지 전력으로 충당하겠다는 목표의 국제 캠페인이다. 2014년 영국 런던의 다국적 비영리기구인 「더 클라이밋 그룹」에서 발족된 것으로, 여기서 재생에너지는 석유화석연료를 대체하는 태양열, 태양광, 바이오, 풍력, 수력, 지열 등에서 발생하는 에너지를 말한다. RE100을 달성하기 위해서는 크게 ▷태양광 발전 시설 등 설비를 직접 만들거나 ▷재생에너지 발전소에서 전기를 사서 쓰는 방식이 있다.

다자녀 가구 자동차 취득세 감면　▼

"행정안전부가 8월 13일 지방세발전위원회를 열고 자녀가 두 명인 가정도 다자녀 가정으로 자동차를 살 때 취득세 감면 혜택을 받게 되는 등의 내용을 담은 「2024년 지방세입 관계 법률 개정안」을 발표했다. 우선 다자녀 양육자가 구매하는 자동차의 취득세 감면 기준을 현행 세 자녀 이상에서 두 자녀 이상으로 낮췄다. 세 자녀 이상 가정의 취득세 100% 감면은 연장하고, 두 자녀 양육자에 대해서는 취득세 50% 감면을 신설했다. 두 자녀 가정이 6인 이하 승용차를 구입하는 경우 최대 70만 원까지 감면받을 수 있다."

취득세는 지방세의 일종으로, 다자녀 가구의 자동차 취득세 감면은 2009년 각 지방자치단체 조례로 처음 도입돼 그간 18세 미만의 자녀 3명 이상을 키우는 가구를 기준으로 적용해 왔다. 이에 따르면 자동차 구매 시에는 차량 가격의 통상 7%를 취득세로 지불하게 되는데, 카니발 등 7인승 이상 승합차는 취득세가 100% 면제된다. 또 소나타 등 6인승 이하 승용차는 140만 원 한도로 취득세를 깎아주며, 취득세가 140만 원 이하일 경우 전액 면제된다. 이러한 다자녀 가구 자동차 취득세 감면은 당초 올해 말 일몰될 예정이었으나, 정부는 이를 2027년까지 3년 연장하는 한편 범정부 차원의 다자녀 기준 완화(3자녀→2자녀)에 맞춰 2자녀 가구까지 확대한 것이다. 다만 2자녀 가구에 대해서는 취득세를 50% 감면(6인승 이하 승용차는 70만 원 한도)으로 제한했다.

동의의결제　▼

"해외 전자상거래 사업자도 소비자 보호를 위해 의무적으로 국내 대리인을 지정하도록 하고, 동의의결제도를 도입하는 내용의 전자상거래법 개정안이 8월 19일 국무회의를 통과했다. 개정안에 따르면 앞으로는 국내에 주소나 영업소가 없는 해외 사업자도 매출, 이용자 수 등 일정 기준을 넘으면 국내에 주소 또는 영업소가 있는 국내 대리인을 둬야 한다. 지정된 국내 대리인은 법 위반 행위 조사와 관련된 자료 제출 주체 및 문서 송달의 대상이 되며, 소비자 보호 의무를 이행해야 한다. 의무를 이행하지 않을 경우 대리인을 지정한 사업자가 법을 위반한 것으로 보고 사업자에게 시정 조치 및 과태료가 부과된다."

소비자에게 피해를 일으킨 사업자가 스스로 재발 방지 대책을 제안하고 피해 보상을 하겠다고 시정 방안을 제안하면 공정거래위원회가 의견 수렴을 거쳐 법적 제재 없이 사건을 종결하는 제도를 말한다. 공정위 소관법률 중 공정거래법, 대리점법, 하도급법 등에 적용되고 있다. 동의의결 절차는 「사업자 동의의결 신청 → 절차 개시 여부 결정 → 잠정 동의의결안 작성 → 위원장 보고 후 잠정안 결정 → 의견수렴 절차 → 최종 동의의결안 상정 → 동의의결 확정」으로 이뤄진다. 이 과정이 모두 진행되면 사업자는 법적 제재를 피할 수 있으나 실효성 있는 시정 방안을 마련하지 못할 경우에는 동의의결이 취소될 수 있다. 이 경우 법적 제재 절차가 재개된다. 동의의결제는 소비자 피해를 신속히 복구할 수 있다는 장점으로 유럽, 미국 등에서 활발하게 운영되고 있다. 반면, 이 제도가 기업에 면죄부를 준다는 지적도 있다.

딥테크 유니콘(Deeptech Unicorn)　▼

심도 있는 기술이란 뜻의 딥테크와 유니콘 기업의 합성어로, 독보적인 첨단기술을 갖고 있어 모방이 쉽지 않으며 큰 가치를 인정받는 신생기업을 가리킨다. 일반적으로 기업가치 1조 원 이상의 비상장 기업이 이에 속한다. 여기서 유니콘 기업이란 기업 가치가 10억 달러 이상인 스타트업 기업을 전설 속의 동물인 유니콘에 비유해 지칭하는 말이다. 한편, 미국의 종합 미디어 그룹인 블룸버그는 기업 가치가 100억 달러(10조 원) 이상인 스타트업은 뿔이 10개 달린 상상 속 동물인 「데카콘(Decacorn)」이라고 지칭한 바 있다.

라인야후 사태　▼

"라인야후가 7월 1일 일본 총무성에 제출한 행정지도 관련 보고서에 한국 네이버와의 네트워크 분리를 당초 2026년 말에서 9개월 앞당겨 2026년 3월까지 완료하고 네이버, 네이버 클라우드에 대한 업무 위탁은 2025년까지 종료하기로 했다는 내용을 포함시켰다. 다만, 라인야후 대주주인 소프트뱅크는 라인야후 자본관계 재검토를 단기적으로 중단하기로 결정했다. 이에 따라 소프트뱅크와 네이버는 라인야후의 모회사인 A홀딩스 지분을 각각 50%씩 유지하게 됐지만 소프트뱅크가 주식 매입을 중장기 과제로 추진하겠다는 입장에는 변함이 없는 것으로 알려졌다.」

지난해 11월 라인야후에서 개인정보 약 52만 건이 유출된 가운데, 일본 총무성이 행정지도를 통해 「자본관계 재검토」를 요구하면서 시작된 사태다. 라인야후는 3월의 1차 행정지도 이후 「재발 방지를 위한 대책 보고서」를 제출했지만, 총무성은 해당 대책이 충분하지 않다며 4월 16일 2차 행정지도를 내렸다. 그런데 데이터 유출사고 원인과 기업의 지분구조가 직접적인 인과관계가 없을 뿐더러, 라인야후가 재발방지 대책을 제시했음에도 일본 정부가 두 번이나 행정지도를 내린 것을 두고 논란이 일기 시작했다. 무엇보다 정보 유출사고에 정부가 해당 기업의 지분 변경까지 요구하는 것은 전례 없는 일이라는 점에서, 일본이 해당 사고를 빌미로 라인의 경영권을 네이버와 지분을 절반씩 나눠 가진 일본 기업 소프트뱅크에 넘기려는 것이 아니냐는 의혹이 제기됐다. 특히 일본 정부의 2차 행정지도 이후 국내 언론에도 해당 사실이 대대적으로 보도되며 논란이 확산되자, 일본 정부는 지분 매각을 강요한 것은 아니라는 입장을 거듭 밝혔다. 하지만 라인야후와 소프트뱅크가 각각 5월 8일과 9일, 네이버에 지분 매각을 요청하고 있다는 사실을 공식화됐다. 이에 우리 기업이 외국 정부로부터 부당한 대우를 받는다는 지적이 쏟아지면서 한국 정부의 대일 외교정책에 대한 논란으로 확산됐고, 정치권 주요 쟁점으로 부상했다.

라인(LINE) 2011년 네이버의 일본 자회사 「NHN 재팬」이 개발한 메신저로, 초기에는 단순히 메시지를 주고받는 메신저였으나 이후 영상통화와 이모티콘, 게임 등 각종 기능이 추가됐고 현재는 쇼핑·금융·오락 등을 할 수 있는 핵심 생활 플랫폼으로 자리 잡았다. 이러한 서비스들은 라인의 독자 개발을 통해 만들어졌지만, 일부에는 네이버의 기술이 적용됐다. 예컨대 간편결제와 멤버십 등을 한데 모은 핀테크 종합 서비스 「라인월렛」에는 네이버의 알고리즘 기술이, 라인쇼핑에는 네이버의 AI 상품 추천 시스템 「AiTEMS」가 적용돼 있다. 또 스마트폰 카메라로 고지서를 찍어 공공요금을 내는 「라인페이」는 네이버가 고도화한 광학문자인식(OCR) 기술을 기반으로 만든 것이다.

로코노미(Loconomy) ▼

지역(Local)과 경제(Economy)를 합친 말로, 도심의 거대 상권이 아닌 동네에서 소비 생활이 이뤄지는 현상을 뜻한다. 로코노미가 등장하게 된 주요 배경에는 코로나19 확산으로 사람이 많은 도심보다 집과 가까운 골목 상권을 이용하면서 소매점이 주목받게 된 것을 들 수 있다. 예컨대 전통주나 와인을 파는 주류 판매점이나 신선한 고기를 직접 보고 살 수 있는 정육점 등이 대표적인 로코노미 매장으로 꼽힌다. 또한 지역 고유의 희소성과 특색을 담은 상품이 하나의 트렌드로 자리 잡아 소비자의 관심을 끌고 있으며, 이는 온라인으로까지 확장돼 산지 직송 플랫폼도 활발해지는 결과로 이어졌다. 이러한 로코노미는 골목 상권에 새로운 기회로 작용해 지역 경제에 긍정적인 효과를 미친다는 평가를 받고 있다.

매그니피센트 7(Magnificent 7) ▼

2023년 상반기 뉴욕 증시에서 강세를 기록한 엔비디아·애플·마이크로소프트·메타 플랫폼스·아마존닷컴·알파벳·테슬라 등 7종목을 이르는 말이다. 뱅크오브아메리카(BofA)의 마이클 하트넷 최고 투자전략가가 명명한 것으로, 여기서 매그니피센트(Magnificent)는 「참으로 아름다운, 위대한」 등의 뜻을 갖고 있다. 2023년 상반기 뉴욕 증시에서는 생성형 인공지능(AI)에 따른 투자 열풍으로 기술주를 중심으로 강세가 펼쳐졌다. 특히 매그니피센트 7은 코로나19 확산으로 인한 글로벌 경기침체에도 오히려 성장세를 기록했는데, 애플의 경우 재택근무와 원격교육 확산으로 태블릿PC인 아이패드 판매가 증가하며 실적이 크게 상승했다. 또 엔비디아의 주가는 2023년 들어 190% 이상 상승하면서 한때 시가총액이 1조 달러를 돌파하기도 했다. 그러나 올 7월 들어 AI 투자 거품, 일부 기업의 실적 부진 우려 등으로 매그니피센트 7 주식이 급락하면서 개인 투자자들이 손실을 입기도 했다.

머지포인트 사태 ▼

머지포인트는 머지플러스가 2018년 서비스를 시작한 할인 결제 모바일 플랫폼이다. 포인트를 충전하면 대형 마트나 편의점, 음식점 등 주요 프랜차이즈에서 무제한으로 20% 할인 금액으로 결제할 수 있어 인기를 끌었다. 앱 누적 가입자는 100만 명에 달해 매달 300억~400억 원 규모의 거래가 이뤄졌다. 그런데 2021년 8월 11일 머지플러스가 「해당 서비스가 전자금융업법에 따른 선불전자지급 수단에 해당한다는 금융당국의 가이드를 수용했다며, 머지포인트 판매를 중단하고 사용처를 축소한다」고 돌연 공지했다. 현행 전자금융거래법에 따르면 2개 이상 업종에서 사용할 수 있는 전자상품권을 발행하기 위해서는 금융위원회에 전자금융 사업자로 등록을 하도록 돼 있다. 전자금융업자로 등록하기 위해서는 업종에 따라 5억~30억 원의 자본금 요건을 갖춰야 하는데, 선불전자지급 수단 발행업은 자본금 20억 원 이상, 부채비율 200% 이내의 요건을 충족해야 한다. 그러나 머지플러스는 머지포인트가 모바일 상품권 형태라며 상품권 발행업자로 등록해 영업을 해왔고, 금융당국이 이를 문제 삼으면서 결국 머지포인트 판매가 중단됐다. 이에 사용자들의 환불 요구가 폭주했으며, 발권대행사 등을 통해 손실보상 대비를 해놓은 대기업 가맹점들과 달리 머지플러스와 직접 계약한 자영업자들 사이에서는 결제대금 정산이 불확실하다는 우려가 커졌다. 또 자영업자 중 일부는 머지포인트의 판매 중단을 인지하지 못하고 소비자의 머지포인트 결제를 승인한 사례도 있어 논란이 확대됐다. 여기에 머지포인트가 뚜렷한 수익구조가 없어 신규 고객의 돈으로 손실을 돌려막는 폰지사기(Ponzi Scheme) 방식으로 운영된 것이 아니냐는 의혹까지 제기되며 사태가 확산됐다. 이에 피해자들은 자본잠식으로 환불 여력이 없는 머지플러스를 대신해 포인트를 유통·판매한 티몬, 위메프 등 통신판매중개업자를 상대로 집단분쟁조정을 신청했다.

한국소비자원 소비자분쟁조정위원회는 이를 인정해 판매처에도 책임이 있다고 결론 내렸지만 법적 구속력이 없어 사업자 전원이 수락을 거부, 조정이 성립되지 않았다. 결국 피해자들은 소비자원으로부터 변호사 비용을 지원을 받아 5건으로 나눠 손해배상 소송을 진행했다.

무역투자촉진프레임워크(TIPF·Trade and Investment Promotion Framework) ▼

"8월 18일 산업통상자원부에 따르면 윤석열 대통령의 9월 체코 방문 때 체코 정부와 무역투자촉진프레임워크(TIPF) 체결 서명식을 열 예정이다. 산업부는 통상 영토 확대의 일환으로 체코와 올 초부터 TIPF 체결을 논의해 왔으며 4월 양국 간 TIPF 문안 합의에 달한 것으로 알려졌다."

협력 분야의 저변 확대가 필요한 국가들과의 포괄적 경제협력 방안을 담은 양해각서(MOU)로, 국회 비준이 필요 없는 새로운 형태의 통상 협정이다. 통상 협력 모멘텀을 확보하고 우리 기업의 신규 시장 참여를 지원하기 위한 협력 프레임 구축이 필요함에 따라 추진됐다. 정부는 양국 간 새로운 양자협력관계를 맺을 필요가 있거나 기존 협력관계를 넘어 저변 확대가 필요한 국가들과 체결을 추진하고 있다. TIPF는 표준문안인 본문과 분야별 협력내용인 부속서로 구성되며, 서명과 동시에 발효된다. 한국은 지난해 1월 아랍에미리트(UAE)를 시작으로 23개국과 TIPF를 체결했으며 정부는 향후 40개국까지 체결국을 확대할 계획이다.

한국의 TIPF 체결 현황

유럽(4개국)	헝가리, 폴란드, 핀란드, 불가리아
중앙아시아(3개국)	우즈베키스탄, 카자흐스탄, 투르크메니스탄
중동(4개국)	아랍에미리트, 바레인, 카타르, 오만
아프리카(10개국)	마다가스카르, 에티오피아, 앙골라, 시에라리온, 말라위 등
중남미(2개국)	도미니카공화국, 브라질

자료: 산업통상자원부

MiCA(Markets in Crypto Assets) ▼

가상자산 산업의 투명성을 확보하고 자금세탁과 같은 범죄나 테러 등에 가상자산이 악용되는 것을 막기 위해 마련된 법안으로 가상자산 발행 및 거래 투명성, 공시 의무, 발행인 자격 요건 규제 등의 내용을 담고 있다. MiCA는 세계 최초로 가상자산의 포괄적 규제를 담은 법안이라는 점에서 의의를 가진다. 이 법안은 2020년 발의돼 2023년 4월 유럽연합(EU) 의회를 통과했고 같은 해 5월 16일 벨기에 브뤼셀에서 열린 EU 재무장관회의에서 승인됐다. 올 6월 30일부터 일부 시행에 들어갔으며 12월부터 전면 시행될 예정이다.

MiCA에 따르면 거래소, 전문 트레이더, 포트폴리오 매니저 등 가상자산 서비스 제공자는 자격을 취득해야 하며, 가상자산 발행은 자격취득자에 한해 허가된다. 유럽에서 자격을 취득했다면 역내 27개국에서 활용할 수 있다. 또 소비자 위험을 줄이기 위해 구매자가 해킹 등으로 보유 자산을 분실한 경우 공급자가 책임을 지도록 했으며, 플랫폼 사업자는 거래 전 투자자에게 관련 위험을 의무적으로 고지해야 한다. 가상자산 발행 시에는 의무적으로 백서를 제출해야 하며 이 백서에는 발행자·자산제공자 관련 정보 조달 자본으로 수행할 프로젝트, 화폐에 대한 권리·의무 등을 명기해야 한다. 이 밖에도 가상자산 거래 안정성 강화를 위해 스테이블코인 발행자는 발행 자산의 100% 이상을 준비금으로 보유하도록 했다.

바이브세션(Vibecession) ▼

「분위기(Vibe)」와 「침체(Recession)」의 합성어로, 실제 경제 상황과 체감 경기 간의 간극을 나타내는 신조어다. 즉, 국민들이 경제 상황에 관해 비관적으로 인식하면서 실제 경제 상황과는 달리 사회 분위기가 침체 상태에 진입했음을 지칭한다. 이 용어는 미국에서 인플레이션이 40년 만에 최고치를 기록했던 2022년 여름에 처음 등장했

는데, 당시 경제 콘텐츠 크리에이터 카일라 스캔론이 자신의 저서와 콘텐츠에 처음 사용한 뒤로 사회관계망서비스(SNS)를 중심으로 확산된 바 있다. 이러한 체감 경기는 소비 및 생산 활동과 밀접히 연관돼 있는 데다 향후 소비의 대략적인 예측치를 제공한다는 점에서 중요하게 평가된다.

분산에너지법 ▼

장거리 송전망에 기반한 중앙집중형 전력체계에서 비롯되는 문제점을 보완하고 수요지 인근에서 전력을 생산해 소비가 가능한 지산지소(地産地消)형 분산에너지 시스템 구축을 촉진하기 위해 지난해 6월 제정돼 올 6월 14일부터 시행된 법이다. 법 시행에 맞춰 도입된 시행령과 시행규칙상 설비용량이 40MW(메가와트) 이하인 모든 중소형 발전설비와 500MW 이하인 집단에너지 발전설비가 분산에너지 발전원으로 규정됐다. 분산에너지 설치의무제도의 적용 범위는 「연 20만MWh(메가와트시) 이상 전력사용시설 및 100만m² 이상의 도시개발사업」으로, 전력계통영향평가제도의 적용 범위는 「계약전력 10MW 이상의 전력사용시설」로 각각 설정됐다. 특히 분산에너지 특화지역으로 지정된 곳에서는 발전 사업자가 전기 공급 독점 사업자인 한국전력을 거치지 않고 소비자에게 전력을 팔 수 있도록 하는 예외도 인정한다. 무엇보다 분산에너지법은 국가 균형 발전 등을 위해 송전·배전 비용 등을 고려해 전기요금을 달리 정할 수 있다고 규정해 지역별로 전기요금을 달리 책정할 수 있도록 했다.

비경제활동인구(Not Economically Active Population) ▼

"7월 21일 통계청에 따르면 상반기 대학졸업 이상(전문대 포함)의 학력을 가진 비경제활동인구는 405만 8000명으로 전년 동기 대비 7만 2000명 증가했다. 이는 1999년 관련 통계가 집계된 이후 상반기 기준 가장 많은 수준이다. 대졸 이상 비경제활동인구는 2021년 상반기 404만 8000명으로 처음 400만 명을 넘어섰다가 이듬해 391만 2000명으로 줄었다.

이후 늘어나기 시작해 올해 400만 명을 다시 넘어섰다. 전체 비경제활동인구는 2021년 1684만 6000명에서 올해 1616만 6000명으로 감소했다."

조사기간 중 산업생산에 투입 가능한 만 15세 이상 인구 가운데 일을 할 수 있는 능력이 없거나 일을 할 능력이 있음에도 일을 할 의사가 없는 사람을 말한다. 여기에는 취업의사가 있고 취업할 수 있는 능력도 갖췄으나 일자리 부족으로 구직을 단념한 자들도 포함된다. 따라서 주로 가사 또는 육아를 전담하는 주부, 학생, 일을 할 수 없는 연로자 및 심신장애자, 의무군인, 불로소득자, 자발적으로 자선사업 또는 종교단체에 관여하고 있는 사람 등이 포함된다. 단, 비경제활동인구에 포함시키는 대상은 조사기관 또는 국가별로 조금씩 다를 수 있다. 비경제활동인구의 급격한 증가는 노동시장의 활력 저하와 체감 경기 하락의 요인이 되며, 경제활동인구가 부담해야 하는 부양인구 수가 증가하는 것과 동일한 효과를 유발하기 때문에 잠재적으로 경제성장을 저해하는 요인이 될 수 있다.

우리나라의 고용통계 조사방식은 기본적으로 국제노동기구(ILO) 방식을 채택하고 있으며, 전체 경제활동인구조사에서의 조사대상 객체는 매월 15일 현재 대한민국에 상주하는 만 15세 이상인 자다. 단, 현역군인 및 사회복무요원, 상근예비역, 교도소 수감자, 소년원 및 치료감호소 수감자 등은 경제활동인구조사의 대상이 아니다. 그리고 통계청에서 조사·발표하는 실업률 통계는 경제활동인구(취업자+실업자)만을 대상으로 하기 때문에 비경제활동인구는 실업 통계의 대상이 아니며, 조사대상 주간에 수입을 목적으로 한 시간이라도 일을 했으면 취업자로 분류하고 있다. 따라서 통계청의 경우 육아·가사 등을 전담하는 가정주부, 학원 또는 학교 등의 기관에 통학하는 학생, 일을 할 수 없는 연로자 및 심신장애자, 자발적으로 자선사업이나 종교단체에서 활동하는 자, 그리고 기타 취업 및 진학 준비자, 군입대 대기자 등을 비경제활동인구로 보고 있다.

삼의 법칙(Sahm Rule) ▼

"8월 3일 미국의 고용지표가 발표된 가운데, 7월 실업률이 4.3%로 시장 예상치이자 전월치인 4.1%를 웃돌았다. 특히 최근 3개월 평균(4.13%)이 최근 1년간의 저점인 2023년 7월(3.5%)보다 0.53%포인트 높아 삼의 법칙으로는 침체에 들어섰다고 판단됐다. 이에 「R(Recession·경기침체)의 공포」가 시장을 덮치면서 미국발 글로벌 증시가 급락세를 맞았다. 실제로 8월 2일 일본의 닛케이지수는 5.81% 추락했고 코스피 역시 전 거래일 대비 3.65% 급락한 2676.19로 장을 마감했다."

최근 3개월 실업률 평균값이 지난 1년 중 최저치보다 0.5%포인트 이상 높으면 경기침체로 판단한다는 이론으로, 2019년 전 미국 연방준비제도(Fed) 이코노미스트였던 「클라우디아 삼」의 이름을 따서 명명된 법칙이다. 삼의 법칙은 1950년 이후 있었던 11번의 경기침체 중 1959년을 제외하고는 모두 맞았을 정도로 높은 정확도를 지니고 있다. 미국 국립경제연구소(NBER)는 고용·투자·소비 등을 종합적으로 판단해 경기침체를 공식 선언(후행적)하는데, 이 삼의 법칙은 경기침체 징후를 사전에 파악하는 지표로 활용되고 있다.

서민금융 잇다 ▼

서민금융 관련 서비스를 한곳에 모은 종합 플랫폼으로, 6월 30일부터 운영을 시작했다. 앱을 통해 민간 서민금융상품과 정책 서민금융상품을 조회하면 이용자 맞춤으로 추천되고 서민금융진흥원 보증서를 발급받아 개별 금융회사에서 대출까지 한번에 시행할 수 있다. 또한 대면으로만 제공돼 온 고용·복지·채무조정 연계 등의 복합 상담 서비스를 비대면으로 이용할 수 있고, 대출 후에도 이용자의 재무상황에 따라 필요한 상담을 받을 수 있다. 「잇다」에서는 새희망홀씨, 사잇돌대출, 민간 서민금융상품 등 은행권 서민금융상품 14개를 포함한 72개 상품이 연계되고 있으며, 연계 상품은 추후 확대될 예정이다.

소비자심리지수(CCSI·Consumer Composite Sentiment Index) ▼

"한국은행이 7월 24일 발표한 「7월 소비자동향」에 따르면 7월 소비자심리지수(CCSI)가 103.6으로 전월보다 2.7포인트 오르면서 2022년 4월(104.3) 이후 2년 3개월 만에 최고치를 기록했다. 또 향후 소비자물가상승률에 대한 전망을 나타내는 기대인플레이션율은 2년 4개월 만에 2%대로 떨어졌다."

소비자동향지수(CSI) 중 관련 경제지표와 연관성이 높은 현재생활형편, 생활형편전망, 가계수입전망, 소비지출전망, 현재경기판단, 향후경기전망 등 주요 6개 개별지수를 표준화해 합성한 종합지수다. 한국은행이 2005년 1/4분기부터 해당 지수를 작성, 발표하고 있다. 소비자심리지수는 소비자를 대상으로 경기에 대한 판단, 전망 등을 조사한다는 데서 소비자들의 경제에 대한 전반적인 인식을 종합적으로 파악할 수 있는 지표로 활용된다. 소비자심리지수가 100을 넘으면 앞으로 생활형편이나 경기·수입 등이 좋아질 것으로 보는 사람이 많다는 의미이며, 100 미만이면 경기 상황이 상대적으로 좋지 않다고 평가하는 사람이 많다는 의미다. CCSI 산출 방식은 다음과 같다. 먼저 한국은행이 분기마다 소비자동향조사를 실시해 조사자료를 토대로 현재생활형편CSI, 생활형편전망CSI, 현재경기판단CSI, 향후경기전망CSI, 가계수입전망CSI, 소비지출계획CSI 등을 작성한다. 이렇게 작성된 6개의 개별지수의 평균값과 표준편차를 이용해 표준화한다. 표준화된 개별지수를 단순평균한 후 6개 구성지수 표준편차의 중앙값을 기준으로 크기 조정해 소비자심리지수를 산출하게 된다.

수권자본금(Authorized Capital) ▼

"금융위원회가 7월 10일 국회 정무위원회에 보고한 주요 추진 법안에 KDB산업은행의 수권자본금을 현행 30조 원에서 50조 원으로 증액하는 내용을 골자로 한 산업은행법 개정안을 포함시켰다. 산은의 수권자본금은 2014년 이후 30조 원으로 묶여 있으며 현재 자본금은 26조 원이다. 이에 반도체 등 첨단산업 지원 경쟁에 뛰어들기 위해서는 산은의 자본금을 늘려야 한다는 지적이 있어 왔다."

주식회사를 설립할 때 이사회에서 증자할 수 있는 최대 자본금을 말하는 것으로, 정관에 기재된다. 수권자본금 제도 아래에서는 자본금의 최대한도를 정해 놓고 필요에 따라 이사회가 분할 발행해 자본금을 늘릴 수 있으므로 회사 설립이 쉽고 자본 조달의 기동성과 편의성을 확보할 수 있다. 반면에 회사의 재산적 기초가 위태로워 채권자 보호에 소홀해질 수 있다. 수권자본금의 범위 내에서 실제로 주식을 발행해 자본금으로 확정된 것을 납입자본금이라고 하는데, 회사를 설립할 경우 수권자본금을 정했으면 이 액수의 1/4 이상을 주식으로 발행해 납입자본금으로 삼아야 한다.

슈링크플레이션(Shrinkflation) ▼

"식품의약품안전처가 7월 24일 슈링크플레이션을 막기 위해 식품의 용량 변경, 무당 등을 강조하는 제품인 경우 소비자 정보 제공을 강화하는 내용의 「식품 등의 표시기준」을 개정·고시했다고 밝혔다. 이에 따르면 내년 1월 1일부터 용량이 변경된 제조·가공·소분·수입 식품은 변경일로부터 3개월 이상 변경 사실 여부와 변경 내용을 함께 표시해야 한다. 단, 용량을 줄이면서 가격을 낮춰 단위 가격이 상승하지 않은 제품이나 용량 변동 비율이 5% 이하인 제품은 표시 대상에서 제외된다. 이 밖에도 「제로 슈거」 등 표시 제품은 「감미료 함유」 표시와 함께 칼로리 정보 또는 「열량을 낮춘 제품이 아님」 등의 문구를 2026년부터 표시하도록 했다."

「줄어들다(Shrink)」와 「인플레이션(Inflation)」을 합친 말로, 기존 제품의 가격은 그대로 유지하면서 제품의 크기나 수량 등을 줄여 사실상 가격 인상 효과를 노리는 판매 방식을 말한다. 2015년 영국의 경제학자 피파 맘그렌(Pippa Malmgren)이 제안한 용어로 「패키지 다운사이징(Package Downsizing)」이라고도 불린다. 슈링크플레이션은 주로 가공식품 제조업계들이 인플레이션 상황에서 가격 인상의 대안으로 자주 사용하는 방식이기도 하다. 기업은 원자재 가격이 상승할 때 가격 인상, 가격이 낮은 원재료로의 변경, 제품 용량 축소 등을 추진할 수 있는데, 슈링크플레이션은 이 가운데 가장 위험부담이 적다. 즉, 성분 변경이나 가격인상의 경우 고객 이탈이 일어날 가능성이 크지만, 제품 용량을 줄일 경우 소비자가 눈치만 채지 못한다면 지속적 이윤 창출이 가능하기 때문이다. 이에 슈링크플레이션은 꼼수 방식으로 여겨진다. 국내에서는 과거 질소 과자 논란이 대표적 슈링크플레이션에 속한다. 과자 봉지 안에 질소를 충전하면 포장지가 부풀어 오르는데, 「질소 과자」는 포장지 내에 실질 내용물인 과자보다 질소가 많은 것을 빗대며 등장한 말이다.

스트레스 DSR(Stress DSR) ▼

"금융위원회가 9월 시행 예정인 스트레스 DSR에서 최근 증가세가 확대되고 있는 서울·수도권 은행권 주택담보대출에 대해 스트레스 금리를 0.75%포인트 대신 1.2%포인트로 상향 적용하는 방안을 시행할 예정이라고 8월 20일 밝혔다. 스트레스 금리는 과거 5년 중 최고금리와 현재 금리의 차이로 산정하는데, 상한은 3.0%, 하한은 1.5%로 설정돼 있다. 현제 스트레스 금리는 1.5%다. 금융당국은 규제 부작용 최소화를 위해 올 2월 스트레스 금리(1.5%)의 25%를 적용하는 스트레스 DSR 1단계를 시행했고, 9월 시행되는 2단계에서는 50%를 적용할 예정이었다. 이에 따라 스트레스 금리는 9월 0.75%포인트가 적용될 예정이었으나, 이번 결정으로 서울과 수도권 은행권 주택담보대출에 대해서는 1.2%포인트로 확대 적용된다."

변동금리 대출 등을 이용하는 차주가 대출 이용 기간 중 금리 상승으로 인해 원리금 상환 부담이 상승할 가능성을 감안, 총부채원리금상환비율(DSR·Debt Service Ratio) 산정 시 일정 수준의 가산금리(스트레스 금리)를 부과하는 것을 말한다. 2월 6일부터 전 금융권의 변동금리·혼합형·주기형 대출에 대해 스트레스 DSR 제도가 시행됐다. 이에 따라 변동금리 대출에는 과거 5년 이내에 가장 높았던 수준의 가계대출 금리와 현 시점(매년 5, 11월 기준) 금리를 비교해 결정되는 단계별 스트레스 금리가 그대로 적용된다. 변동금리에 비해 금리 변동 위험 수준이 낮은 혼합형·주기형 대출에 대해서는 이보다 완화된 수준으로 가산금리를 적용한다. 혼합형 대출은 전체 대출 만기 중 고정금리 기간이 차지하는 비중이 높을수록 낮은 수준(30년

만기 기준 20~60%)의 스트레스 금리가 더해지며, 주기형 대출 역시 금리 변동 주기가 길수록 낮은 스트레스 금리(30년 만기 기준 10~30%)를 받는다. 다만 금융위는 대출한도 축소 부담을 완화하기 위해 제도 시행 첫해인 올해 상반기 중에는 스트레스 금리의 25%, 하반기 중에는 50%만 적용하고, 2025년부터 100% 적용할 계획이다.

한편, 스트레스 금리는 금리 상승 가능성을 고려한 가산금리로, 주택담보대출 시 대출 한도를 산정하는 데 주로 쓰인다. 이는 상승가능금리라고도 하며, 매년 12월 은행연합회가 은행과 협의해 제시한다.

스트레스 DSR 단계별 시행

구분		1단계	2단계	3단계
시행 시기		2024년 2월	2024년 9월	2025년 7월
적용대상	은행권	주택담보대출	주택담보대출 +신용대출	주택담보대출 +신용대출+ 기타대출 등
	2 금융권	–	주택담보대출	주택담보대출 +신용대출+ 기타대출 등
스트레스 금리		25% 적용	50% 적용	100% 적용

자료: 금융위원회

신(新)기업활력법 ▼

"정부가 올 하반기부터 협력업체의 사업 재편을 적극 지원하는 대기업과 중견기업을 「상생형사업 재편기업」으로 선정한다. 상생형사업 재편기업은 공정거래위원회의 하청업체 거래 관련 직권조사를 최대 2년간 면제받을 수 있는데, 이는 7월 17일 개정된 기업활력법을 통해 산업통상자원부와 공정위가 협력업체에 대한 사업재편 지원을 동반성장지수에 반영하기로 합의한 데 따른 것이다."

기업의 사업 재편을 지원하기 위해 2016년 제정된 법률로, 8월 일몰 예정이었던 「기업활력법」을 상시법으로 전환한 것이다. 이는 급변하는 산업 환경에서 기업의 사업 재편을 촉진하기 위한 세제, 행정절차 등의 지원안이 담겨 있다. 현행법과 비교해 신기업활력법은 공급망 안정 목적의 사

업 재편을 지원하고, 정부의 「산업 공급망 3050」 전략 등과 연계한 산업의 공급망 안정 강화 촉진 등의 내용이 담겼다. 또한 상법 절차 간소화·공정거래법 규제 유예 등의 특례 적용 범위도 디지털 전환(DX) 탄소중립, 공급망 안정 등으로 확대했다. 산업부에 따르면 기업활력법 시행 이후 지금까지 473개 기업이 사업 재편을 추진했으며, 이를 통해 약 37조 5000억 원의 신규 투자와 2만여 개의 일자리 창출 효과가 발생했다.

알고리즘 매매(Algorithmic Trading) ▼

"8월 6일 코스피지수가 전일 대비 80.60(3.30%) 오른 2522.15에 거래를 마치면서 전날의 역대 최대 하락폭(234.64)의 3분의 1가량을 회복했다. 같은 날 동반 폭락했던 일본 닛케이지수는 10.23%, 대만 자취안지수는 3.38% 급등하면서 아시아 증시가 급반등했다. 이러한 주요국 증시의 급등락에 대해서는 알고리즘 매매가 시장 변동성을 키우는 원인이 됐다는 지적이 나온다."

매매조건을 설정해 전산에 의해 자동적으로 매매가 이뤄지게 하는 거래로, 초단기 매매로 이익을 내기 위해 사용하는 매매 방식이다. 매매 대상으로는 현물 주식뿐만 아니라 주가지수 선물·옵션 등 파생상품까지 다양하다. 알고리즘 매매는 사전 입력 조건을 충족하면 자동적으로 매수, 매도가 이뤄지기 때문에 사람의 개입 없이 자동으로 거래가 이뤄지므로 빠른 투자 결정이 가능하고 시장 상황에 따른 감정 개입을 배제할 수 있다는 장점이 있다. 반면, 미리 지정해둔 이상 신호가 발생할 경우 주저 없이 거래하기 때문에 공포 심리가 시장에 확산되면 프로그램 매물이 쏟아져 주식이 급락하고, 이에 따른 지수 하락이 다시 프로그램 매물을 부르는 등 시장 변동성을 키우는 요인이 될 수 있다.

액화천연가스(LNG·Liquefied Natural Gas) ▼

"유럽연합(EU)이 6월 24일 룩셈부르크에서 열린 외교장관회의에서 러시아산 LNG에 대한 제재안이 채택됐다고 밝혔다. 러시아산 LNG에 대한 제재는 이번이 처음으로, EU 내 항구를 통한 러시아산 LNG 재수출 금지, 러시아가 건설 중인 LNG 시설 관련 투자 및 장비 수출 금지, EU·러시아 간 파이프라인 외의 터미널로 LNG 수입 금지, 러시아산 LNG 수출에 사용되는 선박에 항구 이용 및 서비스 제공 금지 등의 내용이 포함됐다."

천연가스를 −162℃의 상태에서 냉각해 액화하는 과정에서 부피가 1/600로 압축된 것으로, 정제 과정을 거쳐 순수 메탄의 성분이 매우 높고 수분 함량이 없다. LNG는 무색·투명한 액체로 주성분이 메탄이라는 점에서 LPG와 구별된다. LNG는 운반비가 비싸 산지와의 거리에 따라 경제성이 결정된다. 우선 LNG는 압력을 가해 액화시키면 부피가 1/600로 줄어들지만 메탄의 비점(沸點)이 −162℃로 낮기 때문에 냉각해 액화시킨 뒤 특수하게 단열된 전용 탱크로 유전지대에서 반출된다. 우리나라의 경우 해외 천연가스 산지의 LNG 공장에서 액화시킨 것을 LNG선으로 도입하고, 이를 LNG 공장에서 기체화시킨 후에 파이프를 통해 발전소나 수용가에 공급하고 있다. LNG는 기화할 때의 냉열에너지를 전력으로 회수할 수 있으며, 또 식품의 냉동 등에도 이용한다. 1950년대 이후 도시가스가 석탄가스에서 천연가스로 전환되면서 현재 도시가스로 주로 사용되고 있으며, 전력·공업용으로도 이용되고 있다.

어텐션 이코노미(Attention Economy) ▼

쏟아지는 각종 정보와 콘텐츠 속에서 사람들의 주의력이 일종의 재화로 여겨지게 된 현대의 경제 환경을 말한다. 심리학자이자 경제학자인 허버트 사이먼이 제시한 개념으로, 우리말로는 「관심 경제」, 「주의력 경제」, 「주목 경제」 등으로 직역된다. 인터넷의 발달로 정보가 풍부한 현대사회에서는 사람들의 주의력이 일종의 희소성 있는 재화로 여겨지며, 이 주의력을 통해 부(富)를 쌓을 수 있게 됐다는 것이 어텐션 이코노미의 골자다. 이런 현상은 유튜브나 인스타그램 등 소셜네트워크서비스(SNS)의 발달로 더욱 두드러지게 나타나, SNS의 「좋아요」 수가 경제적 영향력을 갖게 됐음을 뜻하는 「라이크 이코노미(Like Economy)」나 일부러 분란을 일으켜 이용자의 시선을 끄는 「어그로 이코노미(Aggro Economy)」 같은 용어를 만들어내기도 했다. 고의적 구설수를 이용해 인지도를 높이는 마케팅 기법인 「노이즈 마케팅(Noise Marketing)」 역시 어텐션 이코노미와 같은 맥락이다. 어텐션 이코노미는 사람들이 다른 이들의 관심을 끌기 위해 유해하거나 자극적인 콘텐츠를 만들도록 유도한다는 점에서 주의가 필요하다. 특히 주목도에만 집중해 사실 여부를 확인하지 않고 무분별하게 제작·배포되는 가짜뉴스는 사회적으로도 문제가 되고 있다.

요노족(YONO族) ▼

요노(YONO)는 「필요한 것은 하나뿐(You Only Need One)」이라는 영어 문장의 약자로, 꼭 필요한 것만 사고 불필요한 물건 구매는 최대한 줄이는 소비자들을 가리킨다. 이는 고물가·고금리가 지속되는 상황에서 자신의 경제적 형편에 맞는 실용적 소비를 추구하는 이들이 늘어나면서 등장한 말이다. 요노족은 불필요한 물건 구입은 줄이고 품질 좋은 하나의 물건을 구입해 이를 오래 사용하는 경향이 있으며, 물질적인 것보다 경험과 가치를 중시한다는 특징이 있다. 즉, 물품 소유에 중점을 두지 않기 때문에 구입이 아닌 빌려쓰는 경우도 많으며, 자신이 구입한 물건도 사용성이 줄어들면 중고로 재판매하기도 한다. 이러한 요노족은 현재 자신의 행복을 가장 중시하고 소비하는 「욜로족(YOLO)」과 상반되는 개념이라 할 수 있다.

유산취득세(Inheritance Tax) ▼

피상속인이 아닌 상속인의 입장에서 과세하는 것으로, 상속자산 전체가 아니라 각 상속인이 실제 상속받는 유산에 대해 취득세를 부과하는 방식이다. 현행 유산세 제도에서는 피상속인이 남긴 상속 재산 총액을 기준으로 세금을 매긴 후 각 상속인별로 재산을 분할하고, 상속인들이 상속받은 비율에 따라 상속세를 나눠서 내도록 하고 있다. 이는 상속 유산의 총액이 많을수록 세율이 높아 납부해야 하는 세금도 많아지는 형태다. 한국의 상속세 최고세율은 50%이며, 최대주주는 상속평가액에 20%를 가산해 최고 60%의 상속세율을 적용받게 된다. 반면 유산취득세 제도에서는 총 유산을 상속인별로 나눈 후 세금을 매기기 때문에 총 유산 규모가 같아도 적용되는 세율이 유산세보다 낮다. 예를 들어, 44억 원을 자녀 4명에게 균등 상속할 경우 현행 유산세 방식에 따르면 30억 원 초과로 50%의 최고세율이 적용되는 반면, 유산취득세를 적용하면 11억 원에 대해 40%의 세율을 적용받게 된다.

한편, 우리나라를 비롯해 미국, 영국, 덴마크 등이 유산세 방식을 채택하고 있으며 독일, 프랑스, 이탈리아, 일본 등은 유산취득세 방식을 운영 중이다. 윤석열 정부는 부의 순환 촉진, 공평 과세 등을 위해 유산취득세 도입을 검토 중인데, 유산취득세로의 전환에 대해서는 부자 감세, 세수 축소, 위장분할로 인한 조세회피 등이 발생할 수 있다는 지적도 나온다.

유언대용신탁(遺言代用信託) ▼

위탁자가 수탁자(은행 등 신탁회사)와 신탁계약을 맺고 금전, 부동산 등의 재산을 신탁하면 수탁자는 그 재산을 관리하다가 위탁자가 사망했을 때 계약에 따라 수익자에게 배분해 주는 구조로 운영하는 금융상품이다. 고령화가 심화되고 상속재산 규모가 커지면서 사후 상속 과정에서 자녀들 간의 법적 분쟁이나 탕진 등을 막기 위해 생전에 상속 계획을 세우려는 수요가 늘어나면서 관련 시장이 확대되고 있다. 유언대용신탁이 가능한 재산으로는 부동산, 금전, 금전채권, 유가증권 등만 해당되며 부동산 중에서 논·밭·과수원, 회원권 등은 신탁할 수 없다. 유언장의 경우 법적 효력을 가지기 위해서는 증인 2명 필요 등의 절차를 만족해야 하는데, 신탁상품의 경우 가입만하면 은행이 집행하기 때문에 편리하다. 사전 계약한 방식으로 소유권이 이전되기 때문에 법적 다툼을 예방할 수도 있다. 또한 유언장에 비해 유연하고, 다양한 방식으로 상속계획을 짤 수 있다. 예를 들어 유언장은 상속인이 사망했을 경우 대응이 불가능하고 미성년 상속인의 경우 후견인의 개입이 우려되는 반면, 유언대용신탁은 상속인 사망을 대비해 제2·제3의 상속인 설정이 가능하며 미성년 상속인이 일정 연령에 도달할 때 상속받도록 설정하는 것도 가능하다. 유언장의 경우 자필증서·녹음·공증·비밀증서 등의 형식으로 행해지지만, 유언대용신탁은 금융사와의 신탁계약으로 유언을 대체할 수 있으며, 생존 시부터 자산신탁이 가능하다. 또 금융회사가 존재하는 한 신탁이 유효하고, 금융사가 파산할 경우에도 신탁자산은 손해 없이 본인이나 상속인에게 돌아가기 때문에 20~30년 후의 상황까지 설정해 계약할 수 있다. 한편, 신탁회사는 위탁자의 재산을 관리하면서 계약보수, 집행보수, 관리보수 등의 수수료를 받는다.

이사의 충실의무 ▼

「이사는 법령과 정관의 규정에 따라 회사를 위하여 그 직무를 충실하게 수행해야 한다.」는 것으로 상법 제382조의3에 규정돼 있다. 이사의 주요 의무 중 하나로 꼽히는 충실의무에 대해서는 소액주주의 권익 보장을 위해 그 대상을 확대하는 방향으로 상법 개정 작업이 이뤄져야 한다는 주장이 있다. 가장 유력한 방안으로는 「회사를 위하여」를 「주주의 비례적 이익과 회사를 위하여」로 바꾸는 것이 꼽힌다. 이는 이사회가 중요한 경영상 결정을 할 때 회사뿐만 아니라 소액주주의 이익까지 고려해야 한다는 의미다. 그

러나 한국경제인협회, 대한상공회의소 등 경제단체는 의무 대상 확대로 정상적인 경영 활동에 대해서도 주주 소송이 발생하는 등 경영진 대상 소송이 남발될 가능성이 크다는 입장이다. 또 이사는 회사의 대리인이라는 민법과 상법에 충돌하고, 각 주주의 이해관계를 만족시키는 것이 사실상 불가능하며 비용 증가 등의 문제점이 생길 수 있어 대상 확대를 반대한다.

한편, 독일, 일본, 영국 등의 주요 선진국에서는 이사의 충실의무 대상에 주주를 포함하지 않고 있으며 미국에서는 일부 주에서 포함시키고 있다.

EMP 펀드(ETF Management Portfolio Fund) ▼

전체 자산의 50% 이상을 상장지수펀드(ETF)나 상장지수증권(ETN)에 투자하는 펀드를 일컫는다. 이미 종목이 분산된 ETF, ETN을 다시 배분한다는 점에서 「초분산투자펀드」라고도 부른다. 최근 국내 ETF 시장의 급격한 성장으로 관련 테마 종목 수가 세분화되면서 개인이 일일이 상품을 선별해 ETF에 투자하기 어려워지자 전문적 운용에 대한 수요가 증가했고, 이러한 시장 추세에 대응하기 위해 자산운용사들이 EMP 펀드를 출시하고 있다. EMP 펀드는 변동성이 높을 때 비교적 안정적인 수익을 기대할 수 있는데, 펀드에 담긴 자산에 따라 위험성 수익률 차이가 나기 때문에 투자 시 EMP 펀드의 포트폴리오를 확인하는 것이 필요하다.

> **상장지수펀드(ETF·Exchange Traded Fund)** 특정 주가지수와 연동되는 수익률을 얻을 수 있도록 설계된 지수연동형 펀드(Index Fund)로, 거래소에서 주식처럼 거래된다.
>
> **상장지수증권(ETN·Exchange Traded Note)** 원자재 통화금리 변동성 등을 기초자산으로 해 이 자산의 성과대로 만기에 수익 지급을 약속한 증권이다. 주가지수, 개별 종목 주가만 기초지수로 삼는 ETF를 보완하기 위한 것이다.

임팩트 금융(Impact Finance) ▼

기업·단체·개인 등 일반투자자로부터 민간 자금을 유치해 주거·복지·고용·환경·보건 등 사회 문제를 해결하는 사회적 기업을 발굴하고 지원하는 금융 사업을 일컫는다. 투자 수익을 창출하면서도 사회·환경문제를 해결하는 것을 목적으로 하는 「임팩트 투자」와 소액 금융 지원을 뜻하는 「마이크로 금융」을 결합한 용어이다. 임팩트 금융은 영국, 프랑스를 중심으로 발전했으며, 대표적인 임팩트 금융의 예로는 1994년 미국 클린턴 정부의 지역개발금융(CDFI)기금이 있다.

> **임팩트 투자(Impact Investment)** 수익에 국한하지 않고, 사회와 환경에 긍정적인 영향을 미치는 사업이나 기업에 돈을 투자하는 착한 투자방식
>
> **임팩트 비즈니스(Impact Business)** 기업들이 임팩트 투자를 바탕으로 사회문제를 해결하고 새로운 사업기회를 창출하는 것

잭슨홀 미팅(Jackson Hole Meeting) ▼

미국 캔자스시티 연방준비은행(Federal Reserve Bank of Kansas City)이 주최하는 연례 경제 정책 토론회로, 매년 8월 주요국 중앙은행 총재와 재무장관, 경제전문가 등을 초청해 와이오밍주의 휴양지인 잭슨홀에서 개최한다. 1978년 처음 열린 이후 1981년부터 매년 개최되고 있으며 1986년부터 본격적으로 경제 정책, 금융시장 등과 관련된 논제를 다루고 있다. 「잭슨홀 콘퍼런스」라고도 부르는 잭슨홀 미팅은 본래 글로벌 경제 현안을 논의, 진단하는 학술회의 성격을 띠고 있었다. 그러다 1998년 러시아의 모라토리엄 선언에 대한 대책으로 당시 연방준비제도위원회(FRB) 의장이 통화정책 완화를 예고하고, 글로벌 금융위기가 계속되던 2010년 벤 버냉키 전 미국 연방준비제도(Fed) 의장이 연설을 통해 2차 양적완화(QE2) 등 중요한 정책을 내놓으면서 세계적인 주목을 받기 시작했다. 특히 잭슨홀 미팅을 통해 Fed의 통화 정책 방향을 예측할 수 있다는 점에서 관심이 집중된다.

올해 잭슨홀 미팅은 8월 22일부터 24일까지 나흘간 개최됐다. 이번 회의에서는 「통화정책의 효과와 전달 재평가」를 주제로 전 세계 주요 중앙은행장, 경제학자 등이 모여 의견을 나눴다.

전세사기특별법 ▼

"여야가 8월 21일 열린 국회 국토교통위원회 전체회의에서 전세사기특별법 개정안을 상임위 소위 차원에서 합의했다. 5월 30일 22대 국회 개원 이후 쟁점 민생 법안을 여야가 합의한 것은 이번이 처음이다."

전세사기 피해자들에 대한 금융 지원을 확대하고, 정부가 경·공매 대행서비스를 제공하는 등의 내용을 담은 법으로, 2023년 5월 25일 국회를 통과했다. 이 특별법은 2년 한시법으로, 여야는 법 시행 뒤 6개월마다 정부 보고를 통해 보완 입법을 한다는 방침이다. 전세사기특별법은 전세사기로 피해를 입은 임차인에게 경·공매 절차 등에 있어 특례를 부여하는 등 피해자를 지원하는 것을 핵심으로 한다. 이 법에서 규정한 전세사기 피해자 요건은 ▷보증금 5억 원 이하 ▷다수의 임차인에게 피해 발생한 경우 ▷임대인의 사기 의도 등이다. 이 법에 따르면 선순위 근저당이 있거나 갱신계약으로 인해 최우선변제금을 지급받을 수 없는 피해자들은 경·공매 완료 시점의 최우선변제금(세입자가 살던 집이 경·공매로 넘어갔을 때 은행 등 선순위 권리자보다 앞서 배당받을 수 있는 금액) 수준을 최장 10년간 무이자로 대출받을 수 있다. 이는 근저당 설정 시점이나 전세 계약 횟수와 관계 없이 최우선변제금 초과 구간에 대해 2억 5000만 원까지 1.2~2.1%의 저금리 대출을 지원한다. 전세보증금이 5억 원을 넘기는 피해자는 임대인의 전체 세금체납액을 개별 주택별로 나누는 「조세채권 안분」을 통해 지원한다. 조세채권 안분이란 임대인의 세금 체납액이 많아 경·공매가 진행되지 않는 경우 전체 세금 체납액을 임대인 보유 주택별로 나눠 경매에 부치는 것을 가리킨다. 또 피해 임차인이 거주 중인 주택이

경·공매되면 피해 임차인에게 우선매수할 권한을 부여하며, 피해자가 주택도시보증공사(HUG)에 신청하면 HUG에서 법무사 등 전문가와 연계해 경공매 절차를 대행하고 그 수수료도 70% 지원한다. 피해자가 주택을 경매로 낙찰받을 경우 지방세 감면·구입자금 대출 지원 등 세제, 금융지원 혜택이 부여된다. 만약 피해자가 주택 매수를 원하지 않을 경우에는 한국토지주택공사(LH)에 우선매수권을 양도한 뒤 LH가 공공임대로 활용하게 된다.

Z세대 선정 5대 트렌드 키워드 ▼

KT가 주관하는 Y트렌드 콘퍼런스를 통해 발표되는 Z세대를 대표하는 키워드로, KT 대학생 서포터즈 Y퓨처리스트 100명과 트렌드 전문 연구기관 대학내일20대연구소가 협업해 선정한다. 올해는 공간, 소비, 캠퍼스, 콘텐츠, 플랫폼 등 5개 영역을 선정해 키워드들을 발표했는데「독파민, 페르소비, AI작, 긍생, 친친폼」등 5개 키워드가 선정됐다. ▷독파민은 조용한 곳에서 독서를 해야 한다는 고정관념에서 벗어나 다양한 공간에서 독서를 하며 여러 경험을 통해 복합적인 즐거움을 느끼고 도파민을 충족시킨다는 의미다. ▷페르소비는 페르소나(Persona)와 소비의 합성어로, Z세대가 다른 사람에게 보여지는 자신의 외적 성격(페르소나)을 표현하기 위해 소비하는 행태를 지칭한다. 자신의 취향을 드러내고 정체성을 확인하기 위한 모든 소비가 이에 해당한다. ▷AI작은 대학생이 새로운 시작을 할 때 다양한 인공지능(AI) 서비스를 적극적으로 활용하는 행태를 뜻한다. ▷긍생은 갓생(자기계발에 집중하는 것), 겟생(마음을 챙기는 것) 등에서 한 단계 나아가 어려운 현실을 긍정적으로 전환하는 것을 뜻한다. ▷친친폼은 친한 친구와 플랫폼의 합성어로, 누구나 볼 수 있는 소셜네트워크서비스(SNS) 대신 친구들끼리만 소통할 수 있는 플랫폼을 이용하는 것을 일컫는다.

주식분할(Stock Split) ▼

"미국 반도체 기업 엔비디아가 6월 7일 장 마감 이후 주식분할을 통해 1주를 10주로 쪼개면서 1208.88달러였던 주가가 120.88달러로 조정됐다. 엔비디아는 분할 이후 주가가 135.58달러까지 치솟으면서 잠깐이지만 시가총액 세계 1위에 오르기도 했다."

납입자본금의 증감 없이 기존 발행주식을 일정 비율로 분할해 발행주식의 총 수를 늘리는 것이다. 국내에서는 액면가를 쪼갠다고 해서「액면분할」이라고도 부른다. 예를 들면 액면가액이 5000원인 1주를 둘로 나누어 2500원짜리 2주로 만드는 것이다. 상법상 주식의 액면가는 100원 이상이기 때문에 액면가 100원인 주식은 분할할 수 없다. 주식분할은 해당기업의 주가가 지나치게 높아 둔화된 유동성을 향상시킬 수 있고, 투자자 입장에서는 소량으로 우량주식을 매입할 수 있게 된다. 또한 기업주 입장에서는 주식 분산효과가 나타나 적대적 M&A에 대항할 수 있는 등 경영권을 방어할 수 있다. 한편, 주식분할은 기업의 기본적인 가치나 내용에는 변화를 주지 않고 지분율 등 지위에 영향을 미치지 않는다. 기업가치 변동 없이 주식 수가 늘어난다는 측면에서는 무상증자와 같은 효과가 있으나 무상증자의 경우 발행 주식 수를 늘린 만큼 기업가치가 감소하는 데 반해 주식분할의 경우는 실시 전과 차이가 없다.

지속가능항공유(SAF·Sustainable Aviation Fuel) ▼

석탄이나 석유 대신 폐식용유, 사탕수수, 동식물성기름, 옥수수 등 바이오 대체 연료로 생산한 친환경 항공유다. 기존 항공유보다 탄소배출을 80% 줄일 수 있어 탄소중립 시대의 대체 연료로 주목받고 있다. 그러나 기존 항공유보다 2~5배 비싸 이것이 소비자 부담으로 이어질 수 있어 경제성에 대한 논란도 있다. 항공 분야에 탄소중립 바람이 불면서 유럽연합(EU)은 2025년부터 유럽 내 공항에서 급유하는 항공기는 전체 연료의 최소 2%를 지속가능항공유로 대체해야 한다는 의무 규정을 시행할 예정이다. 또 미국은 인플레이션감축법(IRA)에 따라 2023~2024년까지 자국 내 바이오매스를 통해 생산 및 판매된 지속가능항공유에 세액 공제 혜택을 준다. 일본은 2030년부터 석유원매회사에 자국 공항에서 항공기에 급유하는 연료의 10%를 지속가능항공유로 대체하도록 의무화하기로 했다.

지수형 보험 ▼

물질적 손해에 대한 지표를 사전에 결정하고, 이 지표가 일정 수준을 벗어나면 보험금을 지급하는 금융상품이다. 보통의 보험은 손해가 발생할 경우 피해자가 보상 신청을 하면 보험사가 심사를 거쳐 보험금을 지급한다. 반면, 지수형 보험은 관련 지표가 일정 범위에 도달하면 자동으로 보험금이 지급되기 때문에 신속하게 보험금을 받을 수 있다. 또한 정해진 대로 보험금을 지급하기 때문에 보험금 결정이 투명하고 보험금 과다 청구도 막을 수 있다. 국내에서는 항공기 지연 지수형 보험 출시가 거론되고 있는데, 이는 항공편이 결항 또는 지연되는 경우 복잡한 증빙 자료 없이 사전에 정해진 대로 간편하게 보상을 받을 수 있는 상품이다. 예를 들어 여객기가 2시간 이상 출발 지연되면 4만 원, 지연 시간별로 최대 10만 원의 보험금을 지급하는 것이다.

총부채원리금상환비율(DSR·Debt Service Ratio) ▼

"7월 7일 국제결제은행(BIS)에 의하면 지난해 한국 가계 부문의 총부채원리금상환비율(DSR)은 14.2%로, 세계 주요 17개국 중 네 번째로 높은 수준인 것으로 나타났다. 이는 코로나19 이후 고금리가 지속되면서 가계의 이사 상환 부담이 늘어난 데 따른 것이다. 한편, 1위는 노르웨이(18.5%)가 차지했으며 2위 호주(18.0%), 3위 캐나다(14.4%) 순이었다."

대출 심사 시 연간 소득 중 차주의 모든 금융권 대출 원리금 상환액이 차지하는 비율을 말한다. DTI(총부채상환비율)는 소득 대비 주택담보대출 원리금에 신용대출 등 다른 대출의 이자를 더한 금융부채로 대출한도를 계산하는 반면, DSR은 기존 주택담보대출뿐만 아니라 마이너스통장, 신용대출, 자동차할부, 카드론 등 금융권 모든 대출의 원리금 상환액까지 고려하는 강력한 규제다. DSR을 적용하면 연소득은 그대로인 상태에서 금융부채가 커지기 때문에 대출 한도가 대폭 축소된다.

7광구 ▼

제주도 동남쪽과 일본의 규슈 서쪽 사이 해역에 위치한 대한민국과 일본의 공동개발해역(JDZ·Joint Development Zone)으로, 정식 명칭은 「한일공동개발구역」이다. 면적은 8만 2000km²로 서울의 124배이며, 석유와 가스 매장량이 흑해 유전과 비슷한 수준인 72억 톤에 달할 것으로 추정된다. 7광구는 지리적으로는 일본에 더 가깝지만 당시 대륙붕 연장론이 우세했던 국제 정세에 입각해 우리나라가 1970년 5월 먼저 개발해 영유권 선포를 했으나, 일본의 반대에 부딪혔다. 여기에 당시 탐사기술과 자본이 없었던 정부는 1974년 일본과 이곳을 공동으로 개발하자는 한일대륙붕협정을 맺게 됐다. 협정에 따르면 이 지역의 탐사 또는 개발과 관련해서는 한일 양국이 공동으로 진행하며, 어느 한쪽이라도 자원탐사 및 채취에 대해 동의하지 않으면 안 된다. 이 협정은 1978년 발효됐고, 50년간 유효함에 따라 2028년 만료될 예정이다. 협정 이후 한국 정부의 적극적인 요청으로 1980년 5월에서야 공동개발이 시작됐으나, 1982년 연안국으로부터 200해리(370.4km)까지의 모든 자원에 대한 독점적 권리를 인정하는 배타적경제수역(EEZ)제도를 포함한 국제해양법이 등장했다. 그러자 일본은 이 해역의 자원 탐사 및 개발에 소극적·미온적인 태도를 나타냈고, 이에 한일 공동개발을 시작한 지 8년 만에 탐사작업이 중단됐다. 이후 한국 정부의 요청으로 2002년 다시 공동탐사가 진행됐으나, 일본은 경제성이 없다는 이유를 들어 다시 일방적으로 공동탐사 중단을 선언한 바 있다.

칩스법(CHIPS Acts, 반도체과학법) ▼

"미국 상무부가 8월 6일 반도체과학법(일명 칩스법)에 근거해 SK하이닉스의 인디애나주 반도체 패키징 생산기지 투자와 관련해 최대 보조금 4억 5000만 달러와 5억 달러 규모의 대출을 지원하는 내용의 예비거래각서(PMT)에 서명했다고 밝혔다. 또 미국 재무부는 SK하이닉스가 미국에서 투자하는 금액의 최대 25%까지 세제 혜택을 제공하기로 했다. 한편, SK하이닉스는 4월 미국 내 첫 반도체 공장부지로 인디애나주를 선정, 이곳에 인공지능(AI) 메모리용 패키징 생산기지를 설립하고 인근 기관과 반도체 연구·개발에 협력하기로 했다. 총 투자 규모는 38억 7000만 달러(약 5조 2200억 원)이며, 2028년부터 AI 메모리 반도체 조립이 이뤄질 예정이다."

중국과의 기술 패권 경쟁에서 미국의 기술 우위를 강화하기 위해 반도체 및 첨단기술 생태계 육성에 총 2800억 달러를 투자하는 내용이 골자인 미국의 법이다. 2022년 8월 9일 조 바이든 미국 대통령이 서명하면서 시행됐다. 이 법에 따르면 미국 내 반도체 시설 건립 보조금 390억 달러를 비롯해 연구 및 노동력 개발에 110억 달러, 국방 관련 반도체 칩 제조에 20억 달러 등 반도체 산업에 527억 달러가 지원된다. 미국에 반도체 공장을 건설하는 글로벌 기업에 25%의 세액공제를 적용하는 방안도 포함됐다. 또 미국이 첨단 분야의 연구 프로그램 지출을 늘려 기술적 우위를 지킬 수 있도록 과학 연구 증진에 2000억 달러가량을 투입하는 내용도 담겼다.

통화스와프(Currency Swap) ▼

"한국은행이 튀르키예 중앙은행과 양자 간 자국통화스와프 갱신계약을 체결했다고 8월 12일 밝혔다. 이번 통화스와프의 목적은 양국 간 교역 증진 및 금융 협력 강화이며, 규모는 2조 3000억 원(560억 리라), 계약기간은 3년이다."

외환위기 등의 비상 상황에 자국 통화를 상대국에 맡긴 후 상대국 통화나 달러를 단기 차입하는 중앙은행 간 신용계약을 말한다. 예컨대 A국가에서 외환보유액이 바닥나 환란사태에 직면했을 경우 B국가에서 돈을 빌려오고 그 액수에 해당하는 자국(A국) 화폐를 B국에 담보로 맡기는 것이다. 예컨대 1월 1일 1300원을 내고 1달러를 빌리면, 만기일의 환율이 1500원이든 1000원이든 상관없이 1달러를 갚고 다시 1300원을 돌려받는 것이다. 이는 내용상 차입이지만 돈을 맡기고 돈을 빌려오는 것이기 때문에 형식은 통화교환이 되며, 사실상 외환 보유액이 늘어나는 효과를 가져온다. 일반적으로 한 국가의 외화가 바닥나면 국제통화기금(IMF)을 통해 자금 지원을 받는데, 이 경우 IMF의 통제로 인해 경제주권이 훼손될 수 있다. 반면 통화스와프를 국가 간에 체결하면 어느 한쪽이 외환위기에 빠질 경우 다른 한쪽이 미 달러화 등 외화를 즉각 융통해 준다. 따라서 통화스와프를 구축해두면 경제 주권을 지키면서 외환시장의 안정을 도모할 수 있다. 우리나라가 맺은 첫 통화스와프는 2001년 7월 일본과 맺은 20억 달러 규모의 계약이다.

통화지표(通貨指標) ▼

"6월 27일 한국은행에 따르면 4월 4월 광의통화(M2, 평균 잔액·계절조정)는 4013조 원을 기록했다. 이는 전월보다 16조 7000억 원(0.4%) 늘어난 것으로, 사상 처음으로 4000조 원을 돌파했다."

시중에 유통되고 있는 통화의 크기와 변동을 나타내는 척도로, 통화신용정책의 기초 자료가 된다. 우리나라는 M1(협의통화), M2(광의통화), Lf(금융기관유동성), L(광의유동성)을 편제하고 있다. M1은 지급 수단으로서 화폐의 지급결제 기능을 중시한 통화지표로, 민간이 보유하고 있는 현금과 예금취급기관의 결제성 예금 합계다. M2는 화폐의 거래적인 기능뿐만 아니라 가치를 저장하는 수단으로서의 기능까지 포괄한다. Lf는 전체 금융기관의 자금상황을 나타내는 지표이며, L은 한 국가의 경제가 보유하고 있는 전체 유동성의 크기를 측정하기 위한 지표다.

한국은행의 통화지표

M1	현금통화 + 요구불예금 + 수시입출식 저축성 예금(MMDA)
M2	M1 + MMF, 2년 미만 정기예적금, 수익증권, 시장형 상품(CD, RP, 표지어음), 2년 미만 금융채 및 금전신탁, 기타 통화성 금융상품(CMA, 2년 미만 외화예수금 등)
Lf	M2 + 2년 이상 장기 금융상품, 생명보험계약 준비금 등
L	Lf + 기타 금융기관 상품(증권사 RP, 예금보험 공사채 등), 국채, 지방채, 회사채, CP

트럼프 트레이드(Trump Trade) ▼

"트럼프 피격 후 처음 개장한 7월 15일 뉴욕 증시에서 트럼프가 대주주로 있는 트루스소셜의 모회사인 트럼프미디어앤드테크놀로지그룹의 주가가 31.4% 올랐다. 또 트럼프 테마로 얽힌 가상자산들도 가격 급등세를 기록했는데, 특히 6월 초 이후 5달러대까지 내려갔던 트럼프 테마 밈(Meme) 코인인 마가(MAGA) 코인은 사건 직후 9.97달러로 2배 가까이 가격이 급등하기도 했다."

도널드 트럼프 미국 전 대통령의 경기 부양책 수혜 종목에 투자하는 것으로, 7월 13일 트럼프 피격사건 이후 전 세계 금융시장에 확산된 움직임이다. 해당 사건 이후 트럼프의 당선 가능성 예측이 높아지면서, 투자시장에서 트럼프 관련 자산들이 일제히 강세를 보이는 「트럼프 트레이드」가 확산됐다. 트럼프 트레이드는 트럼프의 규제 완화·감세·재정지출 확대 등에 기반을 두는데, ▷규제 완화 혜택을 보는 에너지·금융주 ▷강력한 반이민 정책 등 트럼프가 주장하는 정책 관련주 등에 베팅하는 것이다. 앞서 트럼프의 재임 기간 중 트럼프 트레이드는 미 국채 금리 및 달러화 가치 상승 등으로 나타난 바 있다.

페트로달러(Petrodollar) ▼

전 세계 주요 산유국들이 원유 및 관련 상품을 수출해서 벌어들이는 돈으로, 보통 오일달러(Oil Dollar), 오일머니(Oil Money) 등으로 불린다. 협의로는 「석유를 판매해 얻은 달러」를 뜻하지만, 좀 더 넓은 개념으로는 달러로만 석유 대금을 결제할 수 있도록 한 현재의 시스템을 가리키는 용어로도 사용된다. 그동안 국제 원유는 오로지 달러로만 거래돼 왔는데, 이것은 1970년대 사우디아라비아와 미국이 맺은 비공식 계약에 근거한다. 당시 미국이 사우디아라비아를 군사적으로 지원하는 대신 오로지 달러로만 원유를 결제한다는 약속을 받은 것이다. 미국은 페트로달러를 통해 세계 원유시장을 통제하는 것은 물론 세계 기축통화로서의 달러 가치를 유지하는 효과를 얻었다. 이는 석유가 달러로만 거래되기 때문에 수입국들은 항상 거액의 달러를 비축해야 하기 때문이다.

한편, 6월 브릭스뉴스 등 외신은 사우디아라비아가 미국과의 페트로달러 협정을 갱신하지 않기로 결정하면서 협정이 만료돼 위안화나 유로화, 엔화, 루블화 등 다양한 통화로 석유가 거래될 것이라고 보도했다. 그러나 협정 자체가 공식적으로 공개된 적이 없고 미국과 사우디의 공식 입장도 나오지 않은 상태다.

PSCI(Pharmaceutical Supply Chain Initiative) ▼

제약·바이오 공급망 이니셔티브. 제약·바이오 공급망의 지속가능성을 위해 2013년 설립된 비영리기관이다. 회원사로는 존슨앤드존슨, 일라이릴리, 화이자 등 83곳만 가입돼 있어 공신력을 인정받는다. 국내 기업으로는 SK바이오팜이 2022년 업계 최초로 가입했고, 바이오의약품 CDMO(위탁개발생산) 기업으로는 삼성바이오로직스가 최초로 8월 6일 가입했다. PSCI에 가입하기 위해서는 원료 조달부터 최종 상품 제조까지 공급망 전체를 ESG(환경·사회·지배구조) 기준에 따라 관리해야 한다. PSPI는 가입 희망 기업을 ▷환경(Environment) ▷인권노동(Human Rights & Labor) ▷안전보건(Health & Safety) ▷윤리준법(Ethics) ▷관리 시스템(Management Systems) 등 PSCI의 「책임 있는 공급망 관리를 위한 원칙」에 기초해 평가한다. 평가는 850개 이상의 문항으로 구성되며, 이 평가를 통과해야 가입 자격을 얻을 수 있다.

회색코뿔소(Grey Rhino) ▼

개연성이 높고 파급력이 크지만 사람들이 간과하는 위험을 뜻하는 용어다. 갑자기 발생하는 것이 아니라 계속적인 경고로 이미 알려져 있는 위험 요인들이 빠르게 나타나지만 일부러 위험 신호를 무시하고 있다가 큰 위험에 빠진다는 의미다. 이 용어는 세계정책연구소(World Policy Institute) 대표이사 미셸 부커가 2013년 1월 다보스포럼에서 처음 사용했다. 코뿔소는 몸집이 커 멀리 있어도 눈에 잘 띄며 진동만으로도 움직임을 느낄 수 있지만, 코뿔소가 달려오면 두려움 때문에 아무것도 하지 못하거나 대처 방법을 알지 못해 부인해버리는 것에 비유한 말이다. 이런 면에서 예측과 대비가 어려운 사태를 의미하는 「블랙스완(Black Swan)」과는 차이가 있다. 한편, 중국은 3대 회색코뿔소로 정부·기업·가계 부채, 그림자금융, 부동산 거품을 꼽는다.

히트플레이션(Heatflation) ▼

열을 의미하는 히트(Heat)와 인플레이션(Inflation)을 합친 말로, 폭염으로 식량 가격이 급등하는 현상을 말한다. 폭염은 농산물의 수확량 감소는 물론 더위 피해를 입는 가축의 증가로 이와 관련된 산업에도 큰 영향을 끼친다. 여기다 무더위에 따른 전력 생산 급증으로 에너지 위기 원인으로까지 작용한다. 무엇보다 폭염은 일시적 현상이 아니라 일상화될 수 있기 때문에 지역별 경작물과 수산물 생산 현황에 직접적 영향을 미치는 등 세계 농수산업 지도를 뒤바꿀 수 있어 문제가 된다.

③ 사회·노동·환경

경계선 지능인(境界線 知能人) ▼

"교육부가 7월 3일 경계선 지능인에 대한 정부 최초의 종합 대책인 「경계선 지능인 지원 방안」을 발표했다. 정부는 경계선 지능인이 적절한 지원을 받을 수 있도록 교육·고용·사회참여·가정생활 분야 등에 대한 실태조사를 올해 중 실시한다. 만약 경계선 지능인으로 판별될 경우 「영유아기−학령기−성인기」 등 생애주기별 맞춤 지원이 이뤄지는데, 성인기 경계선 지능인을 위해서는 안정적인 사회적 자립을 돕는 맞춤형 취업 프로그램 제공이 이뤄지게 된다."

지능지수(IQ)가 71~84 정도로 지적장애인(IQ 70)과 비지적장애인 사이의 경계에 있는 이들을 가리킨다. 경계선 지능인은 지적장애는 아니지만, 평균보다 학습능력·어휘력·인지능력·이해력·사회적응력이 떨어지는 특징을 보인다. 다만 맞춤형 교육 등이 이뤄질 경우 학습과 취업 등의 일상생활이 가능해 「느린학습자」라고도 불린다. 2023년 7월 공개된 국회입법조사처의 〈경계선 지능인 현황과 향후 과제 보고서〉에 따르면 IQ 정규분포도로 본 국내 경계선 지능인은 전체 인구의 약 13.6%로, 인구 수로는 약 700만 명을 차지한다. 이들은 인지능력 저하로 학령기에는 학습 및 교우관계에서 어려움을 겪고, 성인이 된 뒤에는 사회생활 부적응과 낮은 업무 이해능력으로 취업이나 근무 시에 여러 문제를 겪는다. 하지만 경계선 지능인은 지적장애와 달리 보기에는 티가 잘 나지 않아 대화를 나누거나 함께 생활하지 않는 이상 구분하기가 쉽지 않다. 무엇보다 「장애정도 판정기준」에 명시된 지적장애 기준(지능지수 70 이하)에 해당하지 않아 복지 사각지대에 놓여 있다는 점에서 문제가 되고 있다.

계속고용제도(繼續雇傭制度) ▼

"현대자동차와 현대차노조가 7월 8일 생산직 근로자에 대한 계속고용 방안을 도출하기 위해 노사 동수로 「정년 관련 태스크포스(TF)」를 꾸리는 데 잠정 합의했다. 3만여 명의 생산직 근로자가 일하는 현대차가 TF를 통해 계속고용 방안을 확정하면 국내 산업계 전반에 상당한 영향을 미칠 것이라는 전망이 나온다. 또 현대차는 정년(만 60세) 이후에도 생산직(기술직·정비직) 근로자가 원하면 1년 더 근무할 수 있도록 허용하는 「숙련 재고용 제도」를 만 62세까지로 1년 더 늘리기로 했다."

정년을 채운 뒤에도 계속 일할 수 있도록 하는 것으로 ▷퇴직 후 재고용 ▷법적 정년 연장 ▷정년 폐지 등이 이에 해당한다. 현재 법적 정년은 60세로 규정돼 있는데, 이는 2013년 5월 22일 개정된 「정년 60세 연장법」에 따른 것이다. 계속고용제도를 시행할 경우 근로자들은 정년 후에도 현재 일자리에서 계속 근무할 수 있어 국민연금 수령까지의 소득 공백이 해소될 수 있으며, 기업은 업무 경험이 풍부하고 숙련도가 검증된 근로자를 계속 고용하면서 생산성 향상은 물론 인력 채용 비용을 절감하는 효과를 누릴 수 있다. 계속고용제도는 저출생·고령화에 따른 노동 공급 부족에 대응하기 위해 그 필요성이 높아지고 있는데, 실제 한국은행이 7월 1일 발표한 「2차 베이비부머 은퇴 연령 진입에 따른 경제적 영향 평가」 보고서에 따르면 2차 베이비부머(1964~1974년생) 954만 명(전체 인구 대비 비중 18.6%)이 11년에 걸쳐 법정 은퇴 연령(60세)에 진입하게 된다.

> **베이비부머** 특정 기간 인구가 급증한 때 태어난 세대를 베이비부머라 하는데, ▷6·25 전쟁이 끝난 뒤 출생이 늘어난 1955~1963년 태어난 세대를 1차 베이비부머 ▷이후 산업화가 급속 진행되면서 연간 출생아 수가 90만~100만 명에 달했던 1964~1974년생을 가리켜 2차 베이비부머라 부른다.

고용허가제(雇庸許可制)　　　▼

"정부가 7월 19일 외국인력정책위원회를 열고 음식점업 외국인력 도입 시범사업의 대상을 확대하고 요건을 완화하는 방안을 확정했다. 이에 따라 시범사업 지역은 기존 100개 지방자치단체에서 전국으로 확대되고, 외국인 고용 가능 업종에는 한식 외에 중식, 일식, 서양식, 기타 외국식 음식점업도 추가됐다. 또 기존에는 5인 이상 사업장의 경우 5년 이상, 5인 미만 사업장은 7년 이상이던 업력 조건도 규모와 관계없이 5년 이상으로 통일했다."

국내 인재를 채용하지 못한 기업에 대해 합법적으로 외국인 근로자를 고용하도록 허용하는 제도로, 인력난을 겪는 중소기업이 외국인력을 고용할 수 있도록 비전문 취업비자(E-9) 등을 발급하는 것이다. 이는 내국인의 고용기회 보호와 3D 업종 등 중소기업의 인력부족 현상을 해결하는 동시에 외국인 근로자에 대한 효율적인 관리체계를 구축하기 위해 도입됐다. 이는 2003년 7월 31일 「외국인근로자의 고용 등에 관한 법률」이 통과됨에 따라 2004년 8월부터 시행되고 있으며, 2007년부터는 기존의 산업연수생제도가 폐지되고 고용허가제가 전면적으로 시행되고 있다. 이는 국무총리실에 외국인력정책위원회(국무총리실장이 위원장)를 설치, 매년 인력수급 동향과 연계해 적정 외국인 근로자의 도입규모와 업종을 결정하고 송출국가를 선정하고 있다.

관광진흥법상 특별관리지역　　　▼

"서울 종로구가 7월 1일 북촌한옥마을을 관광진흥법상 특별관리지역으로 지정해 관광객들의 통행을 제한하기로 했다고 밝혔다. 지정된 특별관리지역은 112만 8000㎡(약 34만 평) 규모로, 주민 불편이 많은 정도에 따라 ▷레드존 ▷오렌지존 ▷옐로존 등 3개 구역으로 나눴다. 특히 주민 민원이 가장 많이 제기되는 레드존(북촌로11길(3만 4000㎡))의 경우 관광객의 통행시간을 오전 10시부터 오후 5시까지로 제한한다. 이러한 구역별 통행 제한은 하반기 관련 조례를 개정한 뒤 오는 10월부터 계도기간을 갖고 내년 3월 본격 시행에 들어가게 된다."

수용 범위를 넘는 관광객 방문으로 자연환경이나 주민 생활환경 훼손 우려가 있는 지역에 대해 지정하는 것이다. 또 차량을 이용한 숙박·취사 등의 행위로 자연환경이 훼손되거나 주민의 평온한 생활환경을 해칠 우려가 있어 관리할 필요가 있다고 인정되는 지역에도 특별관리지역이 지정된다. 특별관리지역으로 지정되면 관광객 방문시간 제한, 편의시설 설치, 이용수칙 고지, 이용료 징수, 차량·관광객 통행 제한 등의 필요한 조치를 시행할 수 있으며, 이를 위반할 시 1000만 원 이하의 과태료가 부과될 수 있다. 또 문화체육관광부 장관은 특별관리지역 지정 현황을 관리하고 이와 관련된 정보를 공개해야 하며, 특별관리지역을 지정·운영하는 지방자치단체와 그 주민 등을 위한 필요한 지원을 할 수 있다.

기준 중위소득(基準 中位所得) ▼

"보건복지부가 7월 25일 중앙생활보장위원회(중생보위)를 열어 내년도 기준 중위소득을 1인 가구 기준 올해(222만 8445원)보다 7.34% 증가한 239만 2013원으로 결정했다. 4인 가구 기준으로는 6.42% 늘어난 609만 7773원으로 정해졌다. 기준 중위소득 대비 일정 비율을 적용하는 내년도 급여별 선정기준은 올해와 동일하게 정해졌는데, 생계급여는 기준 중위소득의 32%, 의료급여는 40%, 주거급여는 48%, 교육급여는 50% 이하가 지급기준이다."

전 국민을 소득순으로 줄 세웠을 때 정중앙에 위치한 사람의 소득을 「중위소득」이라고 하는데, 정부가 이 중위소득에 여러 경제지표를 반영해 산출하는 수치다. 기준 중위소득은 국민기초생활보장제도를 비롯해 13개 부처·74개 복지제도의 기준이 되는 지표로, 매년 8월 1일까지 공표한다. 특히 기준 중위소득은 국민의 최저생활을 보장하고 자활을 돕는 것을 목적으로 하는 국민기초생활보장의 급여 기준을 정하는 중요 지표가 된다. 정부는 통계청의 가계금융복지조사로 산출한 「중위소득 증가율(기본증가율)」과 실제 중위소득과 격차를 줄이기 위한 「추가 증가율」 등을 고려, 중생보위 심의·의결을 통해 해마다 기준 중위소득을 정하고 있다.

기후위험지수(CRI·Climate Risk Index) ▼

"한국은행 전북본부 기획조사팀 정원석 과장 등이 8월 19일 「이상기후가 실물 경제에 미치는 영향」 보고서를 통해 이상기후가 국내 지역 및 경제에 미치는 영향을 분석했다. 해당 보고서는 2001~2023년 16개 시·도별로 5가지 요인(이상고온·이상 저온·강수량·가뭄·해수면 높이)을 1980~2000년과 비교해 기후위험지수(CRI)를 산출했다. 지수가 높을수록 이상기후 현상이 심화되고 있음을 뜻하는데, 국내에서 경제학적 분석을 위한 이상기후 지표를 제시한 것은 이번이 처음이다."

기후변화가 농림어업 등 산업생산에 주는 악영

향이 갈수록 높아지면서 한국은행이 최초로 개발해 내놓은 이상기후 지표를 말한다. 이는 기후변화 추이를 종합적으로 포착하고, 실물경제에 미치는 영향을 경제학적으로 분석하기 위함으로, ▷이상고온 ▷이상저온 ▷강수량 ▷가뭄 ▷해수면 높이의 변화 추세를 종합적으로 분석하는 지표다. 1980~2000년을 기준 기간으로 두고, 2001~2023년의 기후변화 추세를 포착했다. 이 기준기간의 월별 상위 10%에 해당하는 기온보다 높거나 낮은 날의 빈도수, 매월 비가 가장 많이 내린 5일에 대한 강수량 합계, 월별 평균 해수면 높이 등을 표준화해 하나의 기후위험지수로 나타냈다. 연구진 분석에 따르면 2001년 이후 이상기후 위험성은 눈에 띄게 증가했는데, 강원도의 경우 이상고온 빈도 증가세가, 제주도에서는 해수면 높이 상승세가 전체적인 기후위험지수를 상승시켰다. 산업생산에 미치는 부정적인 영향은 최근 들어 더 커진 것으로 나타났는데, 특히 농림어업의 경우 이상기후가 성장률을 최대 1.1%포인트 깎아내리는 것으로 나타났다.

난카이 트로프(Nankai Trough) ▼

"일본 기상청이 8월 15일 오후 5시를 기해 「난카이 트로프(해곡) 지진 임시 정보(거대 지진 주의)」를 해제했다. 앞서 기상청은 지난 8월 8일 규슈의 미야자키현 앞바다에서 규모 7.1의 지진이 발생하자, 「앞으로 7일 내 거대 지진의 발생 가능성이 평상시보다 여러 배 커졌다」는 주의보를 발령한 바 있다. 일본에 난카이 트로프 지진 임시 경보가 발령된 것은 2019년 운영을 시작한 이후 처음 있는 일이었다."

일본 시즈오카(静岡)현 쓰루가(敦賀)만에서 규슈(九州) 동쪽 태평양 연안 사이 4000m 해저에 위치한 해저 봉우리와 협곡 지대를 뜻한다. 일본 열도는 4개의 판으로 둘러싸여 있는데, 난카이트로프는 지구 지각의 유라시아판과 필리핀판이 만나는 지점에 위치해 있다. 이 협곡을 따라 판의 경계에서는 필리핀판이 유라시아판 아래로 1년에 수cm씩 가라앉고 있는데, 필리핀판이 유

▲ 난카이 트로프 위치

라시아판을 압박하는 압력을 이기지 못하고 어긋나면서 지진이 발생한다. 난카이 트로프 지역에서는 그간 100~150년 간격으로 규모 8~9의 대지진이 발생해 왔는데, 가장 최근에 발생한 것은 1946년 규모 8의 쇼와 난카이 지진으로 당시 1400명 이상이 사망한 바 있다. 일본 문부과학성 지진조사위원회는 2018년, 향후 30년 이내 이 일대에서 리히터 규모(M) 8~9의 대지진이 일어날 확률을 80%로 예측한 바 있다.

넷제로(Net-Zero) ▼

"구글이 7월 2일 지난해 자사의 온실가스 배출량을 분석한 연례 환경 보고서를 발표했다. 이에 따르면 구글이 2023년 배출한 온실가스는 1430만t으로, 2022년(1260만)보다 13.5% 증가했다. 이는 인공지능(AI)을 훈련시키는 데 드는 전력량이 폭증한 결과로, 구글은 당초 2030년을 목표로 했던 넷제로 달성이 쉽지 않을 것 같다고 밝혔다. 이처럼 최근 인공지능(AI) 열풍으로 빅테크들의 데이터 센터에 대한 의존도가 커지면서, 넷제로에 대한 회의론이 대두되는 상황이다."

개인이나 기업 등에서 배출한 온실가스를 다시 흡수해 실질적인 배출량을 0으로 만드는 것으로, 「탄소 중립」 또는 「기후 중립」이라고도 한다. 배출한 이산화탄소의 양을 고려해 나무를 심거나 풍력·태양력 발전과 같은 청정에너지 분야에 투자함으로써 오염을 상쇄하는 식이다. 넷제로는 2016년 발효된 파리협정에서 121개 국가가 「2050 탄소중립 목표 기후동맹」에 가입하면서 전 세계의 화두가 됐다. 여기에 2020년 코로나19 사태로 기후변화의 심각성에 대한 인식이 확대됨에 따라 우리나라를 포함한 중국·일본 등 주요국의 넷제로 선언이 이어졌다. 이에 따라 핀란드는 2035년, 스웨덴은 2045년, 한국·영국·프랑스·캐나다·일본 등은 2050년, 중국은 2060년까지 넷제로를 달성하는 것을 목표로 잡았다.

농촌 체류형 쉼터 ▼

농림축산식품부가 농지법 하위법령 개정을 통해 12월부터 조성을 허용한 건축물로, 본인이 소유한 농지에 컨테이너 등 가설 건축물로 조성할 수 있다. 농막(農幕)의 경우 영농 활동을 위한 편의 시설이기 때문에 취사와 숙박 등 주거 행위가 원칙적으로 금지되지만 새로 도입되는 농촌 체류형 쉼터는 주말 농부나 귀농인 등이 1~2일씩 머무를 수 있는 임시 거주 시설이다. 기존 농막의 면적 제한이 20m²(6평)인데 반해 농촌 체류형 쉼터는 33m²(10평)까지 조성할 수 있으며, 부엌과 화장실·침실도 마련할 수 있다. 쉼터를 한 번 지으면 3년간 사용할 수 있고, 3번 연장해 최장 12년까지 유지할 수 있다. 정부는 쉼터를 임시거주시설로 보고 주택에서 제외, 양도소득세나 종합부동산세 등 부동산 관련 세금은 부과하지 않기로 했다. 다만 취득세나 재산세는 내야 하며, 쉼터에 전입신고를 하는 것은 허용되지 않는다. 또 주말 농부들을 위한 숙소인 만큼, 농사를 짓지 않은 채 쉼터만 별장으로 이용하는 행위도 금지된다.

농막 vs 농촌 체류형 쉼터

농막	구분	농촌 체류형 쉼터
최대 20m²(6평)	면적	최대 33m²(10평)
없음/ 불가능	부대시설/ 취사·취침	처마·덱·정화조/ 가능
3년마다 무제한 연장 가능	사용기간	초기 3년 이용 후 최대 3번 연장해 12년까지 사용 가능
영농 편의시설	시설 분류	임시 주거시설
부과하지 않음	부동산 보유세	부과하지 않음

동시 고립사 ▼

일본의 중년 히키코모리(은둔형 외톨이)들이 유일한 의지였던 부모의 죽음 이후 함께 생을 끊거나, 부모의 연금이 끊기면서 생활고로 사망하는 것을 이르는 말이다. 이는 히키코모리의 장기

화가 일본의 초고령사회 현상과 맞물리면서 일어나고 있는 현상으로, 50대 중장년이 되어서도 80대가 된 고령의 부모에게 의존하는 문제에서 시작된 것이다. 이를 가리켜 「8050 문제」라고 하는데, 이는 80대 부모와 히키코모리인 50대 미혼 자녀가 동거하면서 발생하는 문제를 가리킨다. 일본의 경우 1990년대 초 버블경제 붕괴 이후 찾아온 경제불황 장기화로 많은 청년들이 사회에 진출하지 못한 채 히키코모리가 되면서 사회문제로 대두됐다. 이때만 해도 히키코모리는 젊은 세대의 문제라는 인식이 강했지만, 이후 30년이 넘는 시간이 흐르면서 중장년 히키코모리가 새로운 문제로 부상하기 시작했다. 그리고 이러한 문제는 고령의 부모와 중장년의 히키코모리가 함께 사망하는 「동시 고립사」라는 사망 유형을 발생시키면서 그 심각성을 더하고 있다. 더욱이 고령화 심화로 8050 문제에서 9060 문제(90대의 부모가 60대의 미혼 자녀를 지원)로까지 확산되고 있는 상태다.

> **히키코모리(引き籠もり)** 틀어박히다는 뜻의 일본어 「히키코모루」의 명사형 단어로, 일본의 정신과 의사 사이토 다마키가 2005년 자신의 저서를 통해 최초로 소개한 개념이다. 이들은 사회 생활에 적응하지 못해 방이나 집 등의 특정 공간에서 벗어나지 않거나 나가지 못하는데, 사이토는 히키코모리를 장애나 질병으로 보기보다는 다양한 사회·개인적 요인들에 의한 상태로 보았다.

맞폭　　　　　　　　　　　　　▼

학교폭력과 관련해 가해 학생이 적반하장식으로 피해 학생을 가해자로 맞신고하는 사례가 늘면서 등장한 말이다. 맞폭 피해 학생들은 오히려 학교폭력 가해자가 돼 학교폭력대책심의위원회(학폭위)에 불려가거나 수업에서 배제되기도 하며, 장기간 법적 분쟁에 휘말리는 등 2차 피해를 당하게 된다. 이러한 맞폭은 학교폭력에 대한 처벌이 강화되는 데다 학폭위 처분이 대학 입시와 연계되면서 점차 늘고 있는 것으로 알려졌다. 실제

로 2023년 발표된 학교폭력 근절 종합대책에 따라 2026학년도 대입에서는 학교폭력 조치 사항이 의무적으로 반영되며, 학교생활기록부에 학교폭력 관련 조치사항이 기록된 수험생은 각 대학이 정한 평가 방식에 따라 불이익을 받게 된다.

모수개혁·구조개혁　　　　　　　▼

국민연금 개혁은 연금 제도를 어느 범위까지 변경하느냐에 따라 크게 「모수개혁」과 「구조개혁」으로 나뉜다. 모수개혁에서의 「모수(母數·Parameter)」는 보험료율(소득 대비 내는 돈 비율)·소득대체율(받는 돈 비율)·연금 수령연령 등의 주요 변수들로, 모수개혁은 이러한 변수들을 조정하는 것이 핵심이다. 해당 조정에 따라 국민연금 기금의 장기 지속 여부가 결정되는데, 현재 보험료율은 9%이고 소득대체율은 40%이다. 그러나 모수개혁만 할 경우 국민연금 적립금의 고갈 시기는 다소 늦출 수 있으나, 기금 소진 후 막대한 누적 적자가 쌓이는 것은 막을 수 없다는 한계가 있다. 구조개혁은 모수개혁만으로는 연금 재정의 지속 가능성을 담보할 수 없기에 기초연금 및 각종 특수직역(공무원 등) 연금 등과 연계하거나 연금의 지속 가능성을 보장하는 제도적 장치를 마련하는 등 연금의 구조 자체를 바꾸는 것을 뜻한다. 우리나라의 연금 제도는 기초·국민·퇴직·직역(공무원, 사학, 군인 등) 등 다층적인 노후소득 보장체계로 구성돼 있는데, 구조개혁은 이들을 연계해 보장성을 따진 뒤 연금 시스템을 근본적으로 바꾸자는 것이다. 이는 연금제도의 틀 자체를 바꾸는 것이기에 모수개혁보다 훨씬 복잡하고 시간이 오래 걸린다.

백일해(百日咳·Pertussis)　　　　▼

"7월 3일 질병관리청에 따르면 이날까지 올해 우리나라 백일해 누적 발생 수는 5127건으로, 작년 같은 기간(1~6월·14명)의 366배다. 백일해는 지난 2014년부터 2023년까지 10

년 동안 총 2683건 발생한 바 있어 올해 약 6개월 동안 발생한 백일해는 지난 10년간 발생한 백일해의 1.9배에 달하고 있다."

보르데텔라균에 의해 발병하는 호흡기 질환으로, 백일 동안 증상이 계속된다는 의미에서 백일해란 이름이 붙었다. 백일해는 감염자가 기침이나 재채기를 할 때 나오는 침이나 콧물을 통해 감염된다. 잠복기는 보통 7~10일로, 감염 후 2주 동안은 콧물과 약한 기침 등 일반 감기와 비슷한 증상을 보인다. 이후 4주 동안은 기침이 점점 심해져 참을 수 없는 발작성 기침도 나오는데, 숨을 들이쉴 때「훕」소리가 나는 것도 이 시기다. 이후 회복기에 접어들면 2~3주에 걸쳐 서서히 기침이 줄어든다. 이처럼 백일해의 초기 증상은 감기와 유사하지만 영유아의 경우 심각하면 생명에 지장을 줄 수 있다. 백일해는 국가기본접종 대상으로 지정돼 있는데, 생후 2·4·6개월마다 한 번씩 총 3회 기초접종을 한 뒤 15~18개월, 만 4~6세, 만 11~12세에 추가접종 3회를 하면 완전히 예방할 수 있다.

사이버 렉카(Cyber Wrecker) ▼

"1000만 구독자를 보유하고 있는 유명 먹방 유튜버 쯔양(본명 박정원)이 7월 11일 소속사 대표였던 전 남자친구에게 4년간 폭력과 불법촬영 등을 당했다고 밝혔다. 이번 사태는 쯔양이 남자친구에게 협박받은 사실을 알게 된 일부 사이버 렉카들이 이 사실을 돈벌이에 어떻게 활용할지 모의하는 정황이 담긴 녹취가 폭로되면서 드러났다. 이에 사이버 렉카가 다시금 사회적 문제로 대두된 가운데, 온라인상의 악의적 명예훼손에 따른 수익을 몰수하는 내용의 법안이 8월 1일 국회에 발의됐다."

교통사고 현장에 잽싸게 달려가는 렉카(Wrecker·견인차)처럼 온라인 공간에서 이슈가 생길 때마다 재빨리 짜깁기한 영상을 만들어 조회수를 올리는 이슈 유튜버들을 비판하면서 등장한 말이다. 이들은 온라인에서 화제가 되는 이슈를 다룬 영상을 집중적으로 올리는데, 대부분 기성 언론이 보도한 기사와 사진, 동영상을 편집한 화면에 자신의 목소리만을 덧씌운 영상을 올린다. 이처럼 사이버 렉카들은 남들보다 빠르게 영상을 올려야 더 많은 조회수를 선점할 수 있다는 점 때문에 자신이 직접 제작한 콘텐츠가 아닌 이미 나와 있는 자료화면이나 보도를 짜깁기하는 경우가 대부분이다. 여기에 최근에는 복붙(복사해 붙여넣기)한 콘텐츠는 물론 제작자의 근거 없는 생각(뇌피셜)이나 루머까지 유포하면서 큰 문제가 되고 있다. 아울러 조회 수를 높여 수익을 확보하기 위해 실제 내용과는 거의 관련이 없는 자극적인 썸네일이나 자막을 게재하는 등 저질 콘텐츠를 양산하는 문제가 계속되고 있어, 이에 대한 대책 마련이 요구되고 있다.

산사태 취약지역 ▼

"산림청이 7월 17일 현재 약 2만 9000곳인 산사태 취약지역을 2027년까지 11만 곳으로 늘린다고 밝혔다. 산사태 취약지역은 2011년 서울 서초구 우면산 산사태 이후 처음 도입돼 2019년 2만 6238곳, 2021년 2만 6923곳, 2023년 2만 8988곳 등으로 매년 늘어나고 있다."

산사태 등으로 인명 및 재산 피해가 우려되는 곳을 미리 지정해 정부가 예방 조치를 하는 지역으로, 2011년 서울 서초구 우면산 산사태 이후 도입됐다. 우면산 산사태는 2011년 중부권을 강타한 폭우로 우면산에서 산사태가 발생하면서 16명이 사망한 사고를 말한다. 산림보호법에 따르면 산림청장은 전국을 대상으로 5년마다 산사태 발생 우려지역에 대한 기초조사를 실시하고 그 결과를 지역산사태 예방기관의 장 등에게 통보해야 한다. 그리고 지역산사태 예방기관의 장은 실태조사 결과를 기초로「산사태 취약지역」을 지정할 수 있다. 이는 산림청의 기초조사와 지방자치단체의 실태조사, 전문가 검증 등을 거쳐 위험도를 4개 등급으로 분류하는데, 이들 중 위험이 크다고 판단되는 1~2등급지를 취약지역으로 지정·관리한다. 산사태 취약지역에서는 사방시설을 훼손하거나 설치·관리하는 것을 거부·방해하는 행위가 금지된다. 또 지역산사태 예방기관의 장은 산사태 취약지역의 산사태 예방을 위해 사방사업을 우선적으로 시행해야 하며, 해당 지역에 대해 연 2회 이상 현지점검을 실시하고 응급조치 및 보수·보강 등의 필요한 조치를 해야 한다.

생활인구(生活人口) ▼

"통계청이 7월 25일 발표한 「1분기 월별 생활인구 산정 결과」에 따르면, 지난 3월 기준 전남 구례군을 포함한 인구감소지역 89곳의 생활인구가 2497만 5000명으로 나타났다. 주민등록상 인구와 외국인 거주자를 합친 등록인구는 489만 8000명에 그쳤지만, 체류 인구(방문객)가 2007만 7000명에 달한 것이다. 통계청이 인구감소지역 전체를 대상으로 생활인구를 집계해 발표한 것은 이번이 처음이다."

국가 총인구가 감소하는 상황에서 지방소멸에 효과적으로 대응하고, 교통·통신이 발달함에 따라 이동성과 활동성이 증가하는 생활유형을 반영하기 위해 2023년 「인구감소지역 지원 특별법」이 시행되면서 도입된 개념이다. 기존 주민등록인구에 근무, 통학, 관광, 휴양 등을 목적으로 특정 지역을 방문해 체류하는 인구(월 1회 이상 해당 지역을 방문해 하루 3시간 머무른 사람들)와 출입국관리법상 등록 외국인 등을 포함한 인구가 이에 해당한다. 즉, 정주인구 뿐만 아니라 일정 시간·일정 빈도로 특정 지역에 체류하는 사람까지 지역의 인구로 보는 것으로, 최근 지방소멸을 막기 위한 대안으로 주목받고 있다.
생활인구의 세부요건 등에 관한 규정 및 관련 법령에 따르면 생활인구는 크게 ▷주민등록법에 따라 주민으로 등록한 사람 ▷통근·통학·관광 등의 목적으로 주민등록지 이외의 지역을 방문해 하루 3시간 이상 머무는 횟수가 월 1회 이상인 사람 ▷출입국관리법에 따라 외국인등록을 하거나 재외동포의 출입국과 법적 지위에 관한 법률에 따라 국내거소신고를 한 사람으로 구분된다. 대표적인 생활인구 사례로 휴양지에서 원격 근무하는 워케이션 근무자나 일주일 중 5일은 도시에서 살고 주말 2일은 농촌에서 지내는 5도2촌 생활자 등을 들 수 있다.

서울달(SEOULDAL) ▼

"서울시와 서울관광재단이 7월 6일부터 8월 22일까지 「서울달」 시범운영을 실시하고 23일부터 정식 운행을 시작할 예정이라고 6월 28일 밝혔다."

헬륨의 부력을 이용해 수직 비행하는 가스 기구로, 기구의 풍선(기낭) 안에 공기보다 가벼워 둥둥 뜨는 헬륨가스를 채우고 로프를 매달아 위아래로만 움직이는 것이다. 서울달의 풍선 크기는 지름 22.5m로, 여기에 30명이 탈 수 있는 지름 5.8m 고리 모양의 바구니가 매달려 있다. 서울달은 최대 130m 높이에서 비행하는데, 1회 비행에는 약 15분이 소요된다. 서울달은 시범운영 기간(7월 6일~8월 22일)에는 온·오프라인 이벤트로 선정된 시민, 자치구별 지역주민 등을 대상으로 무료로 탑승 체험을 제공한다. 정식개장 이후에는 정기 시설점검이 진행되는 월요일을 제외한 매일 정오부터 밤 10시까지 운영되는데, 탑승료는 성인(만 19~64세) 2만 5000원, 어린이·청소년과 노인은 2만 원이다. 다만 서울시의 대중교통 정기권인 기후동행카드를 사용하면 10%의 할인을 받을 수 있다.

슈퍼센티네리언(Supercentenarian) ▼

110년 넘게 생존한 사람이나 100세를 넘기고도 건강한 사람들을 통칭하는 말이다. 현재 인류의 기대수명은 100세 미만이지만 의학 발달 등에 따른 평균수명 증가로 이러한 센티네리언도 함께 늘어날 것으로 전망되고 있다. 세계 최장수 기록은 1875년에 태어나 1997년에 사망한 프랑스 여성 잔 루이즈 칼망의 122세 164일이다. 칼망은 1875년에 태어나 1997년까지 122살을 생존한 유일한 여성으로, 1995년 그의 삶이 프랑스에서 다큐멘터리로 제작되기도 했다. 파리 에펠탑이 완공되기 14년 전에 태어난 칼망은 빈센트 고흐(1853~1890년)를 직접 본 인물로 화제가 됐으며, 이에 19세기말부터 20세기말까지 산 근현대사의 증인이라는 별명을 얻기도 했다.

스텔스 장마 ▼

레이더망을 피해 숨어 있다가 갑자기 공격하는 스텔스 전투기처럼 예상치 못했던 장마가 갑자기 튀어나와 물폭탄을 퍼붓는 상황을 가리킨다. 즉, 기상청 슈퍼컴퓨터마저 강수량을 예측할 수 없는 기습적이고 변덕스러운 장마라는 뜻에서 생겨난 말이다. 이는 언제 어디서 어떻게 쏟아질지 예측이 어렵다는 점에서「홍길동 장마」,「도깨비 장마」라고도 불리는데, 폭우 구름이 옮겨 다니면서 좁은 지역에 비를 퍼붓는 특징을 보이기도 한다. 실제로 올해 들어 슈퍼컴퓨터의 수치예보모델에 강수 집중구역 등 기상 변화가 예측되지 않는 사례가 많아지면서 한반도의 장마 형태가「스텔스 장마」로 변했다는 분석이 제기됐다. 그동안 우리나라 장마전선은 남북으로 얇고 동서로 긴 띠를 형성해 지속적으로 비가 내리는 양상을 보였는데, 근래에는 단시간 좁은 지역에 집중호우가 펼쳐지는 양상을 보이고 있는 데 따른 것이다. 전문가들은 이러한 패턴 변화를 지구온난화 영향으로 분석하고 있는데, 서태평양 지역 해수면 온도가 높아지면서 수증기가 공급될 수 있는 유입원이 늘어나 저기압의 영향력이 강해졌기 때문이라는 분석이다.

시니어 레지던스(Senior Residence) ▼

"정부가 7월 23일 경제관계장관회의에서 발표한「시니어 레지던스 활성화 방안」에 따르면 과거 폐지됐던 분양형 실버타운을 일부 지역에 한해 다시 허용한다. 또한 주택 사업자들이 토지를 소유하지 않고 빌리기만 해도 실버타운을 설립할 수 있도록 관련 법령을 개정한다는 방침이다. 아울러 용지를 확보하기 위해 유휴시설(대학 시설, 폐교, 숙박시설, 오피스텔 등)과 국유지(군부대 이전 용지, 노후 공공청사 등)도 대폭 활용하는데, 이는 도심 내 유휴시설을 시니어 레지던스로 전환할 수 있도록 용적률 완화를 유도한다는 것이 정부 방침이다."

주거·가사·건강·여가 서비스가 결합된 노인 주거 시설로, ▷실버타운(고소득층 민간 노인복지주택) ▷실버스테이(중산층 민간임대주택) ▷고령자 복지주택(저소득층 공공임대주택)으로 구성

된다. 실버타운은 국가와 지방자치단체 등이 재정을 지원해 운영되는 양로원이나 요양원과 달리 입주자들의 입주금으로 운영되는 노인 거주단지를 말한다. 고령자 복지주택은 65세 이상 어르신들이 안정적인 주거생활과 필요한 돌봄 서비스를 받을 수 있도록 설계된 임대주택으로, 임대주택과 사회복지시설이 복합적으로 조성돼 있다. 실버스테이는 동작 감지기와 단차 제거 등 고령층 특화 시설이 갖춰진 주택으로 의료·요양 등의 노인 돌봄 서비스가 제공된다. 이러한 시니어 레지던스는 노인들이 안정적이고 편안한 생활을 할 수 있도록 지원하는 주거시설이라는 점 외에도 노인들의 정기적인 건강관리와 다양한 사회활동 및 교류 환경을 제공한다는 특징을 지니고 있다.

C형 간염(Hepatitis C) ▼

바이러스성 간염의 일종으로, C형 간염 바이러스가 혈액에 침입해 간에 염증을 일으키는 질병을 말한다. C형 간염은 일상적인 접촉으로는 전염이 되지 않고 주로 혈액이나 주사기 바늘 또는 성접촉 등을 통해 전파된다. C형 간염바이러스의 만성화율은 70~80%에 달하는데, 일단 만성이 되면 자연 치유가 되는 일은 거의 없다. 우리나라 사람 중 1~2% 정도가 앓고 있는데, 간경화·간암 등 만성질환으로 악화될 가능성이 높은 데다 바이러스 변이가 잘 이뤄져「유사 에이즈」라고도 불린다. 이 바이러스에 감염되어도 처음에는 가벼운 독감과 비슷한 증세가 나타나기 때문에 환자 스스로는 감염사실을 모르는 경우가 대부분이다. 따라서 C형 간염 항체를 확인하는 정기검진이 매우 중요한데, 조기에 발견해 치료하면 완치율이 높은 편이다. 특히 한국인은 C형 간염 치료제의 효과가 높은 유전적 특성을 가지고 있어 치료에 유리한 것으로 알려져 있다. 국내에서는 지난 2015년 서울 양천구 다나의원에서 주사기를 재사용하면서 C형 간염 감염자가 집단적으로 발생해 파문이 인 바 있다.

안티투어리즘(Antitourism) ▼

외국인 관광객을 기피하는 현상으로, 관광객이 지나치게 몰려들면서 물가가 급등하고 현지 주민들의 삶이 침해당하면서 벌어지는 현상을 말한다. 안티투어리즘은 수용 가능한 범위를 넘어서는 관광객이 관광지에 몰려들면서 해당 지역을 점령하고 주민들의 삶을 침범하는 「오버투어리즘(Overtourism)」에 대응해 나타난 움직임이다. 실제로 관광객이 너무 많이 몰려들게 되면 해당 지역은 환경 파괴, 교통대란, 주거난, 소음 공해 등의 여러 부작용이 발생하게 되며 급기야 원주민이 다른 곳으로 이전할 수밖에 없는 상황에 놓이기도 한다. 이러한 상황에서 시작된 안티투어리즘은 2010년대 후반만 해도 이탈리아 베네치아, 스페인 바르셀로나 등 일부 유럽의 유명 관광지에서만 볼 수 있었으나 코로나19 팬데믹이 끝난 이후 해외 관광객이 급증하면서 유럽 전체는 물론 전 세계로 확산되는 추세. 특히 베네치아는 올해 세계 최초로 당일치기 관광객에 하루 5유로(약 7500원)의 도시 입장료를 시범 도입한 바 있으며, 스페인 바르셀로나는 호텔 신축 허가를 전면 중단하고 공유숙박 플랫폼인 에어비앤비를 강력 제재하고 있다. 일본의 경우

외국인 관광객의 숙박 요금에 세금을 징수하는 지방정부가 늘고 있는데, 숙박세는 1박당 50엔~1000엔(약 440~8800원) 정도가 부과되고 있다.

야토병(野兎病, Tularemia) ▼

"질병관리청이 7월 12일 수원시에서 앞서 6일 신고된 야토병 의심 환자에 대한 최종 확인 검사 결과 음성으로 판정됐다고 밝혔다. 이 남성은 지난 6월 29일 집 근처 소곱창 식당에서 소 생간을 먹은 뒤 복통과 발열 증상으로 병원에 입원했으나, 입원 4일 만에 상태가 호전돼 퇴원한 바 있다. 당시 이 남성의 최초 혈액 검사에서 야토병균 양성 반응이 나왔으

나, 이후 확인여부 판단을 위해 진행한 혈청 검사에서는 음성으로 확인된 것이다."

야토균(프란시셀라 툴라렌시스균)을 통해 감염되는 제1급 법정감염병으로, 인수공통질환이다. 이는 보통 병원균을 가진 토끼류, 다람쥐·너구리 등 설치류 또는 그 사체를 만지거나 생으로 먹을 경우 감염되며 감염된 진드기·모기 등의 매개충에 물려 감염될 수도 있다. 잠복기는 3~5일 정도로, 최대 14일까지 나타나기도 한다. 야토병은 발열·궤양·오한·두통·설사·구토 등을 동반하는데, 치명률은 진드기 등에 물려 피부 감염된 경우 8% 수준이지만 폐렴이나 혈액 매개로 감염될 경우에는 30~60%로 높다. 이에 야토병은 2006년 제4급 법정감염병으로 지정됐으며, 2010년에는 제1급 법정감염병 및 생물테러감염병으로 상향 지정·관리되고 있다. 국내에서는 1996년 12월 경북 포항에서 죽은 야생토끼를 요리해 먹은 40대 남성이 확진 판정을 받은 것이 첫 번째 사례로 기록돼 있는데, 이 남성은 입원 치료 10여 일 만에 완치한 바 있다.

엠폭스(mpox) ▼

"세계보건기구(WHO)가 8월 14일 인수감염병인 엠폭스에 대해 최고 경계 수준인 「공중보건 비상사태(PHEIC)」를 선언했다. 이는 현재 엠폭스가 아프리카에서 심각한 확장세를 보이고 있어 북미와 유럽을 넘어 전 세계로 퍼질 위험이 있다는 판단에 따른 것이다. 엠폭스는 2022년에도 크게 확산돼 그해 7월 비상사태가 선포됐다가 이후 확산세가 잦아들면서 지난해 5월 해제된 바 있다."

엠폭스 바이러스 감염에 의한 인수공통감염병으로, 세계적으로 근절이 선언된 「사람 두창(천연두)」과 유사하지만 전염성과 중증도는 낮은 바이러스성 질환이다. 주로 유증상 감염 환자와의 접촉을 통해 전파되며, 비말전파는 호흡기감염병에 비해 가능성이 낮다. 기존에는 「원숭이두창」으로 불렸으나, 세계보건기구(WHO)는 2022년 11월 이 명칭이 차별을 유발할 수 있다며 질환명에서 원숭이를 뺀다고 밝힌 바 있다. 엠폭스 감염 시 발열, 오한, 두통, 림프절부종 등의

증상이 나타나며, 전신과 특히 손에 퍼지는 수두 유사 수포성 발진이 특이 증상이다. 주로 설치류가 전파에 중요한 역할을 하는 것으로 추정되는데, 사람 감염 사례는 1970년 최초 발견된 이후 아프리카 지역을 중심으로 발생하며 해당 지역의 풍토병이 됐다. 그러나 2022년 5월 6일 영국에서 비아프리카 지역 최초의 확진자가 발생한 뒤 유럽과 북미에서 이례적으로 환자가 증가하면서 전 세계로 확산됐으며, 2022년 6월 22일 국내에서도 첫 확진 사례가 나온 바 있다. 이처럼 엠폭스의 전 세계적 확산에 WHO는 2022년 7월 23일 엠폭스에 대해 「국제적 공중보건 비상사태(PHEIC)」를 선언한 바 있다.

8월 15일 스웨덴 보건 당국은 스톡홀름에서 치료받던 환자가 엠폭스 바이러스 「하위 계통(Clade) 1b」에 감염된 사실을 확인했다고 밝혔다. 2022년 WHO의 PHEIC 선언 당시 「하위 계통 2」 바이러스의 확산으로 이뤄진 것과 달리, 최근에는 1b형 바이러스가 급속히 확산하고 있는 것이다. 무엇보다 1b형 바이러스의 경우 2형보다 전파가 빠르고 독성이 강하다는 특징을 갖고 있어 우려를 높이고 있다.

오미크론 KP.3 변이 ▼

최근 코로나19 확진자가 급증하며 재확산이 본격화되고 있는 가운데, 현재 유행하고 있는 코로나19 바이러스다. 이는 지난해 말 미국, 영국, 중국, 인도 등에서 유행했던 JN.1 변이의 하위 유형이다. 오미크론 변이는 델타 변이보다 중증도가 낮은 반면 전파력이 높아 빠르게 유행한다는 특징을 갖고 있다. 특히 KP.3 변이는 기존 JN.1 변이에 비해 면역회피능력이 증가해 기존 확진자나 백신 접종자도 감염될 수 있다. 증상은 발열, 기침, 목 아픔, 호흡곤란 등으로 기존 오미크론 변이와 유사하며, 치명률은 기존과 유사한 0.1% 수준이다.

한편, 오미크론 변이는 스파이크 단백질에 돌연변이 32개가 발생한 코로나19 변이 바이러스로, 16개의 돌연변이를 보유한 델타 변이보다 그 수가 2배에 달하며 스파이크 단백질의 수용체 결

합 도메인도 델타(2개)보다 많은 10개에 이른다. 오미크론은 2021년 보츠와나·남아공 등 아프리카 남부 지역에서 확산세를 보였고, 이에 세계보건기구(WHO)는 그해 11월 26일 오미크론을 「우려 변이(Variant of concern)」로 지정하기도 했다.

인구소멸위험지역(人口消滅危險地域) ▼

"이상호 한국고용정보원 연구위원이 6월 28일 《지역산업과 고용》 여름호에 「지방소멸 2024: 광역대도시로 확산하는 소멸위험」 논문을 발표했다. 이 논문은 통계청 주민등록인구 통계를 이용해 지난 3월 기준 소멸위험지역 현황을 분석했는데, 그 결과 부산의 소멸위험지수가 0.490으로 광역시 가운데 처음으로 소멸위험지역으로 분류됐다. 부산은 65세 이상 인구가 23%에 달해 광역시 가운데 유일하게 초고령사회로 진입했는데, 20~39세 여성인구는 11.3%에 그치는 것으로 나타났다."

국내 행정구역 중 인구 감소 등으로 소멸 위기에 놓인 지역을 뜻한다. 소멸위험지수가 0.5 미만인 지역을 인구소멸위험지역으로 분류하는데, 이는 65세 이상 인구가 20~39세 여성의 수보다 2배 이상 많은 곳을 가리킨다. 즉, 가임 여성인구가 고령자의 절반이 안 되는 지역은 저출산 고령화로 인한 인구 감소로 사라질 수 있다는 것이다. 소멸위험지수는 한 지역의 20~39세 여성 인구를 65세 이상 인구로 나눈 값으로, 이 지수 수치가 낮으면 인구의 유출·유입 등 다른 변수가 크게 작용하지 않을 경우 약 30년 뒤에는 해당 지역이 없어질 가능성이 높다는 의미를 갖고 있다. 한편, 소멸위험지수 0.2까지는 「소멸위험 진입」 단계, 0.2 미만이면 「소멸 고위험」 단계로 구분된다.

임종실(臨終室) ▼

"보건복지부가 8월 1일부터 의료법 시행규칙 개정에 따라 300병상 이상의 종합병원과 300병상 이상의 요양병원에 임종실 설치·운영을 의무화한다고 밝혔다. 특히 환자와 가족이 삶의 마지막 순간을 존엄하게 마무리할 수 있도록 임종실은 10m² 이상의 면적으로 1명의 환자만 수용해 가족 등과 함께 임종을 준비할 수 있도록 규정했다. 또한 기존 임종실

의 경우 의료기관별로 자율 설치돼 1인실 비급여가 적용됐지만, 의료법 시행규칙 개정에 따라 병원별 임종실 운영현황 및 특성을 고려해 별도의 건강보험 수가가 신설된다."

의학적으로 임종상태를 판정받아 사망에 임박한 환자가 가족 및 지인들과 함께 존엄한 죽음을 준비하고 심리적 안정 속에서 마지막 순간을 맞이할 수 있는 공간을 말한다. 통계청에 따르면 지난해 의료기관에서 사망한 국민은 전체 사망자의 75.4%에 이르지만, 대부분이 다인실로 구성돼 있는 의료환경으로 인해 환자가 삶의 마지막 순간을 가족과 함께 품위 있게 마감하기 어렵다는 목소리가 지속돼 왔다. 이에 의료기관 내 별도의 임종실 설치를 의무화하는 내용의 의료법 개정안이 2023년 10월 공포됐고, 이를 구체화한 시행규칙이 8월 1일부터 시행됐다.

장성광업소(長省鑛業所) ▼

"국내 최대 탄광으로 88년 동안 국민 연료인 연탄의 원활한 수급 안정과 지역경제에 크게 기여해온 태백 장성광업소가 6월 30일 폐광했다. 앞서 지난해 2월 석탄공사와 노동조합은 2023년 전남 화순광업소, 2024년 태백 장성광업소, 2025년 삼척 도계광업소 순으로 폐광하기로 최종 합의한 바 있다. 이에 따라 지난해 화순광업소 폐광에 이어 장성광업소가 문을 닫게 됐으며, 내년 도계광업소를 마지막으로 석탄공사의 석탄 생산은 종료될 예정이다."

강원도 태백시에 위치한 우리나라 최대 규모의 석탄 생산지(탄광)였던 곳으로, 국내에서 유일하게 수갱이 두 곳이나 존재할 정도로 큰 규모를 지녔던 탄광이다. 장성광업소는 일제강점기 때인 1936년 운영이 시작돼 88년 동안 운영됐는데, 1950년 11월 대한석탄공사가 창립돼 이곳의 운영을 맡았다. 장성광업소는 1959년 석탄 생산량 100만t을 달성했고, 1979년에는 228만t으로 연간 최대 생산을 달성했다. 특히 1970년대 세계적인 석유파동 이후에는 「증산보국(甑山堡國)」이라는 구호 아래 석탄 생산이 활발히 이뤄지면서 한때 약 6000명의 직원이 근무할 정도로 규모가 컸다. 장성광업소는 1950년 대한석탄공사 창립 이후 약 9400만t의 석탄을 생산했는데, 이는 대한석탄공사의 74년간 총생산량(1억 9300만t)의 49%에 해당한다. 하지만 석탄이 석유와 가스 등에 밀려 경제성을 잃으면서 1980년대 후반부터 쇠락의 길을 걷기 시작했으며, 정부의 폐광정책에 따라 올해 폐광이 이뤄지게 됐다.

> **장성이중교(長省二重橋)** 장성광업소 내에 있는 태백 지역에서 가장 오래된 교량으로 한국의 근대화 과정에서 중요한 석탄산업 관련 시설물이라는 역사적 가치를 인정 받아 2004년 국가등록문화재로 등록된 바 있다. 장성이중교는 일제가 한반도의 석탄을 수탈하기 위해 1935년 건설한 교량으로, 교각 1개에 철로와 차량이 다니는 2개의 다리라고 해서 「이중교」라는 명칭이 붙었다.

집에서 죽을 권리 ▼

요양병원이나 요양원 같은 시설에서 연명치료를 하다 생을 마감하는 대신 자신에게 익숙한 집에서 자연스럽게 숨을 거두길 원하는 노인들의 희망을 존중해야 한다는 취지에서 거론되고 있는 권리로, 「집에서 늙을(Aging in Place) 권리」라고도 한다. 이는 미국과 유럽 등을 중심으로 관심이 높아지는 등 현대 노인복지정책의 지향점으로 부상하고 있다. 우리나라의 경우도 보건복지부가 내놓은 2020년 노인실태조사에 따르면 응답자의 56.5%가 건강이 악화돼 거동이 불편해져도 재가 서비스를 받으며 집에서 계속 살기를 희망했다. 또 2019년 서울대 고령사회연구단 조사에서도 한국인이 가장 선호하는 임종 장소는 「자택」(37.7%)으로 나타났다.

처서 매직 ▼

24절기 중 14번째 절기인 「처서」와 「Magic(마법)」을 합친 말로, 처서가 지나면 아무리 기승을 부린 무더위라도 마법처럼 한풀 꺾이며 시원해진다는 뜻에서 생겨난 신조어이다. 처서는 「입추(立秋)」와 「백로(白露)」 사이에 있는 절기로, 양력으로는 8월 23일경에 해당한다. 통상 입추를 기점으로 더위가 한풀 꺾이는 흐름이었으나, 점차 여름이 길어지면서 입추가 아닌 처서에 시원함을 기대하게 되면서 처서 매직이라는 말이 생기게 된 것이다. 처서는 「더위가 그친다」는 뜻에서 붙은 이름으로, 보통 이 무렵이 되면 더위가 한풀 꺾이면서 아침저녁으로 선선한 바람이 불기 시작한다. 과거 우리 조상들은 처서 때가 되면 논둑이나 산소의 풀을 깎는 벌초를 행했으며, 여름내 사용하던 쟁기와 호미를 깨끗이 씻어 갈무리를 해두곤 했다. 또 「처서가 지나면 모기도 입이 비뚤어진다.」라는 속담이 있는데, 이는 처서 무렵의 서늘함으로 극성을 부리던 모기의 기운이 사라진다는 뜻이다.

탕핑족(躺平族) ▼

"8월 18일 통계청에 따르면 지난 7월 청년층(15~29세) 가운데 「쉬었음」 인구는 전년 동월 대비 4만 2000명 늘어난 44만 3000명으로 집계됐다. 이는 코로나19 팬데믹 때를 넘어서며 같은 달 기준 관련 통계 작성 이래 가장 많은 수준이다. 「쉬었음」은 취업 활동을 하지만 직장을 구하지 못한 실업자와는 달리, 중대한 질병이나 장애는 없지만 막연히 쉬고 싶은 상태를 말한다."

평평하다는 뜻을 가진 중국어 「탕핑(躺平)」에서 나온 말로, 바닥에 누워 아무것도 하지 않는 중국 청년들을 일컫는 말이다. 이들은 최소한의 생활수준은 유지하되, 돈에 얽매이는 삶을 거부하고 연애·결혼·출산·승진에 연연해하지 않겠다는 일명 탕핑주의의 삶을 지향한다. 이는 우리나라의 삼포세대(연애·결혼·출산 포기)나 오포세대(연애·결혼·출산·내 집 마련 포기)의 모습과 많이 닮아 있다. 이러한 탕핑족이 발생한 원인은 취업난과 높은 물가로, 노동과 노동의 대가가 비례하지 않다고 생각하는 청년들이 늘어나기 때문이다. 이들은 아무리 열심히 일을 해도 노력에 대한 보상을 받을 수 없다고 생각하고, 이것이 청년들을 무기력하게 만들면서 탕핑족이 생겨나게 된 것이다.

택시월급제 ▼

"당초 8월 20일부터 예정돼 있던 택시월급제 전국 시행이 2년간 유예됐다. 국회 국토교통위원회 교통법안심사소위는 8월 19일 회의를 열고 택시월급제 전국 확대 시행을 2년간 유예하는 내용의 택시운송산업발전법 개정안을 의결했다. 이는 서울 외 지역에서는 주 40시간 이상 근무로 월급을 받을 수 있는 택시 기사들이 현격히 적다는 현장 목소리를 국회가 수렴한 결과다."

법인택시 운전자가 주 40시간 이상 일하고 최저임금 이상의 월급을 받는 제도로, 2019년 8월 개정된 「택시운송사업의 발전에 관한 법률」에 규정돼 있다. 이는 2019년 택시 사납금제 폐지와 함께 법인택시 기사의 근무환경 개선을 위해 도입된 것으로, 사납금을 폐지하고 최저임금 이상의 급여를 주는 것을 핵심으로 한다. 서울은 2021년 1월 1일부터 시행됐으며 나머지 시도는 공포 뒤 5년 내 순차적으로 도입한다는 기준에 따라 당초 8월 20일부터 시행될 예정이었다.

판타나우(Pantanal) ▼

"브라질의 마투그로수두수주 정부가 판타나우 지역에서 화재가 급격히 증가하자 6월 24일 비상사태를 선포했다. 국립우주연구소(Inpe)에 따르면 올해 상반기 화재로 인해 손실된 판타나우(총면적 약 1600만ha)의 면적은 60만ha, 서울시 면적의 약 10배에 해당한다."

브라질 중서부, 마투그로수주에서 마투그로수두술주에 걸친 파라과이강과 그 지류인 타쿠아리강 등을 따라 남북으로 약 600km 규모로 형성돼 있는 늪지대다. 이곳은 강수로, 강 주변에 생긴 숲, 계절에 따라 범람하는 목초지, 하천을 떠다니는 카마로테스(Camalotes) 등 다양한 생태계 구역으로 나뉜다. 매년 우기인 11월부터 이듬해 3월까지 면적의 80%가 물에 잠기는 판타나우에는 35만여 종 식물과 재규어·카피바라 등 멸종위기종·특이종 포함 1300여 종의 동물들이 서식해 세계 최대의 생물다양성을 지니고 있는 지역으로 꼽는다. 또 습지 규모는 전 세계 습지의 약 3%에 해당하는 약 20만km²에 달해 지구 온실가스 흡수에 있어 중요한 역할을 담당한다. 판타나우는 이와 같은 풍부한 생물다양성으로 2000년 유네스코 세계자연유산으로 지정됐으나, 무분별한 개발로 해마다 여의도 면적의 1500배가 넘는 습지가 사라지는 위험한 상황에 놓여 있다.

필리핀 가사관리사 시범사업 ▼

"고용노동부와 서울시가 필리핀 외국인 가사관리사(E-9) 시범사업 신청을 7월 17일부터 8월 6일까지 서울 시민을 대상으로 신청받는다고 16일 밝혔다. 이는 정부가 인증한 가사근로자법상 서비스제공기관에서 직접 고용한 필리핀 가사관리사가 가정에 출퇴근하면서 돌봄 서비스를 제공하는 방식이다."

서울시에서 9월부터 본격 시작되는 사업으로, 정부 인증기관이 고용허가제(E-9)를 통해 만 24~38세 필리핀 가사관리사를 고용하고 해당 가사관리사가 이용계약을 체결한 가정에 출퇴근하며 서비스를 제공하는 형태로 이뤄진다. 이는 양육가정의 가사·돌봄 부담을 덜고 육아로 인한 경력단절을 예방하기 위한 지원책으로, 서비스 이용은 세대 구성원 중 12세 이하 자녀가 있거나 출산 예정인 가정으로 소득 기준에 상관없이 신청할 수 있다. 선발은 한부모, 다자녀, 맞벌이, 임신부가 있는 가정 순으로 이뤄지되 자녀 연령, 이용기간 등도 고려해 최종 선정이 이뤄진다. 서비스를 제공할 필리핀 가사관리사 100명 선정은 한국산업인력공단과 고용노동부 주관으로 이뤄졌는데, 이들은 필리핀 정부가 공인한 관련 자격증 소지자 중 영어·한국어 등 어학능력 평가, 건강검진, 범죄이력 등 신원 검증을 거쳐 선발됐다. 자격요건은 24~38세의 필리핀 정부에서 인증한 자격증(Caregiving NCⅡ) 소지자로, 고용허가제(E-9)의 체류자격을 가진다. 서비스 이용기간은 9월 초부터 내년 2월 말까지 6개월간으로, 전일제(8시간)와 시간제(6, 4시간) 가운데 선택할 수 있다. 월~금요일 중 이용할 수 있는 시간은 아침 8시부터 저녁 8시까지로, 주 근로시간은 52시간을 초과할 수 없다. 이용가정의 부담액은 시간당 최저임금과 4대 사회보험(고용보험·국민연금·국민건강보험·산재보험) 등 최소한의 간접비용을 반영한 금액으로 결정된다.

필리핀 가사관리사 시범사업 주요 내용

규모 및 기간	100명, 9월 3일~내년 2월 말
업무	아이돌봄 및 부수적인 집안일
자격	• 필리핀 국가공인 가사관리사 자격증 보유자 • 고용허가제 한국어 시험(EPS-TOPIK) 통과
비용	• 시급 9860원 + 4대 사회보험 등 간접비용 • 주 5일 4시간 119만 원, 8시간 238만 원

학생인권조례(學生人權條例) ▼

"서울시의회가 6월 25일 정례회 본회의를 열어 「서울시 학생인권조례 폐지조례안 재의의 건」을 상정한 결과 서울 학생인권조례가 제정 12년 만에 폐지됐다. 이에 서울 학생인권조례는 지난 4월 24일 폐지된 충남 학생인권조례에 이어 두 번째 폐지 사례가 됐다."

학생의 존엄과 가치가 학교교육과정에서 보장되고 실현될 수 있도록 각 교육청에서 제정한 조례로, 2010년 10월 경기도교육청이 처음으로 공포한 바 있다. 교육청에서 학생인권조례를 제정해 시행하게 되면 각 학교장은 이에 따라 시행하게 된다. 전국 16개 시·도 교육청 가운데 경기도가 2010년 10월 5일 가장 먼저 공포했고, 이후 광주광역시(2011년 10월 5일), 서울특별시(2012년 1월 26일), 전북특별자치도(2013년 7월 12일), 충청남도(2020년 6월 26일), 제주특별자치도(2020년 12월 23일)가 학생인권조례를 공포해 시행 중에 있다. 이는 각 시도 교육청별로 약간씩 차이는 있으나 일반적으로 ▷차별받지 않을 권리 ▷표현의 자유 ▷교육복지에 관한 권리 ▷양심과 종교의 자유 등의 내용을 담고 있다. 학생인권조례는 헌법, 교육기본법(제12조 및 13조), 초중등교육법(제18조의 4), 유엔아동권리협약에 근거해 모든 학생이 인간으로서의 존엄과 가치를 실현할 수 있도록 하는 것을 목적으로 한다.

④ 문화·스포츠

가산불교대사림(伽山佛敎大辭林) ▼

"가산불교문화연구원이 세계 최대 규모의 불교종합대백과사전인 《가산불교대사림(伽山佛敎大辭林)》 제17~20권을 출간, 발간 작업을 완료했다고 6월 25일 밝혔다. 이는 대한불교조계종 총무원장을 지낸 지관(智冠·1932~2012) 스님이 동국대 불교대학장 재직 시절인 1982년 기초 작업을 시작한 지 42년 만이다. 연구원에 따르면 앞서 출간된 제1~16권의 경우 국회 및 국공립도서관, 박물관, 문화재연구소, 외국 대학 등에 배포해 연구에 활용하도록 했는데, 올해 출간한 제17~20권도 순차적으로 배포한다."

총 20권으로 구성된 불교대백과사전으로, 어휘의 숲이라는 의미에서 사전이 아닌 「사림(辭林)」으로 제목을 붙였으며, 가야산을 뜻하는 「가산(枷山)」은 대사림 편찬에 평생을 받쳤던 지관 스님의 법호이다. 가나다순으로 수록된 표제어는 11만 9487항에 달하며, 200자 원고지 기준으로 34만 286장의 분량이다. 크기는 4X6배판이며, 권당 무게는 약 6kg이다. 불교의 「삼장(경장·율장·논장)」을 기반으로 한 다양한 표제어와 그에 따른 용례를 제시했으며, 기본적으로 한글로 표기하되 불교의 1차 언어인 산스크리트어, 팔리어, 티베트어와 한자를 병기한 것이 특징이다. 또한 근본 불교 용어를 비롯해 불교 전승지에서 변이·토착화하거나 새로 만들어진 술어도 함께 반영해 불교 문화의 보편성과 특수성을 망라한 것이 특징이다.

늑대 경례(Grey Wolf Salute) ▼

엄지와 약지, 중지를 모으고 검지와 소지는 곧게 펴 늑대의 얼굴을 만드는 손동작을 일컫는다. 유럽 등지에서는 이와 같은 동작을 튀르키예 우익 극단주의 단체인 「회색 늑대(Gray Wolves)」의 인사법으로 여긴다. 회색 늑대는 튀르키예 인구의 약 80%를 차지하는 튀르크족을 제외한 쿠르드족(인구의 15~20%)와 유대인 등의 다른 민족을 적으로 규정하고 배척한다. 이에 프랑스에서는 회색 늑대의 활동을 금지하고 있으며, 오스트리아에서는 회색 늑대 경례를 법으로 금지하고 있다. 이 밖에 독일·유럽연합(EU)·미국 등에서도 회색 늑대를 극단주의자로 간주하고 있으나, 튀르키예는 늑대 경례가 무조건 우익 극단주의의 상징은 아니라는 입장이다. 튀르크족은 늑대가 안전한 장소를 알려준다고 해 늑대를 신성한 존재라고 믿는데, 이 때문에 늑대 경례는 파시즘의 상징이 아니라 민족적 전통의 일부라고 주장한다.

독일 정부가 7월 2일 독일 라이프치히에서 열린 2024 유럽축구선수권대회에서 튀르키예 선수(메리흐 데미랄)가 골 세리머니로 선보인 「늑대 경례」에 대해 부적절한 행동이라는 비판 성명을 내면서 국가 간 외교 갈등으로 확산됐다. 튀르키예는 이와 같은 독일의 주장에 이민자 집단인 튀르키예인들을 향한 독일 사회의 외국인 혐오라고 맞서며, 해당 경례는 튀르크 민족이 신성하게 여기는 늑대의 상징일 뿐이라는 입장을 내놓았다.

댕수욕장 ▼

강아지를 뜻하는 신조어인 댕댕이와 해수욕장을 합친 말로, 강아지 등을 위한 반려동물 해수욕장을 말한다. 댕수욕장에는 강아지 전용 샤워장과 화장실을 비롯해 간식 교환소, 파라솔, 반려동물 놀이터 등 반려동물을 위한 맞춤형 편의시설을 갖추고 있다. 국내에서는 경남 거제시 남부면 명사해수욕장에 지자체가 운영하는 전국 최초의 반려동물 전용 공공해수욕장이 2023년 시범사업을 거쳐 올해 본격적으로 개장한 바 있다. 시는 반려견을 키우는 방문객을 위해 명사해수욕장 오른쪽 백사장을 반려동물 전용구역으로 조성했다. 다만 반려견이라고 해서 모든 종이 출입할 수 있는 것은 아닌데, 동물보호법에 따른 맹견 5종(아메리칸 핏불테리어, 스태퍼드셔 테리어, 스태퍼드셔 불테리어, 로트와일러, 도사견)은 댕수욕장 입장이 불가하다.

덕수궁 흥덕전(德壽宮 興德殿) ▼

"국가유산청 궁능유적본부에 따르면 4~6월까지 진행된 발굴현장에서 덕수궁 흥덕전의 대문인 흠사문과 소안문을 비롯해 어재실(御齋室·왕이 제례를 준비하며 머물던 곳) 등 주변 시설의 위치와 규모가 드러났다고 7월 2일 밝혔다. 이번 발굴은 2015년 수립한 덕수궁 복원 정비 계획에 따른 것으로, 흥덕전에 이어 흥복전이 복원되고 2039년까지 선원전이 복원되면 덕수궁은 온전한 모습을 찾게 된다."

덕수궁 내 동쪽에 위치한 선원전 화재로 인해 소실된 어진(御眞·왕의 초상화)을 복원하기 위해 각 지역의 어진을 이안하고 모사하는 이안청 역할을 한 곳으로, 1900년에 세워진 것으로 추정된다. 1904년 효정왕후(헌종 계비)와 순명효황후(순종비), 1911년 순헌황귀비(고종 후궁, 영친왕 친모)의 장례 때는 빈전으로 사용되는 등 대한제국의 마지막 왕실 제례 의식을 치른 역사적인 장소이기도 하다. 고종이 승하한 1919년에는 일제에 의해 흥덕전 전체가 허물어지면서 창덕궁 행각 공사에 부자재로 사용됐다. 우리 정부는 지난 2011년 미국과의 토지 교환으로 선원전·흥덕전·흥복전 권역을 확보했으며, 국가유산청은 2015년 수립한 덕수궁 선원전 복원정비 기본계획에 따라 순차적으로 사업을 진행하고 있다. 이에 흥덕전과 흥복전을 먼저 복원한 뒤 선원전 영역에 대한 정비 사업을 시작해 2039년 쯤 마무리할 예정이다.

망향성 ▼

"독립기념관이 제79주년 광복절을 맞아 여성 독립운동가 이국영이 쓰고, 대한민국임시정부 관계자들이 부른 애국창가집 〈망향성〉 원본을 처음 공개한다고 8월 12일 밝혔다."

대한민국 임시정부 애국창가집으로, 독립운동가 이국영 선생이 집필한 것이다. 2권의 노트(망향편, 애국편)로 구성돼 있는데, ▷망향편에는 〈풍년가〉, 〈광복군아리랑〉, 〈독립군가〉 등 67곡이 ▷애국편에는 〈봄의 혼〉, 〈나라보전〉, 〈근화세계〉 등 96곡이 필사돼 있어 총 163곡의 애국창가들이 수록돼 있다. 이는 지금까지 확인된 애국창가집 중 가장 많은 곡이 실려 있는 것으로, 특히 악보가 함께 수록된 유일한 필사본 창가집이라는 점에서 의미가 높다. 여기에 그동안 구전으로만 전해진 〈독립군가〉의 가사가 4절까지 온전하게 담겨 있다. 아울러 책에는 창가 외에도 동요, 가곡, 대중가요, 영화 주제가 등 당대 국내에서 유행한 노래들이 실려 있는 등 1900년대 이후부터 1940년대까지 애국창가의 지속성과 변화 양상을 확인할 수 있는 중요한 자료로 꼽힌다. 한편, 망향성을 쓴 이국영(1921~1956)은 대한민국 임시정부 한국혁명여성동맹 회원으로 활동하며 1939년 무렵 한국광복진선청년공작대의 중국 류저우 공연에 참여했다. 또 1941년 중국 충칭에 거주하는 임시정부 요인과 한인교포 자녀들을 교육하기 위해 설립된 3·1유치원에서 교사로 활동하기도 했다. 특히 이국영의 부친 이광, 모친 김수현을 비롯해 남편 민영구, 시부 민제호 등이 모두 임정 요인으로 활동하는 등 가족 모두가 독립운동에 헌신했다.

바나나볼(Banana Ball) ▼

바나나볼은 미국 조지아주 사바나를 연고로 하는 미국대학 독립리그 소속팀 「사바나 바나나스」가 재미를 극대화하기 위해 2020년 만든 야구리그다. 바나나볼 리그는 기존 프로야구에 오락성을 더한 만큼 관중의 참여도와 경기의 재미를 끌어올리기 위해 기존 야구 경기에 여러 규칙을 추가했다. 예컨대 바나나볼은 관중들이 「경기 개시(Play ball)」라고 외쳐야 경기를 시작하며, 관중석에서 파울볼을 노바운드로 잡으면 타자가 아웃처리 되는 등 경기에 영향력을 발휘한다. 그리고 득점 상황이나 경기가 끝났을 때는 선수들이 몰려나와 군무를 선보여 관중을 열광시킨다. 또한 바나나볼 리그는 빠른 경기 운영으로 몰입도를 높이기 위해 경기 시간을 2시간으로 제한하는데, 1시간 50분 이후로는 새 이닝이 금지되며 매 이닝 마다 다득점팀이 1점을 획득하고 연장전에서는 투수·포수·야수·타자 각 1명씩만 플레이한다. 이 밖에도 ▷타석을 벗어나면 스트라이크 ▷번트 시도는 퇴장 ▷야수가 모두 릴레이로 공을 잡을 때까지 인플레이 ▷포수와 코치 마운드 방문 금지 등 경기진행에 있어서 불필요한 요소들을 없앤 것이 특징이다.

사직대제(社稷大祭) ▼

종묘제례(宗廟祭禮)와 더불어 왕이 직접 주관한 조선시대 중요한 국가적 제례로, 땅을 관장하는 신인 사(社)와 오곡을 주관하는 신인 직(稷)에게 드리는 의례이다. 땅과 곡물은 국가의 대본(大本)인 만큼 사신과 직신에게 제를 올려 국토의 평안과 풍년을 기원하기 위해 치러진 것이다. 사직은 국가의 주권을 상징하기도 해 한 국가가 건국되면 국가적 차원에서 사직단을 세우고 사직대제를 봉행한다. 사직대제는 삼국시대부터 행해져 유교 국가였던 조선 때까지 이어졌으며, 주로 매년 2월과 8월에 거행됐다. 그러다 일제강점기 때 일제의 강압에 의해 1908년(순종 2) 폐지됐다가 1988년 복원됐으며, 이후 서울 사직동 사직공원 내 사직단에서 매년 개천절에 봉행해 오고 있다. 사직대제 기능보유단체는 전주이씨 대동종약원이며, 기능보유자로 이건웅(李建雄)이 있다. 사직대제는 2000년 11월 19일 국가무형유산으로 지정됐으며, 보존 및 계승은 사직대제 봉행위원회에서 맡고 있다.

국립국악원이 7월 11일부터 12일까지 「사직제례악」을 복원해 올해의 대표 공연으로 무대에 올린다. 국립국악원은 지난 2014년 〈사직서의궤〉(1783)와 일제강점기 왕실 음악기구였던 이왕직아악부의 음악자료 등을 토대로 사직제례악을 복원해 무대로 선보인 바 있다. 국립국악원 예술 감독에 따르면 10년 만에 선보이는 이번 공연에서는 대한제국 시기의 예법을 기록한 〈대한예전〉(1898)을 토대로 악기 편성과 복식, 의물을 보완해 선보이게 된다.

> **종묘제례[宗廟祭禮]** 조선시대 역대 왕과 왕비 및 추존된 왕과 왕비의 신위를 모시는 종묘의 제향예절로, 2001년 5월 18일 종묘제례악과 함께 유네스코 인류무형문화유산으로 지정됐다.

서순라길 ▼

서울 종로구 종로 150-3에서 권농동 26까지를 잇는 도로로, 옛 조선의 치안을 담당하던 순라군이 다니던 길을 이른다. 이는 조선시대 종묘를 순찰하던 순라청의 서쪽에 위치한다고 하여 「서순라길」이라는 명칭이 붙었다. 서순라길은 종묘 정문에서부터 서쪽 돌담길을 따라 형성돼 있는데, 특히 우리나라의 유네스코 세계문화유산 중 하나인 종묘가 바로 옆에 위치하고 있다. 서순라길은 일제강점기를 거친 뒤 판자촌이 됐다가 1995년경부터 정리 작업이 이뤄지며 길 조성이 이뤄졌다. 그러다 2010년 이후부터 주얼리 공예가들이 이곳에 모이기 시작했으며, 이후 서울시의 서순라길 재정비 사업 등이 이뤄지며 각종 레스토랑과 카페, 공방 등이 속속히 들어섰다. 이에 800m 길이의 서순라길은 돌담길을 따라 과거와 현대의 조화가 어우러지는 특징을 보이는데, 층고 제한으로 건물이 2층을 넘지 않아 주변 경관과도 잘 어울리는 모습을 하고 있다.

서울국제환경영화제(SIEFF·Seoul International Eco Film Festival) ▼

기후환경을 주제로 한 다양한 영화를 통해 기후위기에 대한 경각심과 지속가능한 미래의 중요성을 전하는 아시아 최대이자 세계 3대 환경영화제 중 하나로, 2004년 처음 시작돼 현재에 이르고 있다. 서울국제환경영화제는 매년 6월 5일 「세계 환경의 날」에 맞춰 개막하는데, 세계 환경의 날은 1972년 6월 스웨덴 스톡홀름에서 열린 「유엔인간환경회의」에서 국제사회가 지구환경 보전을 위해 공동 노력을 다짐하며 제정한 날을 말한다. 영화제는 영화를 통해 인간과 환경의 공존을 모색하고 미래를 위한 대안과 실천을 논의하기 위한 장으로, 전 세계의 시급한 환경 문제를 다룬 국내외 우수 작품들을 소개하고 있다. 또한 포럼·공연· 체험 프로그램 등 각종 부대행사를 함께 기획해 기후위기와 환경에 대한 폭넓은 이해와 환경의 중요성을 알리는 일도 하고 있다. 아울러 영화제는 탄소발자국(개인 또는 기업, 국가 등의 단체가 발생시키는 온실가스, 특히 이산화탄소의 총량)을 최소화한 운영 방식으로 진행하고 있으며, 행사의 일회성을 극복하고 우수 작품과 환경영상 콘텐츠를 상시적으로 보급할 수 있는 그린아카이브도 운영하고 있다. 한편, 영화제 주최는 환경재단이 담당하고 있는데, 환경재단은 2002년 설립된 최초의 환경 전문 공익재단이다.

소호 거리 ▼

영국 런던, 미국 뉴욕, 홍콩 등에 있는 지명으로, 가장 오래전부터 소호라는 지명을 사용한 곳은 영국 런던이다. 영국 런던의 소호 거리는 17세기 중반까지 사냥터였던 곳에서 「소호(Sohoe)」라는 환호성을 지르며 사냥꾼들이 여우를 몰았던 데에서 유래한다. 이후 평범한 중산층 주택가였다가 1928년 문을 연 피카딜리 시어터를 시작으로 펍과 클럽, 영화 제작사들이 모여들면서 현재 런던의 소호 거리가 조성됐다. 또 미국 뉴욕에서 지칭하는 소호는 「휴스턴 거리의 남쪽 지대(South of Huston Street)」라는 뜻을 줄여 SOHO로 통칭한다. 1920년 후반 대공황으로 방치된 공장과 창고 부지에 모여든 가난한 예술가들이 작업 공간으로 변모시켰고, 이곳에 유입된 젊은 예술가들이 늘어나면서 새로운 예술 지역으로 변한 것이 그 시작이다. 또 1970년대 후반에는 소호와 뉴욕 맨해튼 남동부 빌리지에 길거리 예술가들이 모여 지역미술공동체를 만들었으며, 이곳을 찾는 사람들이 많아지고 각종 시설들이 들어서면서 현재는 뉴욕을 대표하는 문화상권 중 한 곳이 됐다. 마지막으로 「할리우드가 남쪽(South of Hollywood Road)」에서 유래한 홍콩 소호는 좁은 거리에 다양한 아트 갤러리와 부티크 상점이 위치하고 있어 젊은 층에게 인기 있는 여행지로 꼽힌다.

애슬레저(Athleisure) ▼

운동(Athletic)과 레저(Leisure)를 합친 단어로, 스포츠웨어를 일상복에 접목시킨 패션 스타일을 말한다. 이는 운동복과 비교했을 때 기능적으로 적합하면서 일상복으로 입기에도 디자인이 무난해 코로나19 이후 건강한 삶을 추구하는 트렌드와 맞물려 인기를 끌고 있다. 초반에는 2030 여성들로부터 큰 인기를 끌다가 최근에는 가성비와 편안함을 선호하는 4050 남성들의 출근룩으로도 각광을 받고 있다. 애슬레저 패션은 다양하게 연출할 수 있지만 그중에서도 조거 팬츠, 레깅스, 테니스 스커트 등 하의를 스포츠웨어로 활용하면 간단하게 애슬레저룩을 완성할 수 있다.

e스포츠 월드컵(EWC·esports World Cup) ▼

"T1이 7월 8일 사우디아라비아 리야드 키디야 아레나에서 열린 「e스포츠 월드컵(EWC) 2024」 리그 오브 레전드(LoL) 종목 결승전에서 중국 TES를 상대로 세트 스코어 3-1로 승리하며 EWC 초대 우승자로 등극했다. 이날 우승으로 T1은 40만 달러에 달하는 우승 상금을 획득했으며, T1을 이끈 페이커(이상혁)는 MVP로 선정됐다."

사우디아라비아 e스포츠 연맹(SEF)이 주관하는 세계 최대 규모의 e스포츠 대회로, 총 상금이 6000만 달러(약 830억 원)라는 역사상 전례 없는 최고액을 자랑한다. 이 대회는 개별 종목 우승팀을 가리는 「게임 챔피언십」과 출전 팀들의 게임별 성적을 합산해 최고 e스포츠팀을 가리는 「클럽 챔피언십」으로 진행된다. 21개 종목의 대회가 열리는 게임 챔피언십에는 유일한 대한민국 게임 종목사로서 「크래프톤」이 참여하는데, 크래프톤이 소유한 배틀그라운드와 배틀그라운드 모바일이 이번 대회 종목으로 채택돼 K-게임의 저력을 입증했다. 또 최강 클럽을 가리는 클럽 챔피언십은 1위부터 16위까지 순위를 산정하며, 이들은 총 상금의 1/3에 해당하는 2000만 달러를 획득한다. 이외의 나머지 상금은 ▷게임 챔피언십(총 3300만 달러) ▷각 경기 MVP 플레이어(각 5만 달러) ▷예선전 등에 분배된다. 한편, 일각에서는 사우디의 e스포츠 월드컵 개최에 대해 오일머니를 앞세워 인권 침해 등 부정적 이미지를 없애려는 「스포츠워싱」이라는 비판이 일고 있으며, 이에 일부 e스포츠 업계들은 이 대회를 보이콧하기도 했다.

이왕직 아악부 정간보·오선악보 ▼

"국가유산청이 8월 8일 궁중음악 악보 기록물 「이왕직 아악부 정간보」와 「이왕직 아악부 오선악보」를 국가등록문화유산으로 등록했다."

조선시대 궁중음악 기관인 장악원을 계승한 이왕직 아악부에서 1920~1930년대에 연주되던 조선시대 궁중음악 등을 주요 악기별로 편찬한 악보이다. 여기서 「이왕직(李王職)」은 일제강점기 조선총독부에서 구 대한제국 황실의 의전 및 황족과 관련된 사무를 담당하던 기구를 말한다. 「이왕직 아악부 정간보」는 총 25곡이 수록돼 있는데, 변화된 연주법과 시김새(꾸밈음), 선율, 장단 등 아악부의 궁중음악이 체계화되어가는 과정을 보여주며 현대 국악계에도 전승돼 연주되고 있다. 「이왕직 아악부 오선악보」는 아악부에서 주도하여 궁중음악을 서양 오선보에 기록해 근대 서구음악 체계로 인식하는 시도와 과정을 보여주는 자료이다. 이는 궁중음악뿐 아니라 민간음악까지 포괄한 방대한 양을 보유하고 있어 자료적 가치가 매우 큰 근대음악사적 기록물로 꼽힌다.

임청각(臨淸閣) ▼

"8월 15일 정부와 경북 안동시에 따르면 일제에 의해 원형이 훼손됐던 독립운동의 산실인 임청각(보물 제182호)을 광복 80주년을 맞는 내년까지 완전히 복원할 예정이다. 임청각 복원 사업은 대한민국 임시정부 수립 100주년이었던 2019년 착수한 것으로, ▷가옥 2동 복원 ▷철도 개설로 훼손된 임청각 주변 지형 및 수목 재정비 ▷임청각 진입부에 임청각 역사문화공유관 건립 방침 등이 해당한다."

1519년 형조좌랑을 지냈던 이명이 지은 안동 고성 이씨 종택이자 초대 국무령이었던 석주(石州) 이상룡(1858~1932) 선생의 생가다. 이곳은 선생의 아들과 손자, 며느리 등 독립운동가 11명을 배출해 「독립운동의 산실」로 불린다. 임청각은 본래 99칸이었지만 일제가 1942년 2월 집 한가운데 철길을 놓으면서 50여 칸이 허물어졌고, 남은 칸도 진동과 소음으로 인해 크게 훼손됐다. 임청각의 상징적인 인물로 통하는 이상룡 선생은 유학자로서 구한말 항일의병운동에 적극적으로 가담하고 협동학교를 설립해 애국계몽운동에도 힘썼다. 이후 우리나라가 일제에 주권을 빼앗기자 그는 1911년 재산을 처분해 독립운동 자금을 들고 만주로 망명했다. 그리고 서간도 지역에 항일 독립운동단체 「경학사」를 만들고 신흥무관학교의 전신인 「신흥강습소」를 설립해 독립군을 양성했다. 그는 1925년 임시정부가 국무령제로 바뀐 후 초대 국무령을 지냈지만, 분열된 독립운동계에 회의를 느끼고 다시 간도로 돌아와 무장 항일투쟁에 심혈을 기울이다 1932년 5월 74세의 나이로 순국했다.

주미대한제국공사관(駐美大韓帝國公使館) ▼

"미국 연방정부 관보에 따르면 주미대한제국공사관이 8월 8일 미국 국가사적지로 등재 예고됐다. 국가사적지는 미국 「국가사적보존법」에 따라 보존할 만한 역사적 중요성이나 예술적 가치가 높은 건물·구조물·장소 등을 지정하는 것으로, 한국의 국가유산과 비슷한 제도이다. 국가유산청에 따르면 공사관이 미국 내 소수민족 구성원 관련 독특한 역사적 공간으로서 해석과 보존 측면에서 가치가 있고, 건물 원형을 보존해 재현된 것이 등재 기준에 충족됐다."

1877년에 건립된 공사관으로, 대한제국의 대미 외교활동 중심지였던 곳이다. 주미대한제국공사관은 1889년 2월 13일 박정양 초대 주미공사가 임차해 1905년 을사늑약으로 일본에 외교권을 박탈당할 때까지 16년간 대한제국의 공사관으로 사용됐다. 지하 1층, 지상 3층 벽돌 구조로 된 이 건물은 대한제국이 외국에 설치한 공관들 중 유일하게 원형을 유지하고 있다. 특히 1800년대 워싱턴 D.C.에 있던 외국 공관 가운데 지금까지 내·외부 원래 모습이 보존된 유일한 경우로 알려져 있는데, 이는 워싱턴시가 1972년 로건서클 인근을 역사보존지구로 지정함에 따른 것이다. 이 건물은 1910년 일제에 의해 5달러에 매각됐으나, 이후 정부와 민간의 오랜 노력으로 2012년 350만 달러(약 40억 원)를 들여 되찾았다. 이후 국가유산청 등은 2015년 10월 19일부터 복원 공사를 시작한 지 6년 만인 2018년 5월 22일 재개관한 바 있다. 공사관은 국내외에서 발견된 19세기 말, 20세기 초 각종 문헌과 사진을 바탕으로 재현됐는데 ▷1층에는 접견실과 식당이 ▷2층에는 공사 집무실, 부부 침실, 공관원 집무실, 서재 등이 ▷공관원 숙소였던 3층은 한미관계사 전시실로 재탄생했다.

▲ 주미대한제국공사관(출처: 국가유산청)

크리켓(Cricket) ▼

타자와 투수, 필드수로 구성된 11명의 두 팀이 공격과 수비를 번갈아 가면서 배트로 공을 쳐서 승부를 겨루는 스포츠다. 경기장 중앙에 약 20m 간격으로 2개의 주문이 세워져 있으며, 각 1명의 타자가 문을 지킨다. 상대팀 투수는 공을 던져서 주문을 맞히거나 그 밖의 방법으로 타자를 아웃시켜야 하는데, 이때 타자가 아웃당하지 않고 반대편 주문에 있던 같은 팀의 타자와 위치를 바꾸는 데 성공하면 득점이 인정된다.

한편, 크리켓의 시작은 분명하지 않지만 13세기 영국에서 시작돼 과거 영국의 식민지였던 남아시아 및 아프리카를 중심으로 널리 퍼진 것으로 알려진다. 1719년 영국의 두 크리켓 팀이 경기를 했던 것을 계기로 수많은 국제대회가 개최됐는데, 국제대회 중 최대 규모는 영국·스코틀랜드·오스트레일리아·인도·뉴질랜드·파키스탄·남아프리카 등 영연방에서 열리며 그중에도 영국 대 오스트레일리아의 시합은 크리켓의 꽃으로 꼽힌다.

국제올림픽위원회(IOC)에 따르면 2023년 10월 16일 열린 141차 총회에서 크리켓을 포함한 야구·소프트볼, 스쿼시, 플래그 풋볼, 라크로스 등 5개 종목이 2028 LA 올림픽 정식 종목에 채택됐다. 이에 따라 크리켓은 1900년 파리 올림픽 이래 128년 만에 올림픽에 복귀하게 됐다.

탬퍼링(Tampering) ▼

쓸데없는 참견을 하다 또는 함부로 손을 대다라는 뜻의 영어 단어 「탬퍼(Tamper)」에서 따온 것으로, 주로 프로 스포츠에서 팀과의 계약이 끝나지 않은 선수에게 의도적으로 접근해 영입을 시도하는 행위를 일컫는다. 이처럼 탬퍼링은 직접적인 접촉은 물론, 비공식적인 경로를 통해 계약 조건을 제시하거나 매체를 통해 특정 선수를 언급하는 등의 간접적인 접촉도 포함한다. 이는 스포츠 리그에서 엄격하게 규제를 두고 있으며, 위반 시 벌금이나 지명권 박탈 등의 제재가 부과된다.

한편, 탬퍼링은 대중문화계에서도 연예인의 계약이 끝나기 전 다른 기획사가 접근해 계약 파기를 유도하는 경우가 빈번해져 논란이 되고 있다. 이에 문화체육관광부는 지난 6월 3일 탬퍼링을 방지하기 위한 조항을 포함한 「대중문화예술인 표준전속계약서 개정안」을 발표하며 기획사와 소속 연예인 간의 선순환 구조를 정립하고 서로의 권익 보호를 도모하기 위한 방안을 내놓은 바 있다.

티라미수(Tiramisu) ▼

"이탈리아 국민 디저트 티라미수를 만든 요리사 로베르토 린구아노토가 7월 28일 향년 81세로 세상을 떠난 것으로 알려졌다. 린구아노토는 1970년대 초 이탈리아 북부 베네토주 트레비소에 있는 레스토랑 「레 베케리에」에서 제과 요리사로 일하면서 티라미수를 개발한 것으로 알려져 있다."

커피, 마스카르포네 치즈 등으로 만든 달콤하고 부드러운 디저트로, 이탈리아어 「Tirare mi

su(나를 끌어올리다)」에서 유래된 명칭이다. 티라미수의 유래에는 여러 설이 있지만, 이탈리아의 요리사 린구아노토가 실수로 마스카르포네 치즈를 계란과 설탕이 들어있던 그릇에 떨어뜨렸고 이 레스토랑의 주인 알바 디 필로의 도움을 받아 요리법을 완성했다는 설이 가장 보편적으로 받아들여지고 있다. 특히 린구아노토가 티라미수 특허를 등록하지 않은 덕분에 티라미수는 전 세계로 빠르게 확산됐다.

파인 다이닝(Fine Dining) ▼

「질 높은, 좋은」이라는 뜻을 가진 「파인(Fine)」과 식사라는 뜻의 「다이닝(Dining)」을 합친 말로, 고급 식당이나 고급 식사(정찬)를 뜻하는 말로 사용되고 있다. 파인 다이닝의 유래에 대해서는 여러 이야기가 전해지지만, 다수설로는 18세기 후반 프랑스혁명으로 귀족계층이 몰락하면서 일자리를 잃게 된 귀족의 요리사들이 대거 파리로 올라와 식당을 연 데서 시작됐다는 설이 전해진다. 파인 다이닝은 프랑스식 최고급 요리를 뜻하는 「오트퀴진(Haute Cuisine)」에 토대를 둔 것으로, 이는 에피타이저로 시작해 메인코스와 디저트에 커피·와인을 곁들인 고급 코스요리를 뜻한다. 다만 파인 다이닝은 단순히 요리 뿐만 아니라 분위기와 서비스 등 식사의 시작에서 끝나기까지의 모든 과정(음식을 통한 경험)이 포함된다. 한편, 우리나라에서는 2016년 11월 《2017 미슐랭가이드 서울》이 출간되면서 파인 다이닝의 확산에 기여했다는 평가다.

⑤ 일반과학·첨단과학

각운동량보존법칙(Law of Conservation of Angular Momentum) ▼

"7월 24일 광주과학기술원(GIST) 이종석 물리·광과학과 교수팀이 자성-비자성 초격자 인공 구조물에서 세계 최초로 카이랄 열포논의 생성을 확인하는 데 성공했다. 여기서 초격자는 두 종류 이상의 물질이 수 나노미터(nm) 두께의 주기적인 층으로 이뤄진 구조이며, 카이랄 열포논은 각운동량을 전달받은 포논(격자들의 집단 움직임)을 말한다. 연구팀의 이번 연구는 그동안 수수께끼로 남아있던 미시-거시세계 간 각운동량보존법칙의 메커니즘을 밝혀낸 것이다."

에너지 보존법칙의 일종으로, 외부로부터 회전력(Torque)이 작용하지 않는 한 회전하고 있는 물체의 각운동량이 일정하게 보존된다는 물리법칙이다. 여기서 각운동량은 회전체의 운동량, 즉 회전체가 얼마나 강하게 회전운동하고 있는지를 나타내는 개념으로, 회전체의 질량과 회전속도·반지름(회전축으로부터의 거리)의 곱으로 설명된다. 이때 회전체의 질량은 일정하므로 회전속도와 반지름의 반비례 관계를 도출할 수 있는데, 다시 말해 반지름이 커지면 회전속도는 줄어들고, 반지름이 작아지면 회전속도는 빨라지게 되는 것이다. 대표적인 예로 피겨스케이팅 선수가 회전할 때 팔을 오므리면 회전속도가 빨라지는 경우를 들 수 있다. 반대로 팔을 펴면 반지름이 늘어나 회전속도가 줄어든다. 이는 양자역학의 미시세계와 고전역학의 거시세계에 모두 적용하며, 물리현상을 설명하는 가장 근본적인 법칙 중 하나이기도 하다.

국제우주연구위원회(COSPAR·Committee On SPAce Research) ▼

"국제우주연구위원회(COSPAR·코스파)가 7월 15~21일 부산 벡스코에서 진행됐다. 코스파가 우리나라에서 개최되는 것은 이번이 처음으로, 이번 행사에는 미국항공우주국(NASA)·유럽우주국(ESA) 등 각종 우주 연구기구들을 비롯해 60여 국가의 우주 과학자와 산업계 인사 3000여 명이 참석했다. 이처럼 지난 5월 우주항공청 출범에 이어 코스파도 성황리에 마무리되면서 우리나라의 우주산업 경쟁력이 강화될 것이라는 기대가 모아지고 있다."

국제학술연합회의(ICSU·각국의 학술기관 및 국제 자연과학학회연합의 상호 연락과 협력을 담당하는 국제조직)가 1958년 우주공간과 관련한 과학적 연구를 위해 설립한 단체다. 로켓이나 인공위성을 포함한 우주과학의 모든 분야에 대해 연구를 진행하고, 정기 간행물을 발행하거나 우주 문제에 대한 토론을 진행하기도 한다. 1960년부터는 2년마다 같은 이름의 국제 학술 행사 「코스파」를 열고 있다. 이는 세계 최대 규모의 우주 분야 국제 학술행사로, 각국의 우주과학 발전과 국제협력에 대한 논의의 장으로 작용해 「우주 올림픽」으로도 불린다.

글루카곤 유사 펩타이드-1(GLP-1· Glucagon Like Peptide-1) ▼

"서울대학교 최형진 교수와 미국 텍사스대 케빈 윌리엄스 교수가 이끄는 국제 공동연구팀이 글루카곤 유사 펩타이드-1(GLP-1) 기반 비만 치료제의 작용 원리를 규명한 연구 결과를 6월 27일 국제학술지 《사이언스》에 발표했다. GLP-1이 식욕을 줄이고 포만감을 높인다는 사실은 익히 알려져 있었으나, 구체적인 작용 원리가 밝혀진 것은 이번이 처음이다. 연구에 따르면 GLP-1은 생리적 반응을 조절하는 뇌의 시상하부쪽 DMH 신경에 작용하는 것으로 밝혀졌다."

음식을 먹어 혈당이 일시적으로 올라갈 때 장에서 분비되는 호르몬이다. 이는 혈당을 낮추는 인슐린 분비를 촉진하는 한편, 혈당을 높이는 글루카곤의 분비는 억제해 체내 혈당 조절에 도움을 준다. 또한 뇌의 식욕중추에 작용해 식욕을 떨어뜨리거나 포만감을 유발하기도 한다. 최근에는 이러한 GLP-1을 화학적으로 변형한 「GLP-1 유사체」가 당뇨와 비만을 포함한 여러 질병의 치료제로 활용되고 있다. 여기다 GLP-1이 심혈관질환 예방에도 도움이 되고, 음식뿐 아니라 알코올이나 마약 등에 대한 욕구까지 억제할 수 있는 것으로 알려지면서 각종 뇌질환 분야에서도 이를 활용하려는 시도가 이어지고 있다.

GLP-1 유사체 기반 비만 치료제

치료제명	개발사	특징
위고비	노보 노디스크	• 당초 제2형 당뇨병 치료를 위해 개발됐으나(제품명 「오젬픽」), 체중감량 효과 확인 후 비만 치료제로 변형 • 2021년 미국식품의약국(FDA) 승인
삭센다	노보 노디스크	• 2014년 미국식품의약국(FDA) 승인 • 2018년 국내 출시
젭바운드	일라이릴리	• 당초 제2형 당뇨병 치료를 위해 개발됐으나(제품명 「마운자로」), 체중감량 효과 확인 후 비만 치료제로 변형 • 2023년 미국식품의약국(FDA) 승인

남병철 크레이터(Nam Byeong-Cheol Crater) ▼

"경희대학교 우주탐사학과 다누리 자기장 탑재체 연구팀이 달 뒷면 크레이터에 조선시대 천문학자 남병철 선생(1817~1863)의 이름을 신청, 지난 8월 14일 국제천문연맹(IAU)의 최종 심사를 통과했다고 19일 밝혔다. 달 표면에 우리말 지명이 붙는 것은 이번이 처음으로, 이번 선정으로 현재까지 이름이 붙여진 달 크레이터는 모두 1659개가 됐다."

달 뒷면에서 발견된 커다란 충돌구(크레이터)의 명칭으로, 조선 후기 천문학자 남병철의 이름이 붙은 것이다. 달 표면 크레이터의 이름은 국제천문연맹(IAU)이 신청을 받아 심사해 짓는데, 통상 중요한 과학적 의미를 갖는 크레이터에 이미 세상을 떠난 과학자의 이름을 붙인다. 달 뒷면에 위치한 남병철 크레이터는 충돌구 내외부의 자기장이 차이를 보이는 특징이 있으며, 크기가 직경 132km로 1980년 이후 이름이 붙은 1659개 달 충돌구 중 가장 크다. 이름의 주인공인 남병철은 조선 후기 예조판서·대제학을 역임했던 천문학자이자 수학자로, 자신의 저서 《의집기설》에 혼천의 제작법을 남긴 것으로 유명하다. 혼천의란 지구, 태양, 달 등 여러 천체의 움직임을 재현하고 그 위치를 측정하는 기기로 현대천문학으로 넘어오기 이전까지 표준이 된 천체관측기구를 가리킨다.

낸시 그레이스 로먼 우주망원경(Nancy Grace Roman Space Telescope) ▼

미국항공우주국(NASA)이 2010년부터 개발 중인 차세대 우주망원경으로, 천문학자 낸시 그레이스 로먼의 이름을 따왔다. 무게는 약 4166kg에 달하며, 지름 2.4m의 주경과 별의 빛을 가려주는 코로나그래프, 3억 픽셀의 고해상도 촬영이 가능한 광시야 관측기 등이 탑재된다. 2027년 5월 발사가 예정돼 있으며, 지구에서 약 150만km 떨어진 「제2 라그랑주(L2)」에서 5~10년 동안 우주를 관측하는 임무를 맡았다. 여기다 지금까지 관측된 바가 없는 원시 블랙홀의 존재를 증명하거나, 우주의 팽창을 가속화하는 힘인 암흑에너지를 규명하고, 우주의 약 85%를 구성하고 있는 암흑물질의 분포를 파악하는 것도 로먼 우주망원경의 주요 임무다. NASA는 앞으로 총 32억 달러(약 4조 4355억 원)를 투입해 로먼 우주망원경이 계획대로 발사, 임무를 수행할 수 있도록 개발을 이어가겠다는 방침이다.

> **낸시 그레이스 로먼(Nancy Grace Roman, 1925~2018)** 미국의 천문학자로, 우주 내 은하의 개수와 우주의 나이를 헤아리는 데 기여한 허블 우주망원경의 제작을 주도해 「허블의 어머니」로 불린다. 1925년 5월 16일 미국 테네시주 내슈빌에서 태어난 낸시 로먼은 어린 시절 천문 동호회 활동에 참여한 것을 계기로 천문학에 관심을 갖게 됐다. 이후 1946년 스와스모어 대학교에서 천문학 학사학위를, 1949년 시카고 대학교에서 박사학위를 받았다. 계속해서 천문학과 관련된 활동을 이어오던 그녀는 1959년 NASA에 입사, NASA 최초의 여성 천문학 책임자로서 아폴로 계획·허블 우주망원경 프로젝트 등에 참여하다 1997년 퇴직했다. 퇴직 후에도 천문학 강의와 자문 등을 이어온 그녀는 2018년 12월 26일 세상을 떠났다.

데이터 라벨링(Data Labeling) ▼

인공지능(AI)을 훈련시키는 데 필요한 데이터를 분류하고 정리하는 작업을 말한다. AI는 각종 데이터를 인식·평가함으로써 적절한 수행결과를 내놓을 수 있는 패턴과 규칙을 학습하게 되는데, 바로 이 데이터에 일종의 「이름표」를 붙여 AI가 데이터를 제대로 이해할 수 있도록 돕는 것이다. 예컨대 AI가 사진 속 「고양이」라는 대상을 정확히 인식할 수 있도록 사진에 정보를 일일이 입력하는 식이다. 부적절한 내용의 데이터를 제거하고 양질의 데이터만을 추출하는 작업도 데이터 라벨링에 포함된다. 이는 AI의 신뢰성과 공정성을 향상시키는 역할을 한다. 기존에는 데이터 라벨링을 위해 사람이 수만 개의 데이터를 일일이 확인해야 해, 시간과 비용이 많이 든다는 단점이 있었다. 이에 대한 대안으로 최근에는 라벨링 대상 데이터를 미리 학습한 AI가 데이터를 라벨링하는 「오토 라벨링」, AI가 직접 학습에 필요한 데이터를 선별해 해당 데이터의 라벨링만 요청하는 「액티브 러닝」 등의 기술이 활용되고 있다.

디지트(Digit) ▼

"로봇 개발업체 어질리티 로보틱스가 6월 27일 이족보행 로봇 「디지트」가 최근 속옷 제조기업인 스팽스의 공장에 배치됐다고 밝혔다. 휴머노이드 로봇이 시범 단계를 벗어나 정식으로 산업 현장에 투입된 것은 이번이 처음으로, 디지트는 공장 물류창고에서 상자를 운반하는 일을 맡았다. 업계에서는 디지트를 시작으로 산업 현장에 투입되는 휴머노이드 로봇을 더 많이 볼 수 있을 것이라는 전망을 내놓고 있다."

미국의 로봇 개발업체 어질리티 로보틱스가 개발한 휴머노이드 이족보행 로봇이다. 키 175cm에 무게 63.5kg로 성인과 유사한 신체 조건을 갖추고 있다. 최대 15.8kg의 물건을 들어 올릴 수 있으며, 물건을 선반에서 꺼내거나 다른 곳으로 옮기는 등 인간과 비슷한 방식으로 작업을 수행할 수 있다. 특히 지난해부터는 거대언어모델(LLM)을 탑재해 인간과 소통하거나, 인간의 직접적인 제어 없이도 스스로 작업할 수 있는 지능을 갖추게 됐다. 어질리티 로보틱스는 앞으로 디지트를 연간 최대 1만 대 규모까지 대량 생산하겠다는 계획이다.

딥보이스(Deepvoice) ▼

「딥러닝(Deep Learning)」과 「목소리(Voice)」의 합성어로, 인공지능(AI) 기반 음성합성기술을 통해 특정 인물의 목소리를 복제, 그가 하지 않은 말을 실제로 한 것처럼 만들어내는 기술이다. AI 기반의 합성기술이라는 점에서 사람의 얼굴이나 특정 부위를 합성하는 기술인 「딥페이크」와 유사하나, 영상이 아닌 음성을 다룬다는 점에서 차이가 있다. 특히 최근에는 음성합성기술과 AI 기술이 발전함에 따라 2~3초가량의 짧은 샘플 데이터를 통해서도 특정 인물의 말투와 발음, 톤 등 자연스러운 음성을 구현할 수 있게 됐다. 여기에 감정과 개성도 녹여낼 수 있어 교육, 마케팅, 방송 등 다양한 분야에서 활용될 수 있을 것으로 보인다. 그러나 최근 딥보이스를 악용해 지인인 것처럼 속여 개인정보를 탈취하거나 금전을 요구하는 이른바 「딥보이스 피싱」이 확산돼 문제가 되고 있다.

과학기술정보통신부는 최근 딥보이스를 악용한 사기범죄가 늘어나자 지난 7월 8일 「보이스피싱·불법사금융 척결 합동 태스크포스(TF)」를 열고 AI 기반 범죄 식별기술인 「음성 워터마크」 제도화 등을 추진하겠다고 밝혔다. 음성 워터마크는 음성의 음파를 분석해 AI 생성 음성과 실제 음성을 구별해주는 기술로, 과기부는 향후 「AI 기반 보이스피싱 조기 탐지 R&D 사업」을 추진해 구체적 실현방안을 마련하겠다는 방침이다.

렉라자(Lazertinib) ▼

"국산 신약 31호인 유한양행의 폐암 치료제 렉라자(레이저티닙)가 8월 20일 미국 식품의약국(FDA)의 승인을 받아냈다. FDA는 이날 존슨앤드존슨 자회사 얀센의 「리브리반트(성분명 아미반타맙)」 정맥주사(IV) 제형과 유한양행의 「렉라자」 병용요법을 비소세포폐암 1차 치료제로 승인했다. 이는 항암

분야에서 국내 제약사가 글로벌 빅파마에 기술수출을 해 상용화까지 이어진 첫 사례다."

국내 바이오기업 오스코텍이 개발해 2015년 유한양행에 기술수출한 진행성 또는 전이성 비소세포폐암 치료제이다. 폐암은 암세포 크기에 따라 소세포암과 비소세포암으로 나뉘는데 비소세포암은 전체 폐암의 80%가량을 차지한다. 렉라자는 상피세포 성장인자 수용체(EGFR) 돌연변이 활성을 억제해 암 신호 전달을 억제하는 기전으로, 뇌전이가 발생한 폐암환자에서도 우수한 효능을 보이는 것이 특징이다. 렉라자는 지난해 6월 국내 1차 치료제로 허가가 확대된 이후 6개월 만에 건강보험 급여 적용을 받아 올해 1분기 처방 200여 억원을 달성한 바 있다.

리스크 파이브(RISC-V) ▼

2010년 미국 UC버클리에서 개발한 반도체 설계 IP로, 2014년 세계 최대 반도체 콘퍼런스인 「핫 칩스」에서 전 세계 처음 공개된 후 현재 스위스에 본부를 둔 「비영리 칩 설계 오픈소스 동맹」에서 운영하고 있다. 기존 CPU(중앙처리장치)의 핵심 IP 시장은 PC용의 경우 미국의 인텔이, 모바일 기기용은 영국의 ARM이 주도하고 있었기 때문에 반도체 설계 전문 기업들은 인텔이나 ARM에 로열티를 지불해야 IP 라이선스를 구입할 수 있었다. 그러나 리스크 파이브는 오픈소스로 공개돼 로열티를 내지 않아도 쓸 수 있는 데다, 인텔이나 ARM보다 적은 전력으로 시스템을 구동할 수 있어 최근 반도체 분야의 새로운 게임체인저로 부상하고 있다.

중국은 최근 미국의 반도체 제재 수위가 높아지자 미국의 수출 통제 영향을 받지 않는 리스크 파이브에 대한 연구를 집중적으로 진행하고 있다. 이와 관련해 2023년 8월에는 중국 주요 반도체 설계 전문회사(팹리스) 9곳이 특허를 서로 공유하는 「RISC-V 특허 동맹」을 결성하기도 했다. 이에 미국은 지난 4월 중국의 RISC-V 연구가 미국 안보에 미치는 영향을 검토 중이며, 검토 결과에 따라 추가적인 통제조치가 이뤄질 수 있다고 밝혔다.

목적기반차량(PBV·Purpose Built Vehicle) ▼

탑승자의 연령대, 생활 방식, 이용 목적 등에 맞게 맞춤형으로 설계·제작되는 자동차를 말한다. 탑승자 개인뿐 아니라 특정 산업이나 직군, 기업에 맞게 제작될 수도 있다. 기존의 자동차가 운송이라는 획일적 목적 아래 설계됐다면, 목적기반차량은 주문 요구에 따라 차체 크기와 주행 성능, 내부 구조 등을 유연하게 바꿀 수 있다. 구체적으로는 「슬라이드」나 「스케이트보드」로 불리는 전기차 기반 플랫폼에 모듈화한 배터리와 구동 모터를 장착하는 식이다. 이는 특히 자율주행 기술과 결합해 로보택시, 무인 화물운송, 이동식 병원 등 다양한 분야에 접목할 수 있다. 여기에 넓은 공간의 특성을 살려 이동형 창고나 물류 배송용으로도 활용할 수 있다.

현대차그룹 글로벌경영연구소에 따르면 글로벌 목적기반차량 시장의 규모는 2020년 32만 대에서 2025년 130만 대, 2030년 200만 대 수준으로 커질 것으로 보인다. 목적기반차량은 아직 상용화되지 않은 기술이나, 기아(KIA)가 2027년에 국내 최초로 중형 사이즈의 목적기반차량인 「PV5」 출시를 앞두고 있다.

보이저호(Voyager) ▼

미국 항공우주국(NASA)이 태양계 외곽에 위치한 목성·토성·천왕성·해왕성 등의 탐사를 위해 발사한 우주탐사선이다. 보이저 2호는 1977년 8월 20일, 보이저 1호는 그해 9월 5일에 각각 발사됐다. 이들은 명왕성 인근에서 지구를 촬영한 「창백한 푸른 점」 등 진귀한 사진 8000여 장을 찍어 지구로 전송했다. 현재는 최장수 탐사선으로서 당초 계획됐던 일정을 훨씬 넘겨 인간이 보낸 탐사선 중 가장 먼 우주영역을 탐사하고 있다. 특히 보이저 1호는 외계 생명체와의 조우에 대비해 지구의 각종 소리를 담은 금도금 레코드판(골든 레코드)을 싣고 있는데, 이 레코드판에는 한국어 「안녕하세요」를 포함한 전 세계 55개국 언어의 인사말을 비롯해 지구의 과학과 문명 등을 알리는 116개의 부호화된 그림 등이 들어 있다.

보이저 1호는 2023년 11월 탑재된 컴퓨터 1대가 고장을 일으키면서 사실상 임무가 끝난 것으로 여겨졌으나, 원격 수리를 통해 지난 6월 초 정상화됐다. 다만 NASA는 2030년 안에는 보이저 1호의 수명이 다할 것으로 예측하고 있다. 한편, 보이저 2호는 2018년 11월 태양권을 벗어나 성간(星間) 공간에 진입, 현재까지도 태양계 가장 바깥에 있는 천왕성과 해왕성을 방문한 유일한 탐사선으로 활동하고 있다.

블랙웰(Blackwell) ▼

"미국 정보기술(IT) 전문지 디인포메이션이 8월 2일 엔비디아의 최신 제품인 블랙웰에서 설계 결함이 발견돼 출하 시기가 3개월 이상 지연될 것이라는 보도를 내놨다. 이에 따르면 엔비디아는 당초 올 하반기에 블랙웰을 본격 양산할 계획이었으나, 결함 발견으로 그 시점이 내년 1분기 이후로 미뤄졌다. 블랙웰 생산이 지연되면 마이크로소프트(MS)와 메타·구글 등 블랙웰을 주문했던 빅테크의 AI 모델 개발 일정과 엔비디아의 실적에 악영향을 미칠 수 있어, 생산 재개 시점에 업계의 관심이 쏠리고 있다."

인공지능(AI) 반도체 기업 엔비디아가 지난 3월 18일 공개한 신형 AI 반도체를 말한다. 이는 엔비디아가 2022년 출시한 호퍼(Hopper) 아키텍처의 후속 기술로, 게임이론과 통계학을 전공한 수학자이자 흑인 최초의 미국국립과학원 회원이었던 데이비드 헤롤드 블랙웰에서 이름을 따왔다. 블랙웰은 대만 반도체 기업 TSMC 공정으로 제조되며, 내년 1~3월 출시 예정이다. 블랙웰 B200에는 2080억 개의 트랜지스터가 집약돼 있는데, 이는 800억 개였던 기존 H100의 약 2.6배에 달하며, 역대 그래픽처리장치(GPU) 중에서는 최대 크기다. 다만 현재 기술로는 하나의 칩에 많은 트랜

지스터를 넣을 수 없어 2개의 GPU를 연결해 하나의 칩처럼 작동하는 것으로 알려졌다. 이를 통해 기존 H100보다 2.5배 빨라진 연산속도와 25배 개선된 전력 대 성능비를 경험할 수 있다.

블랙웰의 출하 시기가 늦춰지면서 SK하이닉스와 삼성전자의 고대역폭메모리(HBM) 공급에도 차질이 우려되고 있다. 블랙웰에는 5세대 고성능 메모리인 HBM3E가 탑재되는데, 이를 위해 SK하이닉스는 하반기부터 HBM3E를 집중 양산하겠다고 밝힌 바 있다. 삼성전자 역시 HBM3E 공급 계약을 위해 엔비디아의 성능 검증을 기다리고 있는 상황이다. 그런데 이번 결함 발생으로 두 기업의 하반기 실적에 악영향이 미칠 수 있다는 우려가 나온다.

사이버 민족주의(Cyber Nationalism) ▼

인터넷을 기반으로 한 애국주의를 말한다. 다수가 자유롭게 모여 의견을 교환할 수 있는 인터넷의 특성상 비슷한 성향과 신념을 가진 네티즌들이 온라인 커뮤니티를 형성해 현실공간이 아닌 가상공간에서 투쟁을 벌인다는 특징이 있다. 그러나 이는 다른 문화에 대한 배척으로 이어져 문제가 되는데, 최근에는 사이버 민족주의를 앞세워 타국의 웹사이트를 공격하거나 해킹하는 경우도 늘어나고 있다. 이처럼 해킹을 투쟁수단으로 사용하는 새로운 형태의 행동주의자들을 가리켜 「핵티비스트」(해커(Hacker)와 행동주의자(Activist)를 합친 말)로 칭하기도 한다. 이들은 인터넷에서 다른 나라의 주요 기관 홈페이지를 동시다발적으로 해킹해 자신들의 주장을 펼치는데, 실제로 지난 6월 친(親) 러시아 추정 해커 집단 중 한 곳이 우리나라의 우크라이나 평화 정상회의 참석에 반대해 국내 정부 부처와 금융사 홈페이지 5곳을 공격하겠다는 예고를 하기도 했다.

소버린 AI(Sovereign Artificial Intelligence)
▼

"네이버 이해진 글로벌투자책임자(GIO), 최수연 대표, 네이버 클라우드 김유원 대표 등 네이버의 주요 경영진이 6월 25일 미국 캘리포니아주 엔비디아 본사에서 젠슨 황 최고경영자(CEO)를 만났다. 두 기업은 이번 만남에서 소버린 AI 모델 구축 방안에 대해 논의하고, AI 사업 협력방안을 모색하기로

했다. 특히 소버린 AI를 구축하는 데에는 고성능 GPU를 갖춘 데이터센터와 전력망 등 대규모 인프라가 필요하므로, 이번 만남이 긴밀한 파트너십으로 연결될 수 있을지 귀추가 주목된다."

자주·주권을 뜻하는 영단어 「소버린(Sovereign)」과 「인공지능(AI)」을 합친 말로, 특정 국가나 지역의 언어와 문화·사회적 맥락 등을 반영한 AI 기술을 일컫는다. 각국의 규제에 맞춰 자체적으로 구축된다는 점에서 「AI 주권」과도 일맥상통하는 개념이다. 기존의 생성형 AI는 미국 중심의 빅테크들에 의해 제작돼, 영어 데이터와 서구권 중심의 가치관에 편향됐다는 한계가 있었다. 이에 최근에는 각 국가에서 소버린 AI를 자체적으로 구축하려는 움직임이 일고 있다. 이는 현지 언어나 특정 지역의 방언, 지형, 고유문화 등의 데이터를 학습해 현지 언어모델뿐 아니라 국방, 자연재해 대응 등 다양한 분야에서 활용될 수 있다.

국가별 소버린 AI 개발 현황

국가	개발사명	주요 내용
한국	네이버	자체 개발 한국어 특화 대규모 언어모델(LLM)을 활용한 생성형 인공지능(AI) 챗봇 「하이퍼클로바X」 출시
프랑스	미스트랄 AI	• 자체 AI 챗봇 「르 챗」 출시 • 삼성전자, 엔비디아, 네이버 등 주요 기업들로부터 1조 원 투자 유치
인도	크루트림	힌디어, 타밀어 등 10가지 현지 인도어 학습한 LLM 「크루트림」 개발
핀란드	사일로	북유럽 언어 기반 LLM 「포로」, 「바이킹」 개발
중국	문샷AI	중국어 특화 챗봇 「키미」 출시
일본	–	• 엔비디아와 협력해 일본어 특화 LLM 개발 중 • 지역별 자연재해 대응 방법이나 기후 변화 등에 특화될 것으로 알려짐

소규모 언어모델(SLM·Small Language Models) ▼

방대한 양의 텍스트 데이터를 학습해 자연어를 구사하는 대규모 언어모델(LLM)의 소형 버전이다. 통상 언어모델이 작업을 처리할 때 사용되는 변수인 매개변수(파라미터)가 많을수록 AI의

성능이 향상하는 것으로 여겨지나, 그만큼 학습과 운용에 필요한 시간과 비용도 커진다는 한계가 있다. 이를 해결하기 위해 제안된 것이 SLM으로, 수천억~수조 개에 달했던 기존 LLM의 매개변수 규모를 수십억~수백억 개로 줄여 추론·학습 비용을 절약한다. 이처럼 매개변수의 규모를 줄이면 외부 서버를 활용할 필요 없이 기기 자체적으로 데이터를 저장하는 온 디바이스 AI를 구현할 수 있어 최근 업계의 차세대 기술로 부상하고 있다. 여기다 특정 영역의 데이터만 학습하기 때문에 전문성을 높일 수 있다는 것도 SLM의 장점으로 꼽힌다.

대규모 언어모델(LLM) vs 소규모 언어모델(SLM)

대규모 언어모델	분류	소규모 언어모델
수천억~수조 개	매개변수 (파라미터)	수십억~수백억 개
• 방대한 매개변수로 정확한 작업 가능 • 학습 비용과 시간 부담 큼	특징	• 특화된 영역에 전문성 높음 • 학습 비용과 시간 절약 가능 • 온 디바이스 AI에 활용 가능
제미나이(구글), 라마 3.1(메타), GPT-4o(오픈AI)	예시	제미나이 1.5 플래시 (구글), 파이 3 미니 (MS), 라마 3(메타) 등

스미싱·스캠(Smishing·Scam) ▼

스미싱은 「문자메시지(SMS)」와 「피싱(Phishing)」의 합성어로, 인터넷 접속이 가능한 스마트폰의 문자메시지를 이용한 휴대폰 해킹을 뜻한다. 주로 모바일 청첩장이나 해외 결제 시도 등을 내용으로 하는 문자메시지를 대량 발송해 악성코드가 깔린 웹사이트 주소를 클릭하도록 유도하고, 피해자의 스마트폰을 원격 조정하거나 개인·금융정보를 탈취한다. 그리고 스캠은 본래 도박에서 상대를 속이는 부정행위를 가리키는 용어였으나, 요즘은 무역이나 금융 등 각종 분야에서 다른 사람을 속여 금전적 이익을 탈취하는 범죄용어로 쓰이고 있다. 이는 소셜네트워크

서비스(SNS) 등을 통해 이성에게 환심을 산 뒤 돈을 가로채는 「로맨스 스캠」, 허위공시와 시세조종 등의 수법으로 투자자들의 자금을 편취하는 「스캠 코인」 등 그 방식이 다양해지고 있다.

최근 스미싱과 스캠의 범행 방식이 진화하면서 사회적으로 문제가 되고 있는데, 이를 방지하기 위해서는 출처가 확인되지 않은 인터넷 주소를 클릭하지 않아야 한다. 또 범죄가 의심될 경우 은행이나 카드회사에서 제공하는 번호로 신고해야 하며, 자신의 개인정보를 절대로 알려주지 말아야 한다.

한국인터넷진흥원(KISA)에 따르면 지난 1~5월 KISA에 신고된 스미싱 메시지는 총 69만 2000여 건으로, 지난해 동 기간(9만 4000여 건)보다 약 7.3배 증가했다. 또한 올해 2~6월 로맨스 스캠 사기 피해 건수는 628건, 피해액은 약 454억 원에 달하며 지난해 6~12월 스캠 코인과 관련한 투자사기 신고 건수는 3228건에 달하는 것으로 나타났다. 그러나 당장은 이를 방지할 구체적인 체계가 마련돼 있지 않아, 실효성 있는 제도 마련에 대한 목소리가 커지고 있다.

CXL(Compute eXpress Link) ▼

"한국과학기술원(KAIST) 컴퓨터 아키텍처 및 메모리 시스템 연구실이 7월 8일 CXL이 활성화된 고성능 그래픽처리장치(GPU) 기술을 개발했다고 밝혔다. 기존에 GPU를 여러 대 연결하려면 비용이 많이 들었는데, 연구진은 대용량 메모리의 메모리 공간을 GPU의 메모리 공간과 통합해 고용량 시스템 구축비용을 절감하고 메모리 읽기·쓰기 성능을 개선했다. 이렇게 하면 기존 GPU 메모리 확장 기술보다 2.36배 빠르게 AI 서비스를 실행할 수 있는 것으로 알려졌다."

고성능 연산이 필요한 애플리케이션에서 중앙처리장치(CPU), 그래픽처리장치(GPU), D램 등 서로 다른 종류의 장치를 효율적으로 통신·연결할 수 있는 차세대 인터페이스를 말한다. 기존에 여러 반도체를 연결할 때에는 통신 규격이 달라 지연을 감수해야 했으나, CXL을 활용하면 서로 다른 규격의 반도체를 빠르게 통합해 연결, 하나의 시스템으로 운영할 수 있다. 또한 서버의 용량을 획기적으로 확장할 수 있어 기존 컴퓨팅 시스템 메모리 용량의 물리적 한계도 극복 가능하다. 여기다 데이터의 전송 대역폭도 늘려 데이터 처리 연산 성능을 개선할 수 있어 인공지능(AI)

기술 발전을 주도할 핵심 기술로 꼽는다. 그러나 현재는 CXL에 맞는 CPU 규격이 마련되지 않아 이를 상용화하기 위한 연구가 진행 중이다.

6G 소사이어티(Sixth Generation Mobile Communications Society) ▼

과학기술정보통신부 주도로 7월 4일 발족한 6G 이동통신·위성통신 분야 산·학·연·관 협력체다. 현재 국내 6G 이동통신 분야에서는 「6G 포럼」이, 위성통신 분야에서는 「위성통신 포럼」이 개별적으로 운영되고 있다. 6G 소사이어티는 양 포럼의 협의체로, 이동통신과 위성통신 분야 간 소통과 교류를 증진하고 두 분야가 협력해 연계 기술을 개발하는 것을 목표로 한다. 이를 위해 한국정보통신기술협회(TTA)와 정보통신기획평가원(IITP)을 비롯한 관련 산·학·연 전문가들이 참여한다. 주요 활동으로는 6G 시대 지상·위성 통합망 구축, 6G 표준화 시기에 맞춘 위성통신 시장 적기 진입 지원, 도심항공교통(UAM)·자율주행차·자율운항선박 상용화에 대비한 표준화 기술 확보 등이 있다.

> **6G(6세대 이동통신, Sixth Generation Mobile Communications)** 4G(LTE)보다 100배, 5G(20bps)보다 5배 빠른 100Gbp의 속도를 구현할 수 있는 이동통신 기술을 말한다. 최대 전송속도는 1Tbps 정도로, 지상 120m 이하였던 5G보다 확장된 지상 10km 이하 거리를 지원한다. 2028~2030년 상용화될 것으로 보이며, 인공지능(AI)·양자암호통신·위성통신 등이 융합되는 초연결 인프라를 구축할 수 있을 것으로 기대를 모으고 있다. 현재 국제표준화단체(3GPP)가 6G 표준화를 위한 작업 중에 있으며, 우리나라를 비롯한 전 세계에서 6G 상용화를 목표로 기술 선점을 위한 연구개발에 힘쓰고 있다.

IEEE 마일스톤(Institute of Electrical and Electronics Engineers Milestone) ▼

"한국전자통신연구원(ETRI)이 6월 11일 국내 연구진이 지난 1996년 세계 최초로 상용화한 「코드분할다중접속(CDMA)」 기술이 IEEE 마일스톤에 등재됐다고 밝혔다. 한국 기술이 IEEE 마일스톤으로 선정된 것은 이번이 처음으로, 당시 CDMA 기술 상용화에 참여했던 SK텔레콤과 삼성전자·LG전자 등이 선정 기업 반열에 이름을 올리게 됐다."

국제전기전자공학협회(IEEE)가 인류 사회와 산업 발전에 공헌한 전기전자공학 분야의 업적을 인정하고자 1983년부터 이어오고 있는 시상 프로그램이다. 여기서 IEEE는 1884년에 설립된 미국전기학회(AIEE)와 1912년에 설립된 무선학회(IRE)가 1963년에 합병해 설립된 비영리단체로, 전기·전자·전기통신·컴퓨터 분야에서 세계 최고의 권위를 인정받고 있다. IEEE는 상용화되고 25년 이상의 시간이 지난 기술을 대상으로, 그 업적을 심사해 사회에 큰 공헌을 했다고 판단되면 IEEE 마일스톤으로 선정한다. 이는 글로벌 ICT 분야의 노벨상으로 불리며, 1751년 벤자민 프랭클린의 전기 연구와 1958년 최초의 반도체 집적회로 등이 IEEE 마일스톤에 선정된 바 있다.

> **코드분할다중접속(CDMA·Code Division Multiple Access)** 다중접속기술의 하나로, 아날로그 형태의 음성을 디지털 신호로 전환한 후, 여기에 난수를 부가해 여러 개의 디지털 코드로 변환하여 통신하는 것을 말한다. CDMA 기술은 통화 품질이 좋으며, 통신 비밀이 보장된다는 장점이 있다. 다중접속기술에는 CDMA 외에도 FDMA(주파수분할다중접속)·TDMA(시분할다중접속) 등이 있으나, 우리나라는 1993년부터 CDMA 방식을 디지털 이동전화방식의 표준으로 채택, 1996년 세계 최초로 CDMA 상용 서비스 제공에 성공한 바 있다.

아포피스(Apophis) ▼

지름 약 335m 규모의 소행성으로, 오는 2029년 4월 13일 지구로부터 약 3만 1000km 떨어진 지점까지 접근할 것으로 예상된다. 이는 지구와 달 사이(약 38만km)의 10분의 1에 불과한 거리로, 소행성이 이와 같이 지구에 초접근하는 것은 2만 년에 한 번 일어나는 드문 현상으로 알려졌다. 이에 따라 유럽과 아프리카, 아시아 일부 지역에서는 맨눈으로 아포피스를 관측할 수 있을 것으로 보인다. 2004년 미국 천문학자들에 의해 처음 발견된 아포피스는 당시 예측된 지구와의 충돌 확률이 역대 최고인 2.7%로, 지구와 충돌할 경우 히로시마 원자폭탄의 10만 배에 달하는 폭발을 일으킬 것으로 예측됐다. 그러나 2021년 미국항공우주국(NASA)의 정밀 분석 결과 아포피스가 지구와 충돌할 가능성은 없다는 결론이 나오면서, 우주학계에서는 이를 소행성 탐사의 기회로 삼으려는 움직임이 일고 있다. 대부분의 소행성은 46억 년 전 태양계가 탄생하면서 발생한 암석 파편들이고, 내부 물질이 변할 가능성이 낮기 때문에 아포피스의 토양 샘플이 태양계 진화와 생명체의 기원 연구에 활용될 수 있을 거라는 전망이다.

세계 각국의 우주기관에서는 아포피스 탐사를 위한 준비가 한창이다. 미국항공우주국(NASA)은 탐사선 「오시리스-에이펙스」를, 유럽우주국(ESA)과 일본우주항공연구개발기구(JAXA)는 탐사선 「람세스」를 아포피스에 보내기로 했다. 우리나라의 경우 지난 2018년 아포피스 탐사를 추진했다가 예비타당성조사에서 탈락해 무산된 바 있는데, 지난 5월 출범한 우주항공청(KASA)이 다시 아포피스 탐사를 추진하겠다는 계획을 밝히면서 탐사선 개발 재개에 관심이 쏠리고 있다.

에너지저장장치(ESS·Energy Storage System) ▼

"7월 4일 삼성 SDI가 미국 최대 전력기업인 넥스트에라에너지에 에너지저장장치(ESS)용 배터리를 대규모로 공급하는 계약 체결을 앞두고 있다는 보도가 나왔다. 이에 따르면 삼성전자가 납품할 배터리는 총 6.3GWh로, 이는 북미 전체 ESS 용량의 11.5%에 해당하는 규모다. 삼성 SDI가 이를 수주하는 데 성공하면 국내 기업 사상 최대의 수주 물량이 될 전망이다."

화력, 풍력, 태양광 발전 등으로 만들어진 잉여 전력을 모아 보관했다가 적시에 가정이나 공장, 빌딩 등 필요한 곳에 공급할 수 있는 저장 장치를 말한다. 날씨 등의 영향을 크게 받는 신재생에너지를 안정적으로 공급하기 위해 필수적인 미래 유망 사업으로 꼽는다. 에너지저장장치에는 크게 화학 에너지(리튬이온·니켈·납축전지 등)로 저장하는 배터리 방식과, 물리적 에너지(양수발전·압축공기저장 등)로 저장하는 비배터리 방식이 있는데, 국내에서는 대부분 배터리 방식 중 하나인 리튬이온전지방식(LIB)을 활용하고 있다.

시장조사업체 SNE리서치에 따르면 올해 ESS 시장 규모는 전년 대비 27% 늘어난 400억 달러(약 54조 7200억 원)로, 이는 2035년 800억 달러(약 109조 4240억 원)로 확대될 전망이다. 특히 최근 각국이 전력난을 이겨내기 위해 태양광 발전 설비를 늘리면서, ESS용 배터리 수요가 더욱 늘어날 것으로 보인다. 이와 관련해 미국은 지난 2022년부터 인플레이션감축법(IRA)을 통해 ESS 프로젝트에 세금 공제 혜택을 부여하고 있기도 하다.

AI 반도체(AI Semiconductor) ▼

인공지능(AI) 서비스 구현에 필요한 대규모 연산을 초고속·초전력으로 실행하는 반도체로, 「AI 가속기」 또는 「AI 칩셋」 등으로도 불린다. 현재는 대부분 GPU(그래픽처리장치)와 HBM(고대역폭 메모리)을 결합해 패키징하는 방식으로 제조되고 있다. 최근 생성형 AI의 수요가 급증하면서 AI 반도체가 미래 주요 산업으로 부상하고 있는데, AI가 방대한 데이터를 분석·학습·추론하기 위해서는 AI 반도체가 필수이기 때문이다. 이는 시스템 구현 목적에 따라 학습용 AI 반도체와 추론용 AI 반도체로 분류되기도 한다. 최근에는 AI만을 위한 전용 반도체인 NPU(신경망처리장치)가 등장, AI 연산에 필요한 부품과 기능만을 활용해 가동비용을 줄이고 고도화된 AI 기능을 구현할 것으로 기대를 모으고 있다.

> **NPU(Neural Processing Unit, 신경망처리장치)** 인간 두뇌의 신경망을 모방해 수천 개의 연산을 동시에 할 수 있는 인공지능(AI) 반도체를 말한다. 딥러닝 알고리즘 연산에 최적화된 프로세서로, 뇌처럼 정보를 스스로 학습하고 처리할 수 있다. NPU를 활용하면 인터넷 연결 없이 대규모 연산이 필요한 기능을 빠르게 수행할 수 있어 스마트폰뿐만 아니라 데이터센터, 자율주행차, 클라우드 등 다양한 분야의 고성장을 이룰 수 있을 것으로 전망된다.

대표적인 AI 반도체 기업으로는 GPU의 약 90%를 점유하고 있는 엔비디아가 있다. 엔비디아는 생성형 AI 등장에 따른 AI 반도체 수요 급증으로 2023년에만 주가가 236% 상승하는 등 빠른 속도로 기업가치가 상승하고 있다. 엔비디아의 GPU 대부분은 대만 파운드리(반도체 위탁생산) 기업인 TSMC에 의해 생산되고 있는데, TSMC는 파운드리 시장의 60%를 차지하고 있다. 이 밖에 인텔, AMD, 퀄컴 등이 주요 AI 반도체 기업으로 꼽힌다.

AI 크롤러(Artificial Intelligence Crawler) ▼

인공지능(AI) 모델의 학습을 목적으로, 인터넷 웹상에 산발적으로 흩어져 있는 정보를 자동으로 모아 분류·저장하도록 개발된 소프트웨어를 말한다. 대표적으로 바이트댄스의 「바이트스파이더」, 아마존의 「아마존봇」, 앤스로픽의 「클로드봇」, 오픈AI의 「GPT봇」 등이 있다. AI 개발사들은 이처럼 자체 AI 크롤러를 활용해 AI 학습에 필요한 데이터를 수집해 왔는데, 최근 이러한 행위가 언론사 등 콘텐츠 기업들의 저작권을 침해한다는 지적을 받고 있다. 이에 AI 크롤러의 데이터 수집을 원천적으로 차단하는 콘텐츠 기업들이 늘어나면서 AI 개발사들이 데이터 확보에 어려움을 겪는 상황이다. 일각에서는 저작권 보호와 AI 발전을 위해 AI 크롤링에 대한 명확한 법적 기준을 마련해야 한다는 목소리가 나오고 있다.

LPDDR(Low Power Double Data Rate) ▼

"8월 6일 삼성전자가 손톱 수준인 0.65mm 두께의 12nm(나노미터)급 LPDDR D램 패키지(12·16GB)를 양산하겠다고 밝혔다. 이는 현존하는 12GB 이상의 LPDDR D램 중 가장 얇은 두께로, 두께를 얇게 만들면 완제품의 크기를 줄일 수 있을 뿐 아니라 기기 내부의 온도를 제어하는 데에도 도움이 된다는 게 삼성전자 측의 설명이다. 삼성전자는 향후 24·32GB 모듈도 가장 얇은 LPPDDR D램 패키지로 개발해 공급하겠다고 밝혔다."

전력 소모를 줄인 DDR D램을 말하는 것으로, 여기서 DDR은 명령이 들어가거나 데이터가 나올 때 기준이 되는 클럭 신호 1회에 데이터를 2번 전송하도록 함으로써 처리속도를 높인 차세대 고속 D램을 말한다. LPDDR은 저전력 반도체라는 특성 덕분에 데이터 처리에 소요되는 에너지를 절감하고, 연산 수행 시 배터리 소모를 줄일 수 있다. 이러한 특성 때문에 주로 스마트폰이나 태블릿PC 등 모바일 기기에 탑재되는데, 최근 온 디바이스 AI 시대가 열리면서 이와 같은 모바일 기기들이 처리해야 할 데이터의 양이 늘어나자 LPDDR에 대한 수요도 증가하고 있다. 이는 현재 7세대(LPDDR 5X)까지 개발됐으며, 최근에는 여러 개의 LPDDR을 수직으로 연결해 데이터 처리 용량과 속도를 높이는 기술도 개발 중에 있다.

입자가속기(粒子加速器, Particle Accelerator) ▼

"6월 24일 중국 관영 글로벌타임스 등 외신이 중국이 세계 최대 입자가속기를 2027년 착공할 예정이라고 보도했다. 이에 따르면 중국은 현재 최대 규모의 입자가속기인 유럽입자물리연구소(CERN) 거대강입자가속기(LHC)의 둘레 길이 27km보다 큰 100km 규모로 입자가속기를 구축할 계획이다. 이는 2035년 완공 예정으로, 주로 「힉스 입자」를 심화 규명하는 데 사용될 것으로 알려졌다."

전하를 띤 입자를 강력한 전기장이나 자기장 속에서 가속시켜 다른 입자 또는 물질에 충돌, 원자핵을 분열시키거나 새로운 소립자를 생성하는 장치이다. 입자를 가속하는 데 필요한 에너지를 얻기 위해 주로 거대 장치로 만들어진다. 가속 방법에 따라 선형 입자가속기와 원형 입자가속기로 분류되며, 가속 입자의 종류에 따라 중이온 가속기·전자 가속기·양성자 가속기로 나뉜다. 이는 물리학의 미해결 난제를 해결하는 기반이 되는데, 그 예로 2012년에는 유럽원자핵공동연구소(CERN)의 입자가속기 LHC가 그동안 가설로만 존재했던 힉스 입자를 발견해내기도 했다. 국제원자력기구(IAEA)에 따르면 현재 전 세계에서 운영되고 있는 입자가속기는 3만 대 이상으로, 이를 이용한 연구 결과 중 30건 이상이

노벨상을 받았거나 후보에 오른 것으로 나타났다. 최근에는 기초연구뿐 아니라 반도체나 암 치료 등 다양한 분야에서 활용되고 있다.

> **힉스 입자(Higgs Boson)** 1964년 영국의 이론물리학자 피터 힉스에 의해 제안된 입자로, 우주 탄생의 원리를 설명하는 현대물리학의 「표준모형」에서 물질을 구성하는 기본입자에 질량을 부여하는 역할을 한다. 힉스 입자는 가속기로 입자를 충돌시켜 만든 에너지로만 생성될 수 있어 그동안 이를 구현하기 위한 많은 시도가 이어져 왔다. 이에 유럽원자핵공동연구소(CERN)는 2008년 대형 입자가속기 LHC를 건설, 2012년 힉스로 추정되는 입자를 발견했다고 발표한 지 1년 만인 2013년에 해당 입자가 힉스 입자임을 증명하면서 표준모형을 완성시킨 바 있다.

입자가속기가 현대 과학연구에서 뚜렷한 성과를 내면서, 국내에서도 여러 입자가속기가 구축돼 활용되고 있다. 1995년 처음으로 가동된 포항 방사광가속기부터, 2013년 가동된 경주 양성자가속기, 2021년 가동된 대전 중이온가속기 등이 그 예다. 특히 2010년부터는 「단군 이래 최대 기초과학 프로젝트」로 불리는 중이온 가속기 「라온(RAON)」의 본격 운영을 위한 연구·개발이 진행 중이다. 라온의 총 길이는 500m로, 초당 약 12경 개의 양성자를 가속해 다양한 희귀동위원소를 생성할 것으로 알려졌다.

자율주행(自律走行) ▼

"한국자율주행산업협회(KAAMI)와 코엑스가 공동으로 개최한 국내 최초의 자율주행 분야 산업 전시회 「자율주행·모빌리티 산업전(AME)」이 7월 17일부터 19일까지 3일간 열렸다. 이번 산업전에는 「모빌리티 산업의 미래로」라는 주제 아래 국내 자율주행 및 모빌리티 기업 32개사가 참여, 관련 기술 전시와 산업 현황 공유 등 다양한 프로그램이 제공됐다."

운전자가 브레이크, 핸들, 가속 페달 등을 제어하지 않아도 도로의 상황을 파악해 자동으로 자동차를 주행시킬 수 있는 기술을 말한다. 이때 운전자 또는 승객의 조작 없이 주변 상황과 도로 정보 등을 스스로 인지·판단해 자동차를 운행할 수 있게 하는 자동화 장비, 소프트웨어 및 이와 관련한 일체의 장치를 「자율주행 시스템」이라고 한다. 만약 이 시스템이 안전 운행에 필요한 성능과 기준에 적합하지 않으면 자율주행차의 운행이 불가능하다.

한편, 산업통상자원부 국가기술표준원은 2023년 자율주행차 레벨 분류기준을 정의하는 국가표준(KS)을 고시한 바 있다. 이는 자율주행의 단계를 시스템이 운전에 관여하는 정도와 운전자가 차를 제어하는 방법에 따라 비자동화부터 완전 자동화까지 총 6단계로 구분한다. 구체적으로 레벨 0은 비자동화, 레벨 1은 운전자 보조, 레벨 2는 부분 자동화, 레벨 3은 조건부 자동화, 레벨 4는 고도 자동화, 레벨 5는 완전 자동화 단계이다. 여기서 레벨 1~2는 운전자 보조, 레벨 3~5는 자율주행으로 분류된다.

국가기술표준원 고시 자율주행차 레벨 분류

레벨	제어 주체	내용
0. 비자동화	운전자	자동화 없이 운전자가 모든 것 통제
1. 운전자 보조	운전자, 시스템 보조	시스템이 차선 유지나 크루즈 기능 등 운전 일부 보조
2. 부분 자동화		운전자는 차선 변경 시 손발은 떼더라도 눈은 운전 환경을 주시해야 함
3. 조건부 자동화	시스템	운전자는 차선 변경 시 손발과 눈을 뗄 수 있으나, 시스템이 개입 요청하는 경우 운전 행동으로 복귀해야 함
4. 고도 자동화		비상시 대처 등을 운전자 개입 없이 시스템이 스스로 해결 가능
5. 완전 자동화		모든 도로 조건과 환경에서 시스템이 항시 주행 담당

우리나라에서는 2016년 2월 12일 자동차관리법 개정안이 시행되면서 자율주행차의 실제 도로주행이 가능해졌다. 이에 따라 현대자동차의 제네시스가 국내에서는 처음으로 자율주행차로서 실제 도로주행을 허가받은 바 있다.

자포리자 원자력발전소(Zaporizhya Nuclear Power Plant) ▼

"로이터통신이 8월 11일 오후 8시 20~32분 사이에 우크라이나 자포리자 원전 냉각탑 2개 중 하나에서 화재가 발생했다고 보도했다. 다행히 화재에 따른 방사능 누출은 없었으나, 최근 원전 주변에서 폭발이 자주 발생하고 있다는 점에서 우려가 높다. 실제로 국제원자력기구(IAEA)는 앞서 8월 9일 성명을 통해 원전 외부에서 발생한 화재에 우려를 표명하기도 했다."

우크라이나 동남부 자포리자주(州) 에네르호다르에 위치한 원자력발전소로, 유럽에서 제일 큰 원전이자 세계에서 9번째로 발전량이 큰 원전이다. 1985년부터 가동을 시작했으며, 우라늄-235를 연료로 사용하는 950메가와트(MW)급 VVER-1000 가압수형 원자로 6기에서 총 5700메가와트(MW)의 전력을 생산해 왔다. 이는 우크라이나 전체 전력의 약 25%이자 우크라이나 원자력 시설에서 생산되는 에너지의 거의 절반에 이르는 규모이다. 그러나 러시아가 2022년 2월 우크라이나를 전격 침공한 뒤 자포리자 원전단지를 장악하면서 현재는 가동이 중단된 상태다.

저장수(貯藏水)　▼

"6월 22일 오전 4시 34분 경북 경주시 월성원자력발전소 4호기의 「사용 후 핵연료 저장조」에서 저장수 2.3t이 바다로 누출되는 사고가 발생했다. 국내에서 저장수가 누출된 것은 이번이 처음으로, 저장수를 냉각시키는 열 교환기에 문제가 생긴 것이 원인으로 추정된다. 원자력안전위원회(원안위)의 분석에 따르면 누출된 저장수의 유효 방사선량은 0.000000555mSv(밀리시버트)로, 인체에 해가 없는 방사선량의 한계인 1mSv에 크게 미치지 못하는 것으로 나타났다."

원자력 발전에 쓰인 「사용 후 핵연료」의 열을 식히고 여기에서 방출되는 방사선을 막기 위해 사용되는 물로, 「냉각수」라고도 한다. 사용 후 핵연료는 막대한 열과 방사선을 내기 때문에 전용 저장시설로 옮겨지기 전 저장수를 통해 수년간 온도를 낮추는 과정이 필요하다. 이때 저장수는 사용 후 핵연료와 직접 접촉한다는 점에서 철저한 관리가 요구된다.

월성원자력발전소　경상북도 경주시 양남면 나아리 동해안에 있는 국내 유일의 가압중수로형 원자력발전소이다. 1994년 준공돼 2029년 수명 만료를 앞둔 월성 4호기의 경우 원자력안전법에 따라 지난 4월 20일부터 가동을 멈추고 정기 검사를 받던 중이었다. 월성 4호기에서 설비 관련 사고가 발생한 것은 이번이 처음이 아닌데, 지난 5월 13일에도 예비 디젤발전기를 시험하는 과정에서 냉각수 펌프 등의 안전설비가 제대로 작동하지 않은 바 있다. 여기에 8월 7일에는 월성 1·3호기의 예비 디젤발전기가 오작동하면서 원전을 둘러싼 안전사고 우려가 커지고 있다.

전자설계자동화(電子設計自動化, EDA·Electronic Design Automation)　▼

다양한 전자회로를 설계·검증하는 데 활용되는 소프트웨어(SW)로, 특히 반도체 분야에서 필수로 여겨지는 기술이다. 반도체 기술이 복잡해짐에 따라 공정에 드는 시간과 비용이 늘어나자, 설계 단계에서 오류 여부를 충분히 검증하기 위해 등장했다. EDA를 활용하면 컴퓨터 시뮬레이션을 통해 반도체의 동작을 예측하고, 회로 설계의 오류를 판단할 수 있다. 이는 반도체 설계 시간과 비용을 절감하는 것은 물론, 후공정 패키징 디자인에도 활용되기 때문에 EDA가 없으면 사실상 고성능 반도체 제작은 불가능한 것으로 알려졌다. 특히 최근 인공지능(AI) 기술의 발달로 그에 쓰이는 반도체 수요가 증가하자 EDA의 중요성이 더욱 강조되고 있다.

EDA 시장은 시놉시스, 케이던스, 지멘스EDA 등 미국 3사가 세계 시장의 75%를 차지해 사실상 독점 구조를 띄고 있다. 여기다 2022년 미국이 중국을 대상으로 EDA 수출 통제를 시작하면서, EDA 비용 부담이 수억 원에서 수십억 원 수준으로 커졌다. 이에 과학기술정보통신부는 EDA 구매 비용을 세액 공제해주는 등 국내 EDA 분야의 성장을 위한 대책을 마련 중에 있다.

제로 트러스트(Zero Trust)　▼

「아무것도 신뢰하지 않는다」를 전제로 한 사이버 보안 모델로, 내부에 접속한 사용자에 대해서도 무조건적으로 신뢰하지 않고 검증하는 것을 기본으로 하는 개념이다. 이는 사이버 보안 전문가이자 포레스터 리서치 수석연구원인 존 킨더버그(John Kindervag)가 2010년 제시한 개념으로, 「신뢰가 곧 보안 취약점」이라는 원칙을 내세운 것이다. 제로 트러스트는 전체 시스템에서 안전한 영역이나 사용자는 전무하다는 것을 기본 전제로 한 뒤, 내부자 여부와 상관없이 인증 절차와 신원확인 등을 철저하게 검증하고 접속 권한 부여 후에도 그 접근 범위를 최소화한다. 제로 트러스트는 특히 2020년 시작된 코로나19

에 따른 원격·재택근무 확산으로 네트워크 보안이 더욱 중요해지면서 많은 주목을 받은 바 있다. 이는 다양한 환경 및 기기에서 조직 네트워크로의 접근이 이뤄지면서, 기존 보안체계가 한계에 부딪힘에 따른 것이다.

제3자 쿠키(3rd-Party Cookie) ▼

인터넷 사용자가 방문한 웹사이트가 아닌, 다른 웹사이트로 연결된 쿠키를 말한다. 여기서 「쿠키(1st-Party Cookie)」는 웹사이트에 접속할 때 자동적으로 만들어지는 임시 파일로, 이용자의 상품 구매내역을 비롯해 그의 아이디와 비밀번호·IP 주소 등의 정보를 담고 있다. 이 쿠키는 「자사 쿠키(1ST Party Cookie)」와 「제3자 쿠키」로 구분되는데, 자사 쿠키는 내가 접속한 웹사이트에서 내 브라우저에 저장하는 쿠키를 말한다. 본래 사용자가 동일한 웹사이트를 여러 번 방문했을 때 ID와 비밀번호를 다시 입력하지 않아도 되는 편의를 위해 만들어졌으나, 사용자의 웹사이트 사용 경향이나 관심 분야를 파악할 수 있다는 점에서 최근에는 광고회사나 인터넷 서비스업체의 자료 확보 수단으로 변칙 활용돼 왔다. 특히 제3자 쿠키를 통해 자사 웹사이트가 아닌 다른 웹사이트에 쿠키를 심으면 광범위한 데이터를 수집해 개인 맞춤형 광고를 제공하는 데에도 유용하다. 그러나 쿠키를 활용한 데이터 수집 범위에 명확한 제한이 없는데다, 일부 웹사이트는 사용자의 동의 없이 제3자 쿠키를 수집하는 경우가 있어 사생활 침해 논란이 일고 있다. 한편, 애플의 사파리, 오픈소스 파이어폭스 등 다수의 브라우저들은 사용자의 개인정보 보호를 위해 제3자 쿠키 수집을 차단하는 기능을 제공하고 있다.

구글도 2020년 자사 웹브라우저 크롬에서 제3자 쿠키 수집 및 지원을 단계적으로 종료하겠다는 계획을 밝힌 바 있으나, 인터넷 광고업체의 반발이 이어지자 지난 7월 22일 이를 철회하겠다고 밝혔다. 이 같은 구글의 조치는 제3자 쿠키를 차단하면 광고 단가의 하락으로 이어져 손해를 볼 수 있기 때문인 것으로 보인다. 구글은 제3자 쿠키를 허용하는 대신, 크롬 이용자가 제3자 쿠키 작동 여부를 선택할 수 있게끔 메시지를 제공하기로 했다.

주행거리 연장형 전기차(EREV·Extended Range Electric Vehicle) ▼

엔진을 통해 생산한 전기를 기반으로 배터리를 충전하고 모터를 구동해 동력을 얻는 차량으로, 전기차의 주행성과 내연기관차의 편의성을 모두 갖춘 것이 특징이다. EREV는 내연기관과 배터리를 함께 장착했다는 점에서 하이브리드카와 같지만, 내연기관 엔진은 배터리를 충전하는 데만 쓰이고 바퀴는 모터로만 굴린다는 점에서 전기차로 분류된다. 최근 현대차그룹이 본격 개발에 나선 차량으로, 이는 주행 중 연료를 태워 배터리를 충전하는 만큼 별도 충전기를 쓰지 않아도 될 뿐 아니라 주행거리가 일반 전기차의 2배인 1000km에 이르는 강점을 갖추고 있다. 또 전기모터로 구동하므로 내연기관차에 비해 가속력이 월등하고 변속 충격이 없으며, 주유소에서 채운 기름으로 엔진을 돌려 전기를 생산하기 때문에 충전 인프라가 부족한 지역에서도 문제가 없다.

중간질량 블랙홀(Intermediate-Mass Black Hole) ▼

"독일 막스플랑크 천문학연구소 연구팀이 7월 10일 국제학술지 《네이처》에 지구에서 1만 5000광년 떨어진 「오메가 센타우리 성단」에 중간질량 블랙홀이 있다는 연구 결과를 공개했다. 연구팀은 20년간 허블망원경이 촬영한 이미지를 통해 오메가 센타우리 성단 중심부의 별 7개를 추적 관측, 이 별들이 성단의 중력에 의한 가속 속도보다 빠른 속도를 낸다는 사실을 밝혀냈다. 별이 이 같은 속도를 내려면 중간질량 블랙홀이 있을 수밖에 없다는 것이 연구팀의 주장으로, 연구팀은 제임스 웹 우주망원경을 활용해 추가 연구를 이어간다는 계획이다."

질량이 태양의 150~10만 배에 달하는 블랙홀을 말한다. 블랙홀은 크기에 따라 ▷태양의 5~150배인 「항성질량 블랙홀」 ▷150~10만 배인 「중간질량 블랙홀」 ▷10만 배 이상인 「초거대질량 블랙홀」 등의 3가지로 분류된다. 블랙홀 진화론에서는 항성질량 블랙홀이 중간질량 블랙홀 단계를 거쳐 초거대질량 블랙홀로 진화하는 것으로 추정하고 있다. 그러나 이 중 중간질량 블랙홀만 존재가 확인되지 않아 「잃어버린 고리」로 남아 있는 상황이다. 특히 블랙홀의 생성·진화 과정에 대해서는 아직 명확하게 밝혀진 바가 없어, 중간질량 블랙홀의 존재가 그 비밀을 푸는 열쇠가 될 수 있을 것으로 주목받고 있다.

중력파(重力波, GW·Gravitational Wave) ▼

수명을 다한 별이 폭발하거나 블랙홀이 생성되는 등 중력이 급격히 변할 때 발생하는 파동으로, 중력 변화에 의해 발생하는 시공간의 일그러짐이 빛의 속도로 우주 공간으로 전달되는 것을 말한다. 1915년 아인슈타인의 일반상대성이론을 통해 그 존재가 예견됐으나, 세기가 워낙 미약하고 다른 물질과 작용하지 않아 검출과 측정이 쉽지 않았다. 그러다 2015년 9월 14일 오전 5시 15분 미국·한국·독일 등 13개국 과학자 1000여 명으로 구성된 「고급 레이저 간섭계 중력파 관측소(LIGO)」가 중력파를 처음으로 포착, 아인슈타인의 예측 후 100년 만에 실체를 확인한 바 있다. 특히 중력파는 모든 물질을 훑고 지나가며, 빛처럼 반사되지도 않아 우주의 대 격변을 추적하고 블랙홀의 비밀을 밝히는 데 도움을 줄 것으로 기대를 모은다. 현재는 주로 레이저 빛을 이용해 중력파를 관측하고 있으며, 그 외의 다른 방법으로도 중력파를 관측하려는 시도가 이어지고 있다.

지식 그래프(Knowledge Graph) ▼

"삼성전자가 지식 그래프 원천 기술 보유 기업인 「옥스퍼드 시멘틱 테크놀로지스」를 인수했다고 7월 18일 밝혔다. 옥스퍼드 시멘틱은 2017년 설립된 영국의 스타트업으로, 고도의 데이터 처리와 추론이 가능한 지식 그래프 기술을 개발해 왔다. 삼성전자는 이번 인수를 통해 차별화된 인공지능(AI) 경험을 제공할 수 있는 「개인화 지식 그래프」 기술을 개발, 이를 모바일이나 가전 등 다양한 제품과 결합하겠다는 방침이다."

여기저기 흩어져 있는 데이터 개체 사이의 관계를 파악해, 관련 있는 정보를 서로 연결된 그래프 형태로 표현하는 기술이다. 이렇게 하면 각 데이터의 유기적 연관성을 파악할 수 있어 명시적으로 정의되지 않은 데이터 간 문맥을 이해하는 데 유리하다. 이를 검색 엔진에 적용하면 검색어를 일일이 입력하지 않아도 연관된 정보를 더욱 쉽게 확인할 수 있다. 또 모바일 기기나 플랫폼에 지식 그래프를 도입하면 사용자의 행동 데이터를 기반으로 맞춤형 콘텐츠를 추천하는 데에도 적합하다. 여기다 데이터의 실시간 탐색 및 처리가 가능해 인공지능(AI), 자율주행 등의 산업 분야에서도 지식 그래프를 활발하게 사용하고 있는 추세다.

천리안(CHOLLIAN) ▼

"천리안의 운영사 미디어로그가 7월 9일 공지를 통해 천리안 서비스를 오는 10월 31일 종료한다고 밝혔다. 천리안은 9월 1일 문자메시지와 뉴스 등 부가 서비스를 종료, 10월 1일 메일 수신·발신을 중지하고 10월 31일 완전 폐지될 방침이다. 이로써 국내 첫 PC통신으로 시작한 천리안은 출시 39년 만에 막을 내리게 됐다."

미디어로그에서 운영하는 PC통신 서비스로, 1985년 서비스를 시작해 하이텔·나우누리·유니텔과 함께 「4대 PC통신 서비스」로 통했다. 1993년부터는 미국에 이어 일본·호주·캐나다 등에 진출해 해외 교포들을 대상으로 유료 서비스를 제공했으며, 1997년에는 가입자 수가 100만 명을 돌파하기도 했다. 그러나 2000년대 들어 네이버·다음 등 무료 인터넷 포털의 등장과 초고속인터넷 보급으로 유료 이용자 수가 급격히 줄기 시작했다. 이에 2003년 PC통신 사업을 접고 웹 기반 포털로 전환하는 등의 생존전략을 펼쳤으나, 시장 경쟁에서 밀리며 2015년 블로그 및 일부 서비스를 종료했고 결국 오는 10월 31일 서비스를 최종 종료하게 됐다.

천리안이 서비스 종료를 선언하면서 4대 PC통신 서비스 모두 역사 속으로 사라지게 됐다. 앞서 하이텔은 2007년, 나우누리는 2013년, 유니텔은 2022년 서비스를 종료한 바 있다.

크롤링(Crawling) ▼

웹상에 산발적으로 흩어져 있는 정보 페이지에 방문해 필요한 정보를 자동으로 수집, 분류, 저장하는 기술이다. 크롤링을 수행하는 소프트웨어를 크롤러라고 하는데, 이 크롤러가 웹페이지를 통해 어떤 데이터가 포함된 각종 사이트의 URL을 자동으로 찾아내고 그 사이트에 있는 정보를 뽑아 색인을 만들어 데이터베이스에 저장해 검색을 용이하게 만든다. 크롤링이 악용되면 지식재산권 침해 문제가 발생할 수 있기 때문에, 운영자는 이를 막기 위해 로봇 배제 표준을 웹페이지에 사용한다. 한편, 크롤링 활성화로 인해 플랫폼 간 저작권 침해 분쟁이 증가하고 있는데, 이는 선두 업체가 구축해놓은 데이터를 후발 업체가 크롤링하면서 발생한다.

클라우드 게임(Cloud Game) ▼

게임을 다운받거나 CD를 구입하지 않아도 인터넷만 가능하면 중앙 클라우드 서버에 접속해 플레이할 수 있는 게임을 말한다. 기존의 게임은 사용자의 PC, 모바일, 콘솔 등에 데이터를 저장하기 때문에 게임 성능에 따라 고사양의 디바이스가 필요하다는 한계가 있었다. 반면 클라우드 게임은 데이터를 클라우드 센터에서 스트리밍해 사용자에게 실시간으로 정보를 전송한다. 여기서 스트리밍은 인터넷에서 실제로 플레이되는 분량만큼만 데이터를 실시간으로 전송해 구현할 수 있게 하는 기술로, 한꺼번에 파일 전체를 보내는 것보다 시간을 훨씬 단축할 수 있다. 이 때문에 별도의 실행 시간이나 업데이트 과정 등이 필요 없다. 또 클라우드 서버에 데이터가 저장되기 때문에 고사양 디바이스가 필요하지 않아 진입 장벽을 낮출 수 있다. 클라우드 게임 서비스는 5G의 도래로 망 부하와 지연 문제를 극복할 수 있게 되면서 활발해지고 있다. 한편, OTT 플랫폼처럼 매달 일정 요금을 내면 플랫폼이 제공하는 게임들을 스트리밍 방식으로 이용할 수 있는 서비스를 구독형 클라우드 게임이라고 한다.

키썬라(Kisunla) ▼

7월 2일 미국식품의약국(FDA)의 정식 승인을 받은 알츠하이머(치매) 치료제로, 글로벌 제약사 일라이릴리에 의해 개발됐다. 이는 초기 알츠하이머 환자를 대상으로 하며, 알츠하이머의 원인으로 알려진 뇌 속 노폐물인 아밀로이드의 응집체를 제거한다. 한 달 간격으로 투약하면 되고, 아밀로이드 응집체를 어느 정도 제거하고 나면 투약을 중단해도 된다. 연간 투약 비용은 3만 2000달러(약 4450만 원)로 책정됐다. FDA에 따르면 키썬라는 초기 알츠하이머 환자 1736명을 대상으로 한 임상시험에서 인지능력 저하 속도를 4.5~7.5개월 정도 늦추는 효과를 보였다. 그러나 시험 참가자의 36.8%가 뇌부종 등의 부작용을 겪었고, 이 중 3명은 사망했다는 경고도 있었다. 다만 FDA는 이 같은 부작용은 뇌의 일시적 부종에 의한 것이며, 부작용 위험보다는 치료 효과가 크다고 설명했다.

FDA 승인 받은 알츠하이머 치료제

치료제명 (개발사)	승인 시기	특징
아두헬름 (바이오젠, 에자이)	2021년 6월	효능 논란으로 지난 2월 판매 중단
레켐비(바이오젠, 에자이)	2023년 7월	•지난 5월 식품의약품안전처의 승인을 받았으며, 국내 투약은 올 연말쯤부터 시작될 것으로 보임 •연간 투약 비용 2만 6000달러(약 3600만 원)
키썬라(일라이릴리)	2024년 7월	•2027년 이후 국내 출시 전망 •연간 투약 비용 3만 2000달러(약 4450만 원)

페르소나 챗봇(Persona Chatbot) ▼

"6월 24일 구글이 이르면 올해 자사의 인공지능(AI) 모델인 「제미나이」를 기반으로 하는 페르소나 챗봇을 공개할 것이라는 보도가 나왔다. 이에 따르면 구글은 사용자들이 직접 성격과 외모, 배경 지식, 목소리 등을 설정해 만들 수 있는 챗봇을 개발 중에 있다. 구글은 이 프로젝트를 위해 몇몇 인플루언서들과 파트너십을 논의 중이며, 해당 챗봇 서비스를 유튜브에 통합하는 방안도 검토 중인 것으로 전해졌다."

사람처럼 자연스러운 대화가 가능한 인공지능(AI) 챗봇에 고유한 개성과 인격을 더해, 보다 인간적인 소통을 가능하게 한 캐릭터형 챗봇 서비스를 말한다. 활용 방식이 제한된 기존의 아바타나 가상인간 서비스 등과 달리, 생성형 AI 모델을 기반으로 전문성은 물론 정서적인 경험까지 제공할 수 있다. 이는 주로 엔터테인먼트나 마케팅 등에 활용될 수 있으며, 심리치료는 물론 교육 분야에서도 활용 가능하다. 그러나 페르소나 챗봇이 실제 인물을 모방하는 경우 그의 권리를 침해할 수 있다는 우려 또한 존재한다. 또 페르소나 챗봇에게 친밀함을 느낀 사용자가 개인적인 정보나 감정을 공유할 경우 개인정보 침해나 과도한 정서적 의존을 유발할 위험도 있다. 특히 페르소나 챗봇이 잘못된 정보를 기반으로 편향된 정보를 알려주는 할루시네이션을 일으키면 사용자의 감정체계를 왜곡하거나 조종할 수 있어 이에 대한 대책이 요구된다.

대표적인 페르소나 챗봇 서비스로는 「캐릭터닷AI」, 「레플리카」 등이 있다. 공상 캐릭터나 실제 인물을 바탕으로 맞춤형 챗봇을 만들 수 있는 캐릭터닷AI는 2023년 출시 후 젊은 세대에서 큰 인기를 얻어 현재는 챗GPT와 제미나이 다음으로 월간 이용자가 많은 AI 서비스로 자리 잡았다. 또 레플리카는 AI 가상 연인을 콘셉트로 사용자가 원하는 스타일의 AI 파트너를 만들 수 있어 주목받고 있다. 최근 빅테크 기업들도 페르소나 챗봇 출시를 잇따라 발표하고 있는데, 메타는 유명인의 얼굴과 목소리를 지닌 28개의 챗봇을 출시하며, 구글도 맞춤형 페르소나 챗봇 서비스를 선보일 것으로 알려졌다.

합성개구레이더 위성(SAR·Synthetic Aperture Radar Satellite) ▼

능동적으로 전파를 쏠 수 있는 레이더를 이용해 지상의 상황을 관측하는 위성 시스템으로, 흔히 「SAR 위성」으로 불린다. 지상의 표적에 레이더 전파를 송신, 전파가 표적에 반사돼 되돌아오는 시간과 파형을 분석해 영상을 만들어낸다. SAR 위성은 「도플러 효과」를 이용해 여러 물체 중 표적이 어느 것인지 구분할 수 있고, 표적이 어느 방향과 거리에 있는지도 알아낼 수 있다. 여기다 전파 파장이 짧아 밤이나 흐린 날에는 지표면 관찰이 어려웠던 기존 EO(Electro Optical) 위성과 IR(Infra Red) 위성과는 달리, 파장이 긴 전파를 활용하기 때문에 날씨에 상관없이 주·야간 관측이 가능하다. 이처럼 지표면에 대한 자세한 정보를 제공한다는 점에서 군사정찰 분야를 중심으로 SAR 위성을 활용하려는 시도가 이어지고 있으며, 자연재해 감시 및 지하 매장자원 탐사 등에서도 활용되고 있다. 다만 SAR 위성에서 이미지를 얻기 위해서는 전문가의 수학적 합성이 필요해, 별도의 분석 시간이 주어져야 한다는 점에서는 보완이 필요하다.

도플러 효과(Doppler Effect) 1842년 오스트리아의 물리학자인 도플러에 의해 발견된 것으로, 소리를 내는 음원과 관측자의 상대적 운동에 따라 음파의 진동수가 다르게 관측되는 현상이다. 예컨대 기차가 관측자 쪽으로 다가올 때는 기적 소리가 높게 들리다가 관측자를 지나친 직후에는 갑자기 낮게 들리는 사례가 이에 해당한다. 이때 관측되는 음파의 진동수는 원래의 진동수와 음원과 관측자 사이의 상대속도에 의해 결정된다. 이는 음파뿐만 아니라 모든 파동현상에서 관측되는 현상이기도 하다.

우리나라는 국가 안보 분야에서 SAR 위성을 적극 활용하고 있다. 국방부는 2025년까지 5기의 정찰위성을 확보하는 「425사업」을 추진하고 있는데, 이 중 2~5호기는 모두 SAR 위성이다. 특히 지난 4월 8일 쏘아 올린 정찰위성 2호기의 해상도는 30cm로, 사람의 움직임까지 포착할 수 있어 높은 수준의 감시·정찰 데이터를 제공할 것으로 기대를 모으고 있다.

화합물 반도체(化合物 半導體, Compound Semiconductor) ▼

두 종류 이상의 원소로 구성된 반도체로, 원소의 배합이나 제조 방법에 따라 다양한 형태를 만들어낼 수 있다. 주로 고속통신 부품이나 전광판 등에 쓰이는데, 최근에는 전기자동차와 데이터센터 등에도 활용되고 있다. 대표적인 화합물 반도체로는 실리콘(Si)과 탄소(C)로 구성된 「실리콘 카바이드(SiC)」, 갈륨(Ga)과 질소(N)로 구성된 「갈륨 질화물(GaN)」, 갈륨(Ga)과 비소(As)로 구성된 「갈륨비소(GaAs)」 등이 있다. 이는 단일 원소로 구성된 기존의 반도체보다 전력 소비가 낮은 반면 전력 효율은 높다는 장점이 있다. 그러나 성능이 우수한 화합물 반도체를 만들기 위해서는 장기간의 기술 개발과 투자가 필요하며, 제조공정이 비싸다는 점은 향후 극복해야 할 과제로 꼽힌다.

시장조사업체 글로벌리서치컴퍼니에 따르면 화합물 반도체 시장 규모는 지난해 739억 1000만 달러(약 102조 7000억 원)에서 2028년 1133억 달러(약 157조 4000억 원)로 성장할 것으로 전망된다. 그러나 현재 화합물 반도체 시장은 유럽과 미국, 일본이 주도하고 있으며 한국의 점유율은 1~2%에 그친다. 이에 한국산업기술기획평가원은 지난 6월 화합물 반도체 고도화 기술개발사업을 국책사업으로 선정한다고 발표, 관련 기술 개발에 올해부터 2028년까지 5년간 총 1385억 원을 투입하기로 했다.

확률형 아이템(確率型 Item) ▼

PC·모바일 게임 내에서 이용자에게 유료로 판매되는 게임 아이템 중 하나로, 게임 아이템은 게임의 진행을 위해 게임 내에서 사용되는 도구를 말한다. 이용자가 일정한 금액을 주고 확률형 아이템을 구입하면, 게임 회사에서 정한 확률에 따라 이용자가 해당 아이템을 구입하기 위해 투입한 가치보다 더 높거나 낮은 게임 아이템이 지급된다. 이용자는 확률형 아이템을 구입한 후 열어보기 전까지 그 안의 내용물이 무엇인지 알 수 없다. 이에 확률형 아이템은 원하는 게임 아이템이 나올 때까지 반복해서 구매하기 쉬워 사행성을 조장한다는 문제점을 갖고 있다. 특히 가치가 높은 확률형 아이템을 뽑기 위해 1000번, 1만 번씩 뽑기를 하는 이용자들이 나오면서 「페이 투 윈(Pay to Win, 이기기 위해선 돈을 쓴다)」이라는 말까지 등장하기도 했다.

한편, 지난 3월 22일부터 「게임산업진흥에 관한 법률」 제33조2항 및 동법 시행령 제19조의2가 시행됨에 따라 확률형 아이템의 확률이 투명하게 공개된 바 있다. 이에 따라 게임물을 제작·배급·제공하는 사업자는 확률형 아이템의 종류와 그 확률 정보에 대해 게임물과 인터넷 홈페이지 등에 이용자가 알아보기 쉽도록 검색 가능·백분율 활용 등을 표시해야 한다. 또 게임물관리위원회는 확률형 아이템 정보공개 여부를 감시하기 위한 모니터링단(24명)과 신고 전담 창구를 운영한다. 모니터링과 신고 등을 통해 게임 사업자의 확률형 아이템 정보공개 의무 위반이 적발될 시 1차로 게임위가 시정요청, 2·3차로 문체부가 시정 권고, 시정명령 조치가 이뤄지게 된다.

시사인물

1964.	출생
2011~2017.	미 캘리포니아주 검찰총장
2017~2021.	캘리포니아주 민주당 상원의원
2021.~	미국 부통령
2024. 8.	미국 민주당 대선 후보 선출

(▲ 사진 출처: 위키피디아)

"첫 여성 부통령이겠지만 마지막은 아닐 것"

▲ 2020년 부통령 당선 때의 승리 연설 중에서

⬜ 카멜라 해리스(Kamala Harris)

미국 제49대 부통령이자 오는 11월 5일 치러지는 미국 대선의 민주당 후보자(60). 카멀라 해리스 부통령이 민주당 대선 후보로 8월 2일 공식 선출됐다. 이는 바이든 대통령이 대선 후보직을 사퇴한 지 12일 만으로, 흑인 여성이 미국 주요 정당의 대통령 후보가 된 것은 해리스 부통령이 처음이다.

1964년 10월 20일 미국 캘리포니아주 오클랜드에서 태어났으며, 워싱턴DC에 있는 흑인 명문대학인 하워드대에서 정치과학과 경제학을 전공했다. 헤이스팅스 로스쿨을 졸업한 뒤 캘리포니아주에서 검사 생활을 시작한 그는 2004년 1월부터 2011년 1월까지 샌프란시스코 지방검사로 일했다. 그러다 2011년 1월부터 2017년 1월까지 캘리포니아주 법무장관과 검찰총장을 지낸 최초의 흑인 여성이 됐다. 2016년에는 캘리포니아주 연방 상원의원으로 당선되면서 흑인 여성으로는 두 번째 상원 입성이라는 기록을 남겼다. 이후 2019년에는 2020년 대선의 민주당 후보 경선에 출마했으나, 선거자금 고갈 등을 이유로 그해 12월 중도 하차를 한 뒤 곧바로 조 바이든 지지 선언을 했다. 그리고 당시 민주당 대선 후보였던 바이든 대통령에 의해 러닝메이트(부통령 후보)로 지명됐는데, 미국 역사에서 여성이 주요 정당의 부통령 후보가 된 것은 세 번째이자 흑인 여성으로는 처음 있는 일이었다. 그리고 2020년 11월 3일 치러진 미 대선에서 바이든이 대통령에 당선되면서 해리스는 부통령으로 공식 취임, 미국 최초의 흑인·여성 부통령이라는 기록을 남겼다. 그는 부통령 재임 초반부터 이민 의제를 담당했으며, 2022년 6월 연방대법원이 낙태권을 폐기한 후에는 이에 반발하는 여성·진보 성향 유권자를 규합하는 데 주력해 왔다. 만약 해리스 부통령이 대통령에 당선되면 미국의 첫 여성 대통령이자 첫 아시아계(인도계) 대통령이라는 새로운 기록을 탄생시키게 된다.

⬤ 도널드 트럼프(Donald Trump)

전 미국 대통령이자 2024년 미국 대선 공화당 후보(78). 공화당이 7월 15~18일 열린 전당대회에서 트럼프 전 대통령을 11월 대선 후보로 공식 지명했다. 이로써 트럼프는 부통령 러닝메이트인 J.D. 밴스 연방 상원의원과 함께 4년 만의 백악관 복귀에 도전하게 된다.

1946년 6월 미국 뉴욕에서 태어났으며, 뉴욕 포덤대와 펜실베이니아대 와튼스쿨을 거쳐 아버지가 운영하던 부동산 개발회사에서 사회 생활을 시작했다. 1971년에는 가업을 물려받은 뒤 회사 이름을 「트럼프 그룹(Trump Organization)」으로 바꾸고 대규모 부동산 사업을 진행하면서 큰 부를 축적했다. 트럼프가 대중적으로 유명해진 것은 2004년 자신이 지분을 보유한 NBC방송의 리얼리티 TV쇼 〈어프랜티스〉에 출연하면서부터다. 이 프로그램은 회사에 갓 입사한 젊은이들의 직장 생활을 담은 내용인데, 트럼프는 이 프로그램에 출연해 「너는 해고야(You're fired).」라는 유행어를 남기며 화제를 일으켰다. 그는 1987년 공화당에 입당한 뒤 민주당과 공화당을 오가며 탈당과 입당을 반복하는 등 정계 진출을 모색했으며, 2015년 6월에는 공화당 대선 후보 출마를 선언했다. 당시에는 그에 대한 지지율이 미미해 단지 대선 흥행을 위한 이벤트거리로 보는 시선이 지배적이었으나, 기존의 워싱턴 문법에서 완전히 벗어난 아웃사이더적 언행은 거센 비난과 동시에 지지율을 급상승시키는 원동력으로 작용하면서 결국 2016 공화당 대선 후보로 결정됐다. 그리고 그해 11월 8일 치러진 미 대선에서 힐러리 클린턴이 우세할 것이라던 대부분의 예측을 뒤엎고 승리하면서 2017년 1월 20일 제45대 대통령으로 취임했다. 그는 재임 중 「미국 이익 최우선(America First)」을 주장하며 취임 첫해인 2017년부터 파리기후협약 탈퇴를 선언했고, 2018년에는 이란핵협정의 일방적 탈퇴를 선언하기도 했다. 또 멕시코와의 국경에 장벽을 건설

하는 등 불법 이민에 대한 엄격한 단속을 펼쳤으며, 2018년부터는 중국과 무역전쟁을 시작해 미중 갈등이 최고조에 이르렀다. 이러한 상황에서 그는 2019년 12월 「우크라이나 스캔들」로 하원에서 탄핵소추안(권력남용·의회방해 혐의)이 가결되면서 위기를 맞기도 했으나, 상원에서 부결되면서 임기를 계속 이어갔다. 그리고 2020년 재선에 도전했으나 그해 11월 3일 치러진 대선에서 당시 민주당의 조 바이든 후보에게 패했다. 그러나 그는 정권 이양 순간까지도 선거 결과에 승복하지 않았는데, 2021년 1월 6일에는 대선 결과에 불복한 트럼프의 지지자들이 워싱턴 의회 의사당에 난입하면서 대선 결과 확정을 위한 상하원 합동회의가 중단되는 사상 초유의 사태가 벌어지기도 했다. 트럼프는 그해 1월 20일 치러진 바이든 대통령의 취임식에도 불참했는데, 전임 대통령이 신임 대통령의 취임식에 불참한 것은 152년 만에 처음 있는 일이었다.

⬤ 팀 월즈(Tim Walz)

미국 민주당 대선 후보인 카멀라 해리스 부통령의 러닝메이트로 지명된 부통령 후보(60). 해리스 부통령이 8월 6일 자신의 러닝메이트로 팀 월즈 미네소타 주지사를 낙점했다. 이에 따라 11월 5일 치러질 미국 대선은 민주당의 해리스 부통령과 월즈 주지사 대 공화당의 도널드 트럼프 전 대통령과 J. D. 밴스 상원의원 간의 대결로 확정됐다.

1964년 미국 네브래스카주에서 태어났으며, 1981년 방위군에 입대해 2005년까지 복무했다. 부친과 삼촌 모두가 군인 출신으로, 특히 부친은 한국전쟁 참전용사로 알려져 있다. 그는 1990년대에 미네소타주로 이주해 고등학교 사회 교사로 활동했으며, 풋볼팀 코치를 맡으며 주대회 우승을 이끌기도 했다. 그리고 2006년 연방 하원의원 선거에 민주당 후보로 출마, 공화당 후보를 꺾고 당선된 뒤 내리 6선을 하며

약 12년간 하원의원으로 활동했다. 2018년에는 미네소타 주지사 선거에 출마해 당선됐으며, 주지사 선출 이후 여성의 임신중절권을 주법에 명문화하는 법안에 서명하고 대마초를 합법화하는 등 적극적으로 진보 성향을 드러냈다. 2022년 재선에도 성공한 그는 최근 트럼프와 밴스 후보에 대해 「괴상하다(weird)」는 비판으로 민주당 안팎에서 큰 관심을 받으며 민주당 내 대표적인 트럼프 저격수로 부상한 바 있다.

◐ J. D. 밴스(J.D. Vance)

미국 공화당 대선 후보인 도널드 트럼프 전 대통령의 러닝메이트로 지명된 부통령 후보(39). 트럼프 전 미국 대통령이 7월 15일 올해 대선에서 함께 뛸 부통령 후보로 J. D. 밴스 상원의원을 공식 지명했다.

1984년 8월 미국의 대표적인 러스트벨트(제조업 쇠퇴 지역)로 꼽히는 오하이오주에서 태어났으며, 어린 시절 부모의 이혼으로 외가에서 성장했다. 고등학교 졸업 후 학비 마련을 위해 해병대에 자원 입대해 5년을 복무했으며, 이후 오하이오주립대에 입학해 정치학·철학을 전공했다. 그리고 2013년 예일대 로스쿨을 졸업한 뒤 변호사와 실리콘밸리 벤처캐피털리스트로 활동했다. 특히 2016년 자신의 불우한 어린 시절을 회고한 책 〈힐빌리의 노래(Hillbilly Elegy)〉가 큰 인기를 끌면서 전국적인 인지도를 얻었다. 이 책은 오하이오의 시골 마을에서 마약 중독자 싱글맘의 아들이 성장해가는 이야기를 다뤘는데, 동명의 넷플릭스 영화로도 제작돼 전 세계적으로도 알려졌다. 그는 2022년 오하이오주 상원의원 선거에서 당선되며 정계에 진출했는데, 정계 입문 전에는 「네버 트럼프(트럼프만은 절대 안 돼)」를 주장하는 공화당원이었다. 또 2016년 대선 때도 트럼프의 이민·사회정책을 강하게 비판했으나 2020년 대선을 앞두고는 지지를 표명하고, 2021년 오하이오주 연방 상원의원 경선 출마 선언 뒤에는 트럼프를 찾아가 과거 자신의 발언을 사과하고 열렬 지지자가 됐다. 이에 일각에서는 밴스에 대해 「기회주의자」라는 비판을 내놓기도 하며, 《폴리티코》는 「매우 극적이고 의심스러운 정치적 변화」라는 평가를 내리기도 했다. 만약 트럼프가 11월 대선에서 승리할 경우 밴스 의원은 만 40세의 나이로 존 브레킨리지(만 36세), 리처드 닉슨(만 40세 11일)에 이어 미국 역사상 세 번째로 젊은 부통령이 된다.

> **힐빌리(Hillbilly)** 가난한 시골에 사는 저학력 백인 육체노동자를 뜻하는 멸칭으로, 이들 대부분은 미국 중북부 러스트벨트 지역에 거주한다. 러스트벨트(Rust Belt)는 한때 미국 제조업의 호황을 구가한 대표적 공업지대였으나, 제조업이 사양화되며 불황을 맞은 지역이다. 힐빌리와 비슷한 멸칭으로 「레드넥(Redneck)」이 있는데, 이는 미국 남부의 농부들이나 육체노동자들이 햇볕으로 인해 목둘레가 빨갛게 탄 것을 놀리는 데서 시작된 표현으로 저학력·저소득 백인 노동자 계층을 비하하는 말로 사용된다.

◐ 키어 스타머(Keir Starmer)

영국 노동당 대표이자 신임 총리(61). 7월 4일 치러진 영국 조기 총선에서 노동당이 압승을 거두며 14년 만에 보수당을 밀어내고 정권 교체에 성공했다. 이로써 노동당 대표인 키어 스타머가 7월 5일 영국 총리로 취임했다.

1962년 영국 런던 외곽에서 태어났으며, 리즈대와 옥스퍼드대에서 각각 법학 학·석사 학위를 받았다. 1987년부터 인권변호사로 활동한 그는 패스트푸드 체인 맥도널드의 노동 착취와 환경 파괴를 고발했다가 명예훼손으로 피소된 환경운동가들을 무료 변호하면서 이름을 알렸다. 그러다 2008년부터 잉글랜드·웨일스 왕립검찰청(CPS) 청장 등을 지내면서 이전의 진보 성향과는 다른 면을 보였다. 그는 영국 검사 최초로 이슬람 수니파 테러단체 알카에다 소속 테러범을 기소한 데 이어 2014년에는 경찰 총격으로 숨진 흑인 마크 더건의 사망에 항의하는 시위를 강경하게 진압했다. 이때의 공로로 2014년 왕실로부터 기사 작위(경·卿·Sir)를 받아 노동당 대표 중 처음으로 「경(Sir)」으로 불린다. 그러다 52세 때인 2015년 하원의원에 당선되며 정계에 입문했으며, 2019년 총선 패배의 책임을 지고 물러난 제러미 코빈에 이어 2020년 4월 노동당 대표로 선출됐다. 그는 당대표를 맡은 뒤 소득세 인상, 대학 등록금 폐지, 공공 서비스 국유화 등의 공약을 포기하며 진보 쪽에 가깝던 당을 중도로 끌어왔다. 그의 이러한 실용적 면모는 노동당 재건의 비결로도 꼽히지만, 당 내 일각에서는 기회주의라는 비판을 받고 있다.

◯ 마수드 페제시키안(Masoud Pezeshkian)

이란 대통령(70). 7월 5일 치러진 이란 제14대 대통령 선거 결선투표에서 온건 개혁파인 마수드 페제시키안이 54.8%의 득표율로 당선되면서 30일 취임했다. 이번 이란 대선은 2021년 취임한 강경 보수 성향의 에브라힘 라이시 전 대통령이 지난 5월 헬기 추락사고로 사망함에 따라 치러진 것이다. 그리고 이 대선에서 유일한 개혁파로 출마한 페제시키안이 당선되면서 이란은 2021년 하산 로하니 대통령 퇴임 이후 3년 만에 다시 개혁파가 정권을 잡게 됐으며, 이에 이란 내부는 물론 대외정책에 생길 변화가 주목되고 있다.
1954년 9월 이란 북서부 마하바드에서 소수민족인 아제르바이잔계 아버지와 쿠르드계 어머니 사이에서 태어나 이란 사회의 비주류로 꼽힌다. 그는 군 복무 이후 의대에 늦깎이로 입학해 심장외과 전문의가 됐으며, 타브리즈 의대 총장까지 지냈다. 1980~1988년에는 이란-이라크 전쟁에 참전했으며, 1997년 개혁파 모하마드 하타미 대통령 시절 보건부 차관으로 발탁되며 정치권에 입문했다. 이어 2001~2005년 보건부 장관을 역임했으며, 2008년에는 타브리

즈 지역구에 출마해 의회에 입성한 뒤 내리 5선을 했다. 그는 2013년과 2021년 대선 때도 대권 도전에 나서기도 했으나, 대중적 인지도는 높지 않다. 이에 이번 대선 후보로 나왔을 때도 후보 중 유일하게 개혁 성향이라는 점을 두고 구색 맞추기라는 평가가 나오기도 했다. 그러나 그는 6월 28일 치러진 1차 투표에서 1위를 차지한 데 이어 결선에서도 승리하며 이란 대통령에 취임하게 됐다. 그는 2028년까지 대통령직을 맡게 되는데, 이 기간 이란이 개입된 가자지구 전쟁과 이스라엘과의 군사적 충돌, 2018년 미국이 파기한 핵합의 복원 등 첨예한 현안에 대한 대처를 두고 국제사회의 이목이 쏠리고 있다. 그는 선거 기간 히잡 강제 착용 반대 및 단속 완화, 이란 핵합의(JCPOA)를 포함한 서방과의 대화 복원과 이를 통한 경제난 해소를 공약으로 내세운 바 있다. 다만 그는 개혁파로 분류되지만 신정(神政)일치 국가인 이란의 정치체계를 감안할 때 순탄치 않으리라는 전망이 많다. 이란은 종교 지도자인 라흐바르(최고지도자)가 절대 권력을 행사하고 대통령은 행정부 수장 역할을 맡고 있는데, 종신직인 최고 지도자는 1989년부터 알리 하메네이(85)가 맡고 있다.

이란은 종교가 지배하는 신정(神政)과 민주주의의 요소가 결합한 독특한 형태로, 종교 지도자인 국가 최고지도자와 국민이 직접 뽑는 대통령이 따로 존재한다. 이는 1979년 루홀라 호메이니의 이란혁명 이후 확립된 통치 구조로, 실질적 권력은 최고지도자에게 집중돼 있고 대통령은 실무적 행정수반 역할을 한다. 즉 대통령은 대외적으로 국가를 대표하면서 외교 정책도 주도하지만 대체로 실무적인 부분에 한정되며 주요 외교 정책의 최종 결정권은 최고지도자가 갖고 있다.

◯ 기시다 후미오(岸田文雄, きしだ ふみお)

일본 총리(67). 기시다 후미오 일본 총리가 8월 14일 기자회견을 통해 9월 예정된 집권 자민당 총재 선거에 출마하지 않겠다고 발표했다. 이에 9월 하순 새로운 자민당 총재가 선출되면 기시다 총리는 퇴임하게 되는데, 이는 내각제인 일본

에서는 집권당의 총재가 총리가 되기 때문이다. 2021년 10월 일본 100대 총리로 취임한 기시다 총리는 취임 초기 일부 여론조사에서 60%를 넘는 지지율을 기록하기도 했으나, 최근 10개월 가까이 퇴진 위기 수준인 20%대에 머물며 신뢰 회복이 어려운 상태에 이르렀다.

1957년 7월 29일 일본 도쿄에서 태어났으며, 와세다대학 법학부를 졸업했다. 졸업 후 은행에서 잠시 근무하다 1993년 부친의 지역구인 히로시마(廣島)시를 물려받아 중의원에 처음 당선되며 정계에 입문했다. 그의 집안은 3대에 걸쳐 국회의원을 지낸 정치 가문 출신으로, 조부는 기시다 마사키 전 중의원이며, 부친은 중소기업청 장관을 지낸 기시다 후미타케(岸田文武, 1926~1992) 전 중의원이다. 1993년 정계 입문 이후 내리 9선 의원이 됐으며, 외상·자민당 정무조사회장·자민당 국회대책위원장 등을 지냈다. 특히 2012년에는 총리 4명을 배출한 명문 파벌 「고치카이(宏池會·의원 수 46명)」의 회장으로 취임하면서 이후 일명 「기시다파」로 불리고 있다.

그는 2012년 12월 2차 아베 신조(安倍晋三) 정권 출범 때 외상으로 임명돼 전후 두 번째로 긴 4년 7개월간 외상을 지냈다. 특히 2015년 12월 28일 당시 한국의 윤병세 외교부장관과 함께 한일 위안부 합의를 발표해 국내에도 잘 알려져 있다. 그는 2018년 자민당 총재 선거 때 입후보할 것으로 전망됐지만 당시 아베 전 총리를 지지하겠다며 차기를 노린 바 있다. 그리고 2020년 아베 전 총리의 사임에 따라 총재 선거에 처음 출마했지만, 스가 요시히데(菅義偉) 전 총리에 큰 차이로 패했다. 그러다 스가 총리가 취임 1년여 만에 코로나19 부실 대응 여파 등으로 지지율이 급락하면서 결국 퇴임에 이르자 2021년 자민당 총재 선거에 다시 출마해 당선됐다. 이에 따라 기시다 총재는 2021년 10월 4일 열린 임시국회에서 제100대 일본 총리로 선출, 기시다 내각이 이날부터 출범한 바 있다.

패통탄 친나왓(Paetongtarn Shinawatra)

태국 신임 총리(37). 탁신 친나왓 전 태국 총리의 막내딸 패통탄 친나왓 프아타이당 대표가 8월 16일 하원에서 열린 총리 선출 투표에서 신임 총리로 선출됐다. 이는 태국 헌법재판소가 세타 타위신 총리의 부패 인사 장관 임명이 위헌이라며 해임을 결정한 지 이틀 만에 속전속결로 이뤄진 차기 총리 선출이다. 이로써 패통탄은 태국 역대 최연소 총리이자 탁신 전 총리의 여동생 잉락 친나왓 전 총리에 이은 두 번째 여성 총리가 됐다. 또 2001~2006년 총리를 지낸 아버지 탁신과 2011~2014년 재임한 고모 잉락에 이어 탁신가의 세 번째 총리로도 기록됐다.

1986년생인 패통탄은 2006년 군사 쿠데타로 축출된 탁신 전 총리의 막내딸이다. 태국 최고 명문 대학인 왕립 쭐랄롱꼰 대학에서 정치학을 전공하고, 영국 서리대학에서 호텔경영학으로 석사 학위를 받았다. 탁신 일가가 주요 주주인 태국 부동산 기업인 SC에셋의 최대 주주로 기업을 경영하던 그는 2021년 10월 탁신계 정당인 프아타이당 고문을 맡으며 정계에 입문했다. 그리고 지난해 총선에서 프아타이당을 이끌며 선거 운동을 지휘했으며, 같은 해 10월 당대표가 됐다. 2023년 총선에서 프아타이당은 전진당(MFP)에 이어 두 번째로 많은 의석을 차지했으나, 왕실모독죄 개정을 앞세운 전진당 피타 림짜른랏 후보가 보수 진영 반대로 의회 총리 선출 투표를 통과하지 못하자 친군부 정당들과 손잡고 연립정부를 구성했다. 그리고 8월 16일 총리로 선출되면서 패통탄은 정치 시작 약 3년 만에 총리에 오르게 됐다.

야히야 신와르(Yahya Sinwar)

팔레스타인 가자지구의 전 지도자이자 팔레스타인 무장단체 하마스의 신임 정치 지도자(62). 하마스가 8월 6일 새 정치 지도자(정치국 의장)

로 가자지구 지도자 야히아 신와르를 지명했다고 텔레그램을 통해 발표했다. 이는 전임자인 이스마일 하니예가 지난 7월 31일 이란에서 암살된 지 6일 만인데, 신와르가 하마스에서 가장 강경한 인물이라는 점에서 교착 상태인 가자 전쟁 휴전협상이 난항에 빠질 가능성이 커졌다는 우려가 나오고 있다.

1962년 팔레스타인 가자지구 남부 칸 유니스의 난민캠프에서 태어났으며, 1980년대 초 가자지구 이슬람대학교 재학 중 이슬람주의 운동에 뛰어들었다. 그는 1982년 이슬람주의 활동 혐의로 이스라엘 당국에 처음 체포됐고, 이후에도 수차례 더 체포됐다. 1987년 1차 인티파다(팔레스타인의 반이스라엘 투쟁) 이후 설립된 하마스의 창립멤버로 합류한 그는 25세의 나이에 이스라엘에 협력한 변절자를 색출하는 「마즈드(영광)」의 수장을 맡아 「칸 유니스의 도살자」로 악명을 떨쳤다. 그러다 1988년 이스라엘 스파이로 의심되던 팔레스타인인 4명과 이스라엘 군인 2명을 살해한 혐의로 종신형을 선고받고 감옥에서 23년을 지냈다. 이후 2011년 하마스에 억류돼 있던 이스라엘 군인 길라드 샬리트를 풀어주는 대가로 1000명 이상의 팔레스타인·아랍인 수감자들을 석방하는 포로교환으로 석방됐다. 가자지구로 돌아온 신와르는 하마스 정치국 일원으로 자리 잡았고, 2015년 미 국무부에 의해 테러리스트로 지정됐다. 2017년에는 하마스 내부의 비밀선거를 통해 최고지도자에 올랐고 2021년에도 재선됐다. 특히 그는 지난해 10월 7일 이스라엘을 기습 공격하고 240여 명을 인질로 끌고 오는 계획을 설계한 인물로 알려져 있는데, 현재 칸 유니스의 땅굴에 숨어 있는 것으로 추정되고 있다. 신와르는 하마스 내 강한 발언권을 갖고 있는데, 휴전 및 인질 석방 협상에서도 핵심 역할을 맡으며 번번이 협상 타결을 무산시켜 온 것으로 알려졌다.

◻ 줄리안 어산지(Julian Assange)

내부고발자 웹사이트인 「위키리크스(Wikileaks)」의 최고책임자이자 대변인으로 활동했던 인물로, 「범죄자」와 「박해받는 혁명가」라는 상반된 평가를 받고 있다. 2010년 위키리크스에 이라크·아프가니스탄 전쟁 관련 미국 기밀문서 수십만 건을 올린 혐의 등으로 2019년 4월 영국 경찰에 체포됐던 어산지가 6월 26일 미국 북마리아나제도 사이판 법원에서 최종 석방을 위한 심리를 마친 뒤 고국인 호주로 귀환했다.

1971년 호주에서 태어났으며, 1987년 동료들과 해커 그룹을 결성했다. 1991년 총 24건의 컴퓨터 해킹범죄 혐의로 기소됐으나 벌금을 내고 풀려났으며, 석방 뒤에는 인터넷 업체를 창립하는 한편 멜버른대학에 진학해 물리학과 수학을 공부했다. 그러다 2006년 아이슬란드의 수도 레이캬비크에서 정부의 위법행위 등을 막기 위해 투명하게 정보를 공유하자는 취지에서 내부고발자들을 위한 폭로 전문 사이트 위키리크스를 설립했으며, 이후 내부고발자에 대한 보호제도가 확립돼 있는 스웨덴에 서버를 두고 전 세계 기밀자료들을 폭로했다. 그러다 2010년 12월 미 정부가 기밀로 취급한 외교 문건과 이라크·아프가니스탄 전쟁 관련 보고서를 폭로했는데, 특히 유출된 정보에는 미군이 이라크·아프가니스탄에서 자행한 비위가 담겨 큰 파문이 일었다. 같은 해 어산지는 스웨덴에서 성폭행을 저지른 혐의로 수배됐으나 혐의를 부인하며 2012년 영국 주재 에콰도르 대사관에 망명해 도피 생활을 시작했다. 그러다 2019년 대사관 측이 보호 조치를 해제하면서 영국 경찰에 체포됐고, 미국은 스파이 방지법 등 18개 혐의로 그를 기소하고 영국에 인도 요청을 해 왔다. 이는 범죄인 인도를 위해서는 영국 법원의 승인이 필요하기 때문이었는데, 어산지는 언론 자유에 대한 억압이라며 법정 공방을 이어왔다. 이처럼 영국에서 5년간 수감 생활을 해온 어산지는 올 6월 26일 미 법무부와 플리바게닝(유죄협상제도)을 통해 군사·외교 기밀문서를 유출한 자신의 혐의를 인정하는 대가로 석방됐다.

◯ 응우옌 푸 쫑(Nguyen Phu Trong)

1944~2024. 베트남 전 공산당 서기장이자 국가주석으로, 7월 19일 타계했다. 향년 80세.
1944년 베트남 하노이에서 태어났으며, 1967년 국립하노이종합대 문학과를 졸업했다. 이후 공산당 기관지와 당 이념 관련부서 등에서 일하다가 1981년 유학을 떠나 소련 사회과학원에서 역사학 박사 학위를 받았다. 1994년 당 중앙위원으로 선출된 이후 하노이시 당 부서기, 하노이시 당 서기, 국회의장을 거쳤으며 2011년 당 서기장에 올랐다. 2016년에는 재선 제한 연령(65세) 예외 규정을 인정받으며 정치적 라이벌인 응우옌 떤 중 총리의 도전을 꺾고 재임에 성공했다. 2018년 10월 3일에는 베트남 공산당 중앙위원회가 만장일치로 쫑 서기장을 차기 국가주석 후보로 지명함에 따라 베트남 권력서열 1위인 공산당 서기장에 이어 서열 2위인 국가주석을 겸직하기도 했다. 베트남에서 쫑 주석 이전에 당서기장과 주석직을 한 사람이 동시에 맡은 경우는 없었는데, 집단지도체제를 택하고 있는 베트남은 공산당 서기장을 정점으로 국가주석이 외교·국방을 맡고, 총리(서열 3위)가 행정, 국회의장(4위)이 입법권을 갖는 관행을 이어 오고 있다. 그는 베트남전이 끝난 1975년 이후 최장수 서기장이자 호찌민 이후 가장 강력한 지도자 중 한 명으로 꼽혔다. 생전 국영기업이 중심이 돼 경제발전을 이끌어야 한다는 「베트남식 사회주의 시장경제」 개념을 만들었으며, 외교에서는 실용주의와 강대국들 사이에서 균형을 강조하는 이른바 「대나무 외교」를 내세웠다. 2019년에는 베트남 하노이에서 북미 정상회담이 열렸을 때 하노이를 방문한 김정은 북한 국무위원장과 정상회담을 갖기도 했다.

◯ 폴 카가메(Paul Kagame)

르완다 대통령(67). 30년 동안 르완다를 이끌언 온 폴 카가메 르완다 대통령이 7월 15일 치러진 대통령 선거에서 99.18%의 압도적인 득표율로 4선 연임에 성공했다.
1957년 르완다 남부의 투치족 집안에서 태어났다. 2세 때인 1959년 다수파 피지배계급인 후투족이 소수파 지배계급인 투치족에 대한 반란을 일으키면서 이를 피해 우간다로 건너가 1962년 난민캠프에 정착했다. 그는 우간다를 비롯해 쿠바와 탄자니아 등에서 군사정보훈련을 받았으며, 이러한 경험을 바탕으로 1994년 4월 우간다에서 반군 조직인 「르완다애국전선」을 이끌고 르완다 수도 키갈리에 입성했다. 당시 그는 다수 후투족 강경파가 소수 투치족과 후투족 온건파 80만 명을 집단학살한 「르완다 대학살」을 종결지었으며, 쿠데타로 수립된 정권에서 부통령 겸 국방부 장관에 올랐다. 이후 2000년 당시 대통령이 사임하자 정권을 이양받아 대통령으로 취임했다. 이어 2010년 재선과 2017년 3선에 성공한 그는 집권 기간 종족 간 대학살 후유증을 극복하고 경제 성장을 이끌었으나, 20년 이상을 장기 집권하면서 반대자들을 탄압하고 인권을 침해했다는 비판도 받고 있다.
한편, 르완다는 2015년 개헌을 통해 이번 대선부터 대통령 임기를 7년에서 5년으로 줄이고 1차례 중임을 허용했다. 따라서 올해 66세인 카가메 대통령은 중임할 경우 최장 2034년까지 대통령직을 수행할 수 있다.

◯ 변희수

1998~2021. 군 복무 중 성전환 수술을 받고 강제 전역당한 전 육군 하사로, 세상을 떠난 지 3년 만인 6월 24일 국립대전현충원에 안장됐다. 이는 국방부가 지난 4월 4일 고인의 순직을 인정함에 따른 것이다.

1998년 충북 청주에서 태어난 고인은 2017년 육군 부사관으로 임관한 뒤 육군 5기갑여단에서 근무했다. 그러다 2019년 11월 휴가를 내고 태국에서 성전환 수술을 받았다. 그는 성전환 수술 이후에도 군에서 계속 복무하기를 희망했으나 육군은 신체 훼손에 따른 심신장애 3급 판정을 내리고, 전역심사위원회에 회부해 강제전역을 결정했다. 당시 고인은 전역심사를 앞두고 국가인권위원회에 진정을 제기하고, 부당한 전역심사 중지를 요청하는 긴급구제 신청도 함께 제기했다. 이에 인권위는 긴급구제 결정을 내리고 육군본부에 전역 심사위원회 개최를 3개월 연기할 것을 권고했으나, 육군은 전역심사를 강행했다. 고인은 2020년 8월 육군참모총장을 상대로 전역처분취소 청구소송을 제기했으나, 2021년 4월 첫 변론을 앞두고 그해 3월 청주의 자택에서 스스로 생을 마감했다. 그리고 그해 10월 법원은 수술 후 변 하사의 성별을 여성으로 평가할 수 있고 이럴 경우 성전환은 군인사법이 정한 심신장애 사유에 해당하지 않는다는 등의 이유로 군의 전역 처분이 부당하다는 판결을 내렸고, 해당 판결은 육군이 항소하지 않아 확정됐다. 이후 2022년 12월 육군 보통전공사상심사위원회는 변 전 하사의 사망을 일반사망으로 분류했으나 인권위의 재심 권고가 이뤄졌고, 국방부는 지난 4월 4일 故 변희수 전 하사의 순직을 인정하는 결정을 내렸다. 군인사법상 순직 유형은 3가지로 분류되는데, 변전 하사는 국가수호 등과 직접 관련 없는 직무수행 중 사망해 「순직 3형」으로 결정됐다.

🔲 수잔 워치츠키(Susan Wojcicki)

1968~2024. 전 유튜브 최고경영자(CEO)로, 8월 10일 폐암으로 타계했다. 향년 56세.
1968년 7월 5일 미국 캘리포니아주 산타클라라에서 태어났으며, 하버드대학에서 역사학과 문학을 전공했다. 이후 UC 산타크루즈 대학원에서 경제학 석사를, UCLA 앤더슨스쿨 경영대학원에서 경영학 석사(MBA)를 취득했다. 그는 인텔에서 마케팅 담당자로 일하다가 1998년 세르게이 브린과 래리 페이지에게 자신의 집 차고를 사무실로 쓸 수 있도록 임대했다. 그리고 이들과 이때 맺은 인연으로 1999년 구글의 16번째 직원이 되면서 초대 마케팅 책임자로 일했다. 그는 구글이 자체 개발한 구글 비디오 서비스를 관장하는 등 구글의 광고와 동영상 사업을 총괄했다. 이 기간 그는 플랫폼과 콘텐츠 크리에이터가 광고 수익을 나누는 「구글 애드센스」를 기획했는데, 이는 창작자가 업로드하는 콘텐츠에 광고를 삽입하는 것이다. 그러다 유튜브의 성장 가능성에 주목해 2006년 유튜브 인수를 제안했는데, 당시 CEO였던 에릭 슈미트의 반대에도 끝까지 그를 설득해 결국 인수를 성사시켰다. 고인은 2014년 2월 5일부터 2023년 2월 17일까지 유튜브 CEO를 지내면서 유튜브를 세계 최대 동영상 플랫폼으로 성장시켰으며, 2017년에는 포브스 「세계에서 가장 영향력 있는 여성」 6위에 선정되기도 했다. 그는 생전 구글에서 가장 오래 근무한 직원 중 한 명이자 실리콘밸리에서 가장 주목받는 여성 임원으로 명성이 높았다.

🔲 워런 버핏(Warren Buffett)

투자의 귀재로 불리는 버크셔해서웨이 회장(93). 워런 버핏이 6월 28일 미 월스트리트저널(WSJ)과의 인터뷰에서 사망 후에 180조 원에 이르는 재산 거의 전부를 세 자녀가 공동 관리하는 공익 신탁에 넘겨줄 것이라며 유언장 일부를 이처럼 변경했다고 공개했다. 그가 사후에 자신의 재산을 어떻게 쓸지 밝힌 것은 이번이 처음이다. 그는 이미 버크셔 해서웨이 주식의 절반 이상을 기부했고, 보유 중인 주식은 이날 기준 약 1300억 달러(약 180조 원) 규모다. 1930년 미국에서 태어났으며, 콜롬비아 대학

경영대학원에서 경제학 석사학위를 받았다. 1956년 100달러로 주식투자를 시작한 그는 버핏 파트너십이라는 투자조합을 설립해 본격적인 투자인생을 시작했다. 그리고 1965년 방직회사 버크셔 해서웨이의 경영권을 인수해 우량기업을 거느린 지주회사이자 투자회사로 변모시켰다. 버크셔 해서웨이는 미국 최대 철도회사인 BNSF와 재보험기업 가이코를 인수하고 기술기업 애플에 투자하는 등 수십 년 동안 막대한 이익을 거뒀다. 그는 가치 있는 주식을 발굴해 매입하고 이를 오랫동안 보유하는 것으로 유명한데, 자신의 고향 내브래스카주 오마하를 거의 벗어나지 않지만 주식시장의 흐름을 정확히 꿰뚫는다고 해서 「오마하의 현인(Oracle of Omaha)」으로 불리고 있다.

⬤ 김범수(金範洙)

카카오 이사회 의장(58). 김범수 카카오 이사회 의장이 2023년 2월 SM엔터테인먼트 경영권 인수를 위해 2400억 원을 동원해 SM 주가를 끌어올리는 시세조종을 했다는 의혹을 받아 7월 23일 구속됐다.

1966년 전라남도 담양군에서 태어났으며 서울대학교 산업공학과에서 학사와 석사 과정을 마쳤다. 졸업 후 삼성SDS에서 일하다 퇴사하고 1988년 국내 최초 온라인 게임 포털인 「한게임」을 만들며 벤처 신화의 상징으로 떠올랐다. 2000년 삼성 동기였던 이해진 의장과 함께 NHN을 설립해 공동대표를 맡다가 2007년 대표직을 사임했다. 그로부터 3년 후 모바일 메신저 카카오톡을 선보였는데, 당시 PC메신저가 점유했던 시장에서 카카오톡은 출시 1년 만에 이용자 1000만 명을 돌파하는 기염을 토했다. 카카오톡은 문자 메시지와 달리 인터넷만 연결되면 무료로 이용할 수 있으면서 글자 제한이 없다는 장점으로 성장을 거듭했으며, 2014년 다음과 합병한 이후 카카오뱅크 등을 연이

어 성공시키며 2019년 자산총액 10조 원 이상의 대기업으로 성장했다.

한편, 김 의장은 사업 확장 과정에서 2023년 당시 SM엔터 인수 경쟁사인 하이브의 공개 매수를 방해하기 위해 SM엔터 주가를 하이브의 공개 매수가인 12만 원보다 높이려는 목적으로 여러 차례에 걸쳐 SM엔터 주식을 고가에 장내 매수했다는 의혹을 받고 있다. 이에 검찰은 김 의장이 시세조종의 한 형태인 시세 고정 목적의 거래를 했다며 구속영장을 청구했고, 서울남부지법은 증거인멸과 도망의 염려가 있다며 구속영장을 발부했다.

⬤ 김민기(金敏基)

1951~2024. 〈아침이슬〉, 〈상록수〉 등 당시 민주화 운동권과 대학가에서 가장 널리 불려졌던 곡들을 남긴 것은 물론 1991년 소극장 학전과 극단 학전을 설립해 문화예술에 큰 족적을 남긴 인물로, 7월 21일 타계했다. 향년 73세.

1951년 3월 31일 전북 익산에서 태어났으며, 1969년 서울대 회화과에 입학했다. 그는 1학년 1학기를 마친 뒤 고등학교 동창 김영세와 포크송 듀오 「도비두」로 음악활동을 시작했고, 1970년 명동 「청개구리의 집」에서 공연을 열며 〈아침이슬〉을 작곡했다. 〈아침이슬〉은 발표 직후 건전가요 서울시문화상을 받았으나 1972년 10월 유신 후 민주화운동 현장에서 널리 불렸고, 이에 유신정권에 의해 금지곡으로 지정됐다. 여기에 그에 대한 정권 탄압도 시작되면서 1971년 발표한 데뷔음반 〈김민기〉는 출반 직후 압수되기도 했다. 그러나 그는 정부의 감시와 탄압을 피해 군대 제대 후 노동현장에 들어가 〈상록수〉, 노래극 〈공장의 불빛〉 등을 만들며 음악 활동을 지속했다. 이후 1991년 3월에는 서울 대학로에 소극장 학전과 극단 학전을 설립, 수많은 신인 배우와 작가들에게 기회의 장을 제공하며 문화예술에 큰 족적을 남겼다. 특히

1994년 초연된 록뮤지컬 〈지하철 1호선〉은 고인이 독일 원작을 한국 정서에 맞게 번안한 것으로, 2023년까지 8000회 이상 공연을 올리며 70만 명이 넘는 관객을 모으는 등 한국 뮤지컬사에 기념비적인 작품이 됐다. 고인은 생전 〈의형제〉로 2001년 백상예술대상 연극부문 대상과 연출상을 받았고, 〈지하철 1호선〉으로 한국과 독일 문화교류에 기여한 공로를 인정받아 독일 정부로부터 괴테 메달을 받은 바 있다.

◯ 김수환(金壽煥)

1922~2009. 한국 최초의 가톨릭교 추기경이자 한국 교회의 성장 및 민주주의 정착에 힘쓴 인물로, 로마 교황청 시성부가 6월 18일 서울대교구 정순택 대주교에게 보낸 답서를 통해 김수환 추기경의 「시복」 추진 승인을 알려왔다. 이에 따라 김 추기경은 공식 시복 추진 대상자가 됐는데, 성인의 전 단계인 시복은 순교자나 성덕이 높은 사람을 사후에 복자(福者) 품위에 공식적으로 올리는 것이다.

1922년 대구에서 태어났으며, 1951년 가톨릭대학교 신학부를 졸업한 해에 사제품을 받았다. 1968년에는 대주교가 되면서 서울대교구장에 취임했고, 이듬해인 1969년 당시 47세 최연소의 나이로 교황 바오로 6세로부터 한국인 최초의 추기경으로 서임됐다. 김수환 추기경은 종교계의 지도자를 넘어서 1970~80년대 격동기 시절 ▷10월 유신독재 반대 ▷광주 민주화운동 ▷6·10 항쟁으로 이어지는 민주화 운동에 앞장섰다. 그는 1968년 2월 「사회정의와 노동자권익 옹호를 위한 주교단 공동성명서」 발표를 통해 노동자들을 대변하면서 한국교회 사상 처음으로 사회적 발언에 나섰다. 그리고 1971년 성탄 자정미사에서 장기집권하려는 박정희 정권을 비판하는 강론을 시작으로 유신독재에 맞서 싸웠는데, 특히 1987년 6월 민주화운동 때는 정치권력에 맞선 최후의 보루로 명동성당을 지켜내는 등 우리나라의 민주화에 크게 기여했다.

◯ 김은선

미국 샌프란시스코오페라(SFO) 음악감독인 지휘자(44). 김은선이 영국 클래식 음악매체 〈슬립드 디스크(Slipped Disc)〉가 7월 1일 발표한 여성 지휘자 순위에서 1위에 선정됐다. 이번 순위는 2021년 이후 3년 만에 발표된 것으로, 김은선은 지난 2021년에는 21위를 기록한 바 있다.

1980년 서울에서 태어났으며, 연세대 작곡과와 동대학원을 거쳐 독일 슈투트가르트 음대에서 공부했다. 이후 2008년 스페인의 헤수스 로페스 코보스 오페라 지휘대회에서 우승하며 국제무대에 이름을 알렸다. 그러다 2012년 프랑크푸르트 극장에서 〈라 보엠〉을 지휘하면서부터 유럽 여러 도시에서 초청받기 시작해, 유럽과 미국에서 꾸준한 호평을 받았다. 2008~2010년 스페인 왕립극장 부지휘자를 맡았으며 2019년 1월부터는 휴스턴 그랜드 오페라 수석 객원지휘자로 활동했다. 그러다 2019년 12월 5일 샌프란시스코오페라(SFO) 음악감독에 임명되면서 샌프란시스코 오페라단 96년 역사에서 첫 여성 지휘자이자 미 메이저 오페라단에서 한인이 음악감독에 오른 최초 사례라는 기록을 세운 바 있다. 현재 세계에서 가장 주목받는 「마에스트라(여성 지휘자)」 중 한 사람으로 꼽히는 김은선은 지난 4월 세계 최정상 오케스트라인 「베를린 필하모닉」을 세 차례 연속 지휘했는데, 동양인 여성이 이 오케스트라를 지휘한 것은 이 악단 140년 역사상 처음 있는 일이었다.

◯ 송기원(宋基元)

1947~2024. 「구도의 작가」로 잘 알려진 시인 겸 소설가로, 7월 31일 숙환으로 타계했다. 향년 77세.

1947년 7월 1일 전남 보성에서 태어났으며, 1967년 고교 재학 당시 전남일보 신춘문예에 시가 당선됐다. 이후 서라벌예대 문예창작과(현 중앙대 문창과)에 입학했으며, 1974년 단편소설 〈경외성서〉가 중앙일보 신춘문예, 시 〈회복기의 노래〉가 동아일보 신춘문예에 동시에 당선되면서 등단했다. 그는 등단 이후 자유실천문인협회(자실), 민족문학작가회의 등에서 활동하며 군부독재 시절 민주화 운동에 적극 나서면서 옥고를 치르기도 했다. 1974년 「문인간첩단 사건」으로 소설가 이호철이 구속되자 문인들과 함께 데모에 나섰다가 처음 구속됐고 이후 1980년 「김대중 내란음모 사건」, 1985년 「민중교육지 사건」, 1990년 「오봉옥 시인 필화사건」 등으로 4차례나 옥고를 치렀다. 한때 실천문학사 주간으로 일하며 출판 실무도 담당했던 그는 1990년대 들어 작품활동을 본격적으로 재개했다. 이에 저서로 소설집 〈월행〉(1979), 〈인도로 간 예수〉(1995)를 비롯해 장편소설 〈너에게 가마 나에게 오라〉(1994), 〈여자에 관한 명상〉(1996), 〈청산〉(1997), 〈숨〉(2021) 등을 남겼다. 또 시집 〈그대 언살이 터져 시가 빛날 때〉(1983), 〈단 한번 보지 못한 내 꽃들〉(2006) 등도 남겼다. 그는 작품들을 통해 세상의 상처와 치부, 자기혐오의 감정을 구도적인 서사로 승화시켰고, 이에 「구도의 작가」라는 평을 받았다. 이처럼 생전 많은 작품을 남겼던 고인은 제2회 신동엽창작기금과 제24회 동인문학상, 제9회 오영수문학상, 제6회 김동리문학상, 제11회 대산문학상 소설부문 등을 수상했다.

⬤ 현철(玄哲)

〈봉선화 연정〉, 〈싫다 싫어〉 등 수많은 히트곡을 남긴 트로트 가수로, 7월 15일 타계했다. 향년 82세.
1942년 6월 경남 김해군(현 부산광역시)에서 태어났으며, 27세 때인 1969년 〈무정한 그대〉로 가요계에 데뷔했으나 오랜 무명생활을 보냈다. 1970년대에는 〈현철과 벌떼들〉로 밴드 활동을 하기도 했으며, 밴드 해체 후 솔로로 나선 1980년대 들어 〈앉으나 서나 당신 생각〉, 〈사랑은 나비인가봐〉 등의 히트곡을 내며 인기 가수로 도약했다. 특히 1988년 〈봉선화 연정〉으로 큰 인기를 끌었고, 이 노래로 1989년 KBS 가요대상을 수상했다. 또 이듬해인 1990년에도 〈싫다 싫어〉로 2년 연속 KBS 가요대상을 수상하며 전성기를 구가했다. 그는 이후에도 송대관, 태진아, 설운도 등과 함께 「트로트 4대 천왕」이라는 타이틀까지 얻으며 활발히 활동했으며, 한국방송공사 올해의 가수상(성인 부문), 제40회 가수의 날 특별공로상 등을 수상했다. 여기에 선행 연예인으로 국무총리 표창, 대한민국 연예예술상 특별공로상(대통령 표창), 옥관문화훈장 등을 받기도 했다. 고인은 2010년대 후반까지 신곡을 내며 활발히 활동했으나, 2018년 KBS 〈가요무대〉에 출연한 뒤 건강상 이유로 활동을 중단했다. 이후 2020년 방송된 KBS 〈불후의 명곡〉에 출연하기도 했는데, 이것이 그의 마지막 방송활동 모습이 됐다. 고인은 경추 디스크 수술을 받은 뒤 신경 손상으로 건강이 악화돼 오랜 기간 투병을 이어온 것으로 알려졌다.

⬤ 알랭 들롱(Alain Delon)

1935~2024. 프랑스 출신의 세계적인 명배우이자 미남 배우의 대명사로 꼽혀온 인물로, 8월 18일 타계했다. 향년 88세.
1935년 11월 8일 프랑스 파리 근교에서 태어났으며, 부모의 이혼과 퇴학 등으로 불우한 청소년기를 보냈다. 중등교육을 마친 17세 때 지원병으로 군에 입대했고, 제대 후 칸영화제 참석차 프랑스를 찾은 미국 영화제작자 데이비드 셀즈닉의 눈에 띄어 영화계에 입문했다. 1957년 알레그레 감독의 〈여자가 다가올 때〉로 스크린 데뷔를 한 그는 데뷔 때부터 뛰어난 미모로 세기의 미남으로 불리며 화제를 모았다. 그러다 1960년 르네 클레망 감독의 〈태양은 가득히〉에서 신분 상승 욕망에 사로잡힌 가난한 청년을 연기하며 일약 스타덤에 올랐다. 그는 이 영화에서 부잣집 아들인 동창을 살해하고 그의 행세를 하면서 살아가는 주인공 역을 맡았다. 1961년에는 루치노 비스콘티 감독의 〈로코와 형제들〉에서 뛰어난 연기를 선보이며 비평가들의 찬사를 받았으며, 이후 미켈란젤로 안토니오니, 조셉 로지, 르네 클레망 등 명감독들의 작품에 연이어 출연했다. 이 시기 주요 작품으로 〈파리는 불타고 있는가?〉(1966), 〈고독한 추적〉(1976), 〈볼사리노〉(1970), 〈조로〉(1975) 등이 있다. 그러다 1998년 〈절반의 기회〉를 끝으로 「프랑스 영화는 죽었다」고 선언하며 돌연 은퇴했다가, 2008년 〈아스테릭스: 미션 올림픽 게임〉으로 복귀하기도 했다. 그는 1957년 영화계 입문 이래 약 90편에 가까운 영화에 출연한 것은 물론 〈암흑가의 두 사람〉 등 24편의 영화는 직접 제작했고, 〈최후의 방어선〉과 〈형사 이야기〉 등 2편의 영화에서는 감독을 맡기도 했다. 고인은 1991년 프랑스 정부로부터 레지옹도뇌르 훈장을 받은 것을 비롯해 ▷1995년 제45회 베를린영화제 명예황금곰상 ▷2012년 제65회 로카르노영화제 평생공로상 ▷2017년 트란실바니아 국제영화제 평생공로상 ▷2019년 칸영화제 명예황금종려상 등을 수상했다. 고인이 참석한 마지막 공식 행사는 2019년 칸영화제 명예황금종려상 수상 무대로, 당시 그는 이 무대에서 10분간 기립박수를 받은 바 있다. 그러나 2019년 뇌졸중으로 쓰러져 수술을 받고 투병 생활을 해 왔으며, 2021년 언론 인터뷰에서 「안락사는 가장 논리적이고 자연스러운 일」이라며 안락사 찬성 의견을 밝혔고, 2022년 3월에는 「건강이 악화할 경우 안락사해 달라」는 뜻을 가족을 통해 공표하기도 했다.

> **톡 talk**
>
> "나는 스타가 아니라 배우다. 사람들이 내가 아름다운 얼굴의 예쁜 소년일 뿐이란 사실을 잊게 하기 위해 수년간 싸워 왔다."

▣ 필 도너휴(Phil Donahue)

1935~2024. 낮 시간대 토크쇼로 1960~90년대 미국 방송가에서 맹활약하며 「토크쇼의 제왕」으로 불린 인물로, 8월 19일 타계했다. 향년 88세.

1935년 태어난 그는 1967년 11월 오하이오주 데이턴의 한 방송국에서 자신의 이름을 딴 〈필 도너휴 쇼〉라는 토크 프로그램을 시작했다. 이 토크쇼는 1996년 9월 13일까지 29년간 약 7000회 방송될 정도로 인기를 끌었으며, 특히 전성기였던 1970년대 말~1980년대 초에는 평균 시청자 수가 800만 명에 달하기도 했다. 도너휴의 쇼는 방청객이 중심이 되는 독특한 진행 방식과 당시만 해도 사회적 수용이 어려웠던 동성애·페미니즘 등의 민감한 주제를 다루면서 명성을 얻었다. 또 이전까지 토크쇼의 공식처럼 통했던 진행자의 오프닝(도입부) 독백, 밴드 연주, 소파를 없애고 오로지 그와 게스트가 하나의 주제에 대해 대화하고 수시로 객석으로 내려가 관객의 참여를 유도하기도 했다. 이러한 차별화된 방식은 훗날 〈오프라 윈프리 쇼〉 등 다른 TV 토크쇼에도 많은 영향을 끼친 것으로 평가받았다. 그는 1996년 방송계를 떠날 때까지 에미상을 20차례 수상했으며, 1980년에는 「방송계의 퓰리처상」이라 불리는 피보디상도 수상했다.

TEST ZONE

· ·

TEST ZONE

최신 기출문제(대전도시공사) / 실전테스트 100

한국사능력테스트 / 국어능력테스트

대전도시공사

2024. 5. 25.

● 다음 물음에 알맞은 답을 고르시오. [1~20]

01 우리나라가 외국과 체결한 최초의 자유무역협정(FTA)으로, 2004년 4월 1일 발효됐다. 이 나라는?

① 베트남 ② 칠레
③ 싱가포르 ④ 캐나다

02 성장 가능성이 있지만 발달 초기 단계로 경쟁력을 갖추지 못한 산업을 무엇이라 하는가?

① 사양산업
② 전방산업
③ 기간사업
④ 유치산업

03 ( ) 안에 들어갈 용어로 바른 것은?

> 실업급여는 ( )에 가입했던 근로자가 실직한 뒤 구직활동을 하는 동안 생계 유지를 위해 지원해주는 제도를 말한다.

① 산재보험
② 국민연금
③ 고용보험
④ 국민건강보험

04 다음 중 석유수출국기구(OPEC)의 회원국이 아닌 나라는?

① 알제리
② 베네수엘라
③ 이라크
④ 러시아

05 발전소에서 과잉 생산된 전력을 저장해 두었다가 일시적으로 전력이 부족할 때 송전해 주는 저장장치는?

① ESS
② 스마트그리드
③ AMI
④ RFID

06 다음은 아시아 각국의 여성 전통의상을 나열한 것이다. 바르게 된 것은?

① 베트남-치파오
② 태국-쑤자이
③ 인도네시아-바롱 사야
④ 인도-델

07 종합소득세 신고기간으로 바른 것은?

① 3월 1~31일
② 4월 1~31일
③ 5월 1~31일
④ 6월 1~31일

08 산소 원자 3개로 이루어진 산소의 동소체로, 성층권에 90% 이상 존재한다. 특유의 냄새 때문에 그리스어로 「냄새를 맡다」는 뜻의 단어에서 명칭이 유래된 이 물질은?

① 황
② 오존
③ 흑연
④ 이산화탄소

01 ① 2015년 12월 20일 발효 ③ 2006년 3월 2일 발효 ④ 2015년 1월 1일 발효

02 ① 기술이 발전하고 경제가 성장함에 따라 기존의 산업 중에서 침체에 빠지거나 경제 여건상 쇠퇴해 가는 산업을 말한다.
② 자사를 기준으로 제품 소재나 원재료 공급 쪽에 가까운 업종을 「후방산업」, 최종 소비자와 가까운 업종을 「전방산업」이라고 한다.
③ 산업의 토대가 되는 산업으로, 「기초산업」이라고도 한다.

03 ③ 고용보험은 근로자가 실직했을 때 실직근로자와 가족의 생활을 안정시키고 실직자의 재취업을 촉진하기 위한 사회보장제도의 일종으로, 국민건강보험·국민연금·산업재해보상보험과 함께 4대 사회보험을 구성한다.

04 석유수출국기구(OPEC)는 1960년 9월 이라크·이란·사우디아라비아·쿠웨이트·베네수엘라의 5대 석유 생산·수출국 대표가 모여 결성한 협의체이다. 현재 회원국은 알제리·콩고·적도 기니·가봉·이란·이라크·쿠웨이트·리비아·나이지리아·사우디아라비아·아랍에미리트·베네수엘라 등 총 12개국으로 구성돼 있다.

05 ① 에너지저장장치(Energy Storage System)에 대한 설명이다.
② Smart Grid. 기존의 전력망에 정보기술(IT)을 접목해 공급자와 소비자가 양방향으로 실시간 정보를 교환함으로써 에너지 효율을 최적화하는 차세대 지능형 전력망이다.
③ 양방향 통신을 기반으로 에너지에 대한 사용 정보를 수집·측정하고 실시간 공유 및 제어하는 차세대 지능형 에너지 검침 시스템을 말한다.
④ 극소형 칩에 상품정보를 저장하고 안테나를 달아 무선으로 데이터를 송신하는 장치이다.

06 ① 치파오는 중국의 전통의상이며, 베트남 여성의 전통의상은 「아오자이」다.
③ 바롱은 필리핀 여성의 전통의상이다. 남성의 전통의상은 「바롱 타갈로그」라 한다. 인도네시아 여성의 전통의상은 「끄바야」이다.
④ 델은 몽골의 전통의상으로, 인도 여성의 전통의상은 「샤리」라고 한다.

07 종합소득은 이자·배당·사업(부동산임대)·근로·연금·기타소득을 말하며, 과세기간에 종합소득금액이 있는 자는 다음해 5월 1일부터 5월 31일(성실신고확인서 제출자는 6월 30일)까지 종합소득세를 신고·납부해야 한다.

08 지상에서 20~25km 고도에 20km 두께로 비교적 농도가 높은 오존이 분포하는데, 이것을 오존층이라고 한다. 이 오존층은 태양의 자외선을 흡수, 자외선에 의한 피해를 막는 역할을 한다.

1. ② 2. ④ 3. ③ 4. ④ 5. ① 6. ② 7. ③ 8. ②

09 액체가 표면과 내부에서 기포가 발생하면서 끓기 시작하는 온도로, 「끓는점」이라고도 하는 것은?

① 비등점
② 인화점
③ 응고점
④ 유동점

10 다음이 설명하는 인물은?

> 독일의 철학자·역사학자·경제학자로서 유물론 사관을 주장하고 공산주의의 이론적 기반을 제공했다. 자본주의 사회에 대한 가장 강력한 비판자로서 철학과 역사학, 사회과학 등 방대한 분야의 저술을 남겼는데, 그의 사상은 사후에 더욱 주목을 받았다.

① 엥겔스
② 막스 베버
③ 레닌
④ 칼 마르크스

11 밑줄 친 부분의 표기가 바른 것은?

① 너무 말랐으니 체중을 늘려라.
② 오늘 따라 외상값이 잘 거치지 않는다.
③ 어려운 시험 문제를 다 마쳤다.
④ 행사를 앞두고 마음을 너무 조렸다.

12 밑줄 친 부분의 띄어쓰기가 바르지 못한 것은?

① 보일 듯이 보이지 않는다.
② 서류를 검토한 바 이상이 없다.
③ 고향을 떠난지 십 년째이다.
④ 오늘 밤 잠잘 데가 없다.

13 다음 중 문장 성분 간의 호응이 적절하지 않은 문장은?

① 우리는 오늘 여러 가지 업무를 처리하고 운동도 많이 했습니다.
② 저희 학원은 가장 정확한 수험 정보와 적중률 높은 문제를 제공해 드립니다.
③ 공직자는 사회 현실과 사회적 책임을 다해야 할 것입니다.
④ 오늘 기념식에서 우리는 숭고한 삶을 살았던 고인을 추모하였습니다.

14 다음에서 설명하고 있는 단어를 사용한 것은?

> • 어떤 일을 주의하여 봄
> • 어떤 문제를 해결하기 위한 실마리를 잡음

① 그에게 함께 가자고 제안하였다.
② 그는 눈의 구조에 착안하여 사진기를 발명하였다.
③ 그는 구체적인 복안을 가지고 회의장으로 향했다.
④ 자동차의 새로운 엔진을 고안하였다.

15 다음은 이육사의 시 〈광야〉 중 일부다. ㉠ ~㉣ 중 조국의 암담한 현실과 시련을 상징하는 것을 고르면?

> 지금 ㉠ 눈 내리고
> ㉡ 매화 향기 홀로 아득하니
> 내 여기 가난한 노래의 씨를 뿌려라
>
> 다시 천고의 뒤에
> ㉢ 백마 타고 오는 초인이 있어
> 이 ㉣ 광야에서 목놓아 부르게 하리라

① ㉠
② ㉡
③ ㉢
④ ㉣

16 다음 설명과 관련된 시대는?

> • 도구로 간석기를 사용하고, 원형이나 모서리가 둥근 사각형 모양의 바닥에 움집을 짓고 살았다.
> • 이 시기의 중요한 징표는 간석기와 토기로, 대표적 토기인 빗살무늬 토기는 주로 식량을 저장하는 데 사용됐다.

① 구석기 시대
② 중석기 시대
③ 신석기 시대
④ 청동기 시대

09 ② 가연성 액체나 고체의 표면에 순간적으로 화염을 접근시켰을 경우 연소시키는 데 필요한 만큼의 증기가 발생하는 최저온도를 말한다.
③ 오일을 냉각시키면 점도가 점차 증대되면서 유동성을 잃게 되고 굳어지기 시작하는데 이때의 온도를 말한다.
④ 응고점에 달하기 전의 유동성을 인정할 수 있는 온도를 말한다.

10 ① 마르크스와 함께 마르크스주의, 과학적 공산주의 이론, 변증법적·사적 유물론의 창시자
② 독일의 사회과학자로 사회학 이론에 심대한 영향을 끼친 인물
③ 마르크스·엥겔스의 후계자로, 러시아 및 국제노동운동의 지도자였던 인물

11 ② 걷히지 ③ 맞혔다 ④ 졸였다

12 ③ '떠난 지'가 맞다.

13 ③ 대등 접속 구문이 잘못 사용된 문장으로, '사회 현실과 사회적 책임을 다해야'를 '사회 현실을 직시하고(바르게 파악하고) 사회적 책임을 다해야'로 고쳐야 한다.

14 ① 제안: 의안으로 내어 놓음
③ 복안: 마음속에 간직하고 아직 겉으로 드러내지 않은 생각
④ 고안: 연구하여 새로운 방안을 생각해 냄

15 ① 고난과 시련의 상황이자 조국의 암담한 현실을 나타낸다.
② 암담한 상황에서도 굴하지 않는 고매한 의지와 절개를 상징한다.
③ 조국의 암울한 현실을 극복하고 민족의 이상을 실현해 줄 지도자를 상징한다.
④ 우리 민족의 역사가 펼쳐지는 공간이다.

16 신석기 시대의 특징으로는 간석기, 토기, 농경(후기)의 시작, 원시신앙, 원시 수공업 등을 들 수 있다.

9. ① 10. ④ 11. ① 12. ③ 13. ③ 14. ② 15. ① 16. ③

17 다음의 글과 관련 있는 인물과 사건을 바르게 짝지은 것은?

> 神策究天文(귀신같은 책략은 하늘의 이치를 꿰뚫었고)
> 妙算窮地理(오묘한 전략은 땅의 이치를 통달하였다)
> 戰勝功旣高(전쟁에서 이긴 공이 이미 높으니)
> 知足願云止(만족함을 알고 그만두기를 바라노라)

① 을지문덕, 살수대첩
② 연개소문, 안시성 전투
③ 계백, 황산벌 전투
④ 강감찬, 귀주대첩

18 고려시대에 일어난 여러 정변(난)에 대한 설명으로 옳은 것을 고르면?

① 1126년 이자겸과 척준경은 군대를 이끌고 궁궐에 침입, 인종을 독살하고 왕이 되려고 했으나 실패했다.
② 인종 13년에 승려 묘청은 개경으로 천도할 것을 주장하면서 난을 일으켰다.
③ 명종 4년인 1174년 서경 유수 조위총이 난을 일으켰는데, 이는 무신정권에 대한 최초의 반(反)무신란이었다.
④ 1193년 경북 운문에서 망이와 망소이는 신라 부흥을 표방하고 유민을 모아 봉기했다.

19 다음 제시된 내용과 관련된 조선의 왕은?

> • 《농사직설》, 《고려사》, 《삼강행실도》 등 편찬
> • 아악, 당악, 향악 등의 정리와 〈정간보〉 창안

① 태종
② 정종
③ 세종
④ 성종

20 1972년 남북한 당국이 분단 이후 최초로 통일과 관련해 합의·발표한 공동성명으로, 「자주·평화·민족대단결」의 3대 원칙을 공식 천명한 선언은?

① 6·15 남북공동선언
② 4·27 판문점선언
③ 7·4 남북공동선언
④ 10·4 남북공동선언

※ 위 문제는 수험생들의 기억에 의해 재생된 것이므로, 실제 문제와 다소 다를 수 있습니다.

17　제시된 글은 고구려 장군 을지문덕이 살수대첩 상황에서 수나라의 우중문에게 보낸 「여수장우중문(與隋將于仲文)」이라는 한시다. 이는 우중문이 30만 대군으로 고구려를 침공해 왔을 때 을지문덕이 적장을 희롱하며 지어 보낸 것으로, 《삼국사기》에 전해진다.

18　② 묘청은 개경이 아닌 서경(현재의 평양)으로 천도할 것을 주장했다.
　　③ 무신정권에 대한 최초의 반(反)무신란은 「김보당의 난」으로, 명종 3년인 1173년 동북면 병마사 김보당 등은 의종 복위 운동을 일으켰으나 실패했다.
　　④ 망이·망소이의 난은 명종 6년인 1176년 일어난 것으로, 특수집단인 공주 명학소의 망이·망소이가 주동이 돼 약 1년 반 동안 이어졌다.

19　③ 세종은 조선 제4대 왕(재위 1418~1450)이다. 인재를 고르게 등용하여 이상적 유교정치를 구현한 왕으로, 훈민정음을 창제하고 측우기 등의 과학기구를 제작하여 백성들의 생활에 실질적으로 도움이 되는 문화정책을 추진했다. 무엇보다 조선시대 왕 가운데 가장 뛰어난 능력을 가졌고 많은 업적을 남겼다는 평가를 받고 있다.

20　① 2000년 6월 13~15일까지 남북정상회담을 가진 김대중 대통령과 김정일 국방위원장이 발표한 남북공동선언이다.
　　② 문재인 대통령과 김정은 북한 국무위원장이 2018년 4월 27일 판문점 평화의 집에서 발표한 남북정상회담 합의문이다.
　　④ 2007년 노무현 대통령과 김정일 국방위원장 간에 성사됐던 2차 남북정상회담에서 채택된 남북공동선언이다.

◎ 17. ① 18. ① 19. ③ 20. ③

실전테스트 100

⬤ 다음 물음에 알맞은 답을 고르시오. (1~70)

01 11월 5일 치러지는 미국 대선이 공화당의 도널드 트럼프 전 대통령과 민주당의 카멀라 해리스 부통령의 맞대결로 확정됐다. 이와 관련, 미국 대선을 앞두고 일어난 최근의 주요 사건들을 발생순으로 나열하면?

> ㉠ 트럼프 전 대통령 암살미수 사건
> ㉡ 바이든 대통령, 민주당 대선 후보직 사퇴
> ㉢ 美 대법원, 트럼프 면책특권 일부 인정 판결
> ㉣ 트럼프, 공화당 전당대회서 대선후보 선출
> ㉤ 바이든-트럼프, 첫 TV토론 실시

① ㉠-㉢-㉤-㉡-㉣
② ㉡-㉠-㉣-㉤-㉢
③ ㉢-㉤-㉠-㉡-㉣
④ ㉣-㉠-㉢-㉡-㉤
⑤ ㉤-㉢-㉠-㉣-㉡

02 경선이나 전당대회 등 정치적 이벤트 직후 해당 정당이나 정치인의 지지율이 상승하는 현상으로, 7월 공화당 전당대회에서 트럼프 전 대통령에 대한 지지율 상승과 해리스 부통령의 민주당 대선 후보 결정 이후 자주 언급되고 있는 말이다. 이 용어는?

① 언더독 효과
② 스놉 효과
③ 컨벤션 효과
④ 브래들리 효과
⑤ 밴드왜건 효과

03 최근 트럼프 전 대통령에 대한 암살미수 사건이 발생하면서 역대 미국 대통령 암살 사례가 수면 위로 부상한 바 있다. 미국에서는 역사적으로 현직 대통령 4명이 암살됐는데, 이에 해당하지 않는 인물을 고르면?

① 에이브러햄 링컨
② 제임스 가필드
③ 제럴드 포드
④ 윌리엄 매킨리
⑤ 존 F. 케네디

04 (   ) 안에 공통적으로 들어갈 용어는?

> (   )는 미국 제조업의 호황을 구가했던 중심지였으나 제조업의 사양화 등으로 불황을 맞은 지역을 가리킨다. 도널드 트럼프 전 미국 대통령이 11월 대선에서 함께 뛸 부통령 후보로 J. D. 밴스 상원의원을 공식 지명했는데, 밴스 의원은 미국의 대표적인 (   )로 꼽히는 오하이오주 출신이라는 점에서 이 지역의 중산층 블루칼라의 지지를 받고 있다.

① 바이블 벨트 ② 블랙벨트
③ 선벨트 ④ 러스트 벨트
⑤ 코튼벨트

05 7월 4일 치러진 영국 조기총선에서 노동당이 의석 3분의 2를 확보하는 압승을 거두면서 노동당 대표인 키어 스타머가 총리로 취임했다. 스타머 총리는 노동당 소속의 최장수 총리였던 이 사람과 유사한 노선을 표방해 「제2의 (   )」(이)라고도 불린다. (   ) 안에 들어갈 인물은?

① 고든 브라운
② 마거릿 대처
③ 데이비드 캐머런
④ 존 메이저
⑤ 토니 블레어

---

01 ⓔ 6월 27일 → ⓒ 7월 1일 → ㉠ 7월 13일 → ㉣ 7월 15~18일 → ⓛ 7월 22일

02 ① 경쟁에서 열세에 있는 약자에게 연민을 느끼며 지지하고 응원하게 되는 심리 현상
② 자신은 다른 사람과 다르다는 것을 과시하기 위해 많은 사람들이 소비하는 제품에 대해서는 소비를 기피하는 것
④ 선거 전의 여론조사에서는 지지율이 우세했던 비(非)백인 후보가 실제 선거에서는 여론조사와 달리 득표율이 낮게 나오는 현상
⑤ 정치 분야에서 다수의 선택을 따르는 현상

03 미국에서는 지금까지 1865년 제16대 에이브러햄 링컨 대통령을 시작으로 ▷1881년 제20대 제임스 가필드 대통령 ▷1901년 제25대 윌리엄 매킨리 대통령 ▷1963년 35대 존 F. 케네디 대통령 등 총 4명이 암살을 당한 바 있다. 케네디 전 대통령을 끝으로 암살로 사망한 대통령은 없었으나, 1970년대 중반 이후 4명의 현직 대통령에 대한 암살 시도가 발생한 바 있다. 1975년 제럴드 포드 당시 대통령은 17일 간격으로 두 차례나 암살 미수사건을 겪었으며, 1981년 3월 로널드 레이건 당시 대통령은 존 힝클리가 쏜 총알이 가슴에 박히는 중상을 입었으나 응급수술을 받고 생명을 건진 바 있다.

04 ① 전통적으로 보수적 성향의 복음주의 기독교인들이 많이 거주하는 미국 남부 지역
② 앨라배마주 중앙에서 미시시피주 북동부에 걸친 거대한 초원 지역
③ 과거 농업지대에서 현재는 신흥 산업지로 부상한 남부 지역
⑤ 미국 남부 일대에 펼쳐진 목화 재배를 중심으로 하는 농업지대

05 ⑤ 제73대 총리(1997~2007년 재임). 노동당 소속
① 제74대 총리(2007~2010년 재임). 노동당 소속
② 제71대 총리(1979~1990년 재임). 보수당 소속
③ 제75대 총리(2010~2016년 재임). 보수당 소속
④ 제72대 총리(1990~1997년 재임). 보수당 소속

1. ⑤ 2. ③ 3. ③ 4. ④ 5. ⑤

06 7월 7일 끝난 프랑스 총선 결과 좌파연합 신민중전선(NFP)이 182석을 얻으며 1당에 올랐지만, 어느 진영도 과반인 289석을 차지하지 못하면서 (   ) 의회가 출현하게 됐다. (   ) 안에 들어갈 알맞은 말은?

① 비토(Veto)
② 풋(Put)
③ 헝(Hung)
④ 섀도(Shadow)
⑤ 버블(Bubble)

07 7월 5일 치러진 이란 대선 결선투표에서 온건 개혁파 마수드 페제시키안이 대통령에 당선됐다. 이란은 「최고지도자하에 민선 대통령 체제」라는 독특한 정치제도를 시행하고 있는데, 이에 대한 설명으로 바르지 못한 것은?

① 최고지도자는 군대와 사법부 등 권력기관의 인사권과 통제권을 행사한다.
② 이슬람법의 해석과 적용에 대한 최종권한은 사법부가 갖고 있다.
③ 국민들의 직접선거로 선출되는 대통령은 내각을 임명하고, 정부의 일상적 정책을 수립·실행한다.
④ 의회는 단원제 의회인 「마즐리스(Majlis)」에 의해 운영된다.
⑤ 최고지도자의 임기는 종신직이다.

08 북대서양조약기구(NATO) 정상회의가 7월 9~11일 미국 워싱턴에서 열린 가운데, 이번 회의에는 우리나라를 포함한 인도·태평양 파트너 4개국(IP 4, Indo-Pacific 4)이 3년 연속 참여하면서 또 다른 화제가 됐다. IP4의 나머지 3개국에 해당하는 나라를 고르면?

㉠ 홍콩	㉡ 호주
㉢ 대만	㉣ 뉴질랜드
㉤ 일본	㉥ 싱가포르

① ㉠, ㉡, ㉢
② ㉡, ㉣, ㉤
③ ㉠, ㉢, ㉤
④ ㉡, ㉤, ㉥
⑤ ㉢, ㉣, ㉥

09 팔레스타인 하마스의 최고지도자와 레바논 헤즈볼라 수장의 최측근이 7월 이스라엘에 의해 잇달아 살해되는 일이 벌어졌다. 특히 하마스와 헤즈볼라가 이란이 지원하는 「저항의 축」이라는 점에서 중동의 긴장 고조 우려가 높아졌는데, 저항의 축에 해당하는 세력을 〈보기〉에서 모두 고르면?

보기
㉠ 이라크 시아파 민병대
㉡ 이슬람국가(IS)
㉢ 예멘 후티 반군
㉣ 아프가니스탄 탈레반
㉤ 시리아 알아사드 정부

① ㉠, ㉡
② ㉡, ㉣, ㉤
③ ㉠, ㉢, ㉤
④ ㉡, ㉢, ㉣, ㉤
⑤ ㉠, ㉡, ㉢, ㉣, ㉤

10 홍콩 사우스차이나모닝포스트(SCMP)가 7월 3일 중국 정부가 최근 베트남 당국에 베트남산 이 과일의 수입을 중단하겠다는 내용의 서한을 보냈다는 사실을 보도하면서 (   ) 외교라는 표현을 사용했다. 「과일의 왕」으로 불리지만, 고약한 냄새로 호불호가 있는 이 열대과일은?

① 두리안　　　　② 람부탄
③ 파파야　　　　④ 구아바
⑤ 아보카도

11 지난 6월 사우디아라비아에서는 이슬람 최대 종교행사이자 메카 정기 성지순례인 (   )에 참석한 순례객 1300여 명이 온열질환으로 사망하는 일이 벌어졌다. (   )에 들어갈 용어는?

① 샤하다　　　　② 살라트
③ 자카트　　　　④ 사움
⑤ 하즈

12 정부가 7월 1일 저출생·고령화 문제 등을 총괄할 전담 부처인 「인구전략기획부」 신설 등을 담은 정부조직 개편방안을 발표했다. 이와 관련한 다음의 내용에서 ㉠, ㉡에 들어갈 정부 부처가 바르게 짝지어진 것은?

> 정부는 인구전략기획부를 통해 인구정책 및 중장기 전략 기능을 강화하는데, 이에 따라 인구정책에 대한 총괄 업무가 (㉠)에서 인구전략기획부로 이관되고, 인구 관련 중장기 국가발전전략 수립 기능은 (㉡)로부터 이관된다.

	㉠	㉡
①	보건복지부	기획재정부
②	교육부	기획재정부
③	교육부	보건복지부
④	보건복지부	행정안전부
⑤	교육부	행정안전부

06 「헝 의회(Hung Parliament)」는 어느 정당도 과반 의석을 차지하지 못한 상황을 일컫는다. 이는 특정 정당이 단독으로 법안을 처리할 수 없어 책임 정치를 구현하지 못한 채 「불안하게 매달려 있다」는 의미다.

07 ② 최고지도자는 종교 지도자로서 이슬람법의 해석과 적용에 대한 최종 권한도 갖는다. 여기에 입법심사, 헌법해석, 대통령후보 자격심사 등 강력한 권한을 가진 헌법수호위원회도 최고지도자의 영향하에 있다.

08 나토 회원국들은 7월 10일 성명을 통해 인도·태평양 파트너 4개국(IP4, 한국·일본·호주·뉴질랜드)과의 협력 중요성도 강조했다. 실제로 이번 나토정상회의에는 윤 대통령을 비롯해 일본·호주·뉴질랜드 등 인도·태평양 파트너 4개국(IP4)이 3년 연속 참여하면서 IP4가 제도화되고 있다는 평가가 나오기도 했다.

09 저항의 축에는 ▷팔레스타인 가자지구의 하마스와 팔레스타인 이슬라믹 지하드 ▷레바논의 무장단체 헤즈볼라 ▷이라크 시아파 무장정파(민병대) ▷시리아 바샤르 알아사드 정권 ▷예멘의 후티 반군 등이 포함된다.

10 SCMP는 중국의 베트남 두리안 수입 중단 조치에 대해 거대한 중국 시장을 이용해 동남아 국가를 길들이는 「두리안 외교」라고 분석했다.

11 하즈 외에도 이슬람교도의 5가지 의무에는 ▷샤하다(신조 암송) ▷살라트(하루 5회 기도) ▷자카트(구제) ▷사움(라마단 금식)이 포함된다.

🎯 6. ③　7. ②　8. ②　9. ③　10. ①　11. ⑤　12. ①

13 다음 ㉠, ㉡이 설명하는 사건과 관련된 남미 국가를 각각 바르게 나열한 것은?

> ㉠ 7월 28일 치러진 이 국가의 대선에서 니콜라스 마두로 대통령이 3연임에 성공한 가운데, 부정선거 의혹이 확산되며 야당이 불복을 선언했다. 마두로는 앞서 2018년 대선에서 재선한 바 있는데, 당시에도 부정선거 의혹에 따른 대규모 반정부 시위가 발발해 정국이 혼란에 빠진 바 있다.
>
> ㉡ 6월 26일 이 국가의 군부세력이 탱크와 장갑차를 동원해 대통령궁에 무력으로 진입하는 쿠데타를 일으켰으나 3시간여 만에 철수했다. 해당 쿠데타에 대해서는 2025년 대선을 앞두고 출마를 준비하는 에보 모랄레스 전 대통령과 현 루이스 아르세 대통령의 갈등이 있다는 분석이 제기됐다.

① ㉠ 베네수엘라, ㉡ 볼리비아
② ㉠ 볼리비아, ㉡ 페루
③ ㉠ 콜롬비아, ㉡ 페루
④ ㉠ 베네수엘라, ㉡ 파라과이
⑤ ㉠ 콜롬비아, ㉡ 볼리비아

14 8월 티몬·위메프의 정산·환불 지연 사태로 소비자와 판매자를 중개하는 과정에서 제3자인 e커머스 기업이 판매대금을 관리하는, 사실상 금융회사 기능을 하면서도 느슨한 규제를 받고 있는 「이것」 리스트가 대두됐다. 은행과 비슷한 기능을 하지만 엄격한 건전성 규제를 받지 않는 금융기관을 일컫는 이것은?

① 오버슈팅
② 그림자금융
③ 배드뱅크
④ 헤징
⑤ 유니버셜 뱅킹

15 윤석열 정부 출범 이후 다섯 번째 특별사면이 8월 15일 이뤄졌다. 이와 관련, 특사에 대한 설명으로 바르지 못한 것은?

① 사면대상이 되는 범죄의 종류를 지정, 범죄인 개개인을 따지지 않고 일괄적으로 행해진다.
② 국무회의의 의결을 거쳐 대통령이 명령하도록 돼 있으며, 국회의 동의는 필요하지 않다.
③ 특별사면이 이뤄지면 형의 집행이 면제되는데, 다만 특별한 사정이 있을 때에는 이후 형 선고의 효력을 상실하게 할 수 있다.
④ 형 선고를 받기 전의 범인에 대해서는 특별사면을 할 수 없다.
⑤ 잔형집행면제는 가석방되거나 복역 중인 피고인의 남은 형기에 대한 집행을 면제해주는 조치로, 복역 중이거나 가석방된 피고인을 대상으로 한다.

16 다음은 정부가 7월 발표한 「2024년 세법 개정안」의 내용을 표로 정리한 것이다. ( ) 안에 들어갈 숫자를 모두 더하면?

구분	현재	개정
상속세 최고세율	50%	( )%
과세표준 구간	5단계	( )단계
자녀공제액(1인당)	5000만 원	( )억 원

① 46
② 47
③ 48
④ 49
⑤ 50

17 8월 5일 코스피지수가 사상 최대 낙폭을 기록하며 코스피·코스닥 시총 235조 원이 증발하는 초유의 사태가 발생했다. 이에 시장에서는 서킷 브레이커가 발동했는데, 다음 설명 중 바르지 않은 것은?

> 서킷 브레이커는 주가 급락 시 ① 투자자들의 판단 시간을 제공하기 위한 제도로, ② 1987년 10월 미국의 블랙먼데이 이후 처음 도입됐다. 주가 지수가 직전 거래일의 종가보다 ③ 8% 이상 하락한 경우 발동을 예고할 수 있다. 이 상태가 ④ 1분간 지속되는 경우 주식시장의 모든 종목의 매매 거래가 ⑤ 5분간 중단된다.

18 2023년 뉴욕 증시에서 강세를 기록하며 일명 「매그니피센트 7」이라고 불리던 종목들이 올 7월 급락하면서 개인 투자자들의 손실을 낳았다. 다음 중 매그니피센트 7에 포함되지 않는 것은?

① 엔비디아   ② 애플
③ 알파벳   ④ 인텔
⑤ 아마존닷컴

19 제약·바이오 공급망의 지속가능성을 위해 설립된 비영리기관으로, 8월 국내 바이오의약품 위탁개발생산(CDMO) 기업 최초로 삼성바이오로직스가 가입했다. 원료 조달부터 최종 상품 제조까지 공급망 전체를 ESG 기준에 따라 관리해야 가입 자격을 얻을 수 있는 이곳은?

① CDP   ② P4G
③ PSCI   ④ IPCC
⑤ MIKTA

13 ㉠ 2024년 베네수엘라 대선, ㉡ 2024년 볼리비아 군부 쿠데타에 대한 설명이다.

14 ① 환율, 주가, 금리 등의 가격변수가 일시적으로 폭등·폭락했다가 장기균형 수준으로 수렴해 가는 현상
③ 금융기관의 부실자산이나 채권만을 사들여 전문적으로 처리하는 구조조정 전문기관
④ 가격변동 위험을 제거하기 위해 행하는 거래
⑤ 금융기관이 여·수신의 전통적 금융 업무 외에 유가증권의 매매 등 증권 업무도 겸업하도록 하는 제도

15 ① 일반사면에 대한 설명이다. 일반사면은 국무회의의 심의를 거쳐야 하고 반드시 국회의 동의를 받아야 한다.

16 40+4+5=49

17 ⑤ 서킷 브레이커는 주가가 일정 수준 이상 급락할 경우 시장에서의 모든 매매 거래를 일시적으로 중단하는 제도다. 주가 지수가 직전 거래일의 종가보다 8%(1단계), 15%(2단계), 20%(3단계) 이상 하락한 경우 이 상태가 1분간 지속되면 주식시장의 모든 종목의 매매 거래가 20분간 중단된다.

18 엔비디아·애플·마이크로소프트·메타 플랫폼스·아마존닷컴·알파벳·테슬라 등 7종목을 일컬어 매그니피센트 7이라고 부른다.

19 ① 글로벌 RE100 운영기구
② 기후변화 대응, 지속가능발전목표(SDGs) 달성 가속화를 위해 출범한 글로벌 협의체
④ 유엔 산하의 기후변화에 관한 정부 간 협의체
⑤ 멕시코, 인도네시아, 한국, 튀르키예, 오스트레일리아가 참여하는 국가 협의체

13. ① 14. ② 15. ① 16. ④ 17. ⑤ 18. ④ 19. ③

20 윤석열 정부가 부의 순환 촉진을 위해 검토 중인 유산취득세에 대한 설명으로 바른 것을 모두 고르면?

> ㉠ 각 상속인이 실제 상속받는 유산에 대해 취득세를 부과한다.
> ㉡ 현행 유산세 제도보다 적용되는 세율이 낮다.
> ㉢ 미국, 영국, 덴마크 등이 채택하고 있다.
> ㉣ 부자 감세, 세수 축소 등의 우려가 있다.

① ㉠, ㉡
② ㉠, ㉡, ㉢
③ ㉡, ㉢, ㉣
④ ㉠, ㉡, ㉣
⑤ ㉠, ㉡, ㉢, ㉣

21 세계 최초로 가상자산의 포괄적 규제를 담은 법으로, 지난해 유럽연합(EU) 의회를 통과하고 올 6월 30일부터 일부 시행에 들어갔다. 12월 전면 시행을 앞두고 있는 이 법은?

① 셔먼법
② 칩스법
③ MiCA
④ CRMA
⑤ DSA

22 7월 국내 최초로 경북 울진과 충북 단양에 매장돼 있는 것이 확인된 2차전지의 핵심 광물은?

① 리튬
② 텅스텐
③ 주석
④ 코발트
⑤ 바나듐

23 수소는 생산방식에 따라 색깔을 붙여 구분하는데, 다음 중 핑크수소에 대한 설명으로 바른 것은?

① 재생에너지에서 생산된 전기로 물을 분해해 만든 수소
② 천연가스와 이산화탄소 포집 설비를 이용해 생산한 수소
③ 석탄이나 갈탄을 가스화해 수소가 주성분인 합성가스를 만들어 추출한 수소
④ 원자력발전소에서 생산된 전기로 물을 분해해 만든 수소
⑤ 천연가스를 고온·고압 수증기와 반응시켜 개질한 수소

24 용어와 그 설명이 바르게 연결되지 않은 것은?

① 로코노미 – 도심의 거대 상권이 아닌 동네에서 소비 생활이 이뤄지는 현상
② 주식분할 – 납입자본금을 증액해 발행주식의 총수를 늘리는 것
③ 히트플레이션 – 폭염으로 식량 가격이 급등하는 현상
④ 알고리즘 매매 – 매매조건을 설정해 전산에 의해 자동으로 매매가 이뤄지게 하는 거래
⑤ EMP 펀드 – 전체 자산의 50% 이상을 ETF, ETN에 투자하는 펀드

25 고용노동부가 8월 5일 고시한 내년도 최저임금은?

① 1만 원
② 1만 10원
③ 1만 30원
④ 1만 100원
⑤ 1만 500원

26 다음 중 최저임금 결정기준에 해당하지 않는 것을 고르면?

① 근로자의 생계비
② 유사근로자의 임금
③ 노동생산성
④ 소득분배율
⑤ 기업의 지불능력

27 정부가 현재 추진하고 있는 유보통합은 어린이집과 유치원의 보육과 교육을 하나로 통합하려는 계획이다. 이에 2023년 말 ( )가 담당하는 어린이집 업무를 교육부로 이관하는 정부조직법이 개정돼 6월 27일부터 시행됐다. ( )에 들어갈 정부 부처는?

① 보건복지부
② 여성가족부
③ 행정안전부
④ 문화체육관광부
⑤ 고용노동부

20 ⓒ 우리나라를 비롯해 미국, 영국, 덴마크 등이 유산세 방식을 채택하고 있으며 독일, 프랑스, 이탈리아, 일본 등이 유산취득세 방식을 운영 중이다.

21 ③ MiCA는 가상자산 발행 및 거래 투명성, 공시 의무, 발행인 자격 요건 규제 등의 내용을 담고 있다.
① 미국의 독점금지법으로 ▷국내외 거래를 제한할 수 있는 생산주체 간 어떤 형태의 연합도 불법이며 ▷미국에서 이뤄지는 거래 또는 통상에 대한 어떤 독점도 허용할 수 없다는 2가지 핵심조항을 담고 있다.
② 중국과의 기술 패권 경쟁에서 미국의 기술 우위를 강화하기 위해 반도체 및 첨단기술 생태계 육성에 총 2800억 달러를 투자하는 내용이 골자인 미국의 법이다.
④ 핵심 원자재의 특정국(특히 중국) 수입 의존을 줄이고 유럽연합(EU) 내 가공 비중을 대폭 확대하는 등 원자재 공급망 안정·다각화 대책을 규정한 법이다.
⑤ 유럽연합(EU)이 글로벌 IT기업에 대한 유해 콘텐츠 검열 의무를 규정한 법이다.

22 ① 리튬은 리튬전지, 리튬이온 2차전지의 양극 물질로 활용되는 등 모든 종류의 배터리에 없어서는 안 될 필수 금속이어서 「하얀 석유」, 「백색황금」, 「미래 산업의 쌀」이라고도 불린다. 국내에서는 경북 울진과 충북 단양에 리튬이 암석형 광상 형태로 매장돼 있는 것이 확인됐다.

23 ① 그린수소 ② 블루수소 ③ 브라운수소 ⑤ 그레이수소

24 ② 주식분할은 납입자본금의 증감 없이 기존 발행주식을 일정 비율로 분할해 발행주식의 총 수를 늘리는 것이다.

25 내년도 최저임금 1만 30원은 올해 최저임금 9860원에서 170원(1.7%) 오른 것으로, 월급 기준으로는 209만 6270원(주 40시간·월 209시간 근무 기준)이다. 이로써 1988년 최저임금제 도입 37년 만에 처음으로 최저임금 1만 원 시대를 맞게 됐으나, 인상률 1.7%는 지난 2021년의 1.5%에 이어 역대 두 번째로 작은 것이다.

26 최저임금 결정기준은 근로자의 생계비, 유사근로자의 임금, 노동생산성 및 소득분배율을 고려해 업종별 또는 전 산업에 동일하게 정하고, 최저임금액은 시간·일·주 또는 월 단위로 결정하되 반드시 시간급을 명시해야 한다.

27 유보통합(幼保統合)은 교육부(유치원, 교육기관)와 보건복지부(어린이집, 사회복지시설)로 이원화돼 있는 유치원과 어린이집 감독기관을 단일한 기관(교육부)으로 일원화하는 것이다. 윤석열 정부는 유보통합을 국정과제로 추진하면서 2023년 말 보건복지부가 담당하는 어린이집 업무를 교육부로 이관하도록 정부조직법을 개정한 바 있다. 이 법은 지난 6월 27일부터 시행에 들어갔고, 이에 교육부에는 유치원과 어린이집 업무를 모두 담당하는 「영유아정책국」이 출범했다.

🎯 **20.** ④ **21.** ③ **22.** ① **23.** ④ **24.** ② **25.** ③ **26.** ⑤ **27.** ①

28 병원균을 가진 토끼류·설치류 등을 만지거나 생으로 먹을 경우 감염될 수 있는 병으로, 국내에서는 1996년 첫 확진 사례가 나온 바 있다. 지난 6월 경기 수원에서 20대 남성이 이 균의 양성 반응이 나왔다가 최종 음성으로 확인되기도 했는데, 이 감염병은?

① 디프테리아
② 야토병
③ 두창
④ 라싸열
⑤ 보툴리눔독소증

29 다음은 저출산·고령화 등 최근 우리나라의 인구 통계에서 자주 언급되는 용어들에 대한 설명이다. ㉠~㉤에 해당하는 용어로 잘못된 것은?

㉠	총인구를 나이순으로 줄 세웠을 때 가장 중간에 있는 사람의 나이
㉡	생산가능인구(15~64세) 100명에 대한 고령인구(65세 이상)의 비율
㉢	생산가능인구의 비율이 급속도로 줄어드는 현상으로, 미국의 경제학자 해리 덴트가 제시한 개념
㉣	65세 이상 인구가 총인구에서 차지하는 비율이 14% 이상인 사회
㉤	한 여성이 가임기간(15~49세) 동안 낳을 것으로 예상되는 평균 자녀의 수

① ㉠: 중위연령
② ㉡: 노령화지수
③ ㉢: 인구절벽
④ ㉣: 고령사회
⑤ ㉤: 합계출산율

30 (   ) 안에 들어갈 용어는?

(   )는 2023년 「인구감소지역 지원 특별법」이 시행되면서 도입된 개념으로, 기존 주민등록인구에 근무·통학·관광·휴양 등의 목적으로 특정 지역을 방문해 체류하는 인구와 출입국관리법상 등록 외국인 등을 포함한 인구를 말한다. 통계청이 7월 25일 발표한 자료에 따르면 지난 3월 기준 전남 구례군을 포함한 인구감소지역 89곳의 (   )는 2500만 명으로 등록인구(490만 명)의 5배 수준에 달했다.

① 정주인구   ② 주간인구
③ 연앙인구   ④ 생활인구
⑤ 개방인구

31 다음 사례와 관련된 용어는?

이탈리아 베네치아는 올해 세계 최초로 당일치기 관광객에 하루 5유로(약 7500원)의 도시 입장료를 시범 도입했으며, 스페인 바르셀로나는 호텔 신축 허가를 전면 중단하고 공유숙박 플랫폼인 에어비앤비를 강력 제재하고 있다. 일본에서는 외국인 관광객의 숙박 요금에 세금을 징수하는 지방정부가 늘고 있는데, 숙박세는 1박당 50~1000엔(약 440~8800원) 정도가 부과되고 있다.

① 다크투어리즘
② 그린투어리즘
③ 안티투어리즘
④ 볼런투어리즘
⑤ 지오투어리즘

32 출산 후 출생신고가 되지 않는 아동이 방치되는 상황을 막기 위한 「출생통보제」와 「보호출산제」가 7월 19일부터 시행됐다. 이 제도들에 대한 다음 내용 중 바르지 못한 것은?

① 의료기관장은 출생일로부터 14일 이내에 심평원에 출생 정보를 통보해야 한다.

② 지자체는 출생일로부터 한 달 이내 출생신고가 되지 않으면 모친 등 신고 의무자에게 7일 이내에 출생신고를 하도록 통지해야 한다.

③ 생모는 아이가 보호출산으로 태어난 후 최소 7일간 아동을 직접 양육하기 위한 숙려기간을 가져야 한다.

④ 생모는 보호출산을 신청할 때 자신의 이름, 보호출산을 선택하기까지의 상황 등을 작성해 남겨야 하며, 이 서류는 아동권리보장원에 영구 보존된다.

⑤ 보호출산을 통해 태어난 아동은 성인이 된 후 또는 법정대리인의 동의를 받아 이 서류의 공개를 요청할 수 있으며, 이는 생모의 동의 여부를 필요로 하지 않는다.

28 ② 질병관리청이 7월 12일 수원시에서 앞서 6일 신고된 야토병 의심 환자에 대한 최종 확인 검사 결과 음성으로 판정됐다고 밝혔다. 이 남성은 지난 6월 29일 집 근처 소곱창 식당에서 소 생간을 먹은 뒤 복통과 발열 증상으로 병원에 입원했으나, 입원 4일 만에 상태가 호전돼 퇴원한 바 있다. 당시 이 남성의 최초 혈액 검사에서 야토병균 양성 반응이 나왔으나, 이후 확인여부 판단을 위해 진행한 혈청검사에서는 최종 음성으로 확인됐다.

29 ⓒ은 노년부양비에 대한 설명이다. 노령화지수는 15세 미만(0~14세)의 유소년 인구에 대한 65세 이상 노령인구의 비율을 말한다.

30 ① 도시나 지역에 주소를 정해 거주하는 인구로, 특히 일정기간 이상 계속 거주하고 있는 인구를 말한다.
② 어떤 지역에 낮시간 동안 존재하는 인구로, 실제 그 지역에 거주하는 사람뿐 아니라 업무 등 각종 활동을 목적으로 외부에서 유입된 인구를 포함한다.
③ 해당 연도의 중앙일인 7월 1일의 인구수
⑤ 국제이동이 자연스럽게 일어나는 현실상의 인구

31 ③ 외국인 관광객을 기피하는 현상으로, 관광객이 지나치게 몰려들면서 물가가 급등하고 현지 주민들의 삶이 침해당하면서 벌어지는 현상
① 휴양과 관광을 위한 일반 여행과 다르게 재난이나 역사적으로 비극적인 사건이 일어났던 곳을 찾아가 체험함으로써 반성과 교훈을 얻는 여행
② 농촌의 자연경관과 전통문화, 생활과 산업을 매개로 도시민과 농촌주민 간의 교류 형태로 추진되는 체류형 여가활동
④ 자원봉사를 할 수 있는 곳으로 휴가를 떠나는 것
⑤ 지형지질자원을 활용해 관광객을 유치하는 지질관광을 이르는 말

32 ⑤ 서류는 생모의 동의를 전제로 공개되는데, 생모가 동의하지 않을 경우에는 인적사항을 제외하고 공개된다.

🎯 28. ② 29. ② 30. ④ 31. ③ 32. ⑤

실전테스트 100

193

33 다음 ( ) 안에 공통으로 들어갈 온실가스는 무엇인가?

> 덴마크 정부가 2030년부터 소와 양, 돼지 등을 키우는 농가에서 배출되는 이산화탄소 1t당 300크로네(약 6만 원)의 세금을 부과할 것이라고 6월 26일 발표했다. 이는 소와 같은 반추동물의 되새김질 시 위에서 나오는 ( )이/가 전 세계 ( ) 배출량의 약 4분의 1을 차지할 정도로 그 비중이 높은 데 따른 것이다.

① 이산화탄소   ② 아산화질소
③ 메탄   ④ 과불화탄소
⑤ 육불화유황

34 환경부가 7월 30일 최대 14개의 신규 댐 건설 계획을 발표했는데, 해당 계획에 따르면 권역별로는 이 강에 가장 많은 댐이 설치될 예정이다. 어디인가?

① 한강   ② 낙동강
③ 영산강   ④ 섬진강
⑤ 금강

35 국가유산청이 7월 3일 경북 고령을 「고도 보존 및 육성에 관한 특별법」에 따른 고도(古都)로 지정했다. 이는 다섯 번째 고도 지정인데, 현재 고도로 지정되지 않은 곳은?

① 경주   ② 전주
③ 부여   ④ 공주
⑤ 익산

36 다음이 설명하는 조선시대의 인물은 누구인가?

> 조선 초기의 문신으로 영의정을 지냈으며 4차례 공신의 반열에 올랐던 인물이다. 이 시기 정치와 학문에서 뚜렷한 자취를 남기며 훈민정음 창제에도 참여했다. 국가유산청이 7월 3일 현존하는 공신 초상화 중 가장 오래된 이 인물의 초상을 국보로 지정 예고했다. 청주의 구봉영당(九峯影堂)에 봉안돼 전해오던 이 초상은 1977년 보물로 지정됐던 바 있어 47년 만에 국보 승격이 이뤄지게 됐다.

① 박팽년
② 성삼문
③ 정도전
④ 신숙주
⑤ 김시습

37 덕수궁 선원전 화재로 소실된 어진(御眞)을 복원하기 위해 각 지역의 어진을 이안하고 모사하는 이안청 역할을 한 곳으로, 최근 덕수궁 복원 과정에서 이 건물의 대문 규모와 위치 등이 파악된 바 있다. 무엇인가?

① 흥덕전
② 함녕전
③ 석어당
④ 정관헌
⑤ 중명전

38 7월 26일 시작된 제33회 파리하계올림픽이 8월 11일 폐막식을 끝으로 17일의 일정을 마무리했다. 파리올림픽에 대한 다음의 내용에서 잘못된 부분은?

- 개막식: 파리 센강
- 경기 종목: ㉠ 32개 종목, 329개 세부종목
- 슬로건: ㉡ 완전히 개방된 대회(Games Wide Open)
- 마스코트: ㉢ 프리주
- 특징: ㉣ 1900, 1924년에 이어 세 번째이자 100년 만에 파리에서 열린 올림픽
- 대회 종합순위 1위: ㉤ 중국

① ㉠   ② ㉡
③ ㉢   ④ ㉣
⑤ ㉤

39 8월 11일 폐막한 제33회 파리올림픽에서 우리나라 대표팀이 세운 기록에 대한 설명으로 바르지 못한 것은?

① 여자양궁 단체전은 1988년 서울올림픽부터 10연패를 달성했다.
② 남자펜싱 플뢰레는 2012년 런던올림픽부터 3연패를 달성했다.
③ 사격의 반효진은 우리나라 역대 하계올림픽 100번째 금메달의 주인공이 됐다.
④ 안세영은 1996년 애틀랜타 올림픽의 방수현 이후 역대 두 번째이자 28년 만의 배드민턴 여자단식 우승을 달성했다.
⑤ 남자양궁 김우진은 올림픽 통산 5번째 금메달을 차지하며 이 부문 한국 선수 1위라는 기록을 썼다.

33 메탄은 각종 유기물질이 분해되면서 발생하는 기체로, 동식물이 썩으면서 박테리아 등의 미생물이 수소·이산화탄소와 결합되며 만들어진다. 또 목축업 등 농업 활동, 쓰레기 폐기 과정, 석탄·석유·천연가스 등의 연료가 연소되는 과정 등에서도 발생한다.

34 권역별로는 낙동강권역이 6곳으로 가장 많고, 한강권역 4곳, 영산강·섬진강권역 각 3곳, 금강권역 1곳이다.

35 국가유산청이 7월 3일 열린 고도보존육성 중앙심의위원회에서 약 1500년 전 대가야의 정치·문화 중심지였던 경북 고령을 신규 고도(古都)로 지정했다. 이는 2004년 경주·부여·공주·익산 4개의 도시가 고도로 지정된 지 20년 만에 지정된 다섯 번째 고도다. 여기서 고도는 「고도 보존 및 육성에 관한 특별법」에 따른 과거 우리 민족의 정치·문화의 중심지로서 역사적으로 중요한 의미를 지닌 곳을 말한다.

37 국가유산청 궁능유적본부가 4~6월까지 진행한 발굴조사에서 덕수궁 흥덕전의 대문인 흠사문과 소안문을 비롯해 어재실(御齋室·왕이 제례를 준비하며 머물던 곳) 등 주변 시설의 위치와 규모가 드러났다.

38 ⑤ 파리올림픽 종합 1위는 미국(금 40·은 44·동 42)이 차지하며 4회 대회 연속 최정상을 지켰다. 중국은 금 40·은 27·동 24개로 2위를 차지했다.

39 ② 플뢰레가 아닌 사브르이다.

40 2028년 미국 로스엔젤레스(LA) 올림픽에서부터 근대5종 중 공정성 논란으로 제외된 경기 종목과 대체 종목으로 채택된 종목이 순서대로 연결된 것은?

① 펜싱 – 장애물 경기
② 승마 – 장애물 경기
③ 수영 – 사이클
④ 사격 – 사이클
⑤ 육상 – 사이클

41 지난 5월 PGA 챔피언십에서 우승했던 이 선수가 7월 22일 디오픈 정상에 오르면서 6년 만에 한 시즌 메이저대회 2승을 거둔 선수가 됐다. 특히 이 선수의 디오픈 우승으로 이번 시즌 4대 메이저대회에서 미국 선수가 모두 우승하는 기록도 작성됐다. 이 선수는?

① 스코티 셰플러
② 브라이슨 디섐보
③ 잰더 쇼플리
④ 저스틴 로즈
⑤ 빌리 호셜

42 국제올림픽위원회(IOC)가 7월 24일 발표한 2030년 동계올림픽 개최국은?

① 프랑스
② 노르웨이
③ 이탈리아
④ 캐나다
⑤ 러시아

43 다음이 설명하는 스포츠 종목은?

타자와 투수, 필드수로 구성된 11명의 두 팀이 공격과 수비를 번갈아 가면서 배트로 공을 쳐서 승부를 겨루는 스포츠다. 이는 13세기 영국에서 시작돼 과거 영국의 식민지였던 남아시아 및 아프리카를 중심으로 널리 퍼진 것으로 알려져 있다. 특히 이 종목은 2028년 LA올림픽 정식종목으로 채택됨에 따라 1900년 파리올림픽 이래 128년 만에 올림픽 복귀를 앞두고 있다.

① 스쿼시 　　② 플래그 풋볼
③ 라크로스 　　④ 세팍타크로
⑤ 크리켓

44 다음 (　) 안에 공통적으로 들어갈 용어는?

7월 19일 마이크로소프트(MS)의 (　) 서비스에 장애가 발생, MS의 윈도 운영체제(OS)를 사용하는 개인용·업무용 PC의 작동이 중단되는 사고가 일어났다. 이는 (　) 서비스를 업데이트하는 과정에서 보안 프로그램이 윈도 소프트웨어와 충돌해 발생한 것으로 알려졌으며, 이번 사고로 전 세계 총 850만 대에 달하는 항공·금융·통신·의료 전산망이 마비됐다. 특히 데이터를 각 단말기가 아닌 인터넷 가상 데이터센터에 저장하는 (　) 서비스의 특성상 하나의 (　)을/를 여러 기업과 개인이 공유하기 때문에 피해 규모가 컸던 것으로 분석된다.

① 분산처리 　　② 클라우드
③ 전자문서교환 　　④ 6G
⑤ 와이파이

45 다음의 스포츠 대회와 관련 있는 국가는?

> • e스포츠 월드컵(EWC)
> • LIV 골프 인비테이셔널 시리즈

① 카타르
② 사우디아라비아
③ 아랍에미리트
④ 캐나다
⑤ 프랑스

46 한국수력원자원이 7월 17일, 약 24조 원 규모의 신규 원전사업을 수주하는 데 성공했다. 이에 따라 한수원은 오는 2029년부터 이 나라에 2기의 원전을 짓게 됐는데, 이 나라는?

① 덴마크
② 프랑스
③ 폴란드
④ 체코
⑤ 헝가리

40 근대5종은 승마(장애물 비월)·펜싱(에페)·수영(자유형 200m)·육상(3km 크로스컨트리)·사격(10m 레이저건) 등 5가지 종목을 겨뤄 각 종목의 정해진 계산법으로 득점을 내 종합성적을 매긴다. 그러나 2020 도쿄올림픽 여자부 경기에서 아니카 슐로이(독일) 선수가 승마에서 말(馬)의 주행거부로 0점을 받으며 탈락하자 승마 종목에 대한 논란이 일었다. 이에 2028년 LA올림픽부터는 근대5종 승마 대체 종목으로 코스에 설치된 다양한 장애물을 통과하며 달려 순위를 겨루는 육상경기인 「장애물 경기(Obstacle Discipline)」가 채택됐다.

41 잰더 쇼플리(미국)가 7월 22일 열린 PGA 투어 「제152회 디오픈」에서 우승을 차지했다. 특히 쇼플리의 우승으로 1982년 이후 미국 선수가 모두 이번 시즌 4대 메이저대회를 모두 우승하게 됐는데, ▷마스터스에서는 스코티 셰플러 ▷US오픈은 브라이슨 디섐보 ▷PGA 챔피언십과 디오픈은 쇼플리가 정상을 차지한 바 있다.

42 국제올림픽위원회(IOC)가 7월 24일 열린 142차 총회에서 2030년 동계올림픽 개최지로 프랑스 알프스 지역을 선정했다. 프랑스는 1924년 샤모니, 1968년 그르노블, 1992년 알베르빌에서 동계올림픽을 개최한 바 있어 이번 동계올림픽을 개최할 경우 4번째가 된다.

43 국제올림픽위원회(IOC)는 지난 2023년 10월 16일 열린 141차 총회에서 크리켓을 포함한 야구·소프트볼, 스쿼시, 플래그 풋볼, 라크로스 등 5개 종목을 2028 LA올림픽 정식종목으로 채택한 바 있다.

44 ② 7월 19일 마이크로소프트(MS)의 클라우드 서비스를 업데이트하는 과정에서 오류가 발생해 MS의 윈도 운영체제를 사용하는 전 세계 PC가 먹통이 됐다. 여기서 클라우드 서비스는 데이터를 각 단말기가 아닌 인터넷 가상 데이터센터에 저장하는 서비스를 말한다. 하나의 클라우드를 여러 기업과 개인이 공유하므로 한번 오류가 발생하면 피해의 규모가 커 지속적인 점검이 요구된다.

45 • **e스포츠 월드컵**: 사우디아라비아 e스포츠 연맹(SEF)이 주관하는 세계 최대 규모의 e스포츠 대회로, 총 상금이 6000만 달러(약 830억 원)라는 역사상 전례 없는 최고액을 자랑한다.
　　 • **LIV 골프 인비테이셔널 시리즈**: 사우디아라비아 국부펀드의 후원으로 2022년 6월 시작된 골프 투어로, 약 14개의 대회에 48명의 선수가 출전해 컷오프 없이 경기를 치르는 방식으로 이뤄지고 있다.

46 ④ 한국수력원자원(한수원)이 7월 17일 체코 두코바니 지역의 신규 원전사업 우선협상대상자로 선정됐다. 이에 따라 내년 3월 체코 정부와의 최종 계약을 거쳐 2029년 착공, 2036년부터 상업 운전에 들어갈 계획이다. 한편, 체코 정부는 이번에 우리나라를 우선협성대상자로 선정한 두코바니 5·6호기 외에 테멜린 지역에도 3·4호기 수주 대상자 선정을 앞두고 있다.

🎯 **40.** ② **41.** ③ **42.** ① **43.** ⑤ **44.** ② **45.** ② **46.** ④

47 ⏀, ⓛ에 들어갈 용어가 바르게 짝지어진 것은?

> 최근 인공지능(AI) 업계에서는 매개변수(파라미터)의 규모가 작은 (⏀)이 차세대 기술로 부상하고 있다. (⏀)은 매개변수를 줄여 추론·학습 비용을 절약하고, 특정 영역의 데이터만 학습해 전문성을 높일 수 있다. 여기다 외부 서버를 활용할 필요 없이 기기 자체에 데이터를 저장하는 (ⓛ)을/를 구현할 수도 있다. 대표적인 (⏀)의 예로는 구글의 「제미나이 1.5 플래시」, 마이크로소프트(MS)의 「파이 3 미니」, 메타의 「라마 3」 등이 있다.

	⏀	ⓛ
①	소규모 언어모델	검색증강생성
②	대규모 언어모델	검색증강생성
③	소규모 언어모델	온 디바이스 AI
④	대규모 언어모델	온 디바이스 AI
⑤	소규모 언어모델	범용인공지능

48 웹사이트에 접속할 때 자동적으로 만들어지는 임시 파일의 변칙 형태로, 일부 웹사이트에서 사용자 동의 없이 이를 수집해 사생활 침해 논란이 일어난 바 있다. 최근 구글이 지원을 종료한다고 했다가 그 계획을 철회하기도 했던 이것은?

① 아이핀
② 스크래핑
③ 랜섬웨어
④ 사이트맵
⑤ 제3자 쿠키

49 다음이 설명하는 것은?

> 고성능 연산이 필요한 애플리케이션에서 중앙처리장치(CPU), 그래픽처리장치(GPU), D램 등 서로 다른 종류의 장치를 효율적으로 통신·연결할 수 있는 차세대 인터페이스를 말한다. 서버의 용량과 데이터의 전송 대역폭을 획기적으로 확장할 수 있어 인공지능(AI) 업계에서는 이를 상용화하기 위한 연구가 한창 진행 중에 있다.

① FPGA
② SSD
③ AP
④ CXL
⑤ HBM

50 다음이 설명하는 우주망원경의 명칭은?

> 미국항공우주국(NASA) 출신 여성 천문학자의 이름을 딴 우주망원경으로, NASA의 주도 아래 2010년부터 개발 중이다. 총 32억 달러(약 4조 4355억 원)가 투입돼 2027년 5월 발사를 목표로 한다. 이 우주망원경은 3억 픽셀의 고해상도 촬영이 가능한 광시야 관측기 등을 탑재해 5~10년 동안 우주를 관측, 원시 블랙홀이 존재한다는 증거를 찾고 암흑물질·암흑에너지의 분포를 연구하는 임무를 맡았다.

① 낸시 그레이스 로먼 우주망원경
② 허블 우주망원경
③ 제임스 웹 우주망원경
④ 케플러 우주망원경
⑤ 유클리드 우주망원경

51 2029년 4월 13일 지구로부터 약 3만 1000km까지 접근할 것으로 예상되는, 지름 약 335m 규모의 소행성은?

① 아포피스
② 프시케
③ 파에톤
④ 에리스
⑤ 트라피스트-1

52 자신의 취향 또는 가치관과 비슷한 특정 인물이나 콘텐츠의 제안에 따라 제품을 구매하는 소비 트렌드를 뜻하는 용어는?

① 디토소비
② 몰입소비
③ 감성소비
④ 선별소비
⑤ 가치소비

47 인공지능(AI) 언어모델은 매개변수(파라미터)의 규모에 따라 대규모 언어모델(LLM)과 소규모 언어모델(SLM)로 분류된다. 통상 LLM의 매개변수는 수천억~수조 개, SLM의 매개변수는 수십억~수백억 개에 달한다. SLM은 매개변수의 규모가 작기 때문에 기기 자체에 이를 탑재하면 외부 서버나 클라우드에 연결되지 않고도 서비스를 제공할 수 있는 온 디바이스 AI를 구현할 수 있다.

48 ① 인터넷상에서의 명의도용범죄를 방지하고자 주민번호를 대체해 사용할 수 있도록 정부와 한국인터넷진흥원이 개발한 인터넷 개인식별번호
② 금융기관·공공기관·정부 웹사이트 등 여러 데이터 시스템에 흩어져 있는 고객의 정보를 모아 관리하거나 가공하는 기술
③ 컴퓨터에 잠입해 내부 문서나 파일 등을 암호화시켜 사용자가 이를 열지 못하도록 만들어 금품을 요구하는 악성 프로그램
④ 웹사이트의 웹페이지를 계층적으로 분류한 목록

49 ① 비메모리 반도체의 한 종류로, 회로 변경이 불가능한 일반 반도체와 달리 용도에 맞게 내부 회로를 바꿀 수 있다.
② 반도체 메모리를 기반으로 하는 저장장치로, 기존 PC용 저장장치로 사용됐던 하드디스크(HDD)보다 소음이 적고 데이터 처리 속도가 빠르다.
③ 모바일 기기에 사용되는 비메모리 반도체로, 모바일 애플리케이션(앱) 실행에 최적화되도록 설계됐다.
⑤ TSV(실리콘관통전극)로 D램 칩을 수직으로 쌓아 데이터 처리 속도를 높인 고대역폭 메모리다.

50 ② 미국항공우주국(NASA)과 유럽우주국(ESA)이 개발한 우주망원경. 1990년 우주 관측 활동을 시작해 우주의 나이를 규명하고 초거대 질량 블랙홀의 증거를 발견하는 성과를 거둔 바 있다.
③ 미국항공우주국(NASA)·유럽우주국(ESA)·캐나다우주국(CSA)이 2021년 12월 발사한 우주망원경
④ 2009년 우주로 발사돼 2018년 임무를 마무리한 우주망원경
⑤ 유럽우주국(ESA)과 유클리드 컨소시엄이 공동으로 제작한 우주망원경

51 ② 화성과 목성 사이의 소행성대에 있는 소행성으로, 지구로부터의 거리는 약 22억 마일(36억km)에 달한다.
③ 태양을 523일에 한 번 도는 소행성으로, 지구와 달 사이 거리의 10배 이내(약 291만km)까지 접근해 지구를 위협할 가능성이 있는 「지구위협소행성」으로 분류된다.
④ 명왕성보다 큰 왜소행성으로, 태양계의 열 번째 행성으로 인정해야 한다는 주장이 있었으나 최종적으로는 소행성과 행성의 중간 단계인 왜소행성으로 분류됐다.
⑤ 지구 크기의 행성 7개를 거느린 항성으로, 그중 6개가 지구형 행성이어서 생명체가 존재할 가능성이 있는 것으로 알려졌다.

52 ② 관심 있는 특정 대상과 관련된 제품을 계속적으로 구입하는 소비 경향
③ 감각이나 기분에 따라 재화나 서비스를 소비하는 일로, 흔히 충동구매라고 한다.
④ 소비자가 상품이나 서비스를 구매할 때 가격 동향에 따라 가격이 오른 것은 피하고 저렴한 것을 골라서 구매하는 것
⑤ 자신이 지향하는 가치를 포기하지 않는 대신 가격이나 만족도 등을 세밀히 따져 소비하는 성향

47. ③ 48. ⑤ 49. ④ 50. ① 51. ① 52. ①

199

53 초복·중복·말복의 삼복을 이르는 「복날」에 대한 설명으로 바르지 못한 것은?

① 초복과 중복은 하지를 기준으로 하지만, 말복은 입추를 기준으로 한다.
② 복날은 24절기에 속하지 않는다.
③ 복날의 「복」자는 「복 복(福)」으로, 복을 부르는 날이라는 뜻이다.
④ 삼복은 중국 진나라 때부터 시작됐다는 설이 가장 유력하게 전해진다.
⑤ 조선시대 때는 왕이 삼복날 벼슬이 높은 신하들에게 얼음을 하사했다.

54 짧은 패스를 빠르게 주고받는 축구 경기 전술로, 2000년대 후반 펩 과르디올라 감독이 이끌던 FC바르셀로나가 사용한 것으로 유명한 이 축구 전술은?

① 게겐 프레싱
② 롱볼 축구
③ 카테나치오
④ 토탈 사커
⑤ 티키타카

55 시인이자 독립운동가인 이육사가 남긴 시로, 일제강점기 우리 민족을 동굴에 매달려 살아가는 박쥐에 빗대 표현했다. 한자어로 박쥐를 뜻하는 이 시의 제목은?

① 반묘(斑猫)
② 아편(鴉片)
③ 파초(芭蕉)
④ 편복(蝙蝠)
⑤ 해후(邂逅)

56 다음이 설명하는 용어와 관련된 인물은?

> 노벨상 수상자나 유명한 연구 업적이 있는 학자, 다국적 기업 중역, 올림픽 메달리스트나 오스카상 수상 배우 등 각 분야 최고 인재에게 근로 증명 없이 미국 영주권을 주는 비자로 정식 명칭은 EB-1 비자다. 미국이 발행하는 연 100만 건의 영주권 중 0.3%인 3000여 명만 이를 받고 있다.

①
②
③
④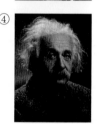
⑤

57 다음이 설명하는 영화 용어는?

> 관객의 시선을 집중시켜 의문이나 혼란을 유발하는 장치로, 알프레드 히치콕 감독이 영화에서 관객이 줄거리를 따라 잡지 못하도록 하기 위해 만들어 놓은 히치콕식 속임수를 말한다. 관객의 호기심을 자극하며 관객을 의문에 빠뜨리거나 긴장감을 느낄 수 있도록 만든 사건, 상황, 소품, 인물 등이 이에 속한다.

① 디졸브　　　② 홀드백
③ 맥거핀　　　④ 언더스터디
⑤ 인터미션

58 다음 중 올림픽에서 동메달을 2개 주는 종목에 해당하지 않는 것을 고르면?

① 복싱
② 다이빙
③ 유도
④ 태권도
⑤ 레슬링

53 복날의 「복」자는 「엎드릴 복(伏)」으로 「복종한다」는 뜻을 갖고 있다. 따라서 복날은 가을의 선선한 기운이 대지로 내려오다 여름의 더운 기운에 굴복한다는 뜻이다.

54 ① 독일어로 전방 압박이라는 뜻으로, 볼을 빼앗기면 바로 상대 선수를 압박해 그 자리에서 다시 볼을 빼앗는 전술이다.
② 짧은 패스 대신 상대 진영에 체격 좋은 선수를 심어두고 공을 멀리 차올려 패스해 공중에서 승부를 보는 전술이다.
③ 이탈리아어로 빗장이라는 뜻으로, 공격보다 수비를 중시해 상대의 득점을 막는 빗장수비 전술이다.
④ 수비 상황에서는 공격수들도 압박 수비를 하고, 공격 상황에서는 수비수들도 공격에 가담시키는 「전원 공격+전원 수비」 전술이다.

55 이육사의 「편복」은 일제강점기 우리 민족의 현실을 동굴에 매달려 살아가는 박쥐에 빗대어 형상화한 작품이다. 당시에는 검열에 걸려 발표되지 못한 이 작품은 해방 후인 1956년 육사시집에 실리면서 세상에 알려졌다. 작품은 어두운 동굴, 썩은 들보, 무너진 성채, 어둠의 왕자, 고독한 유령 박쥐 등의 표현으로 일제 식민지 통치하 우리 민족의 비탄함을 전하고 있다.

56 제시된 지문이 설명하는 것은 「아인슈타인 비자(Einstein Visa, EB-1)」다.
① 마리 퀴리(Marie Curie, 1867~1934). 라듐을 발견한 폴란드 태생의 과학자다.
② 스티븐 호킹(Stephen Hawking, 1942~2018). 영국 출신의 세계적 물리학자다.
③ 스티브 잡스(Steve Jobs, 1955~2011). 미국의 기업가로 애플사(社)의 창업자다.
⑤ 빌 게이츠(Bill Gates, 1955~). 미국의 기업가로 마이크로소프트사(MS) 설립자다.

57 ① 한 화면이 사라지면서 다른 화면이 나타나 두 장면이 융합되는 영상편집 기법
② 한 편의 영화가 다른 수익과정으로 중심을 이동할 때까지 걸리는 시간 또는 공중파의 본 방송 이후 다른 케이블 방송에서 재방송되기까지 걸리는 기간
④ 평상시에는 다른 배역을 연기하다가 메인배우가 부득이한 상황으로 공연에 설 수 없을 때 대신 투입되는 배우
⑤ 연극, 뮤지컬, 콘서트 등 러닝타임이 긴 공연 중간에 갖는 20분 정도의 휴식시간

58 올림픽 등에서 복싱, 레슬링, 유도, 태권도는 종목 특성상 휴식을 제대로 주기 어렵기 때문에 2개의 동메달을 수여하고 있다.

---

59 다음 설명과 관련된 절기는?

> • 24절기 중 14번째 절기로, 보통 이 무렵이 되면 더위가 한풀 꺾이면서 아침저녁으로 선선한 바람이 불기 시작한다.
> • 「(   )이/가 지나면 모기도 입이 비뚤어진다」는 속담이 있다.
> • 아무리 기승을 부린 무더위라도 마법처럼 한풀 꺾이며 시원해진다는 뜻에서 생겨난 신조어 → (   ) 매직

① 입추
② 백로
③ 처서
④ 말복
⑤ 추분

60 다음 중 현재 원내정당이 아닌 것은?

① 진보당
② 녹색정의당
③ 기본소득당
④ 사회민주당
⑤ 새로운미래

61 5부요인에 해당하지 않는 것은?

① 대통령
② 국회의장
③ 대법원장
④ 헌법재판소장
⑤ 중앙선거관리위원회 위원장

62 사회적으로 물의를 일으켜 지탄의 대상이 된 인물의 패션을 대중들이 모방하는 행위를 일컫는 말은?

① 프레피룩
② 놈코어룩
③ 고프코어룩
④ 시밀러룩
⑤ 블레임룩

63 다음 중 어닝쇼크에 대한 설명으로 바른 것은?

① 월요일에 증시가 대폭락하는 것
② 원유 가격이 급등해 세계 각국에 경제적 타격이 발생하는 것
③ 코로나19로 인해 경제적 타격이 발생하는 것
④ 기업들이 시장에서 예상했던 것보다 훨씬 저조한 실적을 발표하는 것
⑤ 기업들이 시장 예상치를 초과하는 실적을 발표하는 것

64 반 클라이번 콩쿠르에 대한 설명으로 바르지 않은 것은?

① 4년마다 미국 텍사스주 포트워스에서 개최된다.
② 경연은 예심 이후 총 5번 치러진다.
③ 40세 이하 피아니스트만 참가 가능하다.
④ 우승자는 미국 전역 투어와 음반 발매 등의 혜택을 받는다.
⑤ 최연소 우승 기록을 세운 피아니스트는 임윤찬이다.

65 프랑스 대문호 빅토르 위고의 장편소설 《레미제라블》의 시대적 배경은?

① 7월혁명
② 제1차 세계대전
③ 시민혁명
④ 벨벳혁명
⑤ 프랑스혁명

66 아일랜드 출신의 극작가 사무엘 베케트가 1952년 발표한 2막으로 구성된 희곡으로, 부조리극의 형식이 집약돼 있다. 1969년 노벨문학상 수상작인 이 작품은?

① 고도를 기다리며
② 닥터 지바고
③ 이방인
④ 무기여 잘 있거라
⑤ 데미안

59 처서는 입추(立秋)와 백로(白露) 사이에 있는 절기로, 양력으로는 8월 23일경에 해당한다. 통상 입추를 기점으로 더위가 한풀 꺾이는 흐름이었으나, 점차 여름이 길어지면서 입추가 아닌 처서에 시원함을 기대하게 되면서 「처서 매직」이라는 신조어가 생겼다.

60 ② 녹색정의당(정의당)은 4·10 총선에서 지역구와 비례대표 의석을 얻는 데 실패해 22대 국회에서 원외정당이 됐다.
원내정당으로는 국민의힘, 더불어민주당, 조국혁신당, 개혁신당, 진보당, 새로운미래, 기본소득당, 사회민주당이 있다.

61 5부요인은 입법, 사법, 행정의 주요 부서의 수장을 뜻하는 것으로 국회의장, 대법원장, 헌법재판소장, 국무총리, 중앙선거관리위원회 위원장이 해당된다.

62 ① 명문 사립 고등학교를 다니는 학생들이 즐겨 입는 캐주얼하고 클래식한 교복 스타일
② 평범한 아이템에 개성을 드러내는 포인트 아이템을 매치하는 것
③ 아웃도어 활동에서 입는 옷을 평범한 일상복과 매치해 개성적인 스타일을 연출하는 것
④ 상대방과 비슷하게 맞춰 입은 옷차림

63 ① 블랙먼데이 ② 오일쇼크 ③ 코로노미 쇼크 ⑤ 어닝 서프라이즈

64 ③ 30세 이하 신예 피아니스트만 참가할 수 있다.
① 포트워스는 피아니스트 반 클라이번(1934~2013)의 고향이다.
② 예심 이후 준준결선, 준결선(독주, 협연), 결선(실내악, 협연) 등 총 5번 치러진다.
⑤ 2022년 6월 임윤찬은 만 18세의 나이로 이 대회 60년 역사상 최연소 우승 기록을 세웠다.

65 ⑤ 프랑스에서 부르봉 왕조의 절대주의적인 구제도를 타파하고 근대 시민사회를 이룩한 전형적인 시민혁명(1789~1799)이다. 《레미제라블》은 프랑스혁명 후 붕괴된 사회상을 드러내고 있다.
① 1830년 7월 프랑스의 복고 왕조가 무너진 혁명
② 1914~1918년까지 유럽을 중심으로 벌어진 국제 전쟁
③ 시민이 중심이 돼 자유·평등의 원리에 입각한 민주정치를 확립하려는 부르주아 혁명
④ 1989년 체코(당시 체코슬로바키아)의 공산정권 붕괴를 불러온 시민혁명

66 ② 보리스 파스테르나크(구 소련)의 작품
③ 알베르 카뮈(프랑스)의 작품
④ 어니스트 헤밍웨이(미국)의 작품
⑤ 헤르만 헤세(스위스)의 작품

59. ③ 60. ② 61. ① 62. ⑤ 63. ④ 64. ③ 65. ⑤ 66. ①

실전테스트 100

67 가요 발매일과 발매 당시의 시대적 상황이 바르게 연결된 것은?

① 방탄소년단 〈봄날〉 – 최초의 현직 대통령 탄핵
② 양희은 〈아침이슬〉 – 박종철 열사 사망
③ 서태지 〈하여가〉 – 최초의 문민정부 출범
④ 조용필 〈서울 서울 서울〉 – 1988 서울올림픽 개최
⑤ 보아 〈No.1〉 – 한일월드컵

68 현재 경기도 택시의 기본요금은?

① 3300원
② 3800원
③ 4300원
④ 4800원
⑤ 5300원

69 다음 중 르네상스 시대의 화가를 모두 고르면?

┌─────────────────────────┐
│ ㉠ 미켈란젤로 부오나로티 │
│ ㉡ 라파엘로 산치오 │
│ ㉢ 렘브란트 반 레인 │
│ ㉣ 레오나르도 다 빈치 │
└─────────────────────────┘

① ㉠, ㉡
② ㉢, ㉣
③ ㉠, ㉡, ㉣
④ ㉡, ㉢, ㉣
⑤ ㉠, ㉡, ㉢, ㉣

70 다음 중 올 하반기부터 달라지는 제도에 대한 설명으로 바르지 못한 것은?

① 7월부터 공항 출국 때 부과되는 1만 원의 출국납부금이 7000원으로 낮아졌다.
② 7월부터 외환시장 개장시간이 기존 오전 9시~오후 3시 30분에서 다음 날 새벽 1시까지로 연장됐다.
③ 12월 27일부터 17세 이상 국민은 읍면동 주민센터를 방문해 본인 확인을 거치면 모바일 주민등록증을 무료로 발급받을 수 있다.
④ 7월부터 연 365회를 초과해 외래진료를 받을 경우 20% 수준인 건강보험 본인부담률이 90%로 상승했다.
⑤ 8월 7일부터 「개의 식용 목적의 사육·도살 및 유통 등 종식에 관한 특별법」 (개식용종식법)이 시행됐다.

🔘 다음 물음에 알맞은 답을 쓰시오. [71~100]

71 야당에서 정권을 잡는 경우를 예상해 각료 후보로 조직한 내각으로, 영국·캐나다·뉴질랜드 등 양당제가 발달한 영연방 국가에 정착돼 있다. 이 제도는?

✎ _____

72 대통령과 총리가 속한 정당이 서로 달라 한 정부 안에 여야가 공존한다는 뜻에서 붙은 명칭으로, 프랑스와 같은 이원집정부제 국가에서 가능한 정부형태를 말한다. 이것은?

✎ _____

73 8촌 이내 혈족이나 4촌 이내 인척, 배우자 간 발생한 재산범죄에 대해 형을 면제하거나 고소가 있어야 공소를 제기할 수 있도록 한 특례로, 6월 27일 헌법불합치 결정이 내려졌다. 이에 해당 조항은 2025년 12월 31일까지 국회가 법을 개정하지 않으면 효력을 상실하게 되는데, 이 특례는?

74 서울과 신의주를 잇는 총 길이 499km의 철도로, 1906년 건설됐다. 현재 남측 마지막 역인 도라산역까지 열차가 운행되고 있는데, 최근 북한이 이 노선의 북측 구간 철도를 철거하는 장면이 식별된 바 있다. 이 철도는?

75 5년마다 새로 구성되는 중국 공산당 지도부(중앙위원회)의 전체회의를 이르는 말로, 새 지도부 출범 이후 7차례에 걸쳐 열린다. 무엇인가?

76 세속주의를 극단적으로 배격하는 초정통파 유대교 신자 집단을 이르는 말로, 유대교 경전인 《토라》에 따른 신앙생활을 한다. 이스라엘 대법원이 6월 25일 이들이 병역의무를 이행해야 한다는 판결을 내리면서 거센 반발을 받았는데, 무엇인가?

67 ② 〈아침이슬〉은 양희은이 부른 포크 록 장르의 곡으로, 1970년 발표됐다. 박종철 열사 고문치사 사건은 1987년 1월 14일 발생했으며, 이 사건은 6월항쟁으로 이어지게 됐다.
① 방탄소년단의 〈봄날〉은 2017년 발매됐으며, 대한민국 헌정사 최초의 현직 대통령 파면도 같은 해 일어났다.
③ 〈하여가〉는 서태지 작사·작곡의 댄스곡으로 1993년 6월 발매됐다. 우리나라 최초의 문민정부는 김영삼 정부로, 1993년 2월 출범했다.
④ 〈서울 서울 서울〉은 양인자 작사, 조용필 작곡으로 1988년 5월 발매됐다. 서울올림픽은 1988년 개최된 제24회 하계올림픽이다.
⑤ 보아의 〈No.1〉은 2002년 발매됐으며, 한일월드컵도 같은 해에 치러졌다.

68 경기도 택시 기본요금은 2023년 7월 1일부터 종전 3800원에서 1000원(22.56%) 오른 4800원(기본거리 1.6km)이다.

69 ⓒ 렘브란트 반 레인은 17세기 바로크 시대 때의 네덜란드 화가로, 빛과 어둠을 극적으로 배합해 「빛의 화가」라고도 불린다.

70 ② 다음 날 새벽 1시가 아닌 새벽 2시까지로 연장됐다.

67. ② 68. ④ 69. ③ 70. ② 71. 그림자내각(Shadow Cabinet) 72. 동거정부(코아비타시옹, Cohabitation) 73. 친족상도례(親族相盜例) 74. 경의선(京義線) 75. 중전회(中全會) 76. 하레디(Haredi)

77 금리가 낮은 일본의 엔화를 빌려 달러 또는 새로운 시장의 통화로 바꾼 뒤 그 자금을 해당 국가의 주식·부동산 등에 투자해 수익을 올리는 것으로, 8월 발생한 블랙먼데이에 영향을 미쳤다고 평가되는 투자행위는?

✎＿＿＿＿＿＿＿＿＿＿

78 최근 3개월 실업률 평균값이 지난 1년 중 최저치보다 0.5% 포인트(p) 이상 높으면 경기침체로 판단한다는 이론으로, 2019년 전 미국 연방준비제도(Fed) 이코노미스트 였던 이 사람의 이름을 딴 것이다. 경기침체 징후를 사전에 파악하는 지표로 활용되고 있는 이 이론은?

✎＿＿＿＿＿＿＿＿＿＿

79 쏟아지는 각종 정보와 콘텐츠 속에서 사람들의 주의력이 일종의 재화로 여겨지게 된 현대의 경제 환경을 뜻하는 말이다. 이 환경에서는 사람들의 관심을 끌기 위한 자극적인 콘텐츠가 범람하는데, 이는 유해한 콘텐츠 생산으로 이어질 수 있어 주의가 필요하다. 무엇인가?

✎＿＿＿＿＿＿＿＿＿＿

80 대주주 여부에 상관없이 주식·채권·펀드·파생상품 등 금융투자로 얻은 일정 금액이 넘는 소득에 대해 전면 과세하는 제도는?

✎＿＿＿＿＿＿＿＿＿＿

81 조사기간 중 산업생산에 투입 가능한 만 15세 이상 인구 가운데 일을 할 수 있는 능력이 없거나 일을 할 능력이 있음에도 일을 할 의사가 없는 사람을 일컫는 말은?

✎＿＿＿＿＿＿＿＿＿＿

82 주식회사를 설립할 때 이사회에서 증자할 수 있는 최대 자본금을 일컫는 말로, 금융위원회가 현재 30조 원인 산업은행의 이것을 50조 원으로 증액하는 방안을 추진 중이다. 이것은?

✎＿＿＿＿＿＿＿＿＿＿

83 기존 제품의 가격은 그대로 유지하면서 제품의 크기나 수량 등을 줄여 사실상 가격 인상 효과를 노리는 판매 방식은?

✎＿＿＿＿＿＿＿＿＿＿

84 지능지수(IQ)가 71~84에 속하는 사람으로, 다만 맞춤형 교육 등이 이뤄질 경우 학습과 취업 등의 일상생활이 가능해 「느린학습자」라고도 불린다. 지적장애는 아니지만, 평균보다 학습능력·사회적응력 등이 떨어지는 특징을 보이는 이들을 가리키는 용어는?

✎＿＿＿＿＿＿＿＿＿＿

85 강원도 태백시에 위치한 우리나라 최대 규모의 석탄 생산지(탄광)로, 일제강점기 때인 1936년부터 운영됐던 곳이다. 정부의 폐광정책에 따라 6월 30일 폐광된 이곳은?

✍ _____

86 국내 인재를 채용하지 못한 기업에 대해 합법적으로 외국인 근로자를 고용하도록 허용하는 제도로, 「외국인근로자의 고용 등에 관한 법률」에 따라 2004년 8월부터 시행되고 있다. 이 제도는?

✍ _____

87 온라인 공간에서 이슈가 생길 때마다 재빨리 짜깁기한 영상을 만들어 조회수를 올리는 이슈 유튜버들을 비판하면서 등장한 말로, 교통사고 현장에 잽싸게 달려가는 차량에 빗댄 말이다. 이 용어는?

✍ _____

88 주거·가사·건강·여가 서비스가 결합된 노인 주거시설로, 실버타운·실버스테이·고령자 복지주택으로 구성된다. 정부가 7월 23일 이 주거시설 활성화 방안을 내놓은 바 있는데, 무엇인가?

✍ _____

89 기상청 슈퍼컴퓨터마저 강수량을 예측할 수 없는 기습적이고 변덕스러운 장마라는 뜻에서 생겨난 말로, 「홍길동 장마」, 「도깨비 장마」라고도 불리는 이 현상은?

✍ _____

90 일본에서 가장 오래된 광산이자 일제강점기 조선인 강제노역 현장으로, 7월 27일 열린 제46차 유네스코 세계유산위원회(WHC)에서 유네스코 세계문화유산에 최종 등재된 이곳은?

✍ _____

91 가톨릭교에서 복자(福者)가 된 후 다시 2번 이상 기적이 일어난 이에게 붙이는 호칭으로, 7월 2일 선종한 이탈리아 10대 소년이 역사상 처음으로 MZ세대 (　　)으로 공식 승인됐다. (　　) 안에 들어갈 용어는?

✎ _____

92 조선시대 종묘제례(宗廟祭禮)와 더불어 왕이 직접 주관한 국가적 제례로, 땅과 오곡을 관장하는 신에게 드리는 의례를 말한다. 삼국시대부터 행해져 유교 국가였던 조선 때까지 이어진 이 국가적 제례는?

✎ _____

93 2024 파리올림픽 테니스 남자단식에서 금메달을 차지하며 역대 다섯 번째로 「커리어 골든 그랜드슬램」을 달성한 선수는?

✎ _____

94 운동과 레저를 합친 말로, 스포츠웨어를 일상복에 접목시킨 패션스타일을 말한다. 대표적인 예로 조거팬츠와 레깅스가 있는데, 무엇인가?

✎ _____

95 2024 파리올림픽에서 서핑 종목은 남태평양에 있는 이 나라에서 열리며 올림픽 역사상 개최지에서 가장 먼 곳에서 열린 경기 종목이 됐다. 파리에서 1만 5700km 떨어진, 프랑스 해외 영토인 이곳은?

✎ _____

96 유럽연합(EU)이 거대 플랫폼 사업자의 시장 지배력 남용을 방지하고자 마련한 법으로, 일정 규모의 플랫폼 사업자를 「게이트키퍼」로 지정해 자사 우대 금지 등의 의무를 부여하고 규제하는 이 법의 명칭은?

✎ _____

97 1985년부터 운영된 국내 PC통신 서비스로, 하이텔·나우누리·유니텔과 함께 「4대 PC통신 서비스」로 통했으나 오는 10월 31일 서비스 종료를 밝힌 이 PC통신은?

✎ _____

98 특정 국가나 지역의 언어와 문화·사회적 맥락 등을 반영한 인공지능(AI) 기술로, 서구권 중심의 기존 생성형 AI와 달리 현지의 데이터에 특화된 이 AI 기술은?

✎ _____

99 소프트웨어의 소스코드를 무료로 공개·배포해 누구나 프로그램을 변형·응용할 수 있게 하는 것으로, 최근 메타의 「라마 3.1」과 LG AI 연구원의 「엑사원 3.0」 경량 모델이 이것으로 공개돼 화제를 모았다. 무엇인가?

_____

100 인공지능(AI) 기반 음성합성기술을 통해 특정 인물의 목소리를 복제, 그가 하지 않은 말을 실제로 한 것처럼 만들어내는 이 기술의 이름은?

_____

🎯 91. 성인(聖人) 92. 사직대제(社稷大祭) 93. 노바크 조코비치(Novak Djokovic) 94. 애슬레저(Athleisure) 95. 타히티(Tahiti) 96. 디지털시장법(DMA·Digital Markets Act) 97. 천리안(CHOLLIAN) 98. 소버린 AI(Sovereign Artificial Intelligence) 99. 오픈소스(Open Source) 100. 딥보이스(Deepvoice)

한국사능력테스트

01   **(가), (나) 자료와 관련된 설명으로 옳지 않은 것은?**

> (가) 산과 하천을 경계로 구역을 정하여 함부로 들어갈 수 없다. ㉠ 읍락이 서로 침범하면 노비와 소, 말을 내도록 하였다. … 대군장이 없고 예부터 후, 읍군, 삼로가 ㉡ 하호를 다스렸다.
>
> (나) 사람이 죽으면 가매장한 후 뼈를 추려 가족 공동무덤을 만들었다. … 큰 나라 사이에서 시달리다가 마침내 고구려에 복속되었다. 고구려는 ㉢ 이 나라 사람 가운데 세력이 큰 사람을 사자(使者)로 삼아 다스리게 하고, 고구려의 ㉣ 대가(大加)로 하여금 조세 수취를 책임지도록 하였다.

① ㉠: 각 읍락의 독자성이 강했음을 보여준다.

② ㉡: 중소 군장의 지배를 받는 최하층 천민이었다.

③ ㉢: 고구려는 정복지 통치에 있어 그곳의 토착 지배층을 이용하였다.

④ ㉣: 제가회의의 구성원으로서 자기 휘하의 관리를 거느렸다.

⑤ (가)는 동예, (나)는 옥저에 관한 자료이다.

💡 ② 「하호」는 천민이 아니라 일반 농민을 의미한다.

02   **다음은 중국 사서의 기록이다. ㉠, ㉡에 대한 설명으로 옳지 않은 것은?**

> 시조가 죽자 그 아들 ㉠ 무예가 왕위에 올라 영토를 크게 개척하였다. 동북의 오랑캐들이 두려워하여 그에 복종하였다. 사사로이 연호를 인안이라고 하였다. … 무예가 죽자 그 아들 ㉡ 흠무가 왕위에 올라 연호를 대흥으로 고치니, 당 현종이 그에게 아비의 직위를 이으라는 조서를 내렸다.

① ㉠과 ㉡은 각각 발해의 무왕과 문왕의 이름이다.

② ㉠의 재위 시기에 일본에 국서를 보냈다.

③ ㉠의 재위 시기에 당의 산둥 지방을 공격하였다.

④ ㉡의 재위 시기에 요동 지방을 확보하였다.

⑤ ㉡의 재위 시기에 상경과 동경으로 천도하였다.

💡 대무예는 발해 2대왕 무왕의 이름이고, 대흠무는 발해 3대왕 문왕의 이름이다.
     ④ 요동을 확보하여 최대 영토를 이룬 국왕은 10대 왕인 선왕(대인수)이다.

03 (가), (나) 유물에 관한 설명으로 옳은 것은?

(가)　　　　　　　　(나)

① (가)는 대개 주먹도끼와 함께 출토된다.
② (가)가 제작된 시기에는 한반도에 철기가 널리 보급되었다.
③ (나)는 한반도에 독자적인 청동기 문화가 발전했음을 보여준다.
④ (나)가 쓰이던 시기에 만들어진 대표적인 토기는 빗살무늬 토기이다.
⑤ 시간이 지나면서 점차 (나)에서 (가)로 형태가 변해 갔다.

💡 (가) 청동기시대의 비파형 동검, (나) 철기시대의 세형동검이다.
　③ 세형동검은 청천강 이남에서 발견되는데, 이를 통해 한반도에 독자적인 청동기 문화가 발전했음을 알 수 있다.

04 다음은 신라 어느 시기의 상황을 말해 주는 자료이다. 이 시기에 일어난 사실이 아닌 것은?

> • 국내 여러 주군(州郡)이 공부(貢賦)를 납부하지 않으므로 국고가 고갈되어 국용(國用)이 궁
>   핍해졌다. 이에 왕이 사자를 보내어 독촉하니 도적들이 들고 일어났다. 이때 원종과 애노
>   등이 사벌주를 근거로 하여 반란을 일으켰다.　　　　　　　　　　　　　－「삼국사기」
> • 지금 군읍(郡邑)은 모두 도적의 소굴이 되었고, 산천은 모두 전장(戰場)이 되었으니 어찌
>   하늘의 재앙이 우리 해동에만 흘러드는 것입니까!　　　　　　　　　　　－「동문선」

① 과중한 수취로 몰락한 농민들이 난을 일으켰다.
② 최치원이 당에서 귀국하여 시무책 10여 조를 올렸다.
③ 궁예가 군대를 일으켜 강원도와 경기도 일대를 차지하였다.
④ 진골귀족들이 무열왕 직계의 전제 왕권에 대항하여 반란을 일으켰다.
⑤ 지방에서 성주 또는 장군이라 자칭한 호족 세력이 일어나 신라에 저항하였다.

💡 제시된 자료는 신라 하대의 혼란기를 말해주고 있다. ④는 신라 중대에 관한 설명이다.

🎯 1. ② 2. ④ 3. ③ 4. ④

05 (가), (나)에 대한 설명으로 옳지 않은 것은?

> - 임금과 신하들이 인재를 어떻게 뽑을까 의논하였다. 그래서 여러 사람들을 모아 함께 다니게 하고 그 행실과 뜻을 살펴 등용하였다. 그러므로 김대문이 쓴 책에서 "우리나라의 현명한 재상과 충성스러운 신하, 훌륭한 장수와 용감한 병졸은 모두 ((가))에서 나왔다."라고 하였다.
> - ((나))은/는 예부에 속한다. 경덕왕이 태학으로 이름을 고쳤다. 박사와 조교가 예기·주역·논어·효경을 가르친다. 9년이 되도록 학업에 진척이 없는 자는 퇴학시킨다.

① (가)에서는 귀족과 평민이 함께 활동하였다.
② (가)는 원시 사회의 청소년 집단에서 기원하였다.
③ (나)는 유학 교육을 위하여 신문왕 때 설치되었다.
④ (나)에는 7품 이상 문무 관리의 자제가 입학하였다.
⑤ (가)는 진흥왕 때 국가적 조직화되었고, (나)는 신문왕 때 설치되었다.

💡 (가) 화랑도, (나) 국학이다. 첫 번째 보기의 「김대문」을 통해 신라임을 알 수 있고, 「훌륭한 장수와 용감한 병졸」을 배출한 것 등을 통해 군사적 성격을 가진 화랑도임을 알 수 있다. 또 두 번째 보기의 「경덕왕이 태학으로 이름을 고쳤다」는 것에서 통일신라의 국학임을 알 수 있다.
　　④ 고려시대 국자감(유학부)에 대한 설명이다. 통일신라의 국학은 12관등 대사 이하의 귀족이 입학하였다.

06 다음이 설명하는 지역과 관련된 내용으로 적절한 것은?

> - 고구려 미천왕 때 이 지역에 진출하였다가 상실한 후 광개토대왕 때 정복할 수 있었다.
> - 발해의 대인수가 이 지역을 차지하여 최대 판도를 이루었다.
> - 당은 평양에 있었던 안동도호부를 676년에 이 지역으로 철수하였다.

① 근초고왕 때 백제가 이 지역까지 세력을 확장하였다.
② 수나라가 중국을 통일하자 중국은 군사적 요충지인 이곳을 선제 공격하였다.
③ 고려 공민왕 때 이 지역을 공격하였으나 명에게 다시 빼앗겼다.
④ 조선 세종 때 이 지역까지 진출하여 현재의 국경선을 확보하게 되었다.
⑤ 일제강점기에는 이상설·이동휘를 정·부통령으로 하는 대한광복군 정부가 수립되었다.

💡 제시된 지문에서 설명하는 지역은 요동이다.
　　③ 고려 공민왕 때 이성계를 통해 요동을 공략하여 점령하기도 하였으나, 당시 중국에서 새롭게 등장한 명나라에 곧바로 빼앗게 되었다.
　　①② 요서 ⑤ 연해주 지역에 대한 설명이다.
　　④ 4군 6진. 4군은 압록강 상류 지역으로 최윤덕이 확보한 지역이고, 6진은 두만강 유역으로 김종서가 개척한 지역이다.

07 다음 (가), (나)와 관련된 설명으로 옳은 것은?

> (가) 금관국주 김구해가 아내와 세 아들을 데리고 가야의 보물을 가지고 와서 항복하였다. (법흥)왕은 예를 다하여 대접한 후 상등의 지위를 내려주고 그 나라를 식읍으로 주었다. 그의 아들 김무력은 벼슬이 각간(이벌찬)에 이르렀다.　　　　　　　　－「삼국사기」
>
> (나) 신라 경순왕 김부가 항복해 오니 신라국을 없애고 경주라 하였다. 김부로 하여금 경주의 사심으로 삼아 부호장 이하의 임명을 맡게 하였다.　　　　　　　　－「고려사」

① (가): 신라는 호족 세력을 통합하기 위해 노력하였다.
② (가): 가야 왕족은 백성들의 정전을 식읍으로 받았다.
③ (나): 김부는 경주의 지배권을 일부 인정받았다.
④ (나): 사심관 제도는 상수리 제도를 계승한 것이다.
⑤ (가), (나): 김구해와 김부는 왕족으로 편입되었다.

💡 왕건은 항복한 신라의 마지막 왕인 김부를 경주의 사심관으로 삼아 우대하였다. 김부는 부호장 이하의 향리 임명권을 가진 사심관직을 통해 경주 지역에 대한 지배권을 일정 부분 인정받았다.

08 (가)와 같은 행정 구역에 소속된 주민에 대한 설명으로 옳지 않은 것은?

> (　(가)　)의 망이·망소이 등이 무리를 이끌고 공주를 공격하여 함락하였다. 이에 정부에서 관리를 보내어 달래고, (　(가)　)을/를 충순현으로 승격시켜 주었다. 그러나 정부에서 병사를 풀어 그들의 가족을 잡아 가두자 다시 반란을 일으켰다.

① 군현민보다 더 많은 세금 부담을 지고 있었다.
② 매년 신공을 바치며 독립된 경제 생활을 영위하였다.
③ 다른 지역으로 이주하는 것이 원칙적으로 금지되었다.
④ 주현을 통하여 간접적으로 중앙 정부의 통제를 받았다.
⑤ 먹과 종이 등 수공업 제품을 생산하여 공물로 납부하였다.

💡 (가)는 명학소이므로 향·부곡·소 중 「소(所)」에 관한 문제이다. 소의 주민은 국가가 필요로 하는 금, 은, 구리, 철 등의 원료와 종이, 먹, 도자기 등의 공납품을 만들어 바치는 수공업에 종사하였다.
　②는 외거 노비에 대한 설명이므로, 틀린 보기이다.
　① 향·부곡·소의 주민은 일반 군·현민보다 더 많은 세금을 납부해야 했다.

09 다음 정책이 시행된 시기의 사실로 옳은 것은?

> 지금 여러 궁원과 세력가들이 사사로이 소금을 생산하여 그 이익을 독점하고 있으니 무엇으로써 국용을 넉넉하게 할 수 있겠는가? 이제 상적창, 도염원 및 여러 궁원이 가진 염분은 모두 관청에 속하게 하라. 소금을 쓰려는 사람은 모두 의염창 및 관할 관청에서 사도록 하며, 만약 사사로이 염분을 설치하거나 서로 사고파는 자는 그 죄를 엄히 다스리도록 하라.

① 철제 농기구가 널리 보급되기 시작하였다.
② 이암이 중국 농서인 《농상집요》를 소개하였다.
③ 밭농사는 조, 보리, 콩의 2년 3작이 널리 행해졌다.
④ 포구를 거점으로 선상, 객주, 여각 등이 상행위를 하였다.
⑤ 삼한통보, 해동통보 등 동전을 만들어 유통시키려 하였다.

💡 소금을 국가가 전매한 것은 고려 후기 때의 특징이다.
　① 삼국시대 ② 고려 후기 ③ 조선 전기 ④ 조선 후기 ⑤ 고려 전기 때에 관한 설명이다.

10 다음은 고려시대에 행해졌던 사회 시책과 법속에 관한 내용이다. 각각에 대한 해석으로 바르지 못한 것은?

> (가) 토지 신과 곡식 신에게 제사를 지내고, 국왕이 친히 적전을 경작하였다.
> (나) 황무지를 개간한 농민에게는 일정 기간 세금을 면제하여 개간을 장려하였다.
> (다) 공예 기술이 뛰어난 자에게 녹봉과 토지를 주어 관청 수공업에 종사시켰다.
> (라) 평상시에 곡식을 비축하였다가 흉년에 빈민을 구제하는 의창 제도를 운영하였다.
> (마) 지방관은 중요한 사건을 개경의 상급 기관에 올려 보내고, 대개는 직접 처리하였다.

① (가)는 백성들에게 농업의 중요성을 인식시켜 농사를 장려하기 위한 것이었다.
② (나)는 장기적으로는 조세 수입을 늘려 국가 재정을 안정시키는 데 중요한 목적이 있었다.
③ (다)로 미루어 보아 오늘날 남아 있는 뛰어난 상감청자는 관청에서 관리한 가마에서 만들어낸 것이다.
④ (라)와 같은 농민 생활 안정책으로 자영농이 꾸준히 증가하였다.
⑤ (마)의 지방관이 일상생활과 관련한 사진을 판결할 때는 주로 전통적인 관습법에 따랐다.

💡 ④ 의창은 평시에 곡물을 비치했다가 흉년에 빈민을 구제하기 위해 설치한 기관으로 자영농의 육성과는 거리가 멀다.
　①, ② 고려는 국가 경제의 기반이 농업이었기에 농민 경제의 안정이 국가 재정의 확립과 관련이 있었다.
　③ 관청 수공업에서는 국가에서 필요로 하는 무기류와 왕실이나 귀족들의 생활 용품인 장식물, 도자기 등을 제조하였다.
　⑤ 고려에서는 백성을 다스리는 기본법으로 중국의 당률을 참작한 71개조의 법률이 시행되었으나 대부분의 경우는 관습법을 따랐다.

11 다음 글에 나타난 사상과 관련된 설명으로 옳지 않은 것은?

> 빛나도다. 삼청(三淸)*이시여! 능히 사람이 생존할 때나 죽음에 이르러서도 건져 주십니다. 정성스러운 생각이 마땅히 하늘과 통하니, 이에 작은 정성을 바쳐 감히 상제(上帝)가 들어주시기를 원하나이다. … 이에 소격전을 세우고 엄숙한 기도의 의식을 거행합니다.
>
> (* 삼청(三淸): 최고신의 명칭으로 상제의 또 다른 이름)

① 고구려 고분에 그려진 사신도는 이 사상의 방위신을 그린 것이다.
② 백제의 산수무늬 벽돌과 금동 대향로에는 이 사상이 반영되었다.
③ 신라에서는 이 사상이 사람의 행위에 따라 업보를 받는다는 이론으로 널리 퍼졌다.
④ 고려시대 팔관회는 이 사상과 민간신앙까지도 어우러진 행사였다.
⑤ 조선시대에 참성단에서 일월성신에게 지낸 초제는 이 사상이 반영된 것이다.

💡 삼청(三淸)은 중국 도교에서 신선이 산다는 세 궁(宮)을 의미하기도 하고, 도교에서 숭배하는 삼존신(三尊神)을 의미하기도 한다. 소격전은 도교의 초제(醮祭)를 맡아보던 관청으로서 조선 태조 때 두었으며 세조 때 소격서로 고쳤다.
③ 불교의 업보설에 관한 내용이다.

12 다음 논의와 관련하여 시행된 정책으로 옳은 것은?

> 왕이 영북진을 알목하(斡木河)로, 경원부를 소다로(蘇多老)로 옮겨 옛 영토를 회복하는 것에 대한 신하들의 생각을 물었다. 신하들은 두 진의 민호가 적어 유지하기 어렵다고 아뢰었다. … 왕이 명령하기를, "다른 지방의 향리·역졸·공천·사천을 불문하고 자원하는 자가 있으면, 신역(身役)을 면제해 주고 들어가 살게 하라."고 하였다.
>
> – 「세종실록」

① 토착민을 토관으로 임명하였다.
② 경원개시와 회령개시를 설치하였다.
③ 기병을 중심으로 한 특수부대를 편성하였다.
④ 진법 훈련을 강화하여 요동 정벌을 추진하였다.
⑤ 제포와 염포를 개방하여 제한된 무역을 허용하였다.

💡 세종 때 4군 6진 개척에 대한 사료이다. 세종은 4군 6진을 개척한 뒤 사민정책을 실시하여 삼남지방의 백성들을 이주시켰고, 이들을 회유하기 위해 토착민을 토관으로 임명하는 토관제도를 실시하였다.

🎯 9. ② 10. ④ 11. ③ 12. ①

13 다음은 조선시대 성균관 유생들의 생활을 설명한 것이다. 바르게 설명한 것은?

> ㉠ 유생들은 매일 아침·저녁 식당에 참석하여 일정한 원점을 따야 문과 초시에 응시할 수 있었다.
> ㉡ 권당(捲堂)은 유생들이 벌였던 일종의 단식투쟁이었다.
> ㉢ 유생들의 학비와 생활비는 자비 부담을 원칙으로 하였다.
> ㉣ 생원·진사시에 급제한 생원과 진사는 성균관 유생이 될 수 있었다.
> ㉤ 생원·진사시를 거치지 않은 고급관료의 자제는 상재생(上齋生)으로 편성되었다.

① ㉠, ㉡, ㉣
② ㉠, ㉡, ㉤
③ ㉠, ㉢, ㉣
④ ㉡, ㉢, ㉤
⑤ ㉢, ㉣, ㉤

💡 ㉠ 성균관 유생들은 매일 아침과 저녁에 식당에서 원점을 받았는데, 하루에 1점씩 받아 300점을 받아야 교육 과정을 모두 수료할 수 있었다.
㉡ 성균관 유생에게는 국정에 관한 공관(空館:등교 거부), 권당(捲堂:단식 투쟁), 공재(空齋:기숙사 탈출) 등 시위를 할 수 있는 특권이 있었다.
㉢ 관학에 드는 모든 교육비는 국가에서 부담하였다.
㉣㉤ 성균관의 정원은 200명으로 생원과 진사의 자격을 가진 사람을 상재생(上齋生)으로 입학시켰다. 그러나 이들만으로는 정원을 채우기가 힘들어 「하재생(下齋生)」이라 하여 양반 자제중에서 향교·4부학당 졸업자 또는 소과의 초시를 합격한 자 등을 보결로 충원하였다.

14 다음 자료에 해당하는 향촌 사회 조직에 대한 설명으로 옳지 않은 것은?

> 만약 약원이 상을 당하면 초상 때에는 사화(司貨)가 약정(約正)에게 고하여 마포 3필을 보내고, 동약(同約)은 쌀 5되, 빈 가마니 3장씩을 내어 장례를 돕는다. 장사를 지낼 때에는 각각 건장한 종 1명을 보내되 사흘치 식량을 싸 가지고 가서 일하게 한다.

① 공동 노동의 작업 공동체였다.
② 지방 농민을 교화하는 역할을 하였다.
③ 이이(李珥) 등에 의해 널리 보급되었다.
④ 4대 덕목을 바탕으로 규약을 제정하였다.
⑤ 정조 때에는 수령이 직접 감독하게 하였다.

💡 제시된 자료는 「향약」에 대한 내용이다. 향약은 16세기 중종 때 조광조가 처음 실시하여 보급하려 했으나 뜻을 이루지 못했고, 이후 이황과 이이 등에 의해 널리 보급될 수 있었다. 향약은 4대 덕목을 바탕으로 지방 사림이 농민을 교화하며 지배하는 역할을 하였는데, 정조는 수령이 향약을 직접 감독하게 하여 왕의 대리인인 수령이 이를 통해 농민을 직접 지배할 수 있도록 했다.
① 두레에 대한 설명이다.

15 다음 역사서와 관련된 설명으로 옳은 것을 〈보기〉에서 고르면?

> 한 왕이 죽으면 다음 국왕 때 춘추관을 중심으로 관청을 설치하고 사관들이 기록한 것으로, 사초와 각 관청의 문서들을 모아 시정기 등을 종합 정리·편찬한 조선시대의 대표적 역사서이다.

보기
㉠ 《훈민정음》과 함께 세계기록유산으로 지정되었다.
㉡ 춘추관과 더불어 지방의 사고에 분산하여 보관하였다.
㉢ 태조부터 순종까지 27대의 역사를 기전체로 편찬하였다.
㉣ 임진왜란 때 4개의 사고가 모두 소실되었다.

① ㉠, ㉡   ② ㉠, ㉢
③ ㉡, ㉢   ④ ㉡, ㉣
⑤ ㉢, ㉣

💡 《조선왕조실록》에 관한 지문이다. 조선왕조실록은 국왕 사후 춘추관에 실록청을 설치하고 편년체로 국왕의 업적을 기록한 사서이다. 이는 춘추관·충주·성주·전주 등 4개 사고에 보관하였는데, 임진왜란 때 전주사고를 제외하고 모두 소실되었다. 이에 광해군은 전주사고를 바탕으로 다시 5대 사고를 정비하였다.
㉢ 고종과 순종은 일제강점기 때 쓰여져 왜곡된 것으로 간주, 실록에 포함하지 않는다.

16 다음과 같이 확대 실시된 제도에 대한 설명으로 바르지 못한 것은?

지역	시행 시기	지역	시행 시기
경기도	1608년(광해군 즉위)	전라도	1658년(효종 9)
강원도	1623년(인조 1)	경상도	1678년(숙종 4)
충청도	1651년(효종 2)	황해도	1708년(숙종 34)

① 재정 보완을 위해 결작을 부과했다.
② 방납으로 인한 농민의 유망이 시행 배경이었다.
③ 정부에서 필요한 물자를 조달하는 공인이 등장했다.
④ 농민들이 생산한 토산물 거래가 활발해지는 계기가 됐다.
⑤ 토지가 많은 부호의 부담은 늘고, 가난한 농민의 부담은 줄었다.

💡 대동법은 광해군 즉위해인 1608년에 한백겸과 이원익의 건의로 처음 실시됐다. 처음에는 경기도에 한해 시범적으로 실시됐는데, 양반 지주의 반대로 인해 100년 후인 1708년에 가서야 전국적으로 시행될 수 있었다.
① 균역법에 관한 설명이다.

17 다음과 같은 형식의 시조가 널리 유행한 시기의 문화적 특징으로 옳은 것은?

> 두꺼비 파리를 물고 두엄 위에 치달아 앉아
> 건넌산 바라보니 백송골이 떠 있거늘 가슴이 선뜻하여
> 풀쩍 뛰어내리다가 두엄 아래 자빠져 버렸구나.
> 마침 나였기 망정이지 피멍들 뻔하였도다.

① 무덤 안 벽에 생전의 생활 모습을 표현한 그림을 그렸다.
② 악곡과 악보를 정리하여 아악이 궁중 음악으로 발전하였다.
③ 민간에 구전되는 이야기를 한문으로 기록한 패관문학이 성행하였다.
④ 우리의 자연과 일상적인 모습을 소재로 삼아 그리는 화풍이 유행하였다.
⑤ 관리들의 기이한 행적과 서민들의 풍속, 감정이 실려 있는 설화문학이 발달하였다.

💡 자료는 백성들을 파리, 탐학한 관리를 두꺼비, 암행어사나 관찰사 등을 백송골(매)로 비유하여 탐관오리가 상부의 눈을 피해 농민을 착취하는 세태를 야유한 사설시조이다. 사설시조는 조선 후기에 유행한 서민들의 문학 장르이다.
　④ 조선 후기에 발달한 진경산수화와 풍속화에 대한 설명이다.
　① 고구려의 굴식 돌방무덤에서 발견된다.
　② 아악은 조선 전기에 체계화되었다.
　③ 고려 후기, ⑤ 조선 전기의 문화 현상이다.

18 다음 사건이 계기가 되어 일어난 역사적 사실에 대한 설명으로 옳은 것은?

> 평안 감사 박규수가 보고하기를 "오랑캐들이 처음에는 교역을 요청하다가 나중에는 입성을 요구하였으며 조금씩 전진하여 성 밖에까지 이르게 되었습니다. 저들은 대동강을 지나가던 상선을 약탈하고 우리 장수를 억류하는 등 더욱더 함부로 날뛰었습니다. 그러자 성 안의 모든 군사와 백성이 울분을 참지 못하고 조총과 화살을 난사하고 서로 도와 마침내 큰 배를 남김 없이 모두 불태워버렸습니다."
> 　　　　　　　　　　　　　　　　　　　　　　　　　　　　　　－「승정원일기」

① 프랑스 선교사가 처형되었다.
② 강화도의 외규장각 문화재가 약탈당하였다.
③ 오페르트가 남연군의 무덤을 도굴하려다 발각되었다.
④ 어재연이 이끈 부대와 미군이 광성보에서 전투를 벌였다.
⑤ 일본과 최초의 근대적 조약을 체결하게 되었다.

💡 제시문은 제너럴셔먼호 사건에 대한 내용이다. 미국은 이 사건의 책임을 물어 강제로 통상조약을 맺기 위해 신미양요를 일으켰다.
　① 병인박해 ② 병인양요 ③ 오페르트 도굴사건 ⑤ 운요호 사건에 관한 설명이다.

19 밑줄 친 「이 지역」과 관련된 설명으로 옳지 <u>않은</u> 것은?

> <u>이 지역</u> 관리 이범윤이 내부에 보고하되, 청나라 군사 4~5백 명이 우리 조선인 30명을 묶어서 몽둥이로 두들겨 패고, 재산을 빼앗으며 하는 말이 '조선 사람일망정 청나라 땅에서 갈고 먹으면서 어찌 한복을 입을 수 있나?' 하면서 흰 초립을 쓴 자는 빼앗아 찢어 없애고 12명을 붙잡아 가서 머리를 깎고 매사에 협박과 공갈을 하니, <u>이 지역</u>의 조선인 민심이 떠들썩합니다.
>
> － 「황성신문」

① 일제 통감부는 을사조약 후 이 지역에 파출소를 두었다.

② 청의 봉금령 해제로 많은 주민들이 이 지역으로 이주하였다.

③ 청과 대한제국 사이에 이 지역에 대한 영유권 분쟁이 제기되었다.

④ 러시아는 이 지역으로 조선인의 이주를 장려하고 토지를 제공하였다.

⑤ 일제는 철도 부설권을 대가로 이 지역을 청의 영토로 인정하였다.

💡 제시문의 이 지역은 「간도」이다. 청과 우리나라 사이에 1881년부터 1909년까지 간도 영유권을 놓고 분쟁이 발생하였다. ④ 연해주와 관련된 내용이다.

20 다음은 어느 전투에 대한 극화 학습 대본의 일부이다. (가)에 들어갈 내용으로 가장 적절한 것은?

> S#15 대전자령
> [해설] 험한 고갯길에 독립군이 매복하고 일본군이 오기를 기다리고 있다.
> 독립군 1: 적들이 나타났다.
> 독립군 2: 지청천 장군께 빨리 알리게.
> 독립군 1: (손을 꼭 잡으며) 우리가 반드시 승리할 거야.
> 독립군 2: 그래. _____ (가)

① 중국인 군대와 함께 싸우니 우리가 유리하네.

② 한국 광복군의 깃발 들고 조국 땅을 밟아 보세.

③ 홍범도 장군까지 곁에 계시는데 두려울 게 있나.

④ 지난번 영릉가 전투에서도 우리 부대가 이기지 않았던가.

⑤ 북로 군정서군도 후방에서 우리를 도와주고 있지 않나.

💡 대전자령 전투는 지청천이 이끌던 한국독립군과 중국의 호로군이 연합해서 일본군에 승리한 전투를 말한다. 1931년 일본이 만주사변을 일으키자 한·중 연합작전으로 일본에 대항했는데, 북만주에서는 지청천이 이끄는 한국독립군이 중국 호로군과 연합하여 쌍성보·경박호·동경성·사도하자·대전자령 전투에서 승리했다. 또 남만주에서는 양세봉이 이끄는 조선혁명군이 중국 의용군과 연합하여 영릉가·흥경성 전투에서 승리했다.

🎯 17. ④ 18. ④ 19. ④ 20. ①

국어능력테스트

어휘·어법·어문규정

01 밑줄 친 말 중 가장 자연스러운 것은?

① 그와 연락이 <u>끊겨진</u> 지 꽤 오래됐다.
② 그 회의에서 궁극적으로 <u>받아들여진</u> 것이 뭡니까?
③ 한번 <u>닫혀진</u> 마음을 열기는 쉽지 않다.
④ 그 책은 사람들에게 널리 <u>읽혀졌다</u>.
⑤ 그는 더 이상 도망갈 수 없는 처지에 <u>놓여졌다</u>.

💡 ② '받아들여지다'는 어간 '받아들이-'에 피동 접미사 '-어지다'가 결합한 말로 어법에 맞다.
나머지 '끊겨지다', '닫혀지다', '읽혀지다', '놓여지다'는 모두 피동사에 피동 접미사 '-어지다'가 결합한 이중 피동이므로 어법상 옳지 않다.

02 다음 글에 서술된 단어 형성의 방법이 모두 적용된 단어는?

> 단어의 짜임새를 보면 단일 형태소로 이루어진 단어를 '단일어(單一語)'라 하고, 둘 이상의 형태소로 이루어진 것을 '복합어(複合語)'라 한다. 복합어 중에서 실질 형태소에 형식 형태소가 붙은 '지붕'과 같은 말을 파생어, 두 개의 실질 형태소가 결합된 '집안'과 같은 말을 합성어라 한다.

① 미닫이   ② 돌아가다
③ 늙다리   ④ 촐랑대다
⑤ 슬기롭다

💡 ① 밀('밀다'의 어근)+닫('닫다'의 어근)+이(명사화 접미사)
밀다 + 닫다 → 미닫다(합성) / -닫+이 → 미닫이(파생): 합성법과 파생법이 모두 나타난다.
② 합성어 ③④⑤ 파생어

03 **다음 중 존귀한 인물에 관련된 사물을 높이는 간접 높임이 쓰이지 않은 것은?**

① 우리 어머니께서는 손이 크시다.
② 선생님은 슬하에 따님을 두 분 두셨다.
③ 그 분의 마음 씀씀이가 참 넉넉하시다.
④ 아버지께서는 내가 떼를 쓸 때마다 혼을 내셨다.
⑤ 사모님의 눈매가 참 고우시군요.

💡 ④ 주어를 직접적으로 높인 것이다.
　①에서는 '손' ②에서는 '따님' ③에서는 '마음 씀씀이' ⑤에서는 '눈매'를 간접적으로 높임으로써 인물을 높였다.

04 **밑줄 친 서술어의 자릿수가 다른 하나는?**

① 재준이는 사과를 맛있게 <u>먹었다</u>.
② 그는 이제 더 이상 어린애가 <u>아니었다</u>.
③ 나는 지금도 너를 제일 친한 친구로 <u>여기고</u> 있다.
④ 이 고장의 온화한 기후는 농사짓기에 정말 <u>적합하다</u>.
⑤ 학생들이 도서관에서 책을 <u>읽는다</u>.

💡 ③의 '여기다'는 주어(나는), 목적어(너를), 부사어(친구로)를 필요로 하는 세 자리 서술어다.
　① '먹었다'는 주어(재준이는), 목적어(사과를)를 필요로 하는 두 자리 서술어다.
　② '아니었다'는 주어(그는), 보어(어린애가)를 필요로 하는 두 자리 서술어다.
　④ '적합하다'는 주어(기후는), 부사어(농사짓기에)를 필요로 하는 두 자리 서술어다.
　⑤ '읽는다'는 주어(학생들이), 목적어(책을)를 필요로 하는 두 자리 서술어이다.

05 **다음 중 의미의 중복이 없는 문장은?**

① 그들은 본의 아니게 진실을 그릇되게 와전하고 있다.
② 그는 은퇴 후 남은 여생을 시골에서 살고 싶어 했다.
③ 이 영화의 줄거리를 간단히 요약해 들려주세요.
④ 우리가 예상했던 대로 그는 이번 오디션에 합격했다.
⑤ 강릉에 사는 친구가 이번 여름에 동해 바다로 놀러 오라고 했다.

💡 ① '그릇되게'와 '와전하고'의 의미가 중복됐다.
　② '여생'은 '앞으로 남은 인생'을 뜻하는 말로, '남은'과 '여(餘)'의 의미가 중복됐다.
　③ '요약'은 '말이나 글의 요점을 잡아서 간추림'의 뜻으로, '간단히'와 '요약해서'의 의미가 중복됐다.
　⑤ '동해'의 '해(海)'와 '바다'의 의미가 중복됐다.

06 밑줄 친 관용어의 뜻풀이가 바르지 않은 것은?

① 그는 웃는 얼굴로 남의 간을 빼먹을 사람이다.
　→ 남의 요긴한 것을 빼앗다.
② 선물이라고 들어온 게 영 간에 차지 않았다.
　→ 마음에 흡족하게 여겨지지 않다.
③ 갑작스러운 폭발음에 간 떨어질 뻔했다.
　→ 몹시 놀라서 충격을 받다.
④ 나한테 덤비다니 이 녀석이 간이 부은 모양이군.
　→ 하는 행동이 실없어 보이다.
⑤ 번지점프를 하려고 아래를 내려다보니 간이 서늘했다.
　→ 위험하고 두려워 매우 놀라다.

💡 ④ '간이 붓다'는 지나치게 대담한 행동을 하는 경우에 사용되는 관용적인 표현이다. '하는 행동이 실없어 보이는 경우'에는 '간에 바람 들다'와 같은 관용 표현을 쓴다.

07 밑줄 친 내용과 한자성어가 바르게 연결되지 못한 것은?

"이건 너희들이 알 바 아니다. 대체로 남에게 무엇을 빌리러 오는 사람은 ㉠ 으레 자기 뜻을 대단히 선전하고, 신용을 자랑하면서도 비굴한 빛이 얼굴에 나타나고, ㉡ 말이 중언부언하게 마련이다. 그런데 저 객은 행색은 허술하지만, 말인 간단하고, 눈을 오만하게 뜨며, ㉢ 얼굴에 부끄러운 기색이 없는 것으로 보아, ㉣ 재물이 없어도 스스로 만족할 수 있는 사람이다. 그 사람이 해 보겠다는 일이 작은 일이 아닌 걸이매, ㉤ 나 또한 그를 시험해 보려는 것이다. 안 주면 모르되, 이왕 만 냥을 주는 바에 성명은 물어 무엇하겠느냐?　　　　　－ 박지원, 「허생전」

① ㉠: 허장성세(虛張聲勢)
② ㉡: 교언영색(巧言令色)
③ ㉢: 자신만만(自信滿滿)
④ ㉣: 안분지족(安分知足)
⑤ ㉤: 수주대토(守株待兎)

💡 ⑤ '수주대토(守株待兎)'는 한 가지 일에만 얽매여 발전을 모르는 어리석은 사람을 이르는 말로, ㉤의 내용과 관련이 없다.

08 **주제 문장과 뒷받침 문장이 가장 긴밀하게 연결된 것은?**

① 소설을 구성하는 가장 중요한 요소는 배경, 인물, 사건의 셋이다. 배경은 인물이 행동을 벌이는 시간·공간·분위기를 말하며, 사건은 인물이 배경 속에서 벌이는 행동의 체계이다.

② 인간이 동물과 구별되는 것은 이성을 가졌기 때문이다. 즉 이성은 인간을 동물로부터 구분시켜 주는 능력인 것이다.

③ 산업사회에서는 인간 조정의 가능성이 인간의 운명을 위협할 수도 있다. 발달된 과학과 기술이 인간을 조정하는 데 이용될 수도 있기 때문이다.

④ 사람들은 시각에 의해 색깔을 보고 청각에 의해 소리를 듣는다. 그에 반해 후각은 냄새를 맡게 해 주고 미각은 음식을 맛보게 해 준다.

⑤ 무속신앙은 우리 민족의 무의식과 결합되어 현실적으로 가장 막대한 영향력을 행사하고 있다. 오늘날 교회와 사찰이 도심 곳곳에 들어서는 가운데에도 산 속에 남아 있는 성황당이 이 점을 말해 준다.

💡 ① 배경과 사건에 대해서는 언급하고 있지만, 인물에 대한 서술은 빠져 있다.
② 뒷받침 문장의 내용이 주제문과 같다.
④ 뒷받침 문장이 주제문과 무관한 내용이다.
⑤ 뒷받침 문장에 무속신앙이 현실적으로 어떤 영향력을 행사하고 있는지에 대한 내용이 언급되어야 한다.

09 **다음을 바탕으로 글을 쓰려고 할 때 그 제목으로 가장 적절한 것은?**

> • 개인의 삶은 외부의 환경과 관련을 맺기 마련이다.
> • 개인이 외부의 환경에 적응하지 못해 갈등을 겪는 일은 비일비재하다.
> • 무력한 개인은 외부 환경과 부딪칠 경우 대부분 자기 안에 숨어 버린다.
> • 집단행동을 자기 집단만의 이익을 높이기 위한 방편으로 이용해서는 안된다.
> • 작은 새가 자신을 공격하는 까마귀나 매에게 무리를 지어 맞대응하는 일은 우리에게 시사하는 바가 크다.

① 개인과 외부 환경 사이의 관계
② 개인과 외부 환경 사이의 갈등 양상
③ 개인이 집단행동을 할 때의 이점과 맹점
④ 개인이 외부 환경과 부딪칠 때의 반응 양상
⑤ 개인이 외부 환경과 부딪칠 때의 바람직한 대응 방식

💡 제시된 글의 중심 내용은 '개인이 외부 환경과 부딪칠 경우 집단행동으로 대응할 수 있다. 그러나 이러한 집단행동을 긍정적인 방향으로 이용해야 한다.'로 종합할 수 있다.

10 다음 글에서 이끌어 낼 수 있는 결론으로 가장 적절한 것은?

> 우주 삼라만상들 간의 인과 관계를 말해 주는 과학적 가설은 실험이나 관찰에 의해 검증된다. 그것을 반증하는 예가 나타나지 않는 한, 그 가설은 옳다는 인정을 받으면서 검증을 계속 받는다. 검증이 어느 정도 단계를 거치면 그 가설은 거의 확실한 것으로 받아들여지고, 그런 가설은 자연 법칙을 뜻하는 과학적 진리로 인정받게 된다. 그러나 그때에도 반증의 예가 나타날 가능성이 아예 없는 것은 아니다.

① 수차례 검증받은 가설이라도 영원한 진리라고는 할 수 없다.
② 과학적 가설의 검증 과정은 무의미하다.
③ 모든 과학적 진리는 반증의 예가 존재한다.
④ 반증을 전제했을 때 자연 법칙은 진리가 될 수 있다.
⑤ 과학적 가설에 대한 반증은 필연적인 것이다.

💡 ① 제시문에서는 과학적 진리로 인정받게 되더라도 반증의 예가 나타날 수 있다고 했으므로, 수차례 검증받은 가설도 영원한 진리가 될 수 없다는 결론을 이끌어 낼 수 있다.

창안

---

11 (   )에 들어갈 내용으로 가장 적절한 것은?

> 학생: 선생님께서는 수학이 먼 데 있는 게 아니라 우리 생활 주변에 있다는 말씀을 자주 하시는데요. 그러나 수학은 저에게 전혀 가깝지가 않은 것 같아요.
> 교사: 조개도 수학을 하는데 네가 그런 소리를 하면 안 되지?
> 학생: 조개도 수학을 한다는 게 무슨 뜻인가요?
> 교사: 조개는 몸체가 자라면 몸체를 에워싸고 있는 껍데기도 커지는데 이때 나름대로의 규칙을 만들어 어떤 부위는 하얀 석회질을 그대로 분비하고, 어떤 부위는 염색을 하게 되거든. 이렇게 조개의 염색된 세포와 염색되지 않은 세포가 수학적으로 조합되면서 조개의 아름다운 무늬가 만들어지는 거야. 그러니까 조개도 수학을 하는 셈이지.
> 학생: (   )
> 교사: 다시 생각해 보자. 아름다운 무늬의 조개껍데기는 조물주의 섭리에 의해 자연스럽게 되는 것일 거야. 그런데 조물주는 인간에게 사고능력까지 주었어. 조물주의 섭리에 사고능력까지 갖춘 인간이 설마 조개보다 못하겠니? 이제부터라도 수학에 친근감을 가져보렴.

① 선생님 말씀은 모두 궤변이에요.

② 선생님, 저는 조개보다도 수학을 못하네요.

③ 선생님 말씀은 조개도 수학을 한다는 것이군요.

④ 선생님 말씀은 수학 공부에는 지능이 필요 없다는 거군요.

⑤ 선생님 말씀은 저 보고 자신감을 가지라는 뜻이군요.

💡 ( ) 뒤에 나오는 선생님 말, 즉 인간은 사고능력까지 있다는 말에 유의해야 한다. 이 말은 학생이 자신을 자학하는 것에 대해 용기와 자신감을 주는 것이다.

12 다음은 언론에 관한 대화의 일부이다. 이 대화에 이어질 A의 발언으로 가장 적절한 것을 고르면?

> A: 언론을 제한하는 명분은 크게 두 가지로 볼 수 있습니다. 언론의 도덕성과 사회질서의 유지가 그것입니다.
>
> B: 그런데 언론의 자유는 누가 제한하는 겁니까?
>
> A: 그야 물론 당대의 집권 세력이지요. 그렇기 때문에 언론의 자유를 제한하는 일은 종종 권력 유지의 수단으로 쓰이지요. 집권 세력이 도덕성이나 공공질서의 절대적인 대변자라고는 할 수 없으니까요.
>
> B: 민주주의 사회라면 당연히 언론의 자유는 보장되어야 하겠죠. 그러나 언론 자유만을 주장하면 오히려 언론이 절대 권력으로 군림할 수 있는 가능성도 있지 않겠습니까? 언론 권력이라는 말이 그래서 나온 것 아닙니까?

① 그래서 언론 자유에는 관용이 필요한 거지요.

② 그래서 언론 자유에는 책임이 필요한 거지요.

③ 그래서 언론 자유에는 용기가 필요한 거지요.

④ 그래서 언론 자유에는 권한이 필요한 거지요.

⑤ 그래서 언론 자유에는 수단이 필요한 거지요.

💡 남자는 언론의 자유를 주장하고 있고 여자는 언론의 자유가 지나쳐 언론 자체가 권력이 될 가능성을 우려하고 있다. 따라서 이어지는 남자의 발언은 언론 자유에 제한을 가할 수 있는 내용이어야 한다. 그러므로 언론 자유에는 책임이 필요하다는 ②가 가장 적절하다.

13 다음 글은 '세탁기 사용 설명서'의 일부분이다. 이 설명서에 따라 세탁기를 점검할 때 바르지 않은 것은?

– 세탁기 고장 시 체크해 봐야 할 것들 –

• 탈수 시 진동, 소음이 요란할 경우
 (1) 세탁물이 한쪽으로 치우쳐 있는 것이 아닌지 확인. 부피가 큰 빨래와 작은 빨래를 같이 넣으면 균형이 맞지 않아 흔들림이 심할 수 있음
 (2) 세탁기가 수평으로 설치되어 있는지 확인. 수평이 안 되어 있으면 끄덕거려 소음이 요란하게 날 수 있음. 세탁기의 윗면 모서리를 눌렀을 때 끄덕거리며 움직이면 다시 수평 조정해야 함
 (3) 운송용 고정 볼트를 제거했는지 확인
   세탁기 내부 통은 스프링으로 매달려 있는 상태이기 때문에 운반할 때 흔들림을 제거하기 위하여 고정용 볼트가 체결됨. 세탁기를 설치한 후 이 볼트를 제거하지 않으면 심한 소음이 나거나 세탁기가 움직임

• 급수가 안 되거나 물이 약하게 나올 경우
 (1) 수도꼭지가 잠겨 있는지 확인
 (2) 단수이거나 겨울철 수도가 얼지 않았는지 확인
 (3) 수압이 낮거나 급수구 필터가 수도관의 이물로 막혀 있지 않은지 확인
 (4) 급수 호스가 냉수, 온수 바뀌어 연결되어 있지 않은지 확인

• 전원 버튼을 눌러도 불이 안 들어올 때
 (1) 전원 플러그가 빠지지 않았는지 확인
 (2) 단전 여부 확인
 (3) 누전 차단기가 OFF되어 있지 않은지 확인
 (4) 110V에 연결하지 않았는지 확인

---

① 물이 약하게 나올 때는 급수구 필터가 막혀 있는지 점검해 본다.
② 물이 나오지 않을 때는 급수구 필터가 막혀 있지 않은지 점검해 본다.
③ 전원 버튼을 눌러도 불이 안 들어올 때는 전압을 제대로 연결하였는지 점검해 본다.
④ 탈수 시 지나치게 소음이 클 경우에는 세탁기 내부에 빨래 양이 너무 많은지 점검해 본다.
⑤ 전원 버튼을 눌러도 불이 안 들어올 때는 집에 전기가 들어오는지 점검해 본다.

💡 제시된 지문에서 탈수 시 소음이 날 때 확인해 봐야 하는 것은 ▷세탁물이 한 쪽으로 치우쳐 있는 것이 아닌지 ▷세탁기가 수평으로 설치되어 있는지 ▷운송용 고정 볼트를 제거하지 않았는지이다. 빨래 양의 문제는 제시문에서 언급하고 있지 않다.

14 **다음 글에 나타난 글쓴이의 인생관을 가장 잘 반영하고 있는 것은?**

내가 벼슬하여 너희들에게 물려줄 밭뙈기 정도도 장만하지 못했으니, 오직 정신적인 부적 두 자를 마음에 지녀 잘 살고, 가난을 벗어날 수 있도록 이제 너희들에게 물려주겠다. 너희들은 너무 야박하다고 하지 마라. 한 글자는 근(勤)이고 또 한 글자는 검(儉)이다. 이 두 글자는 좋은 밭이나 기름진 땅보다도 나은 것이니 일생 동안 써도 다 닳지 않을 것이다.

부지런함(勤)이란 무얼 뜻하겠는가? 오늘 할 일을 내일로 미루지 말며, 아침 때 할 일을 저녁 때로 미루지 말며, 맑은 날에 해야 할 일을 비 오는 날까지 끌지 말도록 하고, 비 오는 날 해야 할 일도 맑은 날까지 끌지 말아야 한다. 늙은이는 앉아서 감독하고, 어린 사람들은 직접 행동으로 어른의 감독을 실천에 옮기고, 젊은이는 힘든 일을 하고, 병이 든 사람은 집을 지키고, 부인들은 길쌈을 하느라 한밤중이 넘도록 잠을 자지 않아야 한다. 요컨대 집안의 상하 남녀 간에 단 한 사람도 놀고먹는 사람이 없게 하고, 또 잠깐이라도 한가롭게 보여서는 안 된다. 이런 걸 부지런함이라 한다.

검(儉)이란 무얼까? 의복이란 몸을 가리기만 하면 되는 것인데 고운 비단으로 된 옷이야 조금이라도 해지면 세상에서 볼품없는 것이 되어 버리지만, 텁텁하고 값싼 옷감으로 된 옷은 약간 해진다 해도 볼품이 없어지지 않는다. 한 벌의 옷을 만들 때 앞으로 계속 오래 입을 수 있을지 없을지를 생각해서 만들어야 하며, 곱고 아름답게만 만들어 빨리 해지게 해서는 안된다. 이런 생각으로 옷을 만들게 되면, 당연히 곱고 아름다운 옷을 만들지 않게 되고, 투박하고 질긴 것을 고르지 않을 사람이 없게 된다.

음식이란 목숨만 이어가면 되는 것이다. 아무리 맛있는 고기나 생선이라도 입 안으로 들어가면 더러운 물건이 되어 버린다. 삼키기 전에 벌써 사람들은 싫어한다.

① 인생은 풀끝의 이슬과 같은 한순간이다.
② 인생이란 학문의 도(道)를 이루어 나가는 과정이다.
③ 인생의 허무함은 종교적 실천을 통해서 극복할 수 있다.
④ 인생은 올바른 생활 태도를 갖추는 것이 가장 중요하다.
⑤ 인생에서는 물질적인 풍요도 정신적 풍요 못지않게 중요하다.

💡 글쓴이는 자식에게 물질적인 것은 남겨주지 못하지만, 근검이라는 정신적인 자세를 통해 올바른 생활태도를 갖출 것을 당부하고 있다.

(가) 바로크 예술은 절대주의를 ㉠ 예술의 거울로 비춘 것이었다. 거대함, 위엄이 그 거울 속에 예술의 형상이 되어 그대로 비쳤다. 이런 양상은 미술이나 건축에서도 마찬가지였다. 절대주의 예술에서 건축물의 기능이나 회화의 사실성은 이미 더 이상 큰 의미를 갖지 못하였다. 궁전은 이미 중세처럼 습격이나 위험으로부터 성의 주민을 보호하는 성곽의 의미가 아니라 오히려 지상의 올림포스와 같은 의미를 지니고 있었다. 회화는 더 이상 관찰의 냉정함도, 해부학적 치밀함도 갖고 있지 않았다.

(나) 회화에서는 장엄함과 화려함이 가장 큰 특징이었다. 고대 희랍에서 따온 장면, 곧 신들의 생활이 정해진 소재였다. 주피터나 마르스는 군주의 얼굴 모습을 했고 비너스나 주노는 왕비를 ㉡ 쏙 빼놓았다. 희랍 신화는 미술에 의해서 왕실의 역사와 군주의 생활의 역사로 ㉢ 바뀌었다.

(다) 군주의 절대화는 건축에서도 ㉣ 그대로 나타났다. 어떤 인간도 관념의 세계에서는 물론 육체의 세계에서도 절대 군주의 머리 위에 설 수는 없었다. 건축에서 절대주의 양식의 최후의 발전 단계인 로코코 양식의 궁전은 언제나 단층 구조였다. 어떤 인간도 군주 위에 서서는 안 되었기 때문이다. 이 또한 교회와 신의 관념을 지상의 군주로 옮겼기에 가능한 것이었다.

(라) 바로크 예술의 특징은 일상의 모습이 연장된 것이라 할 수 있다. 신은 절대 군주가 되어서 지상을 거니는 것으로 ㉤ 생각되었다. 따라서 절대 군주는 언제나 화려한 의상을 걸치고 나타난다. 황금과 보석이 군주의 의상이다. 그의 신하와 종복(從僕)의 제복조차도 금빛으로 빛난다. 군주가 앉는 의자, 군주가 식사하는 탁자, 군주의 음식을 담는 그릇까지 모든 것은 금으로 제작되었다.

(마) 예술과 일상을 넘나드는 절대주의 이념 속에서 왕실생활의 전면적인 의식화가 이루어졌다. 군주가 일어나서 잠자리에 들 때까지 줄곧 행하는 모든 일상사가 이를테면 의식의 연속이었다. 군주의 시중을 드는 일이라면 아주 비천한 일도 역시 의식이 되어 국사(國事)로 취급되었다. 약간은 지저분할 수밖에 없는 일이었지만 행위의 실제는 은폐되고 미화되었다.

15 이 글의 내용과 일치하지 않는 것은?

① 바로크 예술양식은 절대주의의 이념을 담고 있다.

② 바로크 회화는 바로크 건축과 유사한 특징을 지니고 있다.

③ 절대 군주의 사생활은 신비감을 주기 위해 철저히 감추어졌다.

④ 단층으로 된 로코코 양식 궁전은 왕의 절대적 권위를 상징한다.

⑤ 절대 군주의 의복과 치장에는 황금 및 황금색이 주로 사용되었다.

💡 "군주가 일어나서 잠자리에 들 때까지 줄곧 행하는 모든 일상사가 이를테면 의식의 연속이었다."라고 하였으므로 군주의 사생활이 모두 드러나 있었음을 알 수 있다.

16 문맥에 따라 ㉠~㉤을 바꿔 써 보았다. 적절하지 않은 것은?

① ㉠ 예술의 거울로 비춘 것 → 예술에 반영한 것

② ㉡ 쏙 빼놓았다 → 대체하였다

③ ㉢ 바뀌었다 → 치환되었다

④ ㉣ 그대로 → 역시

⑤ ㉤ 생각되었다 → 간주되었다

💡 '㉡ 쏙 빼놓았다'는 '똑같이 닮았다' 는 뜻이다.

17 다음 발표에서 사용한 전략으로 바르지 않은 것은?

> 여러분은 지금부터 제 질문에 "받아들일 만하다!"와 "불공정하다!"의 두 가지 대답 중 하나만을 선택할 수 있습니다. 첫 번째 질문은 다음에 관한 내용입니다. 어떤 자동차가 매우 잘 팔려서 물량이 부족한 상황입니다. 이에 한 자동차 대리점은 지금까지와는 달리 상품 안내서에 표시된 가격에 20만 원을 덧붙여서 팔기로 했습니다. 자동차 대리점의 결정은 받아들일 만한 것일까요, 아니면 불공정한 것일까요?
>
> 두 번째 질문은 다음과 같습니다. 어떤 자동차가 매우 잘 팔려서 물량이 부족한 상황입니다. 20만 원 할인된 가격으로 차를 팔아 왔던 한 자동차 대리점이 할인을 중단하고 원래 가격대로 팔기로 했습니다. 이러한 결정은 받아들일 만한 것일까요, 아니면 불공정한 것일까요?
>
> 실제로 캐나다에서 130명을 상대로 이러한 질문을 했습니다. 그 결과에 따르면 첫 번째 질문에 불공정하다고 답한 응답자는 71%인 반면, 두 번째 질문에 불공정하다고 답한 응답자는 42%에 불과합니다. 두 경우 모두 가격을 20만 원 올렸는데, 이러한 차이가 발생한 이유는 무엇일까요? 이에 대해 노벨 경제학상을 받은 대니얼 카너먼은 가격을 올리는 방식에 대해 정반대의 생각을 하기 때문이라고 했습니다. 기존의 가격에서 인상하는 것은 손해로, 할인을 없애는 것은 이득을 볼 기회를 잃어버리는 것으로 여긴다는 것입니다.

① 설문조사 결과를 제시하고 있다.

② 청중의 선택사항을 한정하고 있다.

③ 문제 해결 방법을 제시하고 있다.

④ 질문을 통해 청자의 주의를 환기하고 있다.

⑤ 전문가의 견해를 인용하고 있다.

💡 ① 세 번째 문단에서 캐나다의 설문조사 결과를 제시했다.
　② 첫 번째 문단에서 '받아들일 만하다' 또는 '불공정하다' 중 하나만 선택하도록 한정했다.
　④ 첫 번째와 두 번째 문단에서 상황의 공정성에 대해 질문했다.
　⑤ 세 번째 문단에서 노벨 경제학상 수상자인 '대니얼 카너먼'의 견해를 인용했다.

18 근대 국어의 특징으로 옳은 것은?

① 성조를 나타내는 방점이 계속 사용되었다.
② 이중 모음이었던 'ㅐ, ㅔ'가 단모음으로 바뀌었다.
③ 신문물을 받아들이면서 새로운 한자어를 만들어냈다.
④ 한글로 된 문헌이 거의 없었다.
⑤ 한글을 전용하는 경향이 늘어났다.

💡 ① 근대 국어 시기에 방점은 사용되지 않았다.
　③ 이 시기 한자어가 우리말 어휘의 상당 부분을 차지하면서 많은 고유어가 사라졌다.
　④ ⑤ 이 시기에 한글로 된 문헌은 많이 있었지만 한글 전용은 이루어지지 않았다.

19 〈보기〉에 제시된 작품들의 공통점으로 가장 적절한 것은?

> 보기
> • 최인훈, 〈광장〉
> • 조정래, 〈태백산맥〉
> • 황순원, 〈나무들 비탈에 서다〉

① 남북 분단 이데올로기를 주로 다루고 있다.
② 도시 산업화 문제를 주로 다루고 있다.
③ 남녀 간의 애정 문제를 주로 다루고 있다.
④ 종교 간의 갈등 문제를 주로 다루고 있다.
⑤ 가진 자와 못 가진 자의 문제를 다루고 있다.

💡 • 광장: 남과 북의 이데올로기와 정치체제를 모두 비판함으로써 분단에 대한 새로운 시각을 보여준 작품
　• 태백산맥: 1948년부터 1953년까지를 시대적 배경으로 하여 여순사건 이후부터 6·25전쟁에 이르기까지 근대사의 가장 중요한 사건들을 본격적으로 다룬 작품
　• 나무들 비탈에 서다: 전쟁이라는 극한상황을 겪은 젊은이들의 전후(戰後) 정신적 방황과 갈등을 통해 인간 구원의 문제를 다룬 작품

20 다음 글에서 ㉮와 ㉯, ㉠과 ㉡에 들어갈 말로 적절한 것은?

언어는 반드시 의미를 갖게 마련이고 그 의미는 (㉠) 의미와 (㉡) 의미로 구별된다. (㉮)이/가 가능한 한 (㉠)의 의미의 기능을 나타냄으로써 존재코자 하는 언어라면 (㉯)은/는 가능한 한 (㉡) 의미만을 가지고 성립하려는 언어이다. 그러나 어떠한 언어이고 간에 완전히 (㉠) 의미만을 가질 수 없는 것처럼, 그와 똑같이 완전하게 (㉡) 의미만을 가질 순 없다. 다시 말하자면 아무리 극단적인 산문도 좀 과격하게 말해서 시적인 요소, 즉 주관적인 의미를 벗어날 수 없고, 그와 마찬가지로 아무리 순수한 시라 할지라도 완전히 산문적인 요소, 즉 객관적인 의미를 떠나서 성립할 수 없다.

	㉮	㉯	㉠	㉡
①	시	산문	은유적	환유적
②	소설	수필	주관적	객관적
③	소설	수필	사전적	함축적
④	산문	시	사실적	허구적
⑤	산문	시	외연적	내포적

- **외연적 의미**: 어떤 낱말이 지니고 있는 가장 기본적인 의미로, 언어 전달의 중심된 요소를 이루는 의미를 가리킨다.
- **내포적 의미**: 겉으로 드러나지 않거나 개념적 의미에 포함되지 않는 함축·함의된 의미를 가리킨다.

상식 요모조모

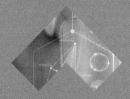

최신시사상식 229집

상식
요모조모

뉴스 속 와글와글 / Books & Movies
상식 파파라치

주 4일제가 세계적 흐름이라고?
그리스, 우리는 주 6일로 돌아간다!

그리스가 7월 1일부터 유럽연합(EU) 국가 중 처음으로 주 6일 근무제를 도입해 논란을 빚고 있다. 그리스는 인구 감소와 높은 실업률로 인해 노동시장에 숙련된 인력이 부족하다는 이유를 들어 지난해 9월 새 노동법을 통과시킨 바 있다. 새 노동법에 따르면 해당 직종의 고용주들은 근로자들에게 하루에 최대 2시간씩 추가 근무 혹은 매일 8시간씩 주 6일간 근무를 요구할 수 있다. 이에 따라 일부 사업체는 기존의 주 40시간에서 주 48시간 근무로 연장할 수 있게 됐다. 그리스는 해당 방안이 노동자가 추가 근로를 하고도 법정 근로시간 제한 탓에 수당 등을 받지 못하는 현 상황을 개선하기 위한 조치라는 입장이지만, 주당 근무 시간을 단축하려는 전 세계적 추세에 역행한다는 지적이 계속되고 있다. 특히 경제협력개발기구(OECD)에 따르면 2022년 기준 그리스의 1인당 연간 근무시간은 1886시간으로, OECD 38개국에서 7번째로 길었다. 이는 5위를 기록했던 한국(1901시간)과 고작 15시간 차이로, EU 평균 근로시간(1571시간)보다는 무려 315시간이나 많은 것이다.

덴마크, 「불닭볶음면」 너무 매우니 가져가라!
제품 관심도는 오히려 급증?

덴마크 정부가 지난 6월 11일 삼양식품 불닭볶음면 제품 3종(핵불닭볶음면 3×Spicy, 핵불닭볶음면 2×Spicy, 불닭볶음탕면)의 캡사이신 함량이 너무 높아 급성 중독 위험이 있다며 리콜(회수) 조치를 내린 이후 전 세계적으로 매운 맛 논쟁이 일고 있다. 이와 같은 덴마크 정부의 조치에 제조사 삼양식품은 6월 20일 「불닭볶음면은 전 세계 100여 국에 수출 중인 제품으로, 각국의 식품법을 준수해 생산되고 있고 섭취에 아무 문제가 없다」며 「캡사이신 함량이 높다고 회수 조치가 내려진 것은 제품 판매가 시작된 이래 최초」라며 적극 대응하고 나섰다. 여기에 국내 공인기관과 함께 캡사이신양을 측정한 뒤 스프만 기준으로 할 경우 전체 캡사이신 함량은 덴마크 당국의 계산보다 4배 이상 낮다고 밝혔다.

한편, 덴마크 정부의 조치 이후 해당 제품에 대한 관심은 오히려 증가하고 있는 것으로 나타났는데, 6월 23일 구글 검색 트렌드에 따르면 전 세계에서 「불닭(Buldak)」 키워드 검색량은 6월 역대 최고치를 기록했다.

18세 미만 소녀의 30%가 기혼?
시에라리온, 「조혼 악습 엄벌」

줄리어스 마다 비오 시에라리온 대통령이 7월 2일 18세 미만 소녀와의 결혼을 범죄로 규정하고, 위반 시 최소 15년의 금고형이나 4000달러(약 552만 원) 이상의 벌금형에 처하는 법안에 서명했다. 이 법안은 조혼을 묵인하거나 강요한 소녀의 부모뿐 아니라 결혼식 주례자와 하객까지 처벌하도록 규정하고 있다. 무엇보다 2023년 기준 시에라리온의 1인당 GDP가 433달러(약 59만 원)인 점으로 볼 때 상당한 수위의 처벌이다. 유니세프에 따르면 2020년 기준 시에라리온의 18세 미만 기혼 소녀는 약 80만 명으로, 전체의 30%에 이른다. 이 중 절반은 만 15세가 되기 전에 결혼한 것으로 알려져 있는데, 시에라리온 15~19세 소녀들의 주요 사망 원인이 임신 합병증일 정도로 관련 문제가 심각하다. 유니세프는 세계에서 조혼이 가장 만연한 서부와 중부 아프리카에 6000만 명에 이르는 미성년자 신부가 있는 것으로 추정하고 있다.

한국인 평균 IQ 110.8
세계서 5번째로 똑똑한 나라!

핀란드 지능 테스트 기관 윅트콤이 6월 27일 홈페이지에 게재한 「2024 세계에서 가장 똑똑한 나라」 순위에 따르면 한국인 평균 지능지수(IQ)는 110.80으로 세계 5위였다. 1위는 112.30을 기록한 일본이었으며, 헝가리(111.28), 대만(111.20), 이탈리아(110.82) 등이 뒤를 이었다. 세계 평균 IQ는 99.64로 나타난 가운데, 주요 국가 중에서는 ▷독일(105.23)이 23위 ▷프랑스(100.38)가 43위 ▷러시아(98.31)가 59위 ▷미국이 96.57로 77위를 기록했다. 해당 수치는 윅트콤의 IQ 테스트에 응시한 사람을 대상으로 집계한 것으로, 윅트콤은 인지능력·추상적 추론능력·공간 추론능력·문제해결능력 등을 종합해 IQ를 매긴다.

참고로 다른 IQ 조사 기관인 월드데이터는 2019년 IQ가 가장 높은 나라 1위로 홍콩을 꼽았으며, 우리나라는 여기에서는 6위를 차지한 바 있다. 또 같은 해 또 다른 조사 기관 얼스터 연구소는 일본을 1위로 꼽았으며, 우리나라는 6위에 오른 바 있다.

한국인 1인당 1년간 26마리 먹는다?
그것은 바로 무엇? 닭이다!

7월 21일 한국농촌경제연구원의 농업전망보고서에 따르면 지난해 한국인 한 사람이 평균적으로 소비한 닭고기는 26마리로 집계됐다. 지난해 국내 닭 도축 마릿수는 10억 1137만 마리라는 점에서 한국 인구수(약 5000만 명)로 나누면 한 사람당 20.2마리를 먹은 셈이다. 여기에 지난해 국내 닭 소비량은 78만 9000t으로 생산량(60만 7000t)을 30% 웃돌았는데, 수입 닭고기가 국내 소비량의 30%를 차지한다고 가정하면 국내산과 수입 물량을 합쳐 1인당 평균 약 26마리를 먹은 것이 된다. 특히 복날이 있는 여름에는 닭고기 소비가 크게 늘었는데, 삼계탕을 많이 먹는 7월의 경우 삼계탕용 닭을 위주로 도축 마릿수가 1억 369만 마리로 1년 중 가장 많았다. 이는 도축 마릿수가 가장 적은 2월과 비교하면 3059만 마리가 더 많은 것이다. 다만 한국의 1인당 닭고기 소비량은 다른 나라와 비교하면 많은 편은 아닌 것으로 나타났다. 경제협력개발기구(OECD)가 닭고기를 중심으로 가금류 1인당 소비량을 집계한 자료에 따르면 한국은 올해 소비 추정량이 17.6kg으로 세계 평균(14.6kg)보다 많았으나, 1위인 미국(49.3kg)이나 유럽연합(EU)(23.1kg)에는 한참 못 미쳤다.

화제의 책과 영화

BOOKS & MOVIES

책
BOOKS

물속의 입 김인숙 著

1983년 등단한 이래 40여 년간 왕성한 작품활동을 지속해온 소설가 김인숙의 신작 소설집으로, 작가의 미스터리·호러 단편들을 묶은 것이다. 소설집의 포문을 여는 작품은 할머니의 시신을 유기하려는 손녀딸로 시작되는 「자작나무 숲」이다. 여기에 할머니가 「호더」였다는 설정이 뒤따르면서 소설은 할머니가 호더가 된 비밀, 화자가 할머니의 시신을 유기하게 된 연유를 추적해 나간다. 한 소설가의 죽음에서 시작하는 「그리고 아무도 없었다」는 형사 안찬기가 소설가의 죽음과 소설가 딸의 익사사건을 추적하면서 전개된다. 사채 독촉에 시달리던 딸은 오동수라는 조폭에 쫓기다 저수지에 빠져 죽는데, 그 죽음의 한편에는 쫓기던 딸을 외면하고 각자의 이유로 증언을 거부했던 시인, 음악가, 연출가

등 소설가의 동료들이 있었다. 특히 해당 단편은 작가가 앞서 2023년 발표한 장편 추리소설 〈더 게임〉의 전직 형사 안찬기가 재등장해 사건을 해결해나간다는 점에서 읽는 재미를 더한다. 이 밖에 「소송」은 모종의 사건에 연루된 두 형제가 애써 감추려 하지만 각자의 죄에 따른 심판의 순간마다 불쑥 내보이는 비겁한 본성을 담아내고, 단편선의 마지막을 장식하는 「그해 여름의 수기」에서는 수해로 가족을 잃은 여름날 한 소녀에게 찾아온 사랑의 감정을 시공이 뒤틀린 통로로 빠져버리는 초자연 현상으로 형상화한다.

오키나와 스파이 김숨 著

김숨 작가의 12번째 신작 장편소설로, 태평양전쟁 당시 오키나와 본섬 서쪽의 작은 섬인 구메지마(久米島)에서 실제로 벌어졌던 참혹한 학살 사건을 다룬 작품이다. 당시 일본군은 선량한 주민 20명에게 미군 스파이라는 죄목을 씌워 무참히 살해했는데, 소설은 역사적 기록과 생존자들의 증언을 토대로 「구중회」를 모델로 한 조선인 고물상과 그의 가족들이 무고하게 희생되는 과정을 담아낸다.

소설은 구메지마에 주둔 중인 일본군 총대장 기무라의 명령으로 「인간 사냥꾼」이라 불리는 10대 섬 소년들이 9명의 주민을 무참히 학살하는 장면으로 시작된다. 이들에게는 미군에게 납치됐다가 풀려났다는 이유로, 혹은 풀려난 이들을 신고하지 않았다는 이유로 스파이 누명이 쓰여졌다. 주민 전체를 잠재적 스파이로 간주한 일본군은 스파이 혐의를 씌울 자들을 찾는 데 혈안이었는데, 이에 주민들 사이에는 스파이로 지목되지 않기 위해서는 희생양이 필요하다는 암묵적인 분위기가 형성된다. 그리고 그 대상은 조선인 고물상에게로 향해 가는데, 이는 당시 식민지 위계질서의 최하층에 있던 조선인에 대한 차별과 혐오가 만연했기 때문이다. 소설은 구중회와 그의 가족이 희생되기까지의 과정을 「아홉 명이 처형되기 이틀 전」, 「아홉 명이 처형되기 열 달 전」 등처럼 시간 구성을 입체적으로 설정해 긴장과 두려움을 더욱 배가시킨다.

영화 MOVIES

이오 카피타노(Io Capitano)

감독 _ 마테오 가로네
출연 _ 세이두 사르, 무스타파 폴

제96회 아카데미 국제장편영화상 후보에 올랐던 작품이자 제80회 베니스영화제에서 감독상과 신인배우상을 수상한 영화로, 광활한 사하라 사막과 지중해를 배경으로 펼쳐지는 세네갈 청년들의 유럽행 밀입국 여정을 그려냈다.

아프리카 세네갈에서 엄마와 형제들과 살아가는 세이두(세이두 사르)와 사촌 무사(무스타파 폴)는 악기 연주를 하고 음악을 만들면서 일상을 보내고 꿈을 키운다. 그러다 이들은 세네갈을 탈출해 유럽으로 가는 더 큰 꿈을 꾸게 된다. 세이두와 무사는 현실을 벗어나 더 나은 환경으로 가는 데 뜻을 모으지만 그 과정은 매우 험난하다. 이들은 가짜 여권을 구입하고 픽업트럭에 올라탄 뒤 유럽을 향한 여정을 시작하지만, 말리 군인들에게 린치를 당하며 걸어서 사막을 건너야 하는 등의 상상치 못한 고초를 겪게 된다. 이 과정을 거쳐 둘은 리비아에 간신히 도착하지만 무사는 어디론가 끌려가고 세이두는 납치돼 온갖 고문 끝에 벽돌공 노예가 된다. 생명의 위협까지 받던 세이두와 무사는 공사판에서 극적으로 재회하고, 이탈리아행 배를 타기 위한 돈을 모으기 시작한다. 그리고 브로커

들에게 뱃삯을 지불하고 배에 오르지만, 브로커들은 방향키 한 번 잡아본 적이 없는 세이두에게 선장의 책임을 떠맡긴다. 이에 세이두는 수백 명의 밀입국자들이 가득 찬 낡은 배를 몰고 시칠리아를 향한 항해에 나서게 된다.

영화 속 톡!톡!톡!
나는 선장이다!(Io Capitano!)

조선인 여공의 노래

감독 _ 이원식
출연 _ 신남숙, 김순자, 김상남, 강하나

일제강점기 일본에 건너가 방적 공장에서 일했던 조선 소녀들의 삶을 담은 다큐멘터리 영화로, 여공들을 단순히 차별과 폭력의 피해자가 아니라 자신의 삶을 스스로 개척해 나간 주체적이고 강인한 여성으로 그려낸 작품이다. 극영화 형식으로 당시를 재현한 배우들은 모두 「자이니치」라 불리는 재일교포 4세들로, 특히 출연진 중 한 명인 배우 강하나는 일본 위안부를 소재로 한 〈귀향〉 등에 출연해 낯익은 배우이기도 하다.

1910년대 일제의 강제 침략으로 조선의 경제가 무너지면서 10대 소녀들은 돈을 벌기 위해 일본으로 떠났다. 다큐에는 10대에 조선을 떠나 지금은 할머니가 된 여공들 22명의 생생한 증언이 담겼는데, 당시 일본인들은 이들을 12시간 2교대로 일하게  하며 혹사시켰다. 또 일하다 실이 끊어지기라도 하면 욕설과 매질을 가했으며, 기숙사 밖으로 도망치지 못하도록 높은 담장 위에 철조망까지 쳤다. 여기에 비위생적인 일터 환경에 감염병이 창궐하면서 일찍 생을 마감하는 일들도 많았다. 하지만 이러한 열악한 환경 속에서도 조선인 여공들은 쉽게 무너지지 않았는데, 먹을 것이 없으면 일본인들이 쓰레기라며 버리는 소·돼지의 내장(호로몬)을 구워 먹었고, 글을 몰라 서러운 일을 당할 때는 스스로 야학을 열어 한글을 공부하는 등 힘을 합쳐 부당한 대우에 맞서 싸웠다.

영화 속 톡!톡!톡!
이제는 마음에 쌓아두지 않아. 지금까지 내가 살아온 인생이니까.

상식 파파라치

상식 파파라치가 떴다!

궁금한 건 절대 못 참는 상식 파파라치가 우리의
일상 곳곳에 숨어있는 흥미로운 이야깃거리들을
캐내어 시원하게 알려드립니다.

👍 복날, 24절기가 아니라고?

복날은 초복·중복·말복의 삼복을 이르는 말로, 삼복 때면 1년 중 날씨가 가장 더워지기 때문에 흔히 「삼복더위」라는 말로도 알려져 있다. 초복은 하지 다음 제3경일, 중복은 제4경일, 말복은 입추 후 제1경일을 가리키는데, 여기서 「경일(庚日)」은 60갑자 중에서 천간(千干)에 「경(庚)」자가 들어가는 날을 말한다. 일반적으로 초복과 중복, 중복과 말복 사이의 기간은 열흘 정도 되지만 때에 따라서 중복과 말복은 20일 차이가 날 때도 있다. 이는 초복과 중복은 하지를 기준으로 하지만, 말복은 입추를 기준으로 하는 데 따른 것이다. 다만 하지가 24절기 중 10번째, 입추가 13번째 절기에 해당하는 반면 복날은 24절기에 속하지 않는, 관습적 기념일인 「잡절」에 해당한다.

복날, 여름 더위에 굴복한다?

복날의 「복」자는 「엎드릴 복(伏)」으로, 이는 「복종한다」는 뜻을 갖고 있다. 따라서 복날은 가을의 선선한 기운이 대지로 내려오다 여름의 더운 기운에 굴복한다는 뜻이다. 예로부터 복날에는 더위를 잊기 위한 다양한 풍습들이 행해졌는데, 조선시대 궁중에서는 왕이 삼복날 높은 벼슬아치들에게 얼음을 하사했으며, 서민들은 계곡물에 머리를 감거나 목욕을 했다. 또 복날은 한해 농사의 풍흉을 예측하는 날이기도 했는데, 이는 복날의 무더운 날씨가 벼를 빨리 자라게 만든다는 설에 따른 것이다. 이에 조상들은 복날이 되면 떡과 전 등의 음식을 준비해 논에서 제사를 지내기도 했다.

복날의 유래

삼복의 시작에 대해서는 여러 설이 있으나 중국 진나라 때부터 시작됐다는 설이 가장 유력하게 전해진다. 조선 후기 문신 홍석모가 사계절 풍속을 기록한 책인 《동국세시기》에는 중국 역사서인 《사기》에 복날 개를 잡아먹는 풍습이 소개됐다고 쓰여 있다. 이에 따르면 진나라 덕공이라는 사람이 여름철 해충으로 인한 피해를 막기 위해 사대문 밖에 개고기를 걸어두고 제사를 지낸 뒤, 신하들에게 그 고기를 나눠준 적이 있다는 것이다. 이러한 중국의 삼복은 그 시기나 보양음식 문화가 우리나라와 비슷한데, ▷초복(일복)에는 만두 ▷중복(이복)에는 국수 ▷말복(삼복)에는 지단전병을 먹는다고 한다.

복날에는 삼계탕, 왜?

조선시대 궁중에서는 삼복 때 더위를 피하기 위해 벼슬이 높은 신하들에게 빙표를 줘서 장빙고의 얼음을 맛보게 했다고 한다. 그리고 민간에서는 오늘과 비슷하게 닭(백숙)과 같은 보양식은 물론, 수박과 참외를 먹으며 계곡에 발을 담그고 잠시 더위를 식혔다고 전해진다. 이처럼 복날에 삼계탕을 먹었던 것은 닭과 인삼이 열을 내는 음식으로, 따뜻한 기운을 내장 안으로 불어넣고 더위에 지친 몸을 회복시키는 효과가 있기 때문이다. 특히 삼계탕·백숙 등의 복날 음식을 먹게 되면 여름 동안 더위를 먹지 않고 질병에도 걸리지 않는다는 설도 있는데, 이는 땀으로 손실되는 수분과 단백질을 이들 보양식을 통해 채우고자 했던 조상의 지혜가 담겨 있기도 하다. 이 삼계탕은 1960~1970년대 산업화 시대에 많은 식당들에서 점심 메뉴로 판매하면서 본격적인 복날 음식으로 자리잡게 됐다. 또 복날에는 삼계탕 외에도 팥죽을 먹기도 했는데, 이는 팥이 몸속 열을 식혀주는 역할을 하기 때문이다.

복날과 관련된 속담들

삼복지간에는 입술에 묻은 밥알도 무겁다	삼복에 더위가 심해 입술에 붙은 가벼운 밥알도 무거워질 만큼 사소한 일도 힘들어지게 된다는 뜻
삼복더위에 고깃국 먹은 사람 같다	더운 날 뜨거운 국까지 먹어 땀을 뻘뻘 흘리는 사람을 나타내는 표현
중복물이 안 내리면 말복물이 진다	닥칠 일은 반드시 닥친다는 뜻
초복날 소나기는 한 고방의 구슬보다 낫다	초복날쯤 적정량 내린 비가 농사에 큰 도움을 준다는 뜻

👍 숏폼 타고 한국 온 유행 디저트들, 누구냐 넌?

지난해 돌풍을 일으킨 탕후루에 이어 올 상반기에는 크루키, 두바이 초콜릿, 라바삭 등의 새로운 디저트들이 등장해 많은 관심을 일으켰다. 이러한 디저트들의 공통점으로는 SNS 숏폼에서 화제가 되며 유행이 됐다는 것인데, 무엇보다 올해는 중동에서 온 디저트들이 MZ세대들의 입맛을 사로잡으면서 인기를 끌었다는 것이 주목할 만하다. 특히 두바이 초콜릿이 큰 인기를 누리며 주목을 받고 있는데, 이에 숏폼 유행을 타고 한국에 상륙한 인기 디저트들을 알아본다.

크루키(Crookie) 크루키는 크루아상(Croissant)과 쿠키를 합친 말로, 크루아상 안에 초콜릿칩 쿠키 반죽을 넣어 만든 간식을 뜻한다. 이는 크루아상을 반으로 자른 후 그 안에 초콜릿칩 반죽을 채우고, 빵 위에도 쿠키 반죽을 추가로 올려 10분 내외로 구워 내는 방식으로 만들어진다. 크루키는 2022년 프랑스 파리의 유명 빵집인 루바드에서 처음 선보인 뒤 SNS를 통해 알려지면서 선풍적 인기를 끌게 됐다.

라바삭(Lavashak) 이란의 전통 간식으로, 「라바삭」이라는 명칭은 「과일 가죽」을 뜻하는 페르시아어에서 유래된 것이다. 과일의 껍질을 말려 만든 라바삭은 언뜻 보면 가죽이나 육포처럼 보이며, 한입 베어 물면 새빨간 즙이 나오기 때문에 마치 피를 먹는 장면을 연상시키기도 한다. 그러나 실제로는 새콤달콤한 과일을 주재료로 해 단맛이 나며, 식감은 젤리와 비슷한 것으로 알려져 있다. 라바삭은 과일시럽이나 소스를 뿌려 먹는데, 이란 현지에서는 라바삭에 설탕이나 레몬즙을 추가해 당도와 산미를 조절하거나 식용 색소 같은 첨가물을 넣어 다양한 색상을 낸다.

두바이 초콜릿(Dubai Chocolate) 두바이의 디저트 브랜드 「픽스 디저트 쇼콜라티에(Fix Dessert Chocolatier)」가 제조·판매하는 초콜릿으로, 초콜릿 속을 버터에 볶은 카다이프(중동 지역의 얇은 면)와 피스타치오 크림으로 채운 것이다. 이에 초콜릿의 달콤함을 비롯해 피스타치오의 고소함과 카다이프의 바삭함이 어우러져 복합적인 맛을 내는 것이 특징이다. 특히 핵심이 되는 「카다이프(Kadaif)」는 옥수수 전분·밀가루·소금 등을 물로 잘 섞어서 만든 중동 지역의 전분성 면으로, 튀겼을 때 바삭한 식감이 뛰어나다. 두바이 초콜릿은 UAE의 한 유명 인플루언서가 2023년 12월 올린 두바이 초콜릿 ASMR 먹방 영상이 주목받은 것을 계기로 국내는 물론 전 세계적으로 인기를 끌기 시작했다. 무엇보다 이 초콜릿은 제한된 시간 내 한정된 수량만 주문을 받고 유통기한도 3∼4일 정도로 짧은 편이라 현지에서도 구하기 어렵다는 점에서 유명세가 더욱 높아졌다.

기상이변,
뉴노멀 되나

근래 들어 폭우, 폭염, 폭설, 가뭄 등의 이상기후 현상이 빈번해지면서 불행이도 기상 「이변」이 아닌 「일상」이 되어가고 있다. 기상이변은 인간의 건강과 생태계, 경제, 농업, 수자원 등에 큰 영향을 미친다는 점에서 그 우려가 높다. 실제로 세계기상기구(WMO)는 올해 초부터 전 세계적으로 빈번하게 발생한 이상기후 현상으로 엄청난 경제적 손실이 초래됐으며, 그 주요 원인으로 온실가스 배출로 인한 기후변화를 지목한 바 있다. 여기에 기상과학자들은 기후변화로 인해 극단적인 날씨가 점차 일상이 되고 있다며 이러한 「뉴노멀(New Normal) 시대」에 대비할 것을 경고하고 나섰다.

▲ 일상이 된 기상이변 _ 전 세계를 덮치는 자연재해들

기상이변을 일으키고 있는 기후변화는 여러 가지 복합적인 요인에 의해 일어나지만, 대다수의 과학자들은 온실가스로 발생하는 「지구온난화」를 가장 큰 요인으로 꼽고 있다. 지구의 온실가스는 18세기 중반 시작된 산업혁명 이래 꾸준히 증가했으며, 이에 비례해 지구의 평균기온도 점차 상승하기 시작했다. 이처럼 지구의 평균기온이 오르고 해수면의 온도가 상승하면 수증기의 발생량이 많아지게 되고 에너지가 높은 구름 기단 형성이 잦아진다. 그렇게 되면 지구 한쪽에서는 폭우가 내리고 다른 한쪽에서는 폭염과 가뭄이 발생하는 등의 기상이변이 나타나게 된다.

세계 평균기온, 최고조 도달 유럽연합(EU)의 「코페르니쿠스 기후변화서비스(C3S)」에 따르면 올해 6월 지구의 평균기온은 섭씨 16.66℃로, 같은 달 기준으로 관측 이래 최고를 나타냈다. C3S는 또 지난 6월 말까지 12개월 동안 세계 평균기온이 관측 이래 최고였으며, 산업화 전인 1805~1900년보다 1.64℃ 높았다고 밝혔다. C3S는 7월 23일에는 「7월 21일 지구의 일 평균기온이 17.09℃로 지난해 7월 6일의 17.08℃를 약간 넘어서며 1940년 이래 가장 더운 날이었다.」고 밝혔다. 지난해 전까지 지구 평균기온이 가장 높았던 날은 2016년 8월 13일(16.8℃)이었다는 점에서 8년여 만에 0.3℃가량 더워진 셈이다. C3S는 특히 2023년 7월 3일 이후 이 기록을 넘어선 날은 57일에 이른다고 덧붙였다.

전 세계를 덮친 역대급 폭염과 폭우 올해 초부터 인도·사우디아라비아·미국·멕시코 등에는 이른 불볕더위가 덮쳤는데, 특히 사우디에서는 낮 최고기온 50도를 넘나드는 폭염으로 이슬람 성지순례(하즈) 기간(6월 14~19일) 메카를 찾은 최소 550명의 순례자가 온열질환으로 사망하는 일이 벌어졌다.

또 지난 4월부터 6월 1일까지 진행된 인도 총선에서는 수십 명의 유권자가 50도에 달하는 더위 속에서 투표소를 오가거나 투표를 위해 줄을 서 있다가 사망하는 사례까지 나왔다. 반면 케냐·중국·브라질 등에는 장기간 폭우가 이어지며 홍수 피해가 급증했다. 특히 사막기후 국가로 연평균 강수량이 120mm인 아랍에미리트(UAE) 두바이에서는 지난 4월 12시간 동안 1년치 강수량에 이르는 100mm의 폭우가 쏟아지면서 도시 전역이 마비되기도 했다. 또 중국 남부지역에는 6월 중순부터 한 달 새

> **토네이도(Tornado)** 주로 미국 대륙에서 부는 깔때기 모양의 회오리바람을 지칭하는 것으로, 따뜻하고 습기찬 대기와 차고 빠른 대기의 상호작용을 통해 발생한다. 토네이도의 지름은 태풍의 1000분의 1밖에 안 되지만 중심 부근의 풍속은 초당 100m 이상이 되는 경우도 있어, 토네이도가 지나가는 지점에 놓인 물체들을 맹렬한 기세로 감아올리는 엄청난 파괴력을 갖고 있다. 토네이도는 풍속에 따라 F-0부터 F-5(최고 시속 500km)까지 6등급으로 나뉜다.

집중호우가 이어진 가운데, 7월 5일 후난성에 위치한 중국에서 두 번째로 큰 담수호 「둥팅호」의 제방 일부가 붕괴되며 약 50km²에 달하는 배후 농지와 마을이 물에 잠기기도 했다. 이 밖에 중국 동부 산둥성에서는 유례없는 규모의 토네이도가 발생해 5명이 숨지고 80명 이상이 부상을 입는 복합적인 자연재난까지 발생했다.

한반도, 기후 양극화와 극한호우의 일상화 폭염과 폭우가 동시에 찾아오는 이상기후는 올여름 우리나라도 예외가 아니었다. 실제로 6월 19일 서울에는 올해 첫 폭염특보가 발효되고 중부지역은 낮 기온이 35도 안팎으로 오르는 등의 무더위가 지속됐다. 반면 같은 날 제주도는 시간당 최대 200mm, 호남과 경남은 최대 20mm의 비가 내리는 등 상반된 날씨가 나타났다. 기상청은 앞서 4월 29일 지난해 우리나라의 이상기후와 그로 인한 피해를 분석한 「2023년 이상기후 보고서」를 공개한 바 있는데, 이에 따르면 지난해 우리나라 기후의 가장 큰 특징은 뚜렷한 기후 양극화였다. 우선 지난해 남부지방에서는 281.3일간의 오랜 가뭄이 이어졌으며, 장마철에는 712.3mm라는 역대 최다 누적 강수량을 기록했다. 전국 최고기온 기준 이상고온 현상은 2000년대 들어 가장 많은 57.8일이 발생했으며, 12월 하루 평균기온은 20.6℃까지 벌어져 1973년 이후 가장 큰 차이를 나타냈다.

또 여름철 기상 뉴스에서는 「극한호우」라는 말이 자주 등장하며 일상으로 자리했는데, 이는 1시간 누적 강수량 50mm 이상, 3시간 누적 강수량 90mm 이상이 동시에 관측될 때를 이른다. 이처럼 극한호우가 잦아지면서 기상청은 2023년 여름부터 수도권을 대상으로 극한호우 긴급재난문자를 발송하고 있다. 극한호우 긴급재난문자는 내가 있는 곳과 인근 지역으로 극한호우가 집중돼 매우 위험하고 인명피해가 예상된다는 뜻이므로, 이를 받으면 곧바로 적극적인 안전조치를 해야 한다.

한반도 장마, 스텔스 장마로 변했다? 올해는 기상청 슈퍼컴퓨터마저 강수량을 예측할 수 없는 기습적이고 변덕스러운 장마가 이어지면서 한반도의 장마 형태가 「스텔스 장마」로 변했다는 분석이 제기됐다. 스텔스 장마(도깨비 장마)는 레이더망을 피해 숨어 있다가 갑자기 공격하는 스텔스 전투기처럼 예상치 못했던 장마가 갑자기 튀어나와 물폭탄을 퍼붓는 상황을 가리킨다. 그동안 우리나라 장마전선은 남북으로 얇고 동서로 긴 띠를 형성해 지속적으로 비가 내리는 양상을 보였는데, 근래에는 단시간 좁은 지역에 집중호우가 펼쳐지는 양상을 보이고 있다. 전문가들은 이러한 패턴 변화를 지구온난화의 영향으로 분석하고 있는데, 서태평양 지역 해수면 온도가 높아지면서 수증기가 공급될 수 있는 유입원이 늘어나 저기압의 영향력이 강해졌기 때문이라는 것이다.

> **대기의 강(Atmospheric River)** 수증기가 가늘고 긴 띠 모양으로 이동하는 대기현상으로, 대지에 강물이 흐르는 것처럼 하늘 위에 수증기가 집중돼 흐른다는 의미에서 붙은 말이다. 주로 중위도 저기압의 따뜻한 지역에서 고위도 지역으로 수증기가 이동하면서 발생하는 가늘고 긴 수증기 통로로, 지구 대기의 수증기 생성과 소멸에서 중요한 역할을 맡고 있다. 대기의 강은 길이 수천 킬로미터, 폭이 수백 킬로미터에 달해 많은 물을 이동시키며, 이에 대기의 강이 상륙하면 강수량 증가와 온도 변화 등의 기상이변이 발생한다. 특히 일반적인 장마전선이 비교적 넓은 지역에 비를 뿌리는 것과 다르게 대기의 강은 한곳에 집중적으로 강우가 발생한다. 이 대기의 강은 과거 일부 지역에서 약하게 나타나던 대기현상이었으나, 최근 기후변화에 따른 기온 상승으로 광범위한 지역에 극단적 폭우를 발생시키며 큰 피해를 일으키고 있다.

상공에서는 난기류 증가 지난 5월 21일 영국 런던에서 싱가포르로 향하던 싱가포르항공 여객기(SQ321)가 미얀마 상공 1만 1300m를 지나가던 중 극심한 난기류를 만나 2km 가까이 급강하한 가운데, 이후 하강과 상승을 반복하는 과정에서 80여 명의 사상자가 발생했다. 특히 이 과정에서 70대 영국인 남성 1명이 심장마비로 숨졌는데, 주요 항공사 여객기에서 난기류 사고로 사망자가 발생한 것은 처음 있는 일로 알려졌다. 난기류는 방향과 속도가 불규칙한 공기의 흐름으로 순항 중인 비행기에 급격한 고도 변화를 유발하는데, 기후변화로 인해 향후 난기류가 2~3배 증가할 수 있다는 분석이 나오고 있다.

특히 일각에서는 지구온난화가 예측할 수 없는 「청천난류(CAT·Clear-Air Turbulence)」의 빈도와 위력을 키우고 있다는 분석을 내놓고 있는데, 보통 난기류는 운항 중 자주 발생하기 때문에 조종사는 기상예보나 기상레이더를 통해 이를 예측할 수 있다. 그러나 청천난류는 폭풍이나 구름과 같은 전조 증상이 없이 나타나기 때문에 기상레이더에 포착되지 않아 예측이 어렵다는 특징이 있다. 실제로 지난해 영국 레딩대학교가 전 세계 난기류 동향 자료를 근거로 청천난류를 분석한 결과, 1979~2020년 사이 극심한 난기류 발생이 55% 증가했으며 1950년과 비교해 2050년에는 더 많은 청천난류가 발생할 것이라고 밝힌 바 있다.

기후변화에 따른 난기류 급증, 왜? 기후변화로 인해 난기류가 증가하는 것은 기온이 올라가면 대기 중 수증기가 많아지면서 강한 상승기류를 동반한 대류운·뇌우 등이 늘어날 가능성이 높아지기 때문이다. 또 대기 온도가 올라가면 중위도 남쪽 대류권 공기는 더 따뜻해지는 반면 중위도 북쪽 성층권 공기는 더 차가워지게 된다. 이렇게 되면 그 사이에 위치한 「제트기류(Jet Stream)」가 강화돼 제트기류에 의한 난기류가 잦아질 수 있다. 제트기류는 중위도 지방의 대류권계면에서 부는 아주 빠른 속도의 편서풍으로, 적도지방에서 극지방으로 공기가 강하게 흐르면서 발생하는 것이다.

◆ 일상이 된 기상이변에 따른 영향은?

폭염과 가뭄, 폭우, 한파 등의 기상이변은 생태계 파괴와 생물의 멸종 가속, 식량과 물 부족 심화, 질병과 전염병 확산, 노동력 급감과 재산 피해에 따른 경제적 손실 등 다양한 형태로 인류의 생존을 위협한다.

생태계 파괴와 생물 멸종 가속 과학계에 따르면 지구의 온도가 1도 높아지면 고산 우림지대가 절반으로 감소하고 북극의 얼음이 녹기 시작하며 희귀동물의 서식지가 사라진다. 2도가 오르면 산호초나 호주 열대우림의 생태계가 회복 불능에 빠지고 석회질 성분의 해양생물이 멸종한다. 현재도 지구온난화로 곳곳의 생태계가 파괴되고 생물 멸종이 빨라지고 있는데, 우선 봄꽃의 개화시기가 점점 빨라지면서 벌과 나비와 같은 곤충의 생태에 큰 영향을 미치고 있다. 특히 꽃의 수분에 있어 대부분의 역할을 담당하는 꿀벌 멸종에 대한 우려가 높은데, 유엔식량농업기구(FAO)에 따르면 전 세계 식량의 90%를 차지하는 100대 농작물 중 70% 이상이 꿀벌의 수분으로 생산된다. 따라서 꿀벌이 급감하거나 멸종할 경우 인류는 생태계 파괴와 식량위기에 따른 영양실조 등에 직면할 수 있다. 여기에 지구온난화에 따른 바닷물 온도 상승으로 산호초를 비롯한 해양생물의 생태계 파괴 속도도 빨라지고 있다. 산호초는 10억 명 이상이 먹을 수 있는 수산자원을 공급하는 해양 생태계의 핵심인데, 최근 기후변화에 따른 백화현상이 늘면서 그 파괴가 심각하다. 백화현상은 바닷물 온도가 올라 조류(藻類)가 살 수 없게 되고, 조류와 공생하던 산호가 삭막한 흰색으로 변하는 것을 말한다.

극지방 빙하의 소실과 영구동토 침식 증가 기후변화에 따른 기상이변은 극지방의 빙하(氷河)를 급격히 녹이고 있는데, 이로 인해 북극 바다의 이산화탄소 흡수 능력도 약해지고 있는 것으로 나타났다. 독일 막스플랑크 기상학연구소 데이비드 닐슨 박사 연구진은 북극 빙하가 녹으면서 2100년에는 북극 바다의 이산화탄소 흡수량이 지금보다 최대 14% 감소할 것이라는 분석 결과를 8월 13일 국제학술지 《네이처 기후변화》에 발표했다. 북극은 대기 중 이산화탄소의 3분의 1을 흡수할 정도로 기후변화에 중요한 역할을 하지만, 지구온난화에 따른 기상이변으로 그 생태계가 빠르게 파괴되고 있는 것이다. 특히 북극의 빙하가 녹으면서 영구동토층의 침식이 증가하고 있는 것으로 알려졌는데, 영구동토층은 두꺼운 빙하 아래에 있는 지반으로 오랜 기간 얼어 영양물질을 언 채로 간직하고 있다. 하지만 빙하가 녹으면 영구동토층의 영양물질이 바다로 흘러 들어가 박테리아가 대량 증식하고, 바다는 더욱 산성 상태가 된다. 이산화탄소는 물에 녹아 탄산이 되는 만큼 바다의 산성화는 이산화탄소 흡수 능력을 줄이게 된다.

여기에 빙하의 소실은 인근 지역 홍수로 이어지고 있는데, 실제로 8월 6일 미국 알래스카주 주노에서는 빙하가 녹아내리면서 홍수가 발생해 주택 최소 100채가 물에 잠겼다고 CNN 등이 전했다. 미국 기상청에 따르면 멘덴홀 빙하에서 흘러내린 물로 인해 멘덴홀강 수위는 당시 오후 3시 15분 기준 약 4.9m에 달했는데, 이는 종전 최고 기록인 지난해 8월보다 0.3m 높은 역대 최고치다.

> **영구동토〔永久凍土〕** 여름에도 녹지 않은 채 2년 이상(최고 수만 년까지) 어는 점 이하로 유지되는 퇴적물·토양 또는 기반암을 말한다. 알래스카, 캐나다 북부, 시베리아, 알프스, 티베트 고지대 등에 분포하며 동토 위 일부는 여름 동안 녹아 식물이 자랄 수 있는 활동층으로 덮여 있다. 이 영구동토가 녹으면 막대한 양의 이산화탄소와 메탄가스 등의 온실가스가 대기로 방출되기 때문에 지구환경에 심각한 영향을 미친다.

질병·감염병 등 공중보건 위협 급증 기상이변 중 대표적인 폭염의 경우 일사병·열사병 등 생명을 앗아갈 수 있는 온열질환을 일으킬 수 있는데, 실제로 세계보건기구(WHO)는 폭염을 위험한 자연재해 중 하나로 규정하고 있다. WHO는 기후변화로 심뇌혈관질환·호흡기질환·신장질환을 앓을 가능성을 경고하고 있는데, 구체적으로 뇌졸중·심근경색·폐렴·신장염·피부염 등이 이에 해당한다. 또 지구온난화에 따른 매개체 발생 분포 확대로 토착성 질환은 물론 해외 유입 매개질환 발생도 급증하고 있다. 실제로 온도가 올라갈수록 번식률이 높은 모기로 인해 생기는 말라리아와 지카바이러스를 비롯해 세균성 이질, 쯔쯔가무시병, 비브리오패혈증 등이 증가한다. 여기에 과학자들은 기후변화가 그동안 잊혀졌던 감염병들을 다시 등장시키고 감염병의 독성도 더욱 세게 만들 것이라는 예측을 내놓고 있는데, 대표적으로 1980년 5월 WHO의 종식 선언으로 완전히 사라졌던 두창(천연두)이 다시 등장한 것을 예로 들 수 있다. 또 2022년에는 동물에게서 주로 나타나는 「엠폭스(구 원숭이두창)」

가 미국·유럽을 중심으로 사람 간 감염이 확산되면서 WHO 비상사태가 선언되기도 했다. 이는 확산세가 잦아들면서 지난해 5월 해제됐으나, 최근 다시 확장세가 나타나자 WHO는 지난 8월 14일 엠폭스에 대해 최고 경계 수준인 「공중보건 비상사태(PHEIC)」를 재선언했다.

온열질환 열에 장시간 노출될 경우 발생하는 질환으로, 두통·어지러움·근육경련·피로감·의식저하 등의 증상이 나타난다. 온열질환에는 열사병, 열탈진, 열경련, 열실신, 열부종 등이 있다.

쯔쯔가무시병 유행성출혈열·렙토스피라와 함께 가을철 3대 열병 가운데 하나로, 들쥐나 야생동물에 기생하는 쯔쯔가무시균에 감염된 털진드기의 유충이 사람의 피부를 물어 생기는 병이다. 국내에서는 1985년 처음으로 확인됐으며 현재 3급 감염병으로 지정돼 있다. 쯔쯔가무시병에 감염되면 7~10일가량의 잠복기를 거친 뒤 갑작스럽게 열이 나고 사타구니나 겨드랑이의 임파선이 붓는다. 또 결막이 충혈되며 두통·피로감·근육통 등도 생긴다.

비브리오패혈증 어패류를 날것으로 먹었을 때 감염되는 병으로, 해수온도가 섭씨 25도가 넘는 6~9월에 주로 어패류에 의해 감염된다. 특히 면역상태가 떨어진 인체에 들어온 비브리오균은 곧 혈액을 타고 전신에 퍼져 패혈증으로 진행되는 경우가 많다.

엠폭스(mpox) 바이러스 감염에 의한 인수공통감염병으로, 주로 유증상 감염 환자와의 접촉을 통해 전파된다. 기존에는 「원숭이두창」으로 불렸으나, 세계보건기구(WHO)는 2022년 11월 이 명칭이 차별을 유발할 수 있다며 질환명에서 원숭이를 뺀다고 밝혔다. 증상은 천연두와 비슷하게 발열, 두통, 근육통, 요통, 림프절 비대, 오한, 허약감 등을 시작으로 1~3일 후에 얼굴을 중심으로 발진 증상이 나타나며 점차 몸의 다른 부위로 발진이 확산된다. 잠복기는 보통 6~13일이며, 발현된 증상은 약 2~4주간 지속된다.

식량위기에 따른 식량안보 심화 기후변화는 식량위기와 매우 연관이 깊은데, 기후변화에 따른 식량 생산 감소과 곡물 가격 상승이 연계돼 있기 때문이다. 실제로 기후변화에 따른 높은 온도, 물 고갈, 가뭄, 홍수, 대기 중 이산화탄소 축적 등은 식량 생산에 큰 영향을 미칠 수밖에 없다. 「기후변화에 관한 정부 간 협의체(IPCC)」는 기후변화로 수십 년 내에 전 인류가 식량안보 문제에 직면할 것이며, 2050년에는 주요 곡물 가격이 최대 23% 상승할 것이라는 전망을 내놓은 바 있다. 대표적으로 브라질의 오렌지, 서아프리카의 코코아, 남유럽의 올리브, 베트남의 커피 등은 기상이변이 계속되며 작물 수확량이 감소하고 있는 상태다. 무엇보다 농작물 수확량 감소에 따른 식량 가격 상승은 가계지출에서 식품 구매 비중이 높은 가난한 나라나 경제적으로 취약한 계층에 더 큰 영향을 미친다는 점에서 계층 간 불평등 문제를 더욱 심화시킬 수 있다. 즉 부유한 사람은 기후변화 위험을 피할 수단을 가지고 있지만 가난한 사람은 이 위험을 피하지 못하기 때문에 더 가난해지는 악순환이 일어나게 되는 것이다.

기후플레이션 위기 고조 이처럼 기후변화에 따른 식량위기가 전망되면서 「기후플레이션(Climateflation)」이라는 말도 등장했는데, 이는 기후변화로 인한 자연재해나 극한 날씨로 농작물 생산이 감소해 식료품 물가가 상승하는 현상을 이르는 말이다. 우리나라 역시 기후플레이션의 영향이 높아지고 있는데, 대표적으로 올해 애플레이션이라 불릴 정도로 사과값이 급등하게 된 가장 큰 요인도 기후변화가 꼽힌다. 이는 봄철 개화 시기 냉해와 여름철 집중 호우, 병충해 등이 겹치며 2023년 사과 생산량이 전년 대비 30%나 줄어들었기 때문이다. 실제로 한국은행도 최근 〈기후변화가 국내 인플레이션에 미치는 영향〉이라는 보고서를 통해 기후플레이션을 처음으로 경고하고 나선 바 있다. 한국은행은 해당 보고서를 통해 「각 월의 평균 기온이 장기 평균 대비 1도 상승할 경우, 1년 뒤 농산물 가격은 2%, 전체 소비자물가는 0.7% 상승할 수 있다.」고 분석했다.

기후변화에 따른 ~플레이션

슈거플레이션 (Sugarflation)	원당 주요 산지의 이상기후 등으로 공급이 크게 줄어들면서 설탕 가격이 상승하고, 이로 인해 설탕을 원료로 하는 식품의 가격이 동반 상승하는 현상
에코플레이션 (Ecoflation)	환경(Ecology)과 인플레이션(Inflation)의 합성어로, 기후변화로 인해 물가가 상승하는 현상
애그플레이션 (Agflation)	지구온난화에 따른 식량생산 감소, 바이오연료 붐, 사료용 곡물 사용 증가 등으로 국제농산물 가격이 급등하면서 물가가 상승하는 현상
피시플레이션 (Fishflation)	지구온난화로 인한 해수 온도 상승과 무차별적인 남획 등으로 바다 어족자원이 점점 고갈되면서 수산자원이 심각한 부족에 시달리는 현상
히트플레이션 (Heatflation)	열을 의미하는 「히트(Heat)」와 「인플레이션」을 합친 말로, 폭염으로 식량 가격이 급등하는 현상

노동력 급감·사막화에 따른 경제적 손실　기상이변 중 대표적인 폭염의 경우 인간의 노동능력에 영향을 미쳐 경제적 손실로 이어지는데, 현재까지 발표된 다수의 연구 결과에 따르면 기온이 섭씨 영상 32도에 도달하면 생산성이 25% 떨어지고 38도를 넘으면 70%의 생산성 손실이 발생하는 것으로 알려져 있다. 국제노동기구(ILO)는 폭염으로 2030년까지 매해 전 세계 총노동시간의 2% 이상이 감소해 2조 4000억 달러의 금전적 손실이 발생할 것이라는 추산을 내놓기도 했다. 또 배송업무 제한과 온열질환 민감군의 작업 규제 등의 영향을 감안해 농업과 건설업을 중심으로 정규직 일자리 8000만 개가 사라질 것이라는 분석도 내놓았다. 여기에 「유엔 사막화방지협약(UNCCD)」에 따르면 해마다 12만km²에 달하는 땅이 기후변화로 인한 가뭄과 건조화로 사라지고 있는데, 이로 인한 경제적 피해는 매년 420억 달러(약 45조 5000억 원)에 이르는 것으로 알려져 있다.

> **유엔 사막화방지협약(UNCCD)**　기후변화협약·생물다양성협약과 함께 유엔 3대 환경협약으로, 무리한 개발과 오남용으로 인한 사막화현상을 억제하기 위해 채택된 협약이다. 이는 국제적 노력을 통한 사막화방지와 심각한 한발(旱魃, 비가 오지 않은 상태가 연속되는 것) 및 사막화·토지 황폐화 현상을 겪고 있는 개발도상국을 재정적·기술적으로 지원하는 것을 목표로 한다. 사막화에 대한 국제적 관심은 지난 1977년 케냐 나이로비에서 열린 유엔사막회의에서 시작됐으며, 1996년 12월 협약이 정식으로 발효됐다. 특히 매년 6월 17일을 「사막화의 날」로 정해 이를 기념한다.

기후변화가 탄생시킨 신조어들

기후 우울증	기후변화가 본인과 가족, 친구를 비롯해 국가와 인류에도 위기를 가져올 것이라 여겨 불안과 우울함, 스트레스 등을 느끼는 현상을 말한다.
기후소송	전 세계적으로 기후 위기가 심각해지면서 이에 제대로 대응하지 않는 정부를 대상으로 시민이 주도하는 소송을 말한다. 대표적인 기후소송으로는 네덜란드 환경단체인 위르헨다가 2013년 제기해 2019년 말 네덜란드 대법원에서 확정된 「위르헨다 판결」을 들 수 있는데, 이는 법원이 정부에 기후변화 대응을 명령한 첫 사례로 큰 화제가 됐다.
기후정의	기후변화에 책임을 지닌 선진국들이 개발도상국들의 피해를 적극 도와야 한다는 것으로, 기후변화가 사회·경제적으로 열악한 사람들에게 더 많은 영향을 미칠 수 있음을 인정하는 데서 출발한다. 이는 2022년 11월 이집트에서 열린 제27차 유엔기후변화협약 당사국총회(COP27)에서 최대 화두로 부상한 개념이기도 하다.
기후테크	기후(Climate)와 기술(Technology)의 합성어로, 온실가스 감축 및 기후변화 적응과 관련된 기술을 의미한다.
쿨케이션	전 세계적인 폭염 속에서 조금이라도 시원한 장소나 극성수기를 피해 떠나는 휴가를 이르는 신조어이다. 쿨케이션은 전 세계 곳곳에서 폭염과 이상기후 현상이 나타나면서 뜨거운 해변이나 관광객들이 넘치는 관광지를 가는 것을 꺼리는 사람들이 늘어나면서 나타난 것으로 분석된다.
녹색피로	소비자가 기후변화 문제를 인지하고 이를 개선하는 데 기여하기 위해 친환경 활동을 하며 노력했으나 의미 있는 결과가 나타나지 않아 활동을 지속할 의욕이 꺾여버리는 현상을 뜻한다.

♠ 기후변화와 기상이변, 국제사회의 대응은?

1827년 지표면 온도를 높이는 「온실효과」의 개념이 처음 나오고, 1972년 로마클럽이 〈성장의 한계〉 보고서를 통해 「지구온난화」를 공식적으로 지적했다. 이후 온난화를 막기 위한 국제사회의 논의가 본격적으로 이뤄지면서 1988년 지구온난화 측정·분석에 관한 과학적 합의를 마련하기 위한 「유엔 기후변화정부간위원회(IPCC)」가 발족하기에 이르렀다. 그리고 1992년 브라질 리우데자네이루에서 각국의 상황에 맞게 온실가스를 감축하기로 약속한 최초의 유엔기후변화협약이 체결됐으며, 1997년 일본 교토에서 열린 제3차 유엔기후변화협약 당사국총회(COP3)에서는 선진국들이 2008 ~2012년 온실가스 배출량을 1990년보다 최소 5.2% 감축할 것을 의무화하는 내용의 「교토의정서(Kyoto Protocol)」가 채택됐다. 그러나 교토의정서는 세계 최대 온실가스 배출국인 중국이 감축 의무 대상에서 빠지고, 미국과 일본 등 선진국은 자국 산업 보호를 이유로 이탈하면서 실효성 논란이 일기도 했다. 그러다 2015년 교토의정서를 대체하는 새로운 협약인 「파리기후변화협약(Paris Climate Change Accord)」 채택으로 이어지게 됐다.

> **유엔기후변화협약(UNFCCC)** 지구온난화 방지를 위해 온실가스의 인위적 방출을 규제하기 위한 협약으로, 정식 명칭은 「기후변화에 관한 유엔 기본협약」이다. 생물다양성협약과 함께 1992년 6월 리우회의에서 채택돼 1994년 3월 21일 발효됐다. 기후변화협약은 ▷각국의 온실가스 배출, 흡수 현황에 대한 국가통계 및 정책이행에 관한 국가보고서 작성 ▷온실가스 배출 감축을 위한 국내 정책 수립 및 시행 ▷온실가스 배출량 감축 권고 등을 주요 내용으로 하고 있다.
>
> **기후변화에 관한 정부 간 협의체(IPCC)** 기후변화와 관련한 과학·기술적 사실에 대한 평가를 제공하고 국제적인 대책을 마련하기 위해 설립된 유엔 산하 정부 간 협의체이다. IPCC는 비정기적으로 발표하는 보고서를 통해 인간이 만든 공해물질에 의해 발생하는 기후변화와 관련된 과학적, 기술적, 사회경제학적 정보를 제공한다. 특히 전 세계 과학자와 관련 전문가들이 모여 5~6년에 한 번씩 지구온난화가 기후변화에 미치는 영향 등을 연구·평가한 「기후변화평가보고서」를 발표하고 있다. IPCC는 지구온난화의 심각성을 널리 알린 공로를 인정받아 2007년 앨 고어 전 미국 부통령과 함께 노벨 평화상을 공동 수상한 바 있다.

파리기후협약 채택(2015) 2015년 12월 프랑스 파리에서 열린 제21차 유엔기후변화협약 당사국총회(COP21)에서는 2020년 만료 예정인 교토의정서를 대체하는 새로운 국제협약, 이른바 「파리협약」이 채택됐다. 2016년 11월 발효된 파리협약은 선진국에만 감축 의무를 부과했던 교토의정서와 달리 195개 당사국 모두가 지켜야 하는 첫 합의라는 의의를 갖고 있다. 협약은 장기목표로는 산업화 이전 대비 지구 평균기온 상승을 「2℃보다 상당히 낮은 수준으로 유지」키로 하고, 「1.5℃ 이하로 제한하기 위한 노력을 추구」하기로 했다. 또 국가별 온실가스 감축량은 각국이 제출한 자발적 감축목표(INDC)를 그대로 인정하되 2020년부터 5년마다 상향된 목표를 제출하도록 했다. 다만 각국의 기여방안 제출은 의무로 하되, 이행은 각국이 국내적으로 노력키로 합의함에 따라 국제법적 구속력은 결국 부여하지 못했다는 한계도 있다.

세계 각국의 탄소중립 선언 탄소중립은 개인, 회사, 단체 등에서 배출한 이산화탄소를 다시 흡수해 실질적인 배출량을 0(Zero)으로 만드는 것을 말한다. 탄소중립은 2016년 발효된 파리협약 이후 121개 국가가 「2050 탄소중립 목표 기후동맹」에 가입하면서 전 세계적인 화두가 됐다. 여기에 2020년 코로나19 사태로 기후변화의 심각성에 대한 인식이 확대되고, 「2050 장기저탄소발전전략(LEDS)」의 유엔 제출 시한이 2020년 말로 다가옴에 따라 주요국의 탄소중립 선언이 가속화됐다. 실제로 2019년 12월 유럽연합(EU)을 시작으로 중국(2020년 9월 22일), 일본(2020년 10월 26일), 한국(2020년 10월 28일) 등의 탄소중립 선언이 이어졌다.

탄소중립 추진 배경

1992년	유엔기후변화협약 (UNFCCC)	• UN 주관의 기후변화에 대한 선언적 국제연합 기본협약(강제사항 없음) • 가입 당사국들은 각각 자국의 실정에 알맞은 온실가스 배출량 감축을 위한 국가 정책 수립·시행 • 온실가스 배출량 및 흡수량에 대한 국가통계와 정책 이행에 관한 보고서 제출
1997년	교토의정서	• 온실가스의 실질적인 감축을 위해 과거 산업혁명을 통해 온실가스 배출의 역사적 책임이 있는 선진국만을 대상으로 법적 구속력을 갖는 온실가스 감축의무 설정 • 6대 온실가스 규정(2005년 발효, 2020년 만료)
2015년	파리협약	• 2020년 만료된 교토의정서를 대체하는 기후변화 대응을 위한 기후변화협약 • 지구의 평균 온도 상승을 2℃ 이하로 유지하고, 1.5℃ 이하로 제한하기 위해 노력해야 함을 최초로 명시
2018년	IPCC 「1.5℃ 특별 보고서」 채택	• 2015년 파리협약 채택 시 합의된 1.5℃ 목표의 과학적 근거 마련 • 유엔기후변화협약(UNFCCC) 당사국 총회가 IPCC에 공식 요청해 작성

「화석연료로부터 멀어지는 전환」 합의(2023)　2023년 11월 30일~12월 13일 열린 제28차 유엔기후변화협약 당사국총회(COP28)에서 28년 총회 역사상 처음으로 기후위기의 주범인 화석연료를 줄여야 한다는 내용이 명시된 첫 합의문이 도출됐다. COP28 최종 합의문에는 2050년까지 탄소중립(넷제로)을 달성하기 위해 「2030년까지 공정하고 질서정연하고, 공평한 방식으로 에너지 체계에서 화석연료로부터 멀어지는 전환(Transitioning Away)을 개시할 필요가 있다.」고 명기했다. COP28의 최대 화두는 화석연료의 「단계적 퇴출(Phase out)」이 합의문에 포함되는지 여부였는데, 사우디아라비아 등 산유국의 강력한 반대에 부딪히며 해당 문구 대신 「전환」이 포함됐다. 해당 합의문에 대해서는 전 세계가 화석연료 의존에서 벗어나기 위한 공동 움직임을 시작했다는 데 의미가 있다는 평가가 나오는 반면, 화석연료 채굴·사용 시 배출되는 온실가스가 기후변화의 주범이라는 과학계의 경고를 감안할 때 불충분한 합의라는 비판의 목소리도 높다.

> **기후 손실과 피해 기금(Loss and Damage Fund)**　산업화로 앞선 선진국이 기후 재앙을 겪는 개발도상국에 금전적 보상을 하도록 하는 기금으로, 2023년 11월 30일 아랍에미리트(UAE) 두바이에서 열린 제28차 유엔기후변화협약 당사국총회(COP28) 기간 중에 공식 출범했다. 당초 이 기금은 COP28 마지막까지 논의가 치열할 것으로 예상됐으나 개막 첫날 극적으로 출범을 선언하며 예상외의 성과를 거뒀다는 평가를 받았다. 기후 손실과 피해 기금 협정 초안에 따르면 기금은 유엔 산하기관으로 출범하게 되며, 설립 후 첫 4년간은 미 워싱턴DC에 본부를 둔 세계은행에서 기금 관리를 맡게 된다. 기부금 출연에 대해서는 「자발적」이란 점이 명시됐으나, 기금의 모금 총액은 명시되지 않았다. 또 선진국과 개발도상국의 의견 차이로 기금 공여의 주체, 범위, 의무 여부 등은 합의가 이뤄지지 않은 채로 기금이 출범하면서 해당 기금이 개도국들의 손실과 피해에 실질적인 도움이 되기까지는 난관이 많다는 전망이 나오고 있다.